suhrkamp taschenbuch
wissenschaft 2016

Was macht aus Menschen moralische Personen? Wie entstehen die spezifischen Verhältnisse, in denen Phänomene wie Schuld, Scham, Verantwortung und Respekt auftreten? Und warum fühlen wir uns oft so fremd in unserem Selbstverständnis – warum ist es so schwierig, unsere eigenen Verhältnisse mit unseren moralischen Begriffen und philosophischen Theorien zu verstehen? Auf den ersten Blick sind das aussichtslose Fragen, denn das moralische Leben gründet nicht auf moralphilosophischen Argumenten. Es entwickelt sich vielmehr in sozialen Praktiken und kulturellen Lebensformen, die nicht auf Theorien reduziert werden können. Maria-Sibylla Lotter greift auf einschlägige ethnologische Forschungen unterschiedlicher Lebensformen zurück und bringt sie mit dem moralphilosophischen Diskurs ins Gespräch. So eröffnet sich ein innovativer Zugang zu ethischen Fragen.

Maria-Sibylla Lotter ist Professorin für Ethik und Ästhetik an der Ruhr-Universität Bochum.

Maria-Sibylla Lotter

Scham, Schuld, Verantwortung

Über die kulturellen Grundlagen der Moral

Suhrkamp

Dieses Buch wurde klimaneutral produziert.

4. Auflage 2022

Erste Auflage 2012
suhrkamp taschenbuch wissenschaft 2016

Umschlag nach Entwürfen
von Willy Fleckhaus und Rolf Staudt
Druck und Bindung: C. H. Beck, Nördlingen
Printed in Germany
ISBN 978-3-518-29616-5

Inhalt

I Einleitung

> Es ist nicht die Aufgabe der Philosophie [...], eine Welt der »Wirklichkeit« *de novo* zu erschaffen noch in Geheimnisse des Seins einzutauchen, die dem Common Sense und der Wissenschaft verborgen bleiben [...]. Als Werkzeug der Kritik ist die Philosophie eine Botschafterin, die Informationen übermittelt; indem sie die verschiedenen Stimmen mit ihren jeweils provinziellen Begrifflichkeiten einander verständlich macht, erweitert und korrigiert sie die Bedeutungen, mit denen sie assoziiert sind.[1]
>
> John Dewey

1. Die Frage nach der Person

Was sind Personen? Und an wen richtet sich die Frage? Für die Frage, was ein Mensch ist, ist heute die Biologie zuständig. Biologen können uns darüber aufklären, worin nach dem jetzigen Stand der Forschung die unterscheidenden Merkmale des Menschen bestehen. Aber wer ist für die Person zuständig?

Nach einer verbreiteten Auffassung muss auch diese Frage an eine spezielle Disziplin gerichtet werden, genauer: an zwei Unterdisziplinen der Philosophie, nämlich die Metaphysik und die Moralphilosophie. Metaphysiker untersuchen allgemeine Fragen des Seins, zum Beispiel, ob eine Person neben »mentalen« auch »physische« Eigenschaften hat.[2] Moralphilosophen (Ethiker und Metaethiker) befassen sich mit den Fragen, was eine Person als moralisches Wesen ausmacht, über welche moralische Grundausstattung sie verfügen muss (Rationalität, Willensfreiheit, Autonomie etc.) und mit welchen Maßstäben sie den Unterschied zwischen Richtig und Falsch, Gut und Schlecht bemisst. Während es verschiedene, teilweise inkommensurable Versionen dieser moralischen Maßstäbe gibt – die goldene Regel, der damit nicht zu verwechselnde kategorische Imperativ, das Gebot, stets das Wohlergehen der

1 John Dewey, *Experience and Nature*, New York 1958, S. 407, S. 410 (Übers. M.-S. L.).

2 Vgl. Peter Strawson, *Einzelding und logisches Subjekt*, Stuttgart 1972, S. 134.

meisten zu fördern –, sind sich die Moralphilosophen bei aller Uneinigkeit doch einig, dass es sich jeweils um grundlegende Prinzipien handeln muss, die vielleicht nicht in allen Kulturen und historischen Epochen den Menschen bewusst waren, aber allgemeine Gültigkeit haben. Entsprechend versteht man unter der moralischen Person ein Wesen, das aufgrund seiner naturgegebenen Rationalität und Urteilskraft diese allgemeinen Prinzipien erkennt und praktisch anwenden kann. Die Arbeit des Moralphilosophen besteht dann darin, eine möglichst konsistente und kohärente Rekonstruktion der Prinzipien zu liefern, die er für richtig hält, wobei er von sogenannten Intuitionen ausgeht, die »wir« angeblich haben (jedenfalls hat sie der Moralphilosoph). »Wir«, das sind zunächst die Menschen, von denen der Moralphilosoph glaubt oder meint, erwarten zu dürfen, dass sie seine Intuitionen teilen; aber da die Ethik, wie gesagt, mehr zu sein beansprucht als lokale Semantik, leitet er aus diesen Intuitionen historisch invariante Prinzipien von universalem Anspruch ab. Nicht wenige Philosophen gehen auch heute noch ganz selbstverständlich davon aus, das Wesentliche an der moralischen Person verstehen zu können, ohne sie in ihren sozialen Lebensbezügen zu betrachten und die eigenen Annahmen in Beziehung zu dem zu setzen, was uns empirische Wissenschaften wie die Altertumswissenschaften, die Ethnologie, die Rechtswissenschaften und andere Kulturwissenschaften über wirkliche ethische Systeme und das Selbstverständnis von Personen lehren können.

Das hängt damit zusammen, dass die gegenwärtig in der universitären Philosophie etablierten analytischen und argumentativen Methoden der Bearbeitung solcher Intuitionen vor allem darauf angelegt sind, die eigenen Vorstellungen zu klären und zu präzisieren. Die Anziehungskraft, die analytische Methoden aufgrund ihrer erstaunlichen Leistungsfähigkeit in puncto Genauigkeit und Differenziertheit auf viele Philosophen ausüben, erweist sich jedoch als Nachteil, wenn man sich die Frage stellt, ob und wie weit unser moralisches Alltagsleben von diesen Vorstellungen abweicht und inwieweit sie überhaupt auf andere kulturelle Traditionen anwendbar sind. Denn analytische Methoden eignen sich weniger dafür, kulturelle Vorurteile in Zweifel zu ziehen, und sie können schwerlich einen Zugang zu dem eröffnen, was Menschen mit verschiedenem Selbstverständnis und in unterschiedlichen kulturellen

Traditionen als Personen verbindet.[3] Hier bedürfen sie der Ergänzung durch Methoden, für die das eigene Selbstverständnis keine natürliche Grenze des Denkens darstellt. Schließlich betrachten wir nicht nur Mitglieder der »eigenen« Kultur – was auch immer wir darunter verstehen – als Personen. Menschen haben in verschiedenen Kulturen nicht nur Biologisches gemeinsam; sie deuten und organisieren ihr Leben unter Gesichtspunkten, die man in einem weiten Sinne als moralisch bezeichnen kann. Auch die Bewohner ferner Regionen, die Mitglieder anderer Religionen bis hin zu noch unbekannten, sozial abgeschiedenen Gemeinschaften irgendwo im Regenwald sind für uns Personen.

Die Überzeugung, dass Begriffe wie *Person* auch auf Menschen anwendbar sind, die anders leben und denken als »wir« – wo auch immer man die Grenze des kulturellen »wir« und der ihm unterstellten gemeinsamen Intuitionen ziehen möchte –, ist weder ein bloßes Erfahrungswissen, noch ergibt sie sich analytisch aus dem Begriff Mensch. Sie drückt die Bereitschaft aus, auch anders denkende und fühlende Menschen als Personen anzuerkennen, und ist somit selbst eine notwendige Bedingung der interkulturellen Kommunikation. Eine Kommunikation im eigentlichen Sinne kann nur zwischen Personen stattfinden: zwischen Menschen, die einander (mehr oder weniger) respektieren, weil sie sich als moralisch ansprechbare verantwortungsfähige Wesen – und nicht als vollkommen fremdartige, gänzlich unberechenbare Angehörige der Spezies Mensch – wahrnehmen.

Betrachtet man die normativen Eigenschaften, die Menschen einander in verschiedenen kulturellen Kontexten als Personen zuschreiben, ihre moralischen Erwartungen und Reaktionen und die Begrifflichkeiten, in denen sie ihr moralisches Leben beschreiben, treten jedoch Unterschiede zutage, die extrem fremd wirken können. Ethnologen haben das Gefühl der Fremdheit mitunter mit einer organismischen Theorie der Kulturen untermauert, der zufolge man moralische Praktiken und Begriffe überhaupt nur in ihrem speziellen kulturellen Kontext verstehen könne.[4] Einige

3 Eine ähnliche Kritik hat Raymond Geuss mit Blick auf die politische Philosophie formuliert; vgl. ders., *Philosophy and Real Politics*, Princeton, Oxford 2008, S. 6f.

4 Zu diesem vom herderschen »Kulturgeist« inspirierten Kulturverständnis insbesondere der Boasschule vgl. Franz Boas, »Recent Anthropology«, in: *Science* 98 (1943), S. 314.

haben sogar bestritten, dass man in einem interkulturellen Sinne von Personen sprechen dürfe: Was wir unter Personen verstünden, sei durch unsere Tradition bedingt und nicht über ihre Grenzen hinaus projizierbar.[5] Andere haben die Auffassung vertreten, dass Phänomene wie das Gewissen und das Schuldbewusstsein, die für uns zur moralischen Psychologie von Personen gehören, in sogenannten »Schamkulturen« kaum auftreten, die eine rein äußerliche Moral pflegten.[6] Und schon gar nicht scheinen die modernen Vorstellungen von der *autonomen* Person und die mit ihr verbundene Auffassung *moralischer Verantwortung* ohne weiteres auf andere kulturelle Kontexte und Epochen übertragbar.[7] Für das Thema moralische Verantwortung gilt: Je nachdem, ob man die Tiefendimension oder die Reichweite moralischer Verantwortung im Blick hat, könnte man sagen, dass erst das Christentum und das moderne westliche Denken moralische Verantwortung im eigentlichen Sinne kennt[8] – oder umgekehrt, dass das Bewusstsein der persönlichen moralischen Verantwortung mit dem modernen Weltbild zunehmend geringer wird.[9] Auch der Gedanke der einer Person gebührenden *Achtung* scheint für uns untrennbar mit dem Ge-

5 Vgl. Jasper J. Oosten, »A few Critical Remarks on the Concept of Person«, in: *Concepts of Person in Religion and Thought*, hg. v. Hans G. Kippenberg, Yme B. Kuiper u. a., Berlin, New York 1990, S. 32.

6 Auf diese Diskussionen werde ich im vierten Kapitel eingehen.

7 Zum Begriff der autonomen Person und ihren Bezügen zu andere kulturellen Kontexten vgl. die Beiträge in: *Die autonome Person – eine europäische Erfindung?*, hg. v. Klaus-Peter Köpping, Michael Welker u. a., München 2002.

8 Auf die Tiefendimension der moralischen Verantwortung werde ich im fünften Kapitel eingehen.

9 Vgl. beispielsweise die Auffassung vom »primitiven Denken«, wie sie Robert Redfield in *The Primitive World and its Transformations* (1. Aufl. 1968) beschrieben hat. Demnach fühlt sich das »primitiv« denkende Individuum für weit mehr verantwortlich als sein persönliches Tun, und umgekehrt hängt das Wohlergehen der Gruppe und der Umwelt vom Wohlverhalten aller Mitglieder ab. Alles Unglück kann moralische Bedeutung annehmen, weil es sich um Strafe für ein Fehlverhalten handeln könnte. Mit der Entwicklung der modernen Welt und der Naturwissenschaften hingegen verwandelt sich die Welt, für die man verantwortlich ist, nach Redfield in einem riesigen Bereich wertneutraler Ursache-Wirkung-Zusammenhänge, und innerhalb der menschlichen Gesellschaft wird die Verantwortung spezialisiert und durch eine komplexe Arbeitsteilung zwischen Spezialisten und Rechtssystemen begrenzt. Zu dieser Schematik vgl. Gerhart Piers und Milton B. Singer, *Shame and Guilt. A Psychoanalytic and a Cultural Study*, New York 1971, S. 93.

danken der Gleichheit verbunden und daher auf traditionelle und hierarchische Gesellschaften nicht anwendbar.[10] Man könnte diese Liste der kulturellen Besonderheiten und speziellen Beschreibungen lange fortsetzen. Nur: Was folgt daraus? Kennen die Menschen in anderen kulturellen Kontexten weder Achtung noch moralische Verantwortung? Können – oder dürfen – wir unter einer Person im moralischen Sinne nur das verstehen, was die europäische Geistesgeschichte dazu beizutragen hat?

Nun ist die Anerkennung von Menschen als Personen, wie gesagt, nicht allein eine theoretische Angelegenheit, sondern eine Voraussetzung moralischer Beziehungen. Es ist daher allein schon aus moralischen Gründen nicht möglich, das Personsein allein auf Angehörige der »eigenen« kulturellen Tradition zu beziehen, weil durchaus nicht klar ist, was darin einzuschließen wäre und wo die Grenzen liegen. Die Ideen, die in der europäischen Tradition mit dem Personbegriff assoziiert werden, bilden nicht von selbst ein kohärentes Ganzes. Sein Anwendungsbereich – um nur ein paar Stichworte zu nennen – erstreckt sich von den göttlichen Personen der christlichen Dreieinigkeit über den individuellen Menschen hin zu Gruppen (Rechtspersonen) und schweren Körpern (»Die Last des Fahrstuhls beträgt 10 Personen«). Und seine Bedeutungen sind nicht weniger vielfältig: Meinen wir damit wie Boethius die individuelle Substanz einer vernünftigen Natur?[11] Oder wie in der römischen Tradition die soziale Rolle beziehungsweise den Rollenträger? Die christliche Seele oder das Selbstbewusstsein wie bei Locke? Schreiben wir der Person neben »mentalen« auch physische Eigenschaften zu wie Peter Strawson?[12]

Das Verstehen der eigenen Tradition ist ebenso wenig wie das Verstehen des Fremden auf Vertrautheit mit den gegebenen Bedeutungen reduzierbar, sondern verlangt eine kreative und konstruktive intellektuelle Anstrengung, die ein gewisses Bewusstsein von Fremdheit und Unverständlichkeit voraussetzt. Je besser man mit dem reichhaltigen historischen Bedeutungsspektrum des Begriffs Person bekannt ist, desto weniger wäre es möglich, ohne aktive be-

10 Vgl. hierzu das sechste Kapitel.

11 »Rationabilis naturae individua substantia«; vgl. Anicius M. S. Boethius, *Contra Eutychen et Nestorium* IV, 8-9, in: ders. *Die theologischen Traktate*, hg. v. Martin Elsässer, Hamburg 1988, S. 80.

12 Vgl. Peter Strawson, *Einzelding und logisches Subjekt*, Stuttgart 1972, S. 134.

griffliche Rekonstruktionen und Uminterpretationen eine konsistente und kohärente Vorstellung zu erhalten. Traditionsorientierte Philosophen wie Robert Spaemann, die einerseits den nicht kulturell begrenzten Anspruch auf Anerkennung ernst nehmen, der mit dem Personbegriff verbunden ist, aber andererseits die Auffassung vertreten, um ihn genauer zu verstehen, müssten wir sehen, wie er »zustande kam«,[13] gehen daher nicht nur historisch, sondern auch konstruktiv vor. Sie präsentieren nicht nur eine Auswahl der historisch wandelnden Bedeutungen und Funktionen des Personbegriffs, sondern konstruieren aus solchen traditionellen Elementen einen Begriff, dessen normativer Geltungsanspruch weit über den lokalen Hintergrund hinausreicht.

2. Fortschrittsgeschichten

Seit der Entwicklung des historischen Bewusstseins haben Fortschrittsmythen dazu gedient, die Kluft zwischen der historischen Kontingenz lokaler Denkgewohnheiten und dem universalen Anspruch der moralischen Begriffe zu überwinden, indem Letztere als allgemeinmenschliche Wahrheiten behandelt werden, die im Verlauf der Kulturgeschichte allmählich entdeckt werden und aufgrund ihrer evidenten Qualität minderwertigere Formen der Moral ablösen. Die historischen Prozesse nehmen in solchen Geschichten die Gestalt von Kräften an, die es irgendwie zuwege bringen, dass allmählich immer bessere und wahrere moralische Ideen zur Geltung kommen, die der Person beigelegt werden. Für die einen gehört dazu die christlich-theologische Dimension eines tiefen Verständnisses von Verantwortlichkeit, das es in dieser Form bei den Griechen und anderswo (noch) nicht gegeben hat.[14] Für die anderen ist vor allem der Gedanke des selbstverantwortlichen kognitiv und moralisch autonomen Subjekts, das nicht mehr moralischen Konventionen folgt, sondern dem eigenen moralischen Urteil, zum Inbegriff des moralischen Fortschritts geworden. Dass Personen, so wie wir sie kennen, Menschen unter Menschen sind, die ihre Normen und Ideale nicht erfinden, sondern übernehmen und variie-

13 Robert Spaemann, *Personen. Versuche über den Unterschied zwischen »etwas« und »jemand«*, Stuttgart 1996, S. 26.

14 Vgl. Spaemann, *Personen*, S. 27.

ren, die sich in sozialen Rollen bewegen und bei weitem nicht nur sich selbst, sondern anderen Personen gegenüber verantwortlich sind, erscheint aus dieser Sicht als etwas bloß Faktisches, Atavistisches, dem nur auf niedrigeren Stufen der Kulturentwicklung eine moralische Bedeutung zukommt.

Das diesen Fortschrittsmythen eigentümliche Schwanken zwischen der historischen Relativierung und dem Glauben an die überhistorische Geltung der gegenwärtigen Ideen ist sogar noch in der kulturhistorischen Studie des französischen Kulturwissenschaftlers Marcel Mauss zum Personbegriff von 1938 zu spüren.[15] Zwar ist Mauss dort bemüht, die »naive« Vorstellung, der Gedanke der Person sei uns quasi von Natur aus eigen, durch eine historisch genauere zu ersetzen,[16] welche die Entwicklung des Personbegriffs nicht als notwendig erscheinen lässt und auf die Kontingenz und Offenheit zukünftiger Entwicklungen verweist. Gleichwohl greift er zur Beschreibung auch auf ein Vokabular zurück, das die Entwicklung des Späteren doch mehr oder weniger als eine Epiphanie der eigentlichen, noch verborgenen Wahrheit auch des Früheren erscheinen lässt: Erst in »unseren Zivilisationen« sei der Gedanke der Person als eines individuellen »Selbst«, das moralischen Wert besitzt, »klar und deutlich« geworden.[17] Während die Person ursprünglich als eine eher *äußerliche* soziale Rolle verstanden worden sei, habe man sie erst im Christentum als die wahre Natur des Individuums entdeckt – eine Entdeckung, die sich dann in der Moderne voll entfaltet habe. Auf diese Weise ordnet Mauss Personbegriffe aus so unterschiedlichen kulturellen Kontexten wie den Prärieindianern Nordamerikas und dem antiken Rom als Stadien einer Entwicklung zu, in denen etwas schon immer Latentes allmählich seine wahre moralische Bedeutung offenbart:[18] das Individuum, das ein

15 Marcel Mauss, »Une Catégorie de l'ésprit humain: La notion de personne, celle de moi«; die Studie erschien ursprünglich im *Journal of the Royal Anthropological Institute*, LXVIII (1938), und wird hier in eigener Übersetzung wiedergegeben nach dem Sammelband mit Mauss' Schriften, *Sociologie et Anthropologie*, Paris 1997.

16 Vgl. Mauss, »Une Catégorie de l'ésprit humain«, S. 333.

17 Ebd., S. 334.

18 Mauss, »Une Catégorie de l'ésprit humain«, S. 334. Zu Mauss vgl. auch Klaus-Peter Köpping, »Meisle Deine Maske: Ethnologische Anmerkungen zu Marcel Mauss«, in: *Die autonome Person – eine europäische Erfindung?*, hg. v. Klaus-Peter Köpping, Michael Welker, München 2002, S. 45-66.

inneres Gewissen ausgebildet hat und sich moralisch auf sich selbst bezieht, während es sich in »frühen« Stadien der Entwicklung des Personverständnisses (auch wenn es sich, wie im Falle der Prärieindianer, um das späte neunzehnte Jahrhundert handelt) noch hinter rein rollen- und statusbezogenen Vorstellungen versteckt.

Solche Fortschrittsmodelle – auch in der historisch differenzierten Gestalt, die sie bei Mauss annehmen – unterstellen, was seit Nietzsche nicht mehr selbstverständlich ist: die Verständlichkeit, den hohen ethischen Wert und die universale Anwendbarkeit der modernen Ideen, die in der westlichen Tradition mit der Person in Verbindung gebracht werden. Unter solchen Gesichtspunkten kann die Kulturgeschichte keine intellektuelle und moralische Herausforderung für die praktische Philosophie sein. Indem das Schema der Entwicklung von sozialen zu individualistischen Personauffassungen ihre komplexen Verläufe begradigt, verleitet es zu Verwechslungen von Abstraktem und Konkretem, wie sie der amerikanische Philosoph Alfred North Whitehead analysiert hat:[19] zur Unterschätzung des Abstraktionsgrades, wenn etwas Wirkliches nur unter abstrakten Gesichtspunkten betrachtet wird. Die Aspekte, die das Besondere und Unterscheidende einer Epoche oder Kultur auszumachen scheinen, werden dann zu Repräsentanten des vollständigen historischen Phänomens. So geht die gedankliche Unterscheidung zwischen sozialen und individuellen Aspekten des Personseins unmerklich in die Vorstellung über, sie könnten nicht nur abstrakt, *in Gedanken*, sondern in Wirklichkeit, als *reale historische Erscheinungen,* voneinander getrennt existieren: in einigen Gesellschaften sei die Person nur ein Sozialwesen, in anderen nur ein Individuum.[20]

Obgleich der Glaube an eine Fortschrittsgeschichte vom Kollektivismus zum Individualismus in der Soziologie zwischenzeitlich fast den Status eines religiösen Dogmas erlangt hatte, steht er als empirische Verallgemeinerung auf eher schwachen Füßen: so-

19 Zum Begriff der Verwechslung von Abstraktem und Konkretem (»Fallacy of Misplaced Concreteness«) vgl. Alfred North Whitehead, *Process and Reality*, Harvard 1978, S. 7.

20 So neigen manche Kulturwissenschaftler wie Louis Dumont in Anlehnung an Mauss dazu, die soziale Seite der Person der gesamten nichtwestlichen Kultur, die individuelle der europäischen Kultur seit dem Christentum zuzuordnen. Vgl. Louis Dumont, *Individualismus. Zur Ideologie der Moderne*, Frankfurt/M. 1991.

wohl wenn man ihn auf den Wandel von Personbegriffen bezieht als auch wenn man den Grad an Konformismus in verschiedenen kulturellen Lebensformen oder die Maßstäbe der Moral vergleicht. Auch nichtchristliche Kulturen haben im Verlaufe der Geschichte zuweilen ein weites Spektrum von extrem sozialen bis extrem individualistischen Personauffassungen entwickelt,[21] und die Lebensformen sind in vielen »primitiven« Gesellschaften ganz gewiss individualistischer als in modernen Staaten mit ihren komplexen ökonomischen und kulturellen Interdependenzen.[22] Wenn man die modernen utilitaristischen und deontologischen philosophischen Ethiken und die antiken Ethiken betrachtet, scheinen es eher die antiken Ethiken zu sein, die nach heutigen Maßstäben »individualistisch«, nämlich an der Perspektive des Einzelnen (dem Glücksstreben), ausgerichtet sind, während den beiden dominanten modernen Ethiktypen soziale Maßstäbe des Guten und Richtigen zugrunde liegen.[23]

Fortschrittsmodelle sind jedoch nicht nur deswegen problematisch, weil bei ihnen die Grenze zwischen zweckmäßiger Vereinfachung und Verfälschung schwer zu ziehen ist. Sie suggerieren fälschlicherweise, man könne die historischen Prozesse als Selektionsmechanismen unter verschiedenen ethischen Ideen begreifen, durch die die besten oder wahrsten zur Geltung kommen. Für diese Annahme liefert uns die Geschichte selbst keinen Grund. Nicht nur könnten die von diesen Fortschrittsmythen bevorzugten modernen moralischen Ideen anders sein, als sie sind; man kann es auch nicht als historisch belegt ansehen, dass die Menschen in ihrem Einflussbereich auf erkennbare Weise ein wertvolleres Leben führten oder sich moralisch besser verhielten als Personen in anderen kulturellen Kontexten. Indem sie die Verständlichkeit und den Wert der modernen moralischen Ideen unhinterfragt voraussetzen, verschleiern Fortschrittsmythen die eigentlich kritische philosophische Aufgabe: die je gegenwärtigen Ideen mit Blick auf ihre Eig-

21 Vgl. hierzu beispielsweise die wechselhafte Entwicklung chinesischer Vorstellungen nach Mark Elvin, »Between the Earth and Heaven: Conceptions of the Self in China«, in: *The Category of the Person*, hg. v. Michael Carrithers, Steven Collins, Steven Lukes, Cambridge 1985, S. 156-189.

22 Vgl. hierzu die Darstellung der Palyians im sechsten Kapitel.

23 Zu dieser Unterscheidung vgl. Ernst Tugendhat, »Antike und moderne Ethik«, in: ders., *Probleme der Ethik*, Stuttgart 1984.

nung zur Durchdringung und Bewältigung moralischer Probleme im Rahmen der durch sie mitkonstituierten Lebensform zu hinterfragen.

3. Gibt es einen allgemeinen Begriff der Person?

Kommen wir zu der Frage zurück, wie ein nicht ethnozentrischer Begriff der Person zu bilden wäre, der einen Zugang zu Personauffassungen anderer Kulturen vermitteln könnte. In vielen Kulturen gilt die Person als ein soziales Wesen, in manchen aber auch als ein vom sozialen abgetrenntes Individuum; andere Kulturen wiederum lassen beide Möglichkeiten zu.[24] Wenn moderne Europäer oder Amerikaner sich auch heute noch besonders mit der Vorstellung identifizieren, ein Individuum zu sein, geht es ihnen nicht um das Einzelwesen, das wir nun einmal sind, im Sinne des empirischen einzelnen fühlenden, denkenden, wahrnehmenden, sprechenden Individuums in seinen sozialen Beziehungen. Im christlichen und modernen Denken wird der Ausdruck Individuum auch in einem ganz anderen Sinne verwendet, der sich heute auf schwer durchschaubare Weise mit dem ersten vermischt: im Sinne des Individuums *als solchem*, unter Abstraktion von seinen sozialen Beziehungen.

Diese gedankliche Loslösung des Individuums von der Sozialwelt geht in Europa auf eine lange christlich-gnostische Geistesgeschichte zurück. Die christliche Unterscheidung zwischen dem Reich des Geistigen und dem »fleischlichen« Reich hat unter anderem dazu geführt, dass das Soziale als das *bloß* Weltliche, dem eigentlichen Menschen *Äußerliche* wahrgenommen wurde. Aus dieser Perspektive schien die menschliche Existenz nur scheinbar und vorläufig im Miteinander von Menschen mit Menschen zu bestehen; worauf es eigentlich ankam, war das ewige Leben. Diese Abwertung des Sozialen als des bloß Weltlichen wurde in der kritischen Denktradition der Aufklärung von Locke zu Kant nicht etwa revidiert; die Person wurde weiterhin als ein Einzelwesen thematisiert, dessen Selbstverhältnis sich nicht aus dem alltäglichen Sozialleben und den damit verbundenen Reflexionsformen entwi-

24 Zu den Mischformen vgl. vor allem Dumonts Rekonstruktion der komplexen indischen Weltanschauung in: Dumont, *Individualismus,* S. 35.

ckelt, sondern aus einem von der Sorge um das eigene Seelenheil angetriebenen Bewusstsein seiner selbst (Locke) und aus seinem autonomen Willen (Kant). Mit dieser Idee eines wesentlich vom Sozialen unabhängigen autonomen Wesens verband sich ein hoher *Wert.*[25] Religionsgeschichtlich betrachtet, ist die Vorstellung, das Individuum habe eigentlich ganz andere Ursprünge und Ziele als die der Gesellschaft, nicht ungewöhnlich. Sich innerlich von der sozialen Welt zu distanzieren ist eine Möglichkeit, die Menschen unter misslichen sozialen Umständen immer wieder ergreifen können, wenn sie über entsprechende Weltbilder verfügen – die dann, auch wenn die sozialen Verhältnisse wieder genügend Stabilität bekommen haben, weiter als Interpretationsrahmen dienen. Die Möglichkeit, unter gewissen kulturellen Voraussetzungen ein *Selbstverständnis* als außerweltliches Wesen auszubilden, ist jedoch nicht mit der Möglichkeit zu verwechseln, unabhängig von den sozialen Beziehungen ein Bewusstsein seiner selbst und eine moralische Identität zu entwickeln. Eine solche Möglichkeit haben Menschen nicht. Das Selbstverständnis als außerweltliches Wesen ist ein besonderes kulturpsychologisches und moralisches Phänomen, das durch Distanzierung von der ursprünglich sozialen Konstitution des Selbst und durch Konzentration auf einen außerweltlichen Maßstab erreicht wird. Versteht man es als ausreichende Beschreibung von Personen, dann führt es zu einem Missverständnis der realen Bedingungen von Personalität und Moral. Umgekehrt ist anzunehmen, dass im Ausgang vom Individuum in seinen sozialen Beziehungen am ehesten ein allgemeiner Begriff der Person entworfen werden kann.

Vielleicht hilft hier ein Vergleich mit der politischen Philosophie weiter: So wie sich die Bedeutung von »Staat« in Abgrenzung zur Fiktion eines nichtstaatlichen Naturzustands bestimmen lässt, so kann auch ein imaginärer (wenn auch sehr rudimentärer) Begriff der Person in Abgrenzung von einem menschlichen Naturzustand entworfen werden.[26] Nicht zufällig gibt es in vielen Kulturen My-

25 Zur Unterscheidung zwischen dem empirischen Individuum und dem Individuum als Wert vgl. Dumont, *Individualismus*, S. 34.

26 Der Gedanke einer »imaginären« Herleitung des Personbegriffs knüpft an Bernard Williams' Überlegungen zu einer »imaginären« Genealogie des Staates in den Staatslehren der frühen Neuzeit an. Vgl. Bernard Williams, *Truth and Truthfulness*, Princeton 2002, S. 21 f.

then – man denke an die biblische Vertreibung aus dem Paradies –, die eine »imaginäre Genealogie« der Person aus dem Naturzustand zum Thema haben. Ein Staat ist wie eine Person ein konkretes historisches Individuum. Die neuzeitlichen Staatslehren behandeln dieses historische Phänomen jedoch wie ein fiktives Gebilde, indem sie anhand der Annahme eines (fiktiven) vorstaatlichen Zustands, eines Naturzustands, gewisse allgemeine Vorzüge und Funktionen des staatlichen Systems als solchem erläutern. Als einen entsprechenden *Naturzustand der Person* kann man sich den fiktiven Zustand von einzelnen Menschen denken, die sich eventuell (wie in der biblischen Erzählung) über die Tatsachen verständigen können, aber sich noch nicht im Lichte von Normen und Idealen wahrnehmen und keine moralischen Gefühle wie Scham und Schuld kennen. (Wenn ich diesen Naturzustand als Fiktion bezeichne, meine ich damit die Vorstellung eines *reinen* Naturzustands; im wirklichen Leben nehmen sich Menschen nie nur unter personalen Gesichtspunkten, sondern auch unter natürlichen wahr.) In einem solchen Naturzustand müssten Menschen, wenn sie die Kooperationswilligkeit oder potenzielle Gefahr anderer einschätzen wollen, allein von ihrer individuellen Erfahrung ausgehen. Nur wer jemanden aus persönlicher Erfahrung kennt, kann mehr oder weniger voraussehen, dass dieses Individuum sich in bestimmten Situationen so oder so verhalten wird, weil er weiß, dass es über eine bestimmte Körperkraft und ein bestimmtes Temperament verfügt, dass es diese oder jene Gewohnheiten, Neigungen oder Ängste hat. Wenn Menschen sich und andere hingegen als Personen wahrnehmen, ergeben sich Erwartungen anderer Art als die induktiv aus Erfahrung gewonnenen Verhaltenserwartungen: Erwartungen, dass andere Regeln folgen und gewisse Normen nicht verletzen. Entsprechend reagieren sie anders auf Erwartungsenttäuschungen als im ersten Falle, wo sie ihre Erwartung als Irrtum erkennen und korrigieren. Wenn eine Person normative Erwartungen enttäuscht, dann wird angenommen, dass sie einen Fehler gemacht hat und nicht diejenigen, die sich eine unzutreffende Erwartung hinsichtlich ihres mutmaßlichen Verhaltens gebildet hatten.[27] Daraus kann sich je nach kulturellem Kontext ein Recht oder gar eine Pflicht ergeben, die betreffende Person zu tadeln oder zu bestrafen. Umgekehrt wird

27 Zum Unterschied zwischen *natürlichen* und *normativen* Enttäuschungen vgl. Niklas Luhmann, *Rechtssoziologie,* Bd. 1, Frankfurt/M. 1972, S. 40 ff., S. 53 ff.

sie Scham- oder Schuldgefühle empfinden, wenn sie ihren Fehler merkt.

Der Kontrast zwischen dem Menschen im Naturzustand und der Person kann so als Leitidee dienen, um die Frage, was eine moralische Person ausmacht, auf Gesichtspunkte zu lenken, die mit der sozialen Kooperation als solcher zu tun haben. Er fokussiert die Aufmerksamkeit auf grundlegende Aspekte, die untrennbar zu einem Leben in Gemeinschaft gehören, wie die Bedingungen normativer Identität (die Identifikation mit Idealen und Verantwortungsbereichen), die emotionalen Voraussetzungen normativer Ansprechbarkeit und des Selbstbewusstseins, Rechte und Pflichten, die soziale Verteilung von Verantwortung und ihre Interpretationen, die Rolle des Rechts etc.

Zwischen einer fiktiven Genealogie der Person, welche funktionale Merkmale betrifft, die sie von Menschen im Naturzustand unterscheidet, und dem Selbstverständnis wirklicher Personen in realen kulturellen Umgebungen klafft freilich eine große Lücke. Wirkliche Personen erklären das, was sie von sich und anderen erwarten, nicht mit der Funktion von Normen und Regeln für die menschliche Kooperation, sondern mit ihren Überzeugungen über die Natur der Dinge, der Menschen und das, was im Leben wichtig und was weniger wichtig ist. Imaginäre Rekonstruktionen grundlegender personaler Funktionen sagen aber nur dann etwas über Personen aus, wenn sie mit Beschreibungen solcher realer kultureller Kontexte vermittelbar sind,[28] in denen der Gedanke der Person in einen historisch gewachsenen Zusammenhang von moralischen Ideen eingebunden ist – Ideen wie Autonomie, freier Wille, Individualität, Selbstbewusstsein, Kritikfähigkeit, Gewissen oder auch Ehre, Schamhaftigkeit, Karma etc.

4. Dünne und dichte Beschreibungen

Einen speziellen Begriff, in dem die Differenz zwischen einer Person und einem Menschen im Naturzustand zum Ausdruck kommt, haben die Kabylen, ein Berbervolk in Nordostalgerien entwickelt: Amahbul. Was einen solchen Amahbul im Verhältnis zu seinen

28 Zur Notwendigkeit des Übergangs zu historischen Genealogien vgl. auch Williams, *Truth and Truthfulness*, S. 21 ff.

Mitmenschen ausmacht, beschreibt der französische Ethnologe und Soziologe Pierre Bourdieu so:

Amahbul – das ist der schamlose und schlechte Mensch, der die Grenzen des Anstands – der allein gute Beziehungen verbürgt – überschreitet, der eine willkürlich angeeignete Gewalt zu Taten missbraucht, die im Gegensatz zu dem stehen, was die Lebenskunst lehrt. Man geht diesen Imahbal (Plural von Amahbul) aus dem Wege, weil man eine Auseinandersetzung mit ihnen lieber vermeidet, weil die Schande ihnen nichts anhaben kann [...].

[...] Sein Nachbar hatte eine Stützmauer. Der Mann riß die Mauer des Nachbarn ein und trug die Steine zu sich herüber [...] Die Öffentlichkeit und der Geschädigte gaben sich den Anschein, die Sache zu ignorieren, denn es ist in der Tat absurd, mit einem Amahbul in Streit zu geraten; sagt man nicht: »dem Amahbul geh aus dem Wege«?

Gleichwohl ging der Geschädigte zu dem Bruder des Schuldigen.[29]

Betrachtet man solche Beispiele, dann zeigt sich, dass der Glaube, man könne moralische Begriffe nur in ihrem speziellen kulturellen Kontext verstehen, in einem gewissen Sinn zutrifft, in einem anderen nicht. So fremdartig und unbekannt uns die Kabylen mit ihren speziellen Ehrvorstellungen auch sein mögen – das Problem, das sie mit ihrem Amahbul haben, versteht jeder, der über eine gewisse Lebenserfahrung verfügt. Allerdings würde eine Europäerin damit nicht dieselben Gedanken und Gefühle verbinden wie ein Kabyle, für den die Nachbarschaft eines solchen Amahbul mit äußerst kniffligen Ehreproblemen verbunden wäre. Wie Bourdieu berichtet, erfordert der praktische Umgang mit einem Amahbul sogar so viel erfahrungsgeschultes Feingefühl, dass nicht einmal Kabylen, die längere Zeit anderen kulturellen Einflüssen ausgesetzt waren, dazu noch in der Lage sind.[30] Was kann es dann aber heißen, Begriffe wie *Amahbul* zu *verstehen*, wenn man sie andererseits in ihrer

29 Pierre Bourdieu, *Entwurf einer Theorie der Praxis auf der ethnologischen Grundlage der kabylischen Gesellschaft,* Frankfurt/M. 1976, S. 11 f.

30 Ebd., S. 12 f. So ist in der stark durch Familienstrukturen geordneten kabylischen Gesellschaft ein Amahbul für Außenstehende etwas anderes als für die eigene Familie, und diese muss sich *gegenüber* Außenstehenden wiederum anders auf ihn beziehen, als es *zwischen* Außenstehenden üblich wäre. Beispielsweise erscheint es einem Kabylen – anders als einem durch den Universalismus der Aufklärung geprägten Europäer – unangemessen, wenn ein Verwandter des Amahbul sich gegenüber Nichtverwandten über dessen Verhalten empört oder gar Opfer des unliebsamen Verwandten zu Gegenmaßnahmen auffordert. Verwandtschaft verpflichtet zur Solidarität, auch gegenüber einem Amahbul.

konkreten Bedeutung für die Menschen, die sie gewöhnlich verwenden, doch nicht versteht?

Es handelt sich offenkundig um zwei verschiedene Weisen des Verstehens, das Verstehen eines Außenseiters und das eines Insiders. Der Unterschied ist einerseits ein quantitativer: Was die Europäerin hier versteht, ist offenkundig sehr viel *weniger*, als was ein ortsansässiger Kabyle damit verbindet. Michael Walzer hat diese Art des Verstehens als ein »minimales« oder »dünnes« (*thin*) Verstehen beschrieben. Es ist nicht mit dem »maximalen« und »dichten« (*thick*) Verstehen eines Insiders zu verwechseln, das auf der persönlichen Vertrautheit mit den emotionalen und praktischen Bedeutungen eines Begriffs beruht. Eine »dichte« Beschreibung, die diesem Insider-Verstehen gerecht würde, müsste sowohl eine lokale Genealogie der verschiedenen Ideen und Erfahrungen umfassen, die mit diesem Begriff assoziiert werden, als auch eine Analyse der praktischen Funktionen, welche der Begriff gegenwärtig in seinem sozialen Kontext übernimmt. Das »dünne« Verständnis eines Außenseiters hingegen ist vergleichsweise abstrakt.[31]

Walzer illustriert das dünne Verständnis am Beispiel eines politischen Anlasses: So versteht der mit den osteuropäischen Verhältnissen nur vage vertraute Amerikaner die Menschen in Prag durchaus, wenn sie bei ihren Demonstrationen 1989 Transparente mit den Aufschriften »Wahrheit« und »Gerechtigkeit« hoch halten, auch wenn er die politischen und religiösen Gruppierungen in Prag nicht kennt und allen Grund zur Vermutung hat, dass die Prager auf Erfahrungen reagieren, die er selbst nie gemacht hat. Er versteht, dass sie nicht mehr von ihren Politikern belogen werden wollen und dass sie die gegebenen Verhältnisse für zutiefst ungerecht halten. Das bedeutet jedoch nicht, dass er sagen könnte, warum sie diese und nicht andere Begriffe gewählt haben, was sie genau unter Gerechtigkeit verstehen, an welche Vorkommnisse sie die Zuschauer dabei vielleicht erinnern wollen, um welche Güter es dabei genau geht etc.; so klar und deutlich ihm auch vor Augen steht, was die Leute wollen, so dünn ist sein Verständnis, verglichen mit dem

31 Michael Walzer, *Thick and Thin. Moral Argument Home and Abroad,* Notre Dame, London 1994, S. 1 f. Walzer hat den Begriff der »dichten Beschreibung« (»thick description«) von Clifford Geertz übernommen; vgl. Clifford Geertz, »Thick Description: Towards an Interpretive Theory of Culture«, in: ders., *The Interpretation of Cultures*, Basic Books 1973, S. 3-32.

komplexen Hintergrund ihrer Erfahrungen – es besteht weitgehend in einer *Abstraktion* von den entsprechenden dichten Erfahrungen der eigenen Tradition und der Konzentration auf Merkmale, die ihm in diesem Moment ganz selbstverständlich universal scheinen. Dünne Begriffe sind nicht etwa universale Grundlagen von dichten Begriffen; sie bezeichnen die universalen *Gesichtspunkte, unter denen sich dichte Begriffe zu einem bestimmten Zeitpunkt überschneiden.*

Minimalistisches Verstehen erstreckt sich auf elementare Erfahrungen, Probleme und Begriffe, die eng mit den Erfordernissen der sozialen Kooperation und damit verbundenen Vorstellungen von Angemessenheit und Gerechtigkeit zusammenhängen. Diese Vorstellungen können vage Ideen von sozial zu lösenden Aufgaben umfassen bis hin zu speziellen Vorstellungen von ihren Lösungen (oder der dezidierten Verweigerung ihrer Lösung wie im Fall des Amahbul). Dieses Verstehen ergibt sich daraus, dass wir nicht nur an unsere Mitbürger, sondern auch an Fremde moralische Erwartungen richten und ihr Verhalten moralisch deuten und umgekehrt.[32] Dies beschränkt sich nicht auf Begriffe, für die es – wie im Fall der »Wahrheit« oder »Gerechtigkeit« – Worte in der eigenen Sprache gibt. Wenn wir Bourdieu lesen, entwickeln wir sofort eine Vorstellung davon, was der Amahbul für ein Menschentyp ist, obwohl es in unserer Kultur kein eigenes Wort für diesen Menschentyp gibt. Und umgekehrt halten wir auch Kabylen wie den Nachbarn des Amahbul für »Personen«, obgleich es in der Kultur der Kabylen keinen Begriff gibt, der dem reichhaltigen Bedeutungsspektrum der christlichen und neuzeitlichen Begriffe der »Person« entspricht. Oben bin ich auf die Gründe eingegangen, die dagegen sprechen, den Begriff Person auf das dichte Bedeutungsfeld zu begrenzen, das für die Region charakteristisch ist, in der er sich entwickelt hat. Wenn sich daraus ein Recht herleitet, den Begriff universal zu gebrauchen, dann geht es offenkundig nur um ein dünnes Verständnis, das vielleicht zunächst nicht viel mehr umfasst als eine abstrakte Vorstellung vom Menschen als einem moralisch ansprechbaren Wesen und Träger von Verantwortung, das aber in seiner Bedeutung offen ist für Anreicherungen; damit wird nicht unterstellt, dass solche Personen dieselbe moralische Psychologie und dieselben moralischen Werte aufweisen.

32 Vgl. Walzer, *Thick and Thin*, S. 12.

Mit dem Begriff des dünnen kulturphilosophischen Verstehens, so wie ich ihn hier im Anschluss an Geertz und Walzer verwende, ist nicht der Anspruch verbunden, universale apriorische Prinzipien der Moral intellektuell zu erfassen. Vielmehr gehe ich davon aus, dass das, was wir für wichtig – und auch für interkulturell wichtig – halten, letztlich auf *Abstraktionen* von dichten Kontexten beruht: Abstraktionen einzelner Gesichtspunkte, die sich zu einem bestimmten Zeitpunkt – vor dem Hintergrund des jeweiligen kultur- und sozialwissenschaftlichen Kenntnisstandes – eignen, Übergänge zwischen den dichten kulturellen Kontexten ethischer Systeme herzustellen. Das Verstehen von Personen ist daher weder auf eine rein semantische Analyse lokal gegebener Moralbegriffe noch auf eine rein gedankliche apriorische Konstruktion reduzierbar.

5. Die empirische Grundlage der Kritik

Wenn ich im Folgenden die intersubjektiven Beziehungen und Selbstverhältnisse untersuche, die Personen als moralische Wesen und Verantwortungsträgerinnen ausmachen, werde ich die philosophische Analyse in dem Maße, in dem es mir möglich ist, mit dem dichten Wissen der empirischen Kultur- und Sozialwissenschaften zu vermitteln versuchen. Das ist auch ein intellektuelles Experiment: Durch eine *Konfrontation* traditioneller Fragestellungen der praktischen Philosophie mit der Alltagspraxis, der Rechtspraxis und den Ergebnissen der Kulturwissenschaften möchte ich in den folgenden Kapiteln ausloten, ob eine philosophische Analyse von begrifflichen Problemen in eine wechselseitig fruchtbare Beziehung mit einzelwissenschaftlichen Gesichtspunkten und Problemen der Rechtstheorie und der Rechtspraxis treten kann. Hier sollen weder vorgegebene Begriffe auf eine vorbegriffliche Empirie angewendet noch diese Empirie unter vorgegebene philosophische Ideen subsumiert werden. Es geht vielmehr um eine wechselseitige Befruchtung von praxisorientierten Begrifflichkeiten und Begrifflichkeiten und Methoden, die einer eigenen theoretischen Tradition entstammen.

Das erfordert, nicht nur philosophische und kulturphilosophische Annahmen *über* Verantwortung und Personalität, sondern so weit wie möglich die *soziale Praxis selbst* einzubeziehen, wie ich es in Form von Beispielen aus der Ethnologie, den Altertumswissenschaften, dem Recht und der Rechtstheorie unternehmen werde. Im Unterschied zu Gedankenexperimenten, wie sie in der Philosophie seit Locke gebräuchlich sind, dienen reale Beispiele nicht nur der *Illustration* von Überlegungen, sondern auch dazu, die Ausschnitte der Wirklichkeit abzustecken, auf welche die Beschreibung anwendbar ist. Darüber hinaus können reale Beispiele eine Eigendynamik entwickeln, die für eine Arbeit wie diese, die keine speziellen theoretischen Thesen beweisen, sondern vor allem die Sichtweise ändern möchte, von Vorzug ist: der Gedankengang behält stets den Bezug zu einer Wirklichkeit, die sich ihm auch versperren und eventuell andere Wege suggerieren kann. So sollen Fallbeispiele aus der europäischen und außereuropäischen Rechtspraxis und dem Alltagsleben zeigen, welche Rolle normative Fiktionen bei Verantwortungszuschreibungen spielen; gleichzeitig dienen sie dazu, einen Sinn für die kulturelle Kontextualität von Person- und Verantwortungsauffassungen zu entwickeln. John Dewey hat dieser empirischen Seite der Philosophie einen prägnanten Ausdruck verliehen: Er schreibt der Philosophie die Funktion einer Botschafterin (wörtlich: eines Verbindungsoffiziers) zu, welche »die verschiedenen Stimmen mit ihren jeweils provinziellen Begrifflichkeiten einander verständlich macht« und es ihnen so ermöglicht, die Bedeutung und die Reichweite ihrer Begrifflichkeiten kritisch zu überprüfen.[33]

Die Rekonstruktion von Übergängen zwischen ethischen Systemen in verschiedenen Umwelten dient somit nicht nur dazu, die empirischen Anwendungsbereiche moralischer Grundbegriffe genauer zu umreißen und zu differenzieren, sondern hat auch einen (selbst-)kritischen Zweck: Betrachtet man unsere gegenwärtigen Vorstellungen nämlich im Vergleich zu Vorstellungen und Praktiken aus »fremden« oder »vergangenen« Kulturen, dann zeigt sich, dass einiges, was in scheinbar fremdartigen ethischen Systemen wichtig genommen wird, auch »uns« nicht unbekannt ist, aber kulturell anders eingeschätzt oder missachtet wird – vielleicht, weil es nicht den Ansprüchen einer höher eingestuften Moral genügt oder weil es Erfahrungen im alltäglichen Umgang betrifft, die mit den dominanten moralischen Begriffen nicht als moralisch relevant artikuliert werden können. In dieser Hinsicht soll der Kulturvergleich als Matrix der Kritik je gegenwärtiger moralischer Ideen

33 Dewey, *Experience and Nature*, S. 410 (Übers. M.-S. L.).

dienen, besonders mit Blick auf die Frage, wie adäquat sie zum Verständnis unserer gegenwärtigen Lebensform sind und wie weit sie uns wirklich helfen, unsere sozialen Interaktionen und moralischen Reaktionen zu verstehen. Die kritische Funktion, die der Kulturvergleich hier übernimmt, knüpft lose an eine Form der historisierenden Reflexion moralischer Ideen an, die zuerst im späten neunzehnten Jahrhundert von Nietzsche entwickelt wurde und eine Antistruktur zu Fortschritts- und Erfolgsgeschichten darstellt: die sogenannte Genealogie. Nietzsches Typ von Genealogie kehrt die ursprüngliche Funktion der Genealogie um. Während mythische und heroische Genealogien die Dignität und Göttlichkeit der Anfänge durch Konstruktion einer Herkunftsgeschichte auf die Nachfolger übertragen, hat es die nietzscheanische Genealogie darauf abgesehen, den selbstverständlichen Glauben an den Sinn, die Verständlichkeit und die praktische Funktion unserer vertrauten moralischen Ideen zu erschüttern.[34] Diese Herangehensweise entfaltet ihr kritisches Potenzial weniger durch historische Hypothesen über die Entstehung dieser oder jener Vorstellung und Praxis[35] als durch den ungläubigen, zweifelnden Blick auf die Art und Weise, wie man gegenwärtig sein moralisches Leben versteht oder zu verstehen glaubt. Indem gezeigt wird, dass die Unterscheidung von Gut und Schlecht, die moralische Motivation und andere grundlegende moralische Vorstellungen auch anders verstanden worden sind und somit verstanden werden können, als wir es gegenwärtig tun, verlieren sie ihre Selbstverständlichkeit und werden auch einer normativen Kritik zugänglich, ganz unabhängig davon, ob man Nietzsches eigenen Wertungen folgt. Noch wichtiger für das Verständnis des moralischen Lebens ist die unzeitgemäße Perspektive, die Nietzsche, aber auch neuere genealogische Denker wie Bernard Williams und Raymund Geuss, gegenüber der Gegenwart einnehmen. So haben Nietzsche und Williams den Blickwinkel,

34 Diesen Aspekt hat besonders Raymond Geuss herausgearbeitet; vgl. Raymond Geuss, »Nietzsche and Genealogy«, in: ders., *Morality, Culture and History. Essays on German Philosophy,* Cambridge 1999, S. 1ff. Vgl. auch ders., »Genealogy as Critique«, in: ders., *Outside Ethics*, Princeton 2005, S. 157.

35 In Nietzsches Schrift *Zur Genealogie der Moral* tritt an die Stelle sinnstiftender Begründungen eine Rekonstruktion der potenziellen psychologischen und sozialen Wurzeln und wechselnden Funktionen moralischer Ideen und Praktiken wie der moralischen Schuld oder der Strafe.

aus dem wir gewöhnlich andere Kulturen betrachten, umgekehrt und die modernen moralischen Ideen aus der unzeitgemäßen Perspektive der Antike auch als raffinierte Formen der Selbstentfremdung beschrieben:[36] Wir »verstehn uns nicht«, spottet Nietzsche zu Beginn von *Zur Genealogie der Moral*, »für uns heißt der Satz in alle Ewigkeit ›Jeder ist sich selbst der Fernste‹.«[37] Er beschreibt die modernen moralischen Kategorien und Werte im Kulturvergleich nicht nur als *anders* als die antiken, sondern auch als *trügerischer*, als strukturell mit Selbsttäuschungen über die wirklichen Lebensverhältnisse verbunden. Dem verbreiteten Fortschrittsdenken seiner Zeit, wonach sich der Mensch von unfreien Formen des Zusammenlebens zu einer autonomen Form der Kooperation in der Moderne entwickelt hat, stellte er eine recht düstere Beschreibung der Lohnarbeit als einer durch egalitäre Euphemismen verdeckten Form der Sklaverei entgegen, die den realen hierarchischen und ausbeuterischen Lebensverhältnissen im Kapitalismus den trügerischen Mantel einer egalitären Lebensform überstreifen.[38] Bernard Williams wiederum hat in seinen vergleichenden Arbeiten zur Antike und Moderne die Vermutung geäußert, dass die Reflexion der modernen moralischen Ideen in der Philosophie und in anderen kulturellen Medien oft ein falsches oder missverständliches Bild von ihrer Relevanz und ihrem Wirklichkeitsbezug vermittelt, und in Zweifel gezogen, dass sich die moralischen Kategorien, die wir wirklich zur Orientierung im Alltagsleben verwenden, in dem von der modernen Philosophie suggerierten starken Maße von denen der Griechen unterscheiden.[39]

36 Vgl. Bernard Williams' einleitende Bemerkungen in *Shame and Necessity*, Berkeley, Los Angeles u. a. 1993.

37 Friedrich Nietzsche, *Zur Genealogie der Moral*, in: ders., *Kritische Studienausgabe*, Bd. 5, hg. v. Giorgio Colli, Mazzino Montinari, Berlin, New York 1999, § 1, S. 247 f.

38 Vgl. Friedrich Nietzsche, *Der griechische Staat*, in: ders., *Kritische Studienausgabe*, Bd. 1, hg. v. Giorgio Colli, Mazzino Montinari, Berlin, New York, S. 764 ff.

39 Wenn ich hier an die Ideen einer *Genealogie* und *Unzeitgemäßen Betrachtung* anknüpfe, stütze ich mich mehr auf die selektiven Interpretationen der genealogischen Herangehensweise von Bernard Williams und Raymond Geuss als auf die ursprüngliche Konstellation bei Nietzsche und ihre Transformation bei Foucault. Der Begriff *Genealogie* steht hier *nicht* für ein Genre ideologiekritischer Literatur, das Ideen vor allem aus Machtverhältnissen herleitet. Eine genealogische Perspektive einzunehmen ist nicht notwendig damit verbunden (wie bei Nietz-

Insoweit diese Arbeit Gesichtspunkte der von Nietzsche geprägten Genealogie übernimmt, tut sie dies jedoch nicht in Gestalt von genealogischen Hypothesen über die historische Entstehung von moralischen Vorstellungen und ihre psychosozialen Wurzeln. An die Stelle einer Entwicklungsgeschichte, die ganze Epochen unter vereinheitlichende Gesichtspunkte subsumiert, tritt in dieser Arbeit eine eher *horizontal* angelegte Beschreibung der moralischen Anatomie von Personen, die durch dünne Beschreibungen verschiedene historische und kulturelle Gestalten vermittelt, dabei aber ohne vereinheitlichende Reduktionen kultureller Epochen auf einzelne Leitideen auskommt. Die dünnen Beschreibungen stellen *Schnittstellen von ethischen Systemen* dar: das heißt, sie stellen Übergänge her, um von der besonderen Interpretation und Gewichtung der Personelemente in einem ethischen System zu den Besonderheiten anderer ethischer Systeme überzugehen. Wenn es beispielsweise um die Person als Trägerin von Rechten geht, muss der Begriff eines Rechts dünn genug gefasst werden, um als Schnittstelle sowohl von Systemen, in denen ihm nur eine indirekte Rolle zukommt, als auch von solchen, in denen er sich besonderer Wertschätzung erfreut, dienen zu können; er darf daher auch nicht von vornherein mit einer prominenten Gestalt in einem System der letzteren Art gleichgesetzt werden – etwa mit der Gestalt von Freiheitsrechten, die Individuen gegenüber dem Staat haben –, denn dann entsteht der Anschein, als seien Personen in Systemen ohne ausdrückliche Freiheitsrechte rechtlos. Umgekehrt soll die Suche nach Schnittpunkten zwischen verschiedenen ethischen Systemen verhindern, dass die Frage nach der Person auf die Frage nach unserem Verständnis vertrauter Begriffe wie Autonomie, Rationalität, Willensfreiheit etc. reduziert wird. Ich möchte ein (im Sinne Nietzsches) »unzeitgemäßes« Bild von Personen entwerfen, das ihre wirkliche Lebensform nicht mit den heute dominanten moralischen Ideen gleichsetzt. Das erfordert auch eine kritische Auseinandersetzung mit den damit verbundenen Ansprüchen, unsere Lebensform zu gestalten und zu repräsentieren.

sche und Foucault), das Augenmerk speziell auf innerpsychologische, politische und soziale *Macht*verhältnisse als Triebfedern ideologischer Entwicklungen zu richten. Zu den verschiedenen Interpretationen philosophischer Genealogien vgl. Martin Saar, *Genealogie als Kritik. Geschichte und Theorie des Subjekts nach Nietzsche und Foucault*, Frankfurt a. M. 2007.

Genealogisch vorzugehen bedeutet in diesem Zusammenhang, die Selbstverständlichkeit gewisser vertrauter Ideenkomplexe aufzulösen, indem gezeigt wird, dass sie *nicht notwendig* zusammenhängen,[40] sondern sich in räumlich oder zeitlich fernen kulturellen Kontexten mit anderen Ideen verbinden können und dass es durchaus möglich ist, dass diese fremden Verbindungen nicht nur in ihrem kulturellen Kontext so etwas wie moralische Gültigkeit beanspruchen können, sondern vielleicht auch mit Blick auf Aspekte unseres eigenen.

Wenn ich im Folgenden von »fernen« oder »anderen« kulturellen Kontexten spreche, sind keine inselartigen Einheiten gemeint, die eine Einheitlichkeit der moralischen Vorstellungen und Gefühle aufweisen, die ihr unterscheidendes Merkmal ausmacht, wodurch sie sich von entsprechend einheitlich gedachten Moralen anderer Kulturen unterscheiden. Da die vielen Gründe, die gegen die Position des sogenannten ethischen Kulturrelativismus sprechen, schon in anderen Arbeiten ausführlich diskutiert wurden, werde ich in den folgenden Kapiteln nicht speziell darauf eingehen.[41] Für unsere Zwecke mag ein Beispiel genügen, das Richard Brandt, ein bekannter Vertreter des ethischen Kulturrelativismus, als Beleg für eine unüberbrückbare normative Differenz zwischen der Hopi-Kultur und »uns« anführt: der Umstand, dass dort Kinder nicht selten grausame Spiele mit Tieren veranstalten, ohne dafür gerügt zu werden.[42] Brandt scheint dabei nicht nur anzunehmen, die betreffende Praxis sei charakteristisch für die *gesamte* Einstellung *aller* Hopi gegenüber Tieren, sondern auch, es gäbe ein entsprechend normativ homogenes »wir«, für das tierquälerische Verhaltensweisen tabu sind. Wie Michelle Moody-Adams an einer Reihe von Beispielen demonstriert hat, erscheint diese Annahme – die auf einen kleinen Kreis von vegetarischen Tierfreunden zutreffen mag – jedoch wenig überzeugend, wenn man das »wir« auf einen ganzen Kulturkreis ausdehnt – sagen wir, die europäische und amerikanische Kultur –

40 Zur Funktion der Genealogie für die Auflösung von Identitäten vgl. vor allem Geuss, »Genealogy as Critique«, S. 153-160.

41 Zur Kritik des ethischen Relativismus vgl. vor allem Michelle Moody-Adams, *Fieldwork in Familiar Places: Morality, Culture and Philosophy*, Cambridge 1997. Vgl. auch Klaus-Peter Rippe, *Ethischer Relativismus: Seine Grenzen – seine Geltung*, Zürich 1993.

42 Vgl. Richard Brandt, *Ethical Theory*, New York 1959, S. 102-103.

oder mit den Bewohnern eines Staates gleichsetzt. Zweifellos gibt es Praktiken gegenüber Tieren in den USA und Europa – von der Aufzucht von Legehennen in engen Käfigen über die Schlachthöfe bis zur Misshandlung von »Schoßtieren« aus Ignoranz-, die nicht nur vielen Hopi als fremd und grausam erscheinen könnten, sondern auch Amerikanern und Europäern; manche Tierschützer betrachten das, was andere als ein appetitliches Schnitzel im Supermarkt wahrnehmen, als Leichenteil eines grässlich missbrauchten Wesens.[43]

Wirkliche Lebensverhältnisse sind nicht moralisch gleichförmig. Sie speisen sich in der Regel aus verschiedenen kulturellen Einflüssen, deren Vereinigung durchaus konfliktreich sein kann.[44] Der Ausdruck »die christliche Kultur« suggeriert Einheitlichkeit, wenn man ihn neben einen anderen wie »die islamische Kultur« stellt. In Wirklichkeit hat man es mit jüdischen Wurzeln, antiken, stoischen, neuplatonischen, römischen und germanischen Einflüssen, mit einem Spektrum an Interpretationen des Göttlichen im Verhältnis zum Menschlichen zu tun, die von der Bergpredigt über die römisch und neuplatonisch geprägte Kirchenhierarchie und die Mystik bis zur modernen Vernunftreligion der Aufklärung reichen, um nur einige Stichworte zu nennen. Ist von »unserem« modernen Denken die Rede, kommen weitere geistige Strömungen wie die Aufklärungsphilosophie und die Gegenaufklärung, die Romantik, liberale und utilitaristische Traditionen hinzu. Aber auch hinduistische und buddhistische Denkweisen haben immer wieder auf das lokale Amalgam aus jüdischen, arabischen, christlichen, griechischen, römischen und germanischen Einflüssen eingewirkt, aus den sich die moralischen Vorstellungen Europas gebildet haben. Entsprechend inhomogen sind die Ideen und Praktiken, die unser heutiges Verantwortungsdenken und unsere Vorstellungen von Personalität geprägt haben. Betrachtet man die starke Ausbreitung buddhistischer Lehren und Meditationspraktiken im letzten Viertel des zwanzigsten Jahrhunderts, dann erscheint auch die Fremdheit buddhistischer Vorstellungen als eine charakteris-

43 Vgl. hierzu die Darstellung von Moody-Adams, *Fieldwork in Familiar Places*, S. 54.

44 Zu diesem wenig harmonischen gesellschaflichen Bewusstsein vgl. Alasdair MacIntyre, *Whose Justice? Which Rationality?*, London 1988, S. 1 ff.

tische Differenzerfahrung »in« unserer Kultur.[45] So glauben auch im jüdisch-christlich geprägten Europa und Nordamerika viele Menschen an Wiedergeburt. Andere vertreten als Tierschützer die Rechte der Tiere und finden es oft unbegreiflich, dass der größte Teil ihrer moralisch ansonsten durchaus ansprechbaren Mitbürger nichts daran findet, Tiere in der Fleischwirtschaft zu vermarkten. Die verbreitete Neigung, die soziale Welt in einen transparenten Bereich der »eigenen« Kultur und einen dunklen der »fremden« aufzuteilen, beruht auf einer Illusion, wie der Ethnologe Clifford Geertz treffend bemerkt hat: »Es ist nicht so, dass sich die soziale Welt an ihren Verbindungsstellen in transparente ›Wir‹ aufteilt, in die wir uns hineinfühlen können, wie sehr wir auch mit ihnen uneinig sind, und in rätselhafte ›Sie‹, mit denen dies unmöglich ist, auch wenn wir unerbittlich ihr Recht verteidigen, sich von uns zu unterscheiden.«[46]

45 Auch Guido Rappe vertritt in seiner »Interkulturellen Ethik« die Auffassung, dass mit Blick auf den ethischen Diskurs in China und Griechenland die Differenzen innerhalb der europäischen Tradition die interkulturellen teilweise überwiegen. Vgl. Guido Rappe, *Interkulturelle Ethik, Band II Deontologische Tugendethik. Die Theorie antiker Selbstkultivierung*, Berlin u. a. 2008, S. 22.

46 Clifford Geertz, »The Uses of Diversity«, in: ders., *The Tanner Lectures on Human Values*, Vol. 7, hg. v. Sterling McMurrin, Cambridge 1986, S. 262 (Übers. M.-S. L.).

II Die Quellen der Moral

1. Personen und Imahbal

Im letzten Kapitel hatten wir den Amahbul kennengelernt, der seine Mitmenschen wie ein Geist heimsucht; er ist da und doch nicht da; er sorgt für Verdruss, ist aber weder moralisch ansprechbar noch zurechnungsfähig. Solche geisterhaften Existenzen sind nicht nur in der kabylischen Kultur bekannt. Zwar ist der Prozess des Erwachsenwerdens bei den meisten Menschen mit einer Aneignung von Idealen und Werten verbunden, mit dem Kennenlernen von Normen und Regeln, mit dem Erwerb eines gewissen *Knowhows*, um gemeinsam mit den anderen lebenswerte Ziele verfolgen zu können. Das gilt jedoch nicht für jeden. Für den Amahbul scheinen weder die Normen und Regeln zwischenmenschlicher Rücksichtnahme zu zählen, noch scheint er eigene Vorstellungen vom guten Leben entwickelt zu haben. Er verhält sich, als wäre das egal. Jede Kultur hat dafür ihre eigenen Erklärungen. Man kann einen Amahbul zum Kranken erklären und Neurosen, Sozialisationsdefizite oder eine Verhexung vermuten. Ein Leben als Amahbul hat aber unbestreitbar auch Vorteile, wenn man nicht unmittelbar bedroht ist; der Amahbul kann sich Freiheiten herausnehmen, die andere Gesellschaftsmitglieder nicht haben.

Aus welchen Gründen auch immer jemand ein Amahbul wird – für seine Mitmenschen verkörpert er quasi einen *Naturzustand* innerhalb der Gesellschaft: einen Menschentyp, der keine Ahnung davon hat, was gut und was schlecht ist, und keine Rücksicht auf die Rechte und Interessen anderer nimmt; jemand, der auf der normativen Ebene quasi nicht ansprechbar ist. Dass das Berbervolk diesem Menschentyp einen eigenen Namen gegeben haben, ist kein Zufall, da die Ehre unter Männern wichtig, aber auch leicht verletzbar ist. Daher können in ihren Finessen der Lebenskunst, mit denen sie Ehrendesastern ausweichen, allgemeine Voraussetzungen des Personseins und der Normativität zutage treten, die im Kontext moderner Vorstelllungen von Recht und Moral nur undeutlich präsent sind. Ihr Verhalten demonstriert etwas universal Gültiges: moralische Reaktionen auf andere Personen setzen gewisse Überzeugungen bezüglich dieser Personen voraus, wozu auch so etwas wie moralische Ansprechbarkeit gehört. Ein Kabyle, der etwas auf sich hält, verkneift sich daher einem Amahbul gegenüber jede moralische Regung. Wer weiß, was Ehre ist, kann das unverschämte Benehmen eines Amahbul nicht als eine Ehrverletzung betrachten, für die man einen anderen erwachsenen Mann zur Rechenschaft ziehen müsste. Es wäre sinnlos und würde ihn der Lächerlichkeit preisgeben, sich über das Tun und Lassen eines Amahbul auch nur zu empören.

Warum kann ein chronisch »Unverschämter« kein geeigneter Adressat von Tadel sein? Wer einen Mitmenschen wegen seines Verhaltens tadelt, bezieht sich nicht nur auf intersubjektiv verankerte Normen, deren Geltung außer Frage steht. Er muss voraussetzen können, dass die Normen auch *für diesen* gelten. Tadel hat nur Sinn, wenn man davon ausgehen kann, dass der Getadelte *selbst Grund hatte*, sich anders zu benehmen. Es reicht nicht, dass die von seinem Verhalten Betroffenen guten Grund hatten, Besseres zu erwarten.[1] Im Falle eines Mitmenschen, der keinen Grund sieht, sich vernünftig zu benehmen, muss man davon ausgehen, dass ihn ein Tadel gar nicht als Tadel erreichen kann. Tadel wäre dann nur leeres Gerede beziehungsweise verbale Aggression.

Wer keinen Wert darauf legt, mit seinen Mitbürgern in Einklang zu leben und von ihnen respektiert zu werden, den kann auch nicht der Einwand überzeugen, dass er die guten Beziehungen zu ihnen verletzt. Mit dem kann man nicht reden, und damit fehlt auch eine notwendige Bedingung für die Zuschreibung von Verantwortung: Ein moralisch nicht Ansprechbarer kann für sein Verhalten auch nicht zur Rechenschaft gezogen werden; der Geschädigte wendet sich daher nicht an den Schädiger, sondern an dessen älteren Bruder.

Können wir hieraus auf gewisse Eigenschaften von Personen schließen, die sie von einem Menschen im Naturzustand unterscheiden? Der Amahbul, so wurde gesagt, kennt den Unterschied zwischen Gut und Schlecht nicht, für ihn scheinen die Normen nicht zu »gelten«, er versteht nicht, »was die Lebenskunst lehrt« (Bourdieu). Um was für eine Art von Kenntnis geht es hier? Und was bedeutet es, dass Normen für jemanden »gelten«?

1 Vgl. hierzu auch Bernard Williams, *»Making Sense of Humanity« and other Philosophical Papers*, Cambridge 1995, S. 16.

Es handelt sich nicht um wissenschaftliches Wissen, das einem cartesischen Erkenntnisideal Genüge tut, das heißt auf unanzweifelbaren theoretischen Grundlagen steht. Die Frage, wie gut eine Moral begründet ist, ist eine andere Frage als die, ob ihre Normen und Werte für jemanden gelten. Man kann eine Moral für gut begründet halten, ohne dass ihre Unterscheidungen für einen selbst verbindlich sind und umgekehrt.

Seit Kant verstehen die Philosophen jedoch unter dem Geltungsanspruch der Moral etwas anderes als das, was die Lebenskunst oder Klugheit empfiehlt. Moralische Einsichten, so formuliert Habermas dieses Moralverständnis, »sagen uns, was wir tun sollen«.[2] Was aber bedeutet es, etwas zu sollen? Der sprachliche Ausdruck allein vermittelt es nicht. Dass man seinen Mitmenschen mit Respekt begegnen, jemandem in Not helfen oder auf der rechten Straßenseite fahren *soll*, macht noch nicht das Spezifische der Normengeltung deutlich, denn Sollsätze verweisen im gewöhnlichen Sprachgebrauch auf das Wollen eines anderen.[3] Manche Philosophen ziehen daher den Ausdruck *Müssen* vor. Wer zu etwas moralisch verpflichtet ist, *kann* sich jedoch auch anders verhalten. Diese Schwierigkeit, begrifflich auszudrücken, worin eigentlich das Moment des Normativen besteht, hängt mit dem Umstand zusammen, dass Normen zwar die Willkür der Personen einschränken, nach unserem Alltagsverständnis aber nicht im Sinne eines Zwanges, gegen den die Personen nichts tun könnten.[4] Wie das Beispiel

2 Jürgen Habermas, *Erläuterungen zur Diskursethik*, Frankfurt/M. 1991, S. 120.

3 Vgl. hierzu Peter Stemmer, *Normativität. Eine ontologische Untersuchung*, Berlin 2008, S. 7ff.

4 Von Émile Durkheim (und seiner Schule) wurde die gegenteilige Auffassung vertreten, die Befolgung von Normen setze nur scheinbar eine von der einzelnen Person ausgehende Bereitschaft dazu voraus, das sei vielmehr – wie überhaupt das Gefühl, sich entscheiden zu können – eine psychologische Illusion unseres Alltagslebens; in Wirklichkeit unterlägen Menschen einem »Zwang« gesellschaftlicher Normen, der in der Tat durch ein »muss« wiedergegeben werden könne, da er dem Zwang der Naturgesetze entspräche, dem alle Naturwesen unterliegen. Diese Theorie der Normativität kann jedoch nicht überzeugen, weil sie dem Alltagsverständnis nur eine andere, empirisch nicht belegbare Hypothese entgegensetzt. Sie ergibt sich aus der Interpretation der Soziologie nach dem Vorbild der Naturwissenschaften, deren Gesetzesannahmen wirkliche Abhängigkeiten zwischen (meistens) beobachtbaren natürlichen Entitäten betreffen. Aus empirisch nachweisbaren statistischen Verhaltensregularitäten lässt sich (ohne Hinzunahme metaphysischer Hypothesen) jedoch kein von mutmaßlich zugrundeliegenden Normen oder Ideen ausgehender

des Amahbul vermuten lässt, hängt die Normengeltung vielmehr auf mysteriöse Weise davon ab, dass die Personen *selbst motiviert* sind, sich entsprechend einschränken zu lassen (was aber, wie das Beispiel des Amahbul ebenfalls zeigt, nicht automatisch mit dem Menschsein gegeben ist).

2. Die moderne Theorie des auferlegten Gesetzes

Da wir in modernen Kontexten gewohnt sind, zwischen der moralischen und der rechtlichen Geltung von Normen zu unterscheiden, kann das Problem der mangelnden normativen Ansprechbarkeit bei uns nicht dieselbe Gestalt annehmen wie bei den Kabylen. In einem modernen Staat wäre der Amahbul wie jeder andere juristisch für sein Tun und Lassen haftbar und strafbar. Seine persönliche Einstellung wäre in einem modernen Rechtssystem (das durch seine Sanktionsmöglichkeiten nach Kant ja selbst in einem Volk von Teufeln durchsetzbar sein muss) irrelevant; er würde sich als Rechtsperson von seinen Mitbürgern also gar nicht unterscheiden.[5] Bedeutet dies, dass wir in einem modernen westlichen Staat über Quellen der Normativität verfügen, die den Kabylen nicht zur Verfügung stehen – so dass das Problem des Amahbul letztlich ein sozialpolitisches wäre, das sich aus der speziellen Situation einer vormodernen Kultur ergibt, in der sich das moderne Rechtssystem noch nicht durchgesetzt hat? Oder fehlt dem Amahbul etwas, was

Zwang herleiten. Auch empirisch hat sich die daran anknüpfende Vorstellung, dass zumindest die Menschen in »primitiven« Gesellschaften sich von einem Kollektivgeist leiten lassen, der auf den Verstand des Einzelnen einen mysteriösen normativen Zwang ausübt, in der Ethnologie spätestens seit Bronislaw Malinowskis Feldstudien bei den Trobriandern als unrealistisch erwiesen. Wie Malinowski in *Crime and Custom in Savage Society* (London 1949) zeigte, neigen die »Primitiven« nicht weniger dazu, traditionelle Normen und Werte in ihrem Sinne auszulegen und für ihre Zwecke zu instrumentalisieren, als der sogenannte modern Mensch.

5 In nichtstaatlichen Gesellschaften hingegen steht man vor der Wahl zwischen Verstoßung und Duldung bzw. praktiziert oft gemischte Formen; der amerikanische Rechtsethnologe Adamson Hoebel berichtet von Fällen wie den *Dapom* bei den Kiowa, einer abgesonderten Kaste der nutzlosen Langfinger ohne Ehrgeiz und Selbstachtung; niemand kümmert sich um ihre Diebereien, die Verwandten wollen mit ihnen nichts zu tun haben, aber sie werden geduldet. Zu den Dapom vgl. Adamson Hoebel, *Das Recht der Naturvölker*, Freiburg 1968, S. 214.

zu den normativen Voraussetzungen des Personseins und des Zusammenlebens schlechthin gehört, auch in Kulturen mit selbständigen Rechtssystemen wie dem unsrigen?

Versuchen wir uns den allgemeinen Voraussetzungen der Normengeltung zunächst auf dem Umweg über die modernen philosophischen Vorstellungen von den Quellen der Normativität zu nähern. Vor dem Hintergrund der christlichen Lehre von der Allmacht und Güte Gottes hatte diese Frage in der frühen Neuzeit zunächst die Gestalt der Überlegung angenommen, ob Gott seine moralischen Gebote erlassen hat, weil sie gut sind (Realismus), oder ob sie gelten, weil er sie erlassen hat (Voluntarismus). Hugo Grotius war der Auffassung, dass die elementarsten moralischen Gesetze auch dann gelten würden, wenn es keinen Gott gäbe. Thomas Hobbes und Samuel von Pufendorf stellten die Weichen jedoch in die andere Richtung einer Sanktionstheorie oder Theorie des *auferlegten* Gesetzes: moralische Normen gibt es nicht, bevor eine höhere Instanz wie Gott oder ein weltlicher Souverän sie Untertanen in Gesetzesform auferlegt.[6] Der Gedanke des auferlegten Gesetzes stützt sich bei Hobbes und Pufendorf auf einen mechanistischen Naturbegriff, wonach der Mensch als Teil der Natur rein mechanisch beschreibbar ist und keine moralischen Eigenschaften aufweist. Daher könnte er allein mit seiner angeborenen natürlichen Vernunft auch nicht zwischen Gut und Böse (sündigen und nicht sündigen Körperbewegungen) unterscheiden. Die angeborene Vernunft befähigt den Einzelnen, schlauer oder effektiver zu handeln als die Tiere, aber sie allein kann keine moralischen Gesichtspunkte einnehmen. Erst die göttlichen Gesetze, zu denen dann noch menschliche hinzukommen, bringen Ordnung in das menschliche Leben.[7] Wenn den physischen Wesen dann auch noch soziale Kategorien wie Bürgermeister, Ehefrau etc. auferlegt werden, entsteht daraus eine soziale Welt.[8]

6 Bei der folgenden Darstellung der Entwicklung der modernen Moralphilosophie stütze ich mich vor allem auf die historische Studie von Jerome B. Schneewind, *The Invention of Autonomy*, Cambridge 1998.

7 Die von Gott auferlegten Normen werden bei Pufendorf im Unterschied zu den menschlichen ebenfalls »natürlich« oder »Naturgesetze« genannt, aber in einem anderen Sinne als die mechanistischen Naturgesetze.

8 Obgleich sich dieser Ansatz in vielen Hinsichten noch in den intellektuellen Bahnen der christlichen Theologie des Mittelalters (Voluntarismus) bewegt, setzt er schon den Naturbegriff der neuen Naturwissenschaften voraus. Vgl. die Rekonstruktion Pufendorfs bei Schneewind, *The Invention of Autonomy*, S. 121 ff.

Auf dieser Grundlage gibt Pufendorf eine klare Antwort auf die Frage nach der Quelle der Normengeltung. Dass es uns nicht auf dieselbe Weise freisteht, gegen eine rechtliche oder moralische Norm zu verstoßen, wie es uns freisteht, einen einsehbar guten und vernünftigen Ratschlag nicht zu befolgen, lieg daran, dass wir staatlichen und göttlichen *Autoritäten unterworfen* sind.[9] Die moralischen Gesetze sind also nicht deswegen verpflichtend, weil man einsieht, dass sie vernünftig und gut sind.[10] Verpflichtung ist vielmehr Nötigung: Der Einzelne ist genötigt, diesen Gesetzen Folge zu leisten, weil ihre Missachtung Sanktionen nach sich zieht.[11]

Nach Hobbes und Pufendorf hat die Normativität also eine nichtnormative Grundlage, nämlich Macht und die von ihr ausgehende Gewaltdrohung. Das bedeutet nicht, dass der Gesetzgeber als eine Naturgewalt betrachtet wird. Vielmehr verfügt er über das Recht, uns zu gebieten, und man kann nach Auffassung der Staatstheoretiker davon ausgehen, dass er nur gute Gesetze erlässt – oder immerhin solche, die besser sind als der Zustand der Gesetzlosigkeit. Dass ein Gesetz mutmaßlich oder einsehbar gut ist, ist jedoch nicht der primäre Grund, warum es für uns gilt. Im Unterschied zu einem Ratschlag oder einer Empfehlung steht es uns ja hier nicht frei, es zu befolgen oder auch nicht; als Untertanen »müssen« wir dies, ob wir es selbst für vernünftig halten oder nicht. Es gilt für uns auch dann, wenn wir seinen Sinn nicht verstehen. Kurz, seine Geltung ergibt sich aus der Autorität der Instanz, die berechtigt ist, uns mit Sanktionen zu drohen.[12]

Allerdings bietet diese gedankliche Engführung von Gewaltdrohung und Autorität keine wirklich befriedigende Antwort auf die Frage an, wie sich die *Sanktionsdrohung* von bloßen Gewalt-

9 Hobbes vertritt allerdings die Auffassung, dass Gott uns nur das befiehlt, was uns die Vernunft als notwendig zur Selbsterhaltung einsehen lässt. Vgl. Schneewind, *The Invention of Autonomy*, S. 97.

10 Hier wirkt die christliche Erbsündelehre in der paulinisch-augustinischen Tradition nach; Hobbes und Pufendorf nahmen allerdings an, dass die meisten Menschen intellektuell fähig sind, zumindest die elementarsten moralischen Gebote zu verstehen.

11 Er kann sie freilich verletzen – zumindest Pufendorf geht davon aus, dass er über einen freien Willen verfügt. Zur Rolle der Willensfreiheit vgl. Schneewind, *The Invention of Autonomy*, S. 138.

12 Vgl. Samuel Pufendorf, *De Officio* I 2.4; hier folge ich Schneewind, *The Invention of Autonomy*, S. 134.

drohungen unterscheidet. Schließlich kann man sich Situationen vorstellen – und es hat sie in der Geschichte auch immer wieder gegeben –, in denen die Legitimität auferlegter Gesetze in Frage stand. Ein krasses Beispiel für Gesetze, denen man glaubt folgen zu müssen, ohne sie deswegen als legitim zu betrachten, hat der Ethnopsychoanalytiker Georges Devereux mit seiner Beschreibung der polynesischen Sedang Moi gegeben, die ihre Sitten auf Verhaltensregeln »böser« Götter zurückführen, die sie dazu genötigt hätten. Er entdeckte, so stellt es Devereux dar,

> daß die Sedang viele ihrer Sitten haßten und sich mit ihnen nur abfanden, weil sie ihre bösartigen Götter fürchteten, die ihnen nur deshalb sinnlose Regeln auferlegt hatten, damit sie ihnen jedesmal, wenn sie diese unerträglichen Regeln verletzten, Opfer abpressen konnten. So erzählten mir selbst die charakterlich typischsten und am stärksten angepaßten Sedang, daß sie ihre Götter haßten, einige sprangen tatsächlich auf die Füße, warfen mit ihren Speeren um sich und riefen: »So würde ich unseren Göttern den Speer in den Bauch jagen, wenn ich sie nur sehen könnte!«[13]

Ich möchte die empirische Frage ausklammern, ob diese Darstellung wirklich das normative Bewusstsein der Sedang Moi adäquat wiedergibt, und das Beispiel als Illustration einer möglichen Quelle der Normativität betrachten. Die Götter werden hier als mächtig gedacht, so mächtig, dass sie einen nötigen können, Sitten zu pflegen, deren Sinn man nicht einsieht; trotzdem werden sie anscheinend nicht als Autoritäten anerkannt. Würden sie als Autorität anerkannt, dann könnten die von ihnen angeordneten Sitten zwar eventuell als unverständlich, aber nicht als schlecht und unsinnig bezeichnet werden. Zweifellos gelten die von den Göttern auferlegten Regeln und Normen in dem Sinne, dass man künstliche Gründe hat, ihnen zu folgen; aber gleichwohl werden sie in einem anderen Sinne *nicht* anerkannt, da man sie weder für vernünftig (mit Blick auf das soziale Zusammenleben) hält noch den Regelgebern vernünftige Absichten unterstellt, auf die man sich auch bei mangelnder eigener Einsicht verlassen könnte.

So denkt sich Pufendorf die Geltung der religiösen und rechtlichen Normen nicht. Nach Pufendorf verlangt die Sanktionsdrohung deutlich etwas über die Gewaltdrohung durch eine

13 Georges Devereux, *Angst und Methode in den Verhaltenswissenschaften*, Frankfurt/M. 1988, S. 252.

übermächtige Instanz Hinausgehendes. Durch eine bloße Gewaltdrohung wird jemand genötigt, etwas zu tun, was er nicht tun möchte; durch die Sanktionsdrohung soll er aber darüber hinaus genötigt werden, anzuerkennen, dass das angedrohte Übel der Strafe ihm *zu Recht zustößt.*[14] Zu der Drohung muss dann also noch etwas hinzukommen, was den Einzelnen dazu veranlasst, Gesetzgeber und Richter nicht wie »böse Götter« zu betrachten, die man umbringen würde, wenn man nur könnte, sondern ihre Autorität anzuerkennen. Auf was für eine Autorität stützt sich die Legitimität staatlicher und sozialer Sanktionen?

Thomas Hobbes und John Locke hatten die Autorität des Staates mit der ihm unterstellten Funktion begründet, einen rechtlosen Zustand illegitimer Gewalt zu beenden, in dem der private Krieg aller und die Selbstjustiz das gemeinsame Wohl und die Selbsterhaltung bedrohen. Demnach folgen wir den Gesetzen nicht nur aus Angst vor Sanktionen, aber auch nicht aufgrund ihrer immanenten Qualität, sondern weil es Gesetze eines Staates sind, dessen Aufrechterhaltung insgesamt für uns besser ist als der Naturzustand; letztlich also aus Eigeninteresse. Wenn man in diesen Bahnen denkt, gelangt man zu einem Begriff der Normativität, der sich einerseits auf Sanktionsangst, andererseits (im Unterschied zu den Sedang Moi) auf das langfristige Eigeninteresse stützt.

Dieser Begriff der Normativität hat bis heute das Verständnis des Rechts geprägt. So unterscheidet Kant die Geltung der Rechtsnormen und die Motivation zur Rechtstreue strikt von der moralischen Motivation und der Geltung moralischer Pflichten. Rechtsnormen regeln äußeres Verhalten ohne Rücksicht auf die innere Einstellung der Betroffenen. Sie beziehen sich auf den Menschen als ein durch Lust und Unlust reguliertes Wesen, das durch die Unlustandrohung des Gesetzes genötigt werden muss, auf pflichtwidrige Handlungen zu verzichten.[15] Ein gut eingerichtetes Rechts-

14 Vgl. Schneewind, *The Invention of Autonomy*, S. 135.

15 Vgl. Immanuel Kant, *Die Metaphysik der Sitten*, in: *Kants Werke*, Bd. IV, *Akademie Textausgabe*, Berlin, New York 1968 (1. Aufl. 1797), S. 219: »Alle Gesetzgebung [...] kann doch in Ansehung der Triebfedern unterschieden sein. Diejenige, welche eine Handlung zur Pflicht, und diese Pflicht zugleich zur Triebfeder macht, ist ethisch. Diejenige aber, welche das letztere nicht im Gesetze mit einschließt, mithin auch eine andere Triebfeder, als die Idee der Pflicht selbst, zuläßt, ist juridisch. Man sieht in Ansehung der letztern leicht ein, daß diese von der Idee der Pflicht unterschiedene Triebfeder von den pathologischen Bestimmungsgründen

system muss daher auch für ein Volk von Teufeln gelten können, die allein aus Eigennutz – um Strafe zu vermeiden – motiviert wären, die Gesetze einzuhalten. Die Geltung moralischer Pflichten hingegen muss dann nach Kant ganz anders, nämlich genau umgekehrt gedacht werden; sie besteht im anderen Extrem einer vollkommen selbstbestimmten Beziehung zur Norm, nämlich der eigenen Autorschaft, ohne Rücksicht auf die äußeren Folgen des Handelns für die eigene Person und für andere und ohne Rücksicht auf deren Ansichten. Entsprechend erscheint ein Handeln, das sich an rechtlichen Erlaubnissen und Verboten ausrichtet, als Fremdbestimmung, ein Handeln nach moralischen Geboten und Verboten als Selbstbestimmung.

Ein derart extremes Auseinandertreten von rechtlicher und moralischer Normativität hat Pufendorf wohl noch nicht im Sinn gehabt. Pufendorf bringt die Autorität des Gesetzgebers mit unserer Verehrung für den Schöpfer in Verbindung, dem wir alles verdanken,[16] und fügt noch eine Reihe weiterer Kriterien hinzu, wie die Kompetenz des Gesetzgebers als Wohltäter, unsere freiwillige Unterordnung etc. Diese in die Theorie des auferlegten Gesetzes eingeschachtelten Überlegungen zeigen jedoch nur, dass die Sanktionstheorie zur Herleitung der Normativität, wenn sie mehr beansprucht als Geltung aus Eigeninteresse oder Angst, schon Normativität voraussetzen muss. Damit aus der Gewalt eine Verpflichtung wird (die auch dann gilt, wenn einen Angst oder Eigeninteresse nicht dazu nötigen), müssen schon gewisse Normen anerkannt werden, wie zum Beispiel, dass man einem Wohltäter Dank schuldet.[17]

3. Soziale Sanktionen

Nach der im letzten Abschnitt untersuchten Sanktionstheorie der Normativität ergeben sich die Gründe und Motive, den Normen zu folgen, nicht unmittelbar aus den eigenen Vorstellungen von

der Willkür der Neigungen und Abneigungen und unter diesen von denen der letzteren Art hergenommen sein müssen, weil es eine Gesetzgebung, welche nötigend, nicht eine Anlockung, die einladend ist, sein soll.«

16 Vgl. Schneewind, *The Invention of Autonomy*, S. 137.

17 Vgl. hierzu auch die Kritik an der Sanktionstheorie von Christine Korsgaard, *The Sources of Normativity*, Cambridge 1996, S. 30.

dem, was man sein oder tun möchte. Durch Sanktionen werden vielmehr *künstliche* Gründe und Motive geschaffen, sich auf eine Weise zu verhalten, zu der man keinen zwingenden Grund hätte, gäbe es diese Sanktionen nicht.[18] Bevor ich im nächsten Abschnitt die Überlegung weiterverfolge, inwiefern die Sanktionstheorie eine andere Quelle der Normativität voraussetzt, möchte ich zunächst der Frage nach ihrer empirischen Reichweite nachgehen: Wäre die Sanktionstheorie auch auf andere ethische Systeme anwendbar als die moderner westlicher Staaten? Wenn man ihre historische Gestalt betrachtet, setzt sie eine hierarchische Beziehung sowohl mit Blick auf Autorität als auch Macht voraus: die Beziehung des einzelnen Individuums zum Staat beziehungsweise seinen Vertretern (mit Blick auf das Recht) und zu einem allmächtigen Gott, der über die Macht verfügt, uns nach dem weltlichen Leben zu strafen. Wie steht es jedoch mit Gesellschaften, wo es weder ein solches Natur- und Gottesbild noch ein Gewaltmonopol des Staates gibt, die Grundlage dafür sind, zwischen Sanktion und bloßer Gewalt zu unterscheiden?

In nichtstaatlichen Gesellschaften stellt sich das Problem, wie gewöhnliche Mitglieder einer Gemeinschaft, die weder unparteiisch sind noch über herausragende Macht und Autorität verfügen, Sanktionen verhängen können, die wirklich abschreckend sind.[19] Während Kapitalverbrechen meist durch mehr oder weniger kontrollierte Formen der Selbstjustiz geahndet werden, haben sich mit Blick auf mindere Vergehen und Konflikte meist subtile Reaktionsformen entwickelt, die allerdings nur unter der Voraussetzung wirksam sind, dass es der Person *nicht* egal ist, wie sie von den anderen wahrgenommen wird.[20] Wenn man unter Sanktionen als Quellen von Normativität alle Arten der Erzeugung *künstlicher* Gründe zum normkonformen Verhalten versteht, könnte man

18 Den Ausdruck künstliche Gründe entlehne ich Stemmer, *Normativität*, S. 135.

19 Vgl. hierzu die Untersuchungen über die Inuit von Arthur E. Hippler und Stephen Conn, »The Changing Legal Culture of the North Alaska Eskimo«, in: *Ethos* 2, 2 (1974), S. 171-188.

20 In egalitären Gesellschaften, wo es als unfein gilt, Autorität zu beanspruchen, treten oft Dritte als Mediatoren bei Konflikten auf, nehmen dabei aber keine Richterposition ein, sondern versuchen, den Streit auf eine andere Ebene zu lenken (durch Verhöhnung, Spott, ästhetische Verarbeitung, indem sie selbst Verantwortung für das Problem übernehmen etc.). Vgl. Simon Roberts, *Order and Dispute*, Oxford 1979, S. 97.

auch einen großen Teil dieser Reaktionsweisen zu den Formen der Sanktionierung zählen. In manchen Gesellschaften haben sich ausgefeilte Formen öffentlich kontrollierter *psychischer* Gewaltmaßnahmen entwickelt, die abschreckend wirken.[21] So kann gezielte Beschämung ein umso wichtigeres Sanktionsmittel werden, je unterentwickelter das juristische System ist;[22] sie gilt teilweise aber auch noch in Gesellschaften mit staatlich gestützten Rechtssystemen als ein wichtigeres Instrument sozialer Kontrolle als rechtsförmige Arten der Bestrafung.[23] Im modernen kapitalistischen Wirtschaftsleben Japans haben sich entsprechende Rollenschemata erhalten: Oft machen leitende Manager von Unternehmen, die schwere Schädigungen oder Regelverstöße begangen haben, durch öffentliche Bekundungen von Scham und Reue und freiwillige Übernahme von Entschädigungsverpflichtungen eine Strafverfolgung überflüssig.[24]

In kleinen nichtstaatlichen und nichthierarchischen Gemeinschaften werden oft ausgefeilte Verhöhnungspraktiken wie Spottlieder oder Spezialisten wie Clowns dazu eingesetzt, die unerwünschten Folgen des Gesichtsverlusts bei Normverletzungen noch zu verstärken.[25] Traditionell wird darauf geachtet, dass solche

21 Entsprechende Beispiele führt Donald L. Nathanson an. Vgl. »Shaming Systems in Couples, Families and Institutions«, in: ders., *The Many Faces of Shame*, New York, London 1987, S. 246-270.

22 Vgl. hierzu Arnold L. Epstein, *The Experience of Shame in Melanesia. An Essay in the Anthropology of Affect*, London 1984, S. 46.

23 Das zeigt das Beispiel Japans, wo sich auch der Staat viel stärker auf Praktiken der Beschämung verlässt als in Europa. Strafen werden daher viel seltener verhängt und noch seltener vollstreckt. Gleichzeitig ist die Verbrechensrate niedriger als in westlichen Gesellschaften. Vgl. die Studie von John Braithwaite, *Crime, Shame and Reintegration*, Cambridge 1989.

24 John Braithwaite führt das Beispiel der Gesellschaft *Japan Air Lines* an, die nach dem Absturz einer Passagiermaschine Entschädigungen für die Angehörigen leistete, ihre Angestellten zu diesen schickte, um Trauer zu bekunden und Vergebung zu erbitten, und aufwendige öffentliche Trauerveranstaltungen organisierte. Dabei übernahm der Präsident, der um seine Entlassung gebeten hatte, öffentlich die Verantwortung und bat die Angehörigen der Opfer um Verzeihung. Vgl. Braithwaite, *Crime, Shame and Reintegration*, S. 164.

25 Vgl. die von Adamson Hoebel berichtete Tradition der Spottlieder in vielen Kulturen, die der Prävention und Sanktionierung unverschämten Verhaltens dienen, insbesondere die *Nith*-Gesänge bei den Inuit (Hoebel, *Das Recht der Naturvölker*, S. 119 ff.). Vgl. dazu auch Roberts, *Order and Dispute*, S. 89. Der Ethnologe Arnold Epstein hat eindrucksvolle Beispiele von den Tiraden in Kalauna (Melane-

Praktiken nicht willkürlich in Machtkämpfen zwischen Individuen und Gruppen eingesetzt werden; durch Regeln, wer gegenüber wem in welchen Situationen zu dem krassen Mittel öffentlicher Beschämung greifen darf, unterscheiden sich solche Sanktionen deutlich von willkürlicher verbaler und psychischer Gewalt. Kurz, wenn man unter Sanktionen auch solche »sozialen Sanktionen« der sozial kontrollierten und dosierten psychischen Gewalt einschließt, dann ist die Sanktionstheorie der Normativität wohl auf die meisten Gesellschaften anwendbar. Auch hier gilt allerdings: Insoweit die beschriebenen Methoden der Beschämung nicht als psychischer Terror, sondern als *berechtigte* Sanktionen begriffen werden, setzen sie eine andere Quelle der Moral als psychische und physische Gewalt voraus.

4. Externe und interne Quellen der Moral

Ich möchte nun zu der Frage zurückkommen, wie diese andere Quelle der Moral zu denken wäre. Es muss eine *immanente* Quelle der Moral sein – sie muss uns im Unterschied zur Sanktionstheorie nicht*künstliche* Motive und Gründe für das Gute und Richtige liefern. Wer Motivationstheorien glaubt, die alles Verhalten auf den Eigennutz zurückführen, mag das für ein sehr idealistisches Bild vom Menschen halten. Zu idealistisch – im Sinne von »unrealistisch« – erscheint dieser Gedanke jedoch nur, wenn man unter dem Guten nicht das versteht, was Menschen wirklich sein und tun wollen, sondern das, was sie nach Ansicht von Philosophen oder Priestern eigentlich wollen sollten, auch wenn sie es nicht wollen.

Hier kann eine Unterscheidung Nietzsches hilfreich sein. Nietzsche hat in *Jenseits von Gut und Böse* zwei psychologische Quellen der Moral unterschieden und unterschiedlichen Moraltypen zuge-

sien) gegeben, die abends auf den Treppen in der Dunkelheit gehalten werden und sich gegen bekannte oder auch unbekannte Übeltäter richten können. Da das Dorf relativ klein ist, genügt die flammende Rede, um Delikte allgemein bekanntzumachen. Die Zuhörer nehmen sie in absolutem Stillschweigen auf, und wenn Vorwürfe gegen ein bestimmtes Individuum erhoben werden, versteckt es sich beschämt vor den Blicken der Gemeinschaft in seinem Haus. (Epstein, *The Experience of Shame in Melanesia*, S. 12.)

ordnet, mit dem Hinweis, dass man sie bei der Untersuchung der Religions- und Moralgeschichte immer wieder anträfe.[26] Den einen Moraltyp ordnet er den herrschenden Gruppen in feudalen Gesellschaften zu; er bezeichnet ihn daher als *Herrenmoral*. Den anderen, grundlegend egalitären leitet er aus der psychologischen Situation unterdrückter sozialer Schichten her und nennt ihn *Sklavenmoral*. Beide Moraltypen stehen jedoch für idealtypische Formen der moralischen Orientierung, nicht für einander real ausschließende Lebensformen und Klassenzugehörigkeiten;[27] Nietzsche suggeriert zwar, dass sie in Reinform existieren könnten, weist aber selbst darauf hin, dass sie in diversen Mischungsverhältnissen auftreten.[28] Auf eine schlichte Formel gebracht, erscheint das Gute den Menschen, die eine sogenannte »Herrenmoral« pflegen, psychologisch *attraktiv*. Es steht für alles, was schön, glänzend, achtungsgebietend, bewundernswert erscheint, für all das, was eine Person in ihrem sozialen Umfeld *sein möchte*: klug, mutig, politisch erfolgreich etc. Gut sein zu wollen ist in diesem Zusammenhang Ausdruck eines positiven Selbstwertgefühls. Nietzsche spricht hier von Selbstbejahung. Die psychologischen Quellen der Sklavenmoral führt Nietzsche hingegen auf eine komplexe Verbindung von Ohnmachtsgefühlen, Neid, unterdrückter Aggression und Ressentiment zurück. Während die Herrenmoral die Einzelnen selbst zu Höchstleistungen aufstachelt, richtet sich die egalitäre »Sklavenmoral« umgekehrt darauf, *die anderen einzuschränken*. Sie motiviert nicht zu moralischen

26 Vgl. Friedrich Nietzsche, *Jenseits von Gut und Böse,* in: ders., *Kritische Studienausgabe*, Bd. 5, hg. v. Giorgio Colli, Mazzino Montinari, Berlin, New York 1999,, § 260, sowie im selben Band die »Erste Abhandlung« in *Zur Genealogie der Moral*. Nietzsche ordnet diesen Moraltypen dort auch unterschiedliche Auffassungen von Gut und Schlecht zu: Die Sklavenmoral verwendet stattdessen den Unterschied von Gut und Böse. Das passt zum Christentum, ist jedoch weniger einleuchtend, wenn man universale Züge der sogenannten Sklavenmoral in den Blick nimmt.

27 Ich wende Nietzsches Unterscheidung hier unter den Gesichtspunkten an, die für die Zwecke dieser Arbeit interessant erscheinen, und beanspruche damit keine Nietzsche-Interpretation im engeren Sinne. Nietzsche selbst legt die Unterscheidung nicht einheitlich aus; in *Zur Genealogie der Moral* scheint er sie an bestimmte Lebensformen und Werte zu binden und bezieht sie auf zwei aufeinanderfolgende Epochen.

28 Dies wird im § 260 von *Jenseits von Gut und Böse* deutlicher als in *Zur Genealogie der Moral*.

Leistungen, sondern hält von Normverletzungen ab und entwickelt Gründe, schlecht von denen zu denken, welche die Normen verletzen, und sie zu bestrafen.

Nietzsches eigene Beschreibung dieser Unterscheidung ist stark durch seine einseitige ästhetische Wertung dieser Moraltypen eingefärbt; um sie für unsere Zweck nutzbar zu machen, sollten wir von der despektierlichen Wertung absehen, die schon im Ausdruck »Sklavenmoral« liegt, zumal man wohl davon ausgehen kann, dass alle sozial lebenden Menschen – auch die so genannten Herren – ein gewisses Maß an »Sklavenmoral« brauchen. Ich möchte die Begriffe daher durch die sozial und ästhetisch neutraleren Ausdrücke »selbstbezogene« und »fremdbezogene« Moral ersetzen. Was man Nietzsches Unterscheidung entnehmen kann, ist also erstens, dass es verschiedene psychologische Quellen von moralischen Werten und Normen geben könnte, nämlich selbstbezogene, die einen zu etwas hinziehen, und fremdbezogene, die einen von etwas abschrecken. Zweitens liefert diese Unterscheidung auch ein Kriterium zur Unterscheidung und Interpretation wirklicher moralischer Systeme, nämlich unter dem Gesichtspunkt, wie sich diese beiden moralischen Orientierungen zueinander verhalten, ob die entsprechenden Werte und Normen harmonieren oder konfligieren und ob sich die Personen selbst vorrangig im Sinne einer selbstbezogenen oder im Sinne einer fremdbezogenen Moral verstehen.

Ein gutes Beispiel, an dem sich wohl auch Nietzsche orientiert hat, bietet die unterschiedliche Ausrichtung der antiken Moralphilosophie und der modernen. Die antike Moralphilosophie dreht sich vor allem um die Frage, *was für den Einzelnen* gut ist, und zwar gut in dem Sinne, dass es sein Leben bereichert und erfüllt; das gilt vom Ethos der Helden Homers über die antike Lebenskunstlehre bis zur aristotelischen Ethik, auch wenn die Werte sich verändert haben. Für die moderne Moralphilosophie hingegen wird als »moralisch gut« nur in Betracht gezogen, was *für alle gut* ist (oder, im Utilitarismus, für die meisten). Die Frage, was für den Einzelnen gut ist, *für diese Person*, kann gar nicht mehr als eine *moralische* Frage verstanden werden. Die Moral bezieht sich jetzt ganz selbstverständlich auf die moralischen Normen, die ein gewaltfreies Zusammenleben regeln, nicht auf den Sinn und die Qualität des je einzelnen Lebens. Ernst Tugendhat hat diesen Gegensatz einmal auf eine treffende Formel gebracht. Die antike Frage lautet: Was ist es, was ich für mich wahrhaft will? Die moderne: Was ist es, was ich mit Blick auf die anderen soll?[29] Die zuvor untersuchte Sanktionstheorie demonstriert dies besonders eindrücklich.

Gleichwohl sind modernes und antikes moralisches Denken nicht mit Reinformen dieser Moraltypen zu verwechseln. Eine Moral, die das Moralische vor allem mit *einschränkenden* Normen gleichsetzt, kann gleichwohl für den Einzelnen eine selbstbezogenen Quelle der moralischen Inspiration abgeben. Denn die Selbstbejahung, die Nietzsche zu Unrecht nur der Moral einer Feudalklasse zuzuschreiben scheint, ist *nicht* im Sinne der Bejahung eines kompakt vorgestellten »Selbst« oder der Summe der eigenen empirischen Eigenschaften zu verstehen, sondern als Bejahung eines wertvollen Aspekts, den man mit sich selbst verbindet; das mag in manchen Kontexten der Mut des Kriegers sein, in anderen die unsterbliche Seele oder die Vernunft. Entsprechend kann Selbstbejahung ganz unterschiedliche Formen annehmen. Das zeigt sich am Beispiel des Christentums – auch wenn Nietzsche es als Reinform einer Sklavenmoral meinte interpretieren zu können – und ebenso am Beispiel der modernen Moralphilosophie in der Tradition Kants. Deutet man »das Christentum« als eine fremdbezogene Morallehre, der das Individuum aus Angst vor göttlichen Sanktionen folgt, dann erscheint sie als Prototyp einer fremdbezogenen Moral; interpretiert man es hingegen als eine hochanspruchsvolle Lehre der Befreiung vom Sozialen und der Selbstvervollkommnung, erscheint es als Prototyp einer selbstbezogenen Moral. Nicht nur die soziale Ehre, auch der Gedanke der Nachfolge Christi kann eine immanente Quelle der Moral sein.

5. Die kantische Theorie des immanenten Gesetzes: Autonomie

Die moderne Moralphilosophie hat sich im Anschluss an die Religionskriege des siebzehnten Jahrhunderts darum bemüht, gemeinsame Grundlagen der Moral freizulegen und so Voraussetzungen für die rationale Lösung von Konflikten zu schaffen. Entsprechend lag der Schwerpunkt von Locke bis Kant auf der Unterscheidung

29 Vgl. Ernst Tugendhat, »Antike und moderne Ethik«, S. 45.

epistemischer und moralischer Autonomie von bloßer Konventionalität; gleichzeitig bemühte man sich um die Begründung von moralischen Maßstäben, die unabhängig von speziellen religiösen und kulturellen Traditionen allgemeine Verbindlichkeit beanspruchen können. Spätestens seit Kants Versuch einer »kritischen« Moralphilosophie assoziieren wir das Gute und Richtige mit dem Gedanken allgemeiner moralischer Prinzipien, die dem Einzelnen allein aufgrund seiner Rationalität einsehbar sind. Seitdem gelten moralische Einschätzungen und Handlungen, die nicht einer kritischen Reflexion auf der Grundlage allgemeiner moralischer Grundsätze entstammen, als »bloß konventionell«. Vor dem Hintergrund dieser gewohnten Assoziation von autonomer Moral mit allgemeingültigen rationalen Prinzipien[30] könnte es so scheinen, als verdiente das, was ich bisher Moral genannt habe, bestenfalls Bezeichnungen wie »traditionelle Werte«, »subjektive Auffassungen vom Guten«, »Sitten« oder »Wertvorstellungen«.

Das mag so sein, aber hier geht es nicht um den Entwurf einer theoretisch denkbaren, wenn auch nicht praktizierten Moral, sondern um das Verständnis der Moral, die wir und andere praktizieren. An der Unterscheidung zwischen kritischen und bloß konventionellen moralischen Einstellungen ist zweifellos viel Wahres und Wichtiges, aber sie greift viel zu kurz, wenn man sie zur Beschreibung unserer moralischen Wirklichkeit anwendet. Weder spielen Überlegungen, die sich explizit auf allgemeingültige Prinzipien stützen (oder ohne weiteres so umformuliert werden könnten), in unserem moralischen Alltagsleben eine wichtige Rolle,[31] noch sind moralische Einschätzungen, die sich stattdessen auf Konven-

30 Seit dem neunzehnten Jahrhundert gibt es allerdings auch Versuche, den Gedanken der moralischen Autonomie auf das Individuum als Ganzes (nicht nur seine Rationalität) zu beziehen. Auf diese Ansätze, die dem populären Verständnis autonomer Normativität heute vermutlich sogar näher kommen als Kant, gehe ich an anderer Stelle ein; vgl. Maria-Sibylla Lotter, »Das individuelle Gesetz. Simmels Kritik an der kantischen Moralphilosophie«, in: *Kantstudien* 91 (2000), S. 178-203, und dies., »Anomie und Autonomie in der französischen Sozialphilosophie der Jahrhundertwende«, in: *Zeitschrift für Philosophische Forschung* 53 (1999), Nr. 2, S. 236-258.

31 Im Rahmen dieser Arbeit kann ich nicht im Detail auf die Kritik an der Vorstellung eingehen, Moral müsse sich auf allgemeine Prinzipien stützen. Die Argumente gegen die Prinzipienethik werden ausführlich diskutiert bei Jonathan Dancy, *Ethics Without Principles*, Oxford 2004.

tionen, anerzogene Rollenvorstellungen oder auf Analogieschlüsse aufgrund der persönlichen Erfahrung stützen, allein aufgrund ihrer mangelnden Herleitbarkeit aus allgemeingültigen Prinzipien als mangelhaft zu betrachten. Besonders problematisch kann sich die Unterscheidung auswirken, wenn man sie zu naiv zum Verständnis der Unterschiede zwischen ethischen Systemen anwendet und das theoretische Bild einer kritischen, auf allgemeinen Prinzipien aufbauenden Moral mit dem wirklichen moralischen Bewusstsein der Angehörigen moderner westlicher Gesellschaften verwechselt und sein negatives Pendant, die bloß konventionelle Moral, mit dem moralischen Bewusstsein traditioneller Gesellschaften.

Da im deutschen Sprachraum das Verständnis der immanenten Quelle der Moral vor allem von Kants Auffassung autonomer Moralität geprägt worden ist, möchte ich im Folgenden kurz erläutern, warum Kants Ansatz viel mehr an rein rational begründeter Moral verspricht, als er praktisch einlösen kann, und sich daher nicht als Interpretation der wirklichen immanenten Quellen der Moral in unterschiedlichen kulturellen Kontexten eignet.

Nach Kant sind Personen als autonome Wesen zu denken, die mit Vernunft und Willensfreiheit ausgestattet sind; ihre Vernunft lässt sie erkennen, was ihnen moralisch erlaubt und verboten ist, als willensfreie Wesen können sie auch danach handeln. Dabei orientieren sie sich an einer einzigen moralischen Richtschnur, dem *kategorischen Imperativ*: Eine Person darf nur solche »Maximen« befolgen, von denen sie auch wollen kann, dass sie »wie allgemeine Naturgesetze gelten« und mit allen anderen Gesetzen »zu einem möglichen Reich der Zwecke« aller »vernünftigen Wesen« zusammenstimmen.[32] Dem Inhalt nach handelt es sich um einen fremdbezogenen Moraltypus, denn der kategorische Imperativ hat primär einschränkende Funktion. Kant beschreibt ihn jedoch der Form nach als autonom, da die unbedingte Unterwerfung unter das allgemeine Sittengesetz dem wahren Willen der Person als Vernunftwesen entspringt. Ihre Auffassung vom moralisch Richtigen gründet auf ihrer eigenen Fähigkeit, sich von ihren partiellen und individuellen Interessen und Neigungen zu distanzieren und sich zu fragen, ob sie die Maxime, der sie in ihrem Handeln folgt, wirklich als ein allgemeinverbindliches Gesetz wollen kann. Wir

32 Immanuel Kant, *Grundlegung zur Metaphysik der Sitten*, Akademie Textausgabe IV, S. 436.

sind nach Kant also nicht nur in dem schwachen Sinne selbst die Quelle der Normativität, dass wir die soziale Vernünftigkeit gewisser Pflichten und Verbote erkennen können. Wir selbst *erlassen* die Gesetze, die für uns verbindlich sind:

> Die moralische Persönlichkeit ist also nichts anderes als die Freiheit eines vernünftigen Wesens unter moralischen Gesetzen [...]; woraus dann folgt, daß eine Person keinen anderen Gesetzen als denen, die sie (entweder allein oder wenigstens zugleich mit anderen) sich selbst gibt, unterworfen ist.[33]

Es ist jedoch schwer zu sehen, was ein solches allgemeines Sittengesetz zum Verständnis und zur Lösung lebensweltlicher moralischer Probleme beitragen kann.[34] Der kategorische Imperativ erinnert zwar an weitverbreitete moralische Regeln wie die so genannte goldene Regel »Handele gegenüber anderen so, wie du selbst behandelt werden willst«. Im Unterschied zu solchen universalen Lebensweisheiten, auf die wir uns gelegentlich berufen, wenn wir Handlungen kritisieren oder auch rechtfertigen, kann der kategorische Imperativ jedoch weder direkt auf meine Handlung bezogen werden noch auf die Motive und ihre Konsequenzen. Er bezieht sich vielmehr auf eine abstrakte Beschreibung der Handlung mit Blick auf eine moralisch relevante Eigenschaft (zum Beispiel Lüge oder Lüge in einer Situation des Typs x), aus der dann eine allgemeine Handlungsregel (Maxime) hergeleitet wird. Dabei bleibt offen, nach welchem Kriterium diese Eigenschaft und somit *die* Maxime auszuwählen wäre, nach der ich zu einer bestimmten Zeit handle. Da die moralische Reflexion bei Kant überhaupt erst mit »der« Maxime ansetzt, werden die eigentlichen Grundlagen des Handelns ausgeklammert: *wie* man sein Tun und Lassen überhaupt *versteht*, wie man es beschreibt und welche ethischen und moralischen Gesichtspunkte der Bewertung in diese Beschreibungen eingehen. Wo man sich in erster Linie als Mitglied einer Volksgruppe, einer religiösen Gemeinschaft oder Familie versteht, wird das, was in einem modernen Rechtssystem unter die Kategorie des Diebstahls fallen würde, eventuell ganz anders beschrieben und bewertet, abhängig davon, ob es in der ei-

33 Immanuel Kant, *Die Metaphysik der Sitten*, »Einleitung«, S. 223.

34 Zur kantischen Lebensfremdheit vgl. Oswald Schwemmer, »Die praktische Ohnmacht der reinen Vernunft. Bemerkungen zum kategorischen Imperativ Kants«, in: *Kants Ethik heute*, hg. v. Rüdiger Bubner, Konrad Cramer u. a., Göttingen 1983, S. 1.

genen Gemeinschaft oder Familie vorkommt oder bei Fremden.[35] Kants Ansatz suggeriert die Möglichkeit, solche Normen unter allgemeingültigen Gesichtspunkten kritisieren zu können, bietet sie aber nicht wirklich an, da er nicht vorschreiben kann, wie detailliert die Beschreibung der Handlungseigenschaften ausfallen darf, die der Maximenbildung zugrunde liegt, was in sie eingehen darf und was nicht. Der kategorische Imperativ eignet sich nicht als Matrix für eine Kritik der Sitten, da er nur die Verallgemeinerbarkeit von Maximen ausdrückt, in die schon gewisse in ihrer Reichweite begrenzte normative Unterscheidungen und Wertungen eingegangen sind. Das zeigen auch Kants eigene Beispiele, für die er normative Kategorien wie Versprechen oder Eigentum voraussetzt. Nur wenn ich von dem rechtlich fixierten Begriff des Eigentums ausgehe wie zu Kants Zeiten, wird die Wegnahme einer Sache zum »Diebstahl« und erscheint eine entsprechende Maxime unbedingt verboten.[36] Gegen die rationale Güte der Maximen, die den formalen Bedingungen des kategorischen Imperativs genügen, hat schon Hegel eingewendet, er sei eine Leerformel, mit der beliebige Maximen, je nach Formulierung, gerechtfertigt werden können.[37]

Fassen wir zusammen, was bisher zu den Quellen der Normativität zusammengetragen wurde: Wenn man von Kant und den modernen Staatstheorien ausgeht, dann »gelten« Normen auf zweierlei Weisen, auf eine juristische und auf eine rein moralische. Die einen stützen sich auf Angst und Eigeninteresse, die anderen auf die Vernunft. Wir haben es hier mit einem kulturell tief verankerten Bild vom Menschen zu tun, der auf der Vorderseite als Vernunftwesen auftritt, auf der Rückseite aber als ein eher asoziales Tier, das durch Angst konditioniert werden muss.[38] Demnach wäre die Moral zwar

35 Darauf weisen beispielsweise die rechtsethnologischen Untersuchungen Paul Bohannans bei den Tiv hin: Paul Bohannan, *Justice and Judgement among the Tiv*, Oxford 1957, S. 124.

36 Eine Reihe von Beispielen zu einem anderen Verständnis von Eigentum liefert Hoebel in *Das Recht der Naturvölker*, S. 76 f.

37 Vgl. Georg Wilhelm Friedrich Hegel, *Grundlinien der Philosophie des Rechts*, § 135, hg. v. Eva Moldenhauer, Karl-Markus Michel, Frankfurt/M. 1970, S. 252 f.

38 Wie stark es auch in das Rechtsdenken eingedrungen ist, zeigt sich in der lange Zeit dominanten deutschen Strafrechtstheorie Hans Welzels, der die Strafe verschiedenen Schichten der Persönlichkeit zuordnet, wo sie unterschiedliche Bedeutungen annimmt: Sie zielt erstens auf den Menschen als freies Vernunftwesen und weckt seine irgendwie eingeschlafene praktische Vernunft, zweitens richtet

etwas höchst Achtenswertes, aber auch etwas, womit man in der Realität eher nicht rechnen sollte. Gute moralische Gründe und Einsichten im Sinne einer kantischen Moral garantieren noch kein entsprechendes Handeln,[39] denn unter kantischen Voraussetzungen müsste ja die reine Achtung vor dem moralischen Gesetz (und nicht die Selbstachtung, die sich auf eine soziale Identität oder persönliche Ideale richtet) in einem solchen Fall die individuellen Interessen und Leidenschaften überwiegen. Kant selbst hielt es für nicht ganz unmöglich, dass es ein solches rein moralisch motiviertes Handeln tatsächlich geben könne. Aber auch er nahm nicht an, dass es häufig vorkommt.

Keine Gemeinschaft könnte allein auf der Grundlage eines kantischen Rechts- und Moralverständnisses existieren. Nicht nur, dass Kants Rekonstruktion der moralischen Pflicht zur Abwertung unserer wirklichen moralischen Motive und Gründe führt, was der Moral nicht förderlich sein kann; auch gegen sein Rechtsverständnis spricht, dass ein Rechtssystem von »Teufeln« nur unter den totalitären Bedingungen eines perfekten Überwachungsstaates existieren könnte, da die abschreckende Wirkung einer jeden Strafandrohung nicht im theoretischen Strafmaß, sondern in der Wahrscheinlichkeit ihrer Anwendung liegt. Auch ein Volk von Teufeln würde sich nicht vom rechtlich festgelegten Strafmaß abschrecken lassen, wenn es nicht mit hoher Wahrscheinlichkeit mit der Aufdeckung der Straftat rechnen müsste. Das Recht ist daher in einem »Rechtsstaat«, in dem den Möglichkeiten der Strafverfolgungsbehörden durch Bürgerrechte prinzipielle Grenzen gezogen sind, zu einem hohen Grad auf eine nicht nur künstliche Motivation zur Rechtstreue angewiesen.

Das abstrakte Bild vom Menschen als vereinzeltem Individuum, das sich entweder – der ideale, aber vielleicht nie eintretende Fall – unter dem ganz allgemeinen Gesichtspunkt eines Vernunft-

sie sich auf seine sinnliche und egoistische Natur, die nur durch die Angst vor Sanktionen motiviert werden kann. Vgl. Hans Welzel, *Das deutsche Strafrecht*, Elfte neu bearbeitete und erweiterte Auflage, Berlin 1969, S. 239.

39 So der Strafrechtler Klaus Günther bei der Erwägung der Frage, ob Wissenschaftler zur moralischen Selbstkontrolle imstande seien oder nur durch Sanktionsdrohungen von moralisch unerwünschtem Verhalten abgehalten werden können: Klaus Günther, »Ethische Selbstkontrolle statt Recht?«, in: *Ethisierung – Ethikferne. Wie viel Ethik braucht die Wissenschaft?*, hg. v. Katja Becker, Eva-Maria Engelen und Milos Vec, Berlin 2003, S. 198 f.

wesens betrachtet oder – der realistische Fall – von der Angst vor rechtlichen und sozialen Sanktionen bewegt wird, lässt im Bereich der Moral eine große Lücke. Zwar ist manches regelkonforme Verhalten mit der Sanktionstheorie recht gut erklärbar. So mag das Verhalten eines Autofahrers, der auf einer wenig befahrenen Autobahn auf eine Erhöhung der Geschwindigkeit verzichtet, obgleich er es eilig hat und eine höhere Geschwindigkeit nicht für gefährlich oder anderen Verkehrsteilnehmern gegenüber rücksichtslos hält, auf den künstlichen Grund zurückführbar sein, Geldbußen zu vermeiden. Nicht anders verhält es sich mit dem Eishockeystürmer, der sich trotz übler Provokationen der gegnerischen Verteidigung zusammenreißt und auf Rache verzichtet, um sich keine Sanktion einzuhandeln, die der gegnerischen Mannschaft eine vorteilhafte Überzahl verschaffen würde. Diese Erklärung passt jedoch nicht auf die Lehrerin, die sich mit großem Ehrgeiz und persönlicher Anteilnahme um die Lernerfolge der Schüler bemüht, ebenso wenig auf den Autofahrer, der es für selbstverständlich hält, anderen Vorfahrt zu geben, weil er sich als einen kultivierten Menschen versteht, oder auf den Jugendlichen, der beträchtliche Anstrengungen unternimmt, um cool zu sein, was immer er darunter verstehen mag. Sie alle scheinen *nicht* aus *künstlichen* Gründen zu handeln, sondern aus Gründen, die sich aus dem ergeben, was ihnen selbst wertvoll und wichtig erscheint. Die Alternative von Sanktion und quasi selbstloser Vernünftigkeit verschleiert diese immanenten Quellen der Normativität. Ein überwiegender Teil der Personideale und Verhaltensnormen reproduziert sich in unserem Zusammenleben ohne direkte Sanktionsdrohung, bezieht seine verpflichtende Kraft jedoch auch nicht aus unserer Eigenschaft als Mitglieder eines Reichs der Vernunftwesen. Damit soll nicht bestritten werden, dass man aufgrund vernünftiger Einsicht moralisch handeln kann oder dass sich jede moderne Gemeinschaft auf einen gesetzlichen Rahmen verlässt, der durch Sanktionen gesichert wird. Die vernünftige Einsicht kann jedoch keine eigenständige, vom Fundament vorgegebener normativer Kategorien, Ideale und Werte abgelöste Quelle der Normativität abgeben, ebenso wenig wie die rechtliche Normativität.

Kurz, die immanente Quelle der moralischen Gründe und Motivation ist nicht auf die Achtung vor einem Sittengesetz im kantischen Sinne reduzierbar, auch nicht, wenn man diese Achtung weniger abstrakt denkt und auf ein idealisiertes Bild der Person als Vernunftwesen bezieht;[40] sie muss andere Aspekte der Persönlichkeit einschließen. Diese Quellen der Moral werden unter kantischen Gesichtspunkten dunkel und mysteriös; in dem Maße, indem sie nicht auf allgemeine Moralprinzipien nach dem Schema des kategorischen Imperativs rekonstruiert werden können, müssen sie der Fremdbestimmung durch das Sinnliche zugeordnet werden.

6. Normative Identität

Im Unterschied zum Menschen im Naturzustand handeln Personen aus Selbstachtung. Damit soll nicht behauptet werden, dass sie *immer* aus Selbstachtung handeln. Wer sich im Unterschied zum Amahbul bemüht, gegenüber seinen Nachbarn ein gewisses Maß an Rücksicht und freundlichem Wohlwollen an den Tag zu legen, mag dies tun, um soziale Sanktionen selbst milderer Art zu vermeiden; er mag dies ebenfalls tun, weil es in seinem Interesse liegt, denn freundlich gewogene Nachbarn sind hilfsbereiter. Er wird dies aber auch alleine deswegen tun, weil sich die Art von Mann, als die er sich sieht, so verhält. Das heißt, er wird es auch aus Selbstachtung tun. (Die genannten Motive schließen sich nicht aus und treten vielleicht meist in einer Mischform auf.) Was die Selbstachtung von einer Person verlangt, ergibt sich nicht aus universellen moralischen Prinzipien, sondern aus ihrem Selbstverständnis. Die Gründe dafür sind nicht allgemein zwingend; einer Person, die ihr Selbstverständnis besonders nachdrücklich aus ihrer Mitgliedschaft im Klu-Klux-Clan bezieht, wird es die Selbstachtung nicht unbedingt gebieten, höflich zu ihren dunkelhäutigen Nachbarn zu sein, sondern eher Gründe liefern, sie zu terrorisieren. (Was nicht ausschließt, dass ihr in diesem Fall das Rechtswesen, die Angst vor sozialen Sanktionen oder anderes gleichzeitig Gründe liefern, ihre Nachbarn in Ruhe zu lassen.)

Umgekehrt folgt aus der unanfechtbaren moralischen Güte einer Norm nicht, dass jede Person *selbst* einen (nichtkünstlichen) Grund hat, sie zu befolgen. Wenn sie nicht im Selbstverständnis

40 Eine solche Interpretation vertritt David Velleman, *Self to Self. Selected Essays*, Cambridge 2006, S. 12.

der Person verankert ist, hat diese auch keinen eigenen Grund dazu; das schließt, wie gesagt, nicht aus, dass sie hierzu künstliche Gründe im Sinne der Sanktionstheorie hat, wenn die Norm sozial oder rechtlich verankert ist. Aber auch in letzterem Fall muss die Person zumindest eigene Gründe haben, die Autorität des Rechtssystems oder der Gemeinschaft anzuerkennen. Solche Gründe und Verpflichtungen ergeben sich daraus, wer man in den eigenen Augen ist.[41] Es sind großenteils Verpflichtungen von *bestimmten* Personen im Verhältnis zu anderen, die sich nur zu einem geringeren Teil auf allgemeine Verpflichtungen gegenüber einer sozial undifferenzierten Menschheit zurückführen lassen. Sie hängen stets davon ab, wie diese Personen sich selbst verstehen. Versteht man sich vor allem als Mitglied einer speziellen Gemeinschaft – beispielsweise als Mitglied einer feudalen Kaste, als Mitglied eines Rechtssystems, zu dem die Normen einer Straßenverkehrsordnung gehören, als Kabyle, als Christ oder Mitglied des Klu-Klux-Clans – und empfindet man diese Gemeinschaft und die damit verbundene eigene Identität als wertvoll, dann ergeben sich daraus auch Motive und Gründe, den sozialen Normen Folge zu leisten und das auch von den anderen Mitgliedern zu erwarten; dies gilt für die Angehörigen einer homerischen Feudalkaste, die Nietzsche als Prototypen einer Herrenmoral beschreibt, nicht weniger als für die Mitglieder einer agrarischen afrikanischen Gemeinschaft.[42]

Damit soll nicht behauptet werden, dass Personen nicht gute Gründe haben könnten, Dinge zu tun, die ihrem Selbstverständnis oder den Normen ihrer sozialen Umgebung widersprechen. Dass ein Selbstverständnis nicht aus rationalen Gründen gewählt wird, sondern selbst Gründe und Gesichtspunkte liefert, wie die Dinge zu betrachten sind und wie man handeln sollte, bedeutet nicht, dass es der Kritik entzogen wäre. Da auch religiöse und traditionsorientierte Überzeugungen im Prinzip der Interpretation zugänglich sind, eröffnet die Frage, ob und was für Gründe man hat, be-

41 Dies anerkennt auch die Kantianerin Christine M. Korsgaard, *The Sources of Normativity*, Cambridge 1996, S. 12.

42 Vgl. Korsgaard, *The Sources of Normativity*, S. 101. Das bedeutet nicht, dass die praktischen Identitäten, wie Korsgaard es nennt, *explizit* in die Überlegungen eingehen; sie sind die Quelle, nicht (notwendig) der Gegenstand normativer Überlegungen. Vgl. hierzu Christine M. Korsgaard, *Self-Constitution: Agency, Identity and Integrity*, Oxford 2009, S. 24.

stimmte Dinge zu tun und zu lassen, überall einen gewissen Spielraum der Auslegung und Begründung. Zudem leben die wenigsten in einem einfachen, konsistenten und kohärenten ethischen System. In vielen Fällen ist die soziale Umwelt von verschiedenen Moralen durchzogen, die sich überlagern und teilweise widersprechen. So gilt ein Mord in allen ethischen Systemen als schlecht und wird in staatlich organisierten Gesellschaften strafrechtlich geahndet. In manchen ländlichen Gegenden in Nordirak, Pakistan oder der Türkei gilt es aber zugleich als Pflicht, innerhalb der Familie Personen – gewöhnlich Frauen – zu töten, die als sexuell entehrt gelten. Familien, die sich weigern, diesen normativen Erwartungen zu entsprechen, erleiden soziale Sanktionen (von übler Nachrede bis hin zu Angriffen). Hier ist es ohne Betrachtung des Einzelfalls schwer zu sagen, welche dieser Normen zu welchem Grad immanent, zu welchem auferlegt ist.

Solche Fälle lassen den Wunsch nach einer unparteilichen, rein rationalen Grundlage der Moral aufkommen, die es ermöglicht, den Wert der eigenen Werte kritisch zu überprüfen. Wenn man dies tatsächlich tut (als Familienmitglied, als Mitmensch, mit Blick auf die persönliche Beziehung etc.), stützt man sich jedoch nicht auf eine Stimme der Vernunft jenseits des Sozialen, sondern auf ein anderes, weiteres Selbstverständnis (wie auf die Zugehörigkeit zu einem Rechtssystem, auf religiöse Vorstellungen oder auf eine philosophische Ethik). Ein Selbstverständnis wählt man gewöhnlich nicht aus Gründen (das gilt auch für echte religiöse Konversionen), sondern wächst hinein. Entsprechend hält man es zunächst nicht *deswegen* für legitim, weil man seine Begründungen untersucht hat – die Legitimität ist vielmehr Teil der Überzeugung selbst. Versteht man sich als Christ, Jude oder Mohammedaner, dann ist der Glaube, dass gewisse Gesetze von Gott gegeben sind, zunächst hinreichend, sie für legitim zu halten und sich ihnen unterzuordnen; hielte man sie nicht mehr für legitim, würde man entweder bezweifeln, dass sie von Gott gegeben sind, oder Zweifel an Gott entwickelt haben. Aus dem Wert, den man dem eigenen Selbstverständnis beimisst, ergibt sich daher auch ein Interesse, die Einhaltung der wichtigsten Regeln ebenso von den anderen zu verlangen. Denn Normverstöße sind nicht nur individuelle Handlungen, sondern haben auch eine allgemeine *symbolische* Dimension. Sie stellen – zumindest wenn sie nicht heimlich geschehen oder taktvoll übersehen werden können – die Geltung der Norm und damit indirekt auch den Wert der eigenen normativen Identität in Frage. Auch eine »Herrenmoral« im nietzscheanischen Sinne bringt daher – zumindest innerhalb der entsprechenden Gruppe – normative Erwartungen an die anderen hervor und zieht, im Falle ihrer Verletzung, aggressive moralische Gefühle nach sich.[43]

Wie das Beispiel des Amahbul zeigt, ist ein moralisches Selbstverständnis im Sinne der *Selbstverständlichkeit*, sein Tun und Lassen unter intersubjektiv zugänglichen Gesichtspunkten von Gut und Schlecht zu betrachten, jedoch nicht schon automatisch mit der Tatsache verbunden, dass man in den Augen anderer unter bestimmte Kategorien fällt. Auch aus dem Wissen, welche Kategorien (Mann / Frau, Kabyle / Nichtkabyle etc.) richtig oder falsch auf einen angewendet werden, folgt noch nicht, dass man *sich selbst* als Kabylen *zu schätzen weiß* und die sich daraus ergebenden Gründe, Dinge zu tun oder zu lassen, auch für einen selbst zählen. Würden wir je vor die Wahl gestellt, dann hätten wir als Menschen zwar allen Grund, zumindest *irgendeine* normative Identität haben zu wollen, denn ohne das würden uns die Gründe fehlen, eher das eine tun zu wollen als das andere – diesen Naturzustand können wir uns nur als ein zufalls- oder instinktgetriebenes Dasein vorstellen.[44] So unattraktiv ein solches Leben vielen erscheinen mag, so wenig steht es jedoch gewöhnlich in der eigenen Wahl. Man kann sich nicht aus Nützlichkeitserwägungen dafür entscheiden, das eigene Leben unter normativen Gesichtspunkten zu betrachten, nach dem Motto: jetzt bin ich nun einmal auf dieser Welt, also glaube ich auch an den Sinn und Wert von Normen, weil mir mein Leben nur auf diese Weise nicht wert- und sinnlos erscheint. Es ist im Prinzip immer möglich, dass jemand gar kein rücksichtsvoller Verkehrsteilnehmer oder überhaupt rücksichtsvoller Mitmensch sein »will«, vielleicht im Sinne eines aktiven Andersseinwollens, weil man die sozialen Identitäten als korrupt oder abgeschmackt empfindet, vielleicht auch im passiven Sinne eines generellen Desinteresses daran, sich selbst überhaupt im Lichte von Normen und Idealen zu verstehen, einer Unfähigkeit, sie auf sich selbst zu beziehen, oder auch einer Unfähigkeit, sich irgendwie für seine Mitmenschen zu erwärmen und an ihrer Sicht Interesse zu nehmen.

43 Vgl. das Beispiel von Agamemnon im Kap. 5.

44 So argumentiert Korsgaard, *The Sources of Normativity*, S. 121.

Kommen wir auf die Frage zurück, wie sich die verschiedenen Dimensionen selbstbezogener und fremdbezogener Normativität zueinander verhalten. Wie aus dem bisherigen Überlegungen deutlich wurde, sind nicht alle Gründe, sich an die Sozialmoral zu halten, künstliche Gründe. Sie ergeben sich auch aus der immanenten Quelle der Moral, aus dem Bedürfnis, sich selbst zu bejahen. Das normative Selbstverständnis eröffnet dem eigenen Leben eine Wertperspektive, in deren Licht man auch seine Handlungsmöglichkeiten bewertet: Erst die Beschreibung eines Personentyps, mit dem man sich identifiziert – beispielsweise das Ideal des mutigen Kriegers –, liefert eine Matrix, um alternative Handlungsmöglichkeiten wie Fliehen oder Stehenbleiben nicht nur als wertneutrale Alternativen wie Essen und Schwimmen, sondern als qualitative Gegensätze zu beschreiben und moralisch zu bewerten.[45] Dem entspricht die Redeweise, mit der man sich in verschiedenen Kulturen wechselseitig an seine Pflichten erinnert: »Sei ein Mann!« »Benimm dich wie ein Fulbe!« »Vergiss nicht, wer du bist!« Die Selbstachtung einer Person zeigt sich eben darin, dass sie sich bemüht, die mit diesem Rollenideal verbundenen Eigenschaften, und das heißt Verhaltenserwartungen, zu realisieren – was nicht ausschließt, dass sie dabei kreativ ist und das traditionelle Rollenverständnis eventuell variiert.

In manchen Gesellschaften, die kaum Status- und Rollendifferenzen kennen, mag das Selbstverständnis eher an persönlichen Vorbildern ausgerichtet sein, in hierarchischeren Gesellschaften orientiert sich die heranwachsende Person vielleicht mehr an abstrakten Rollenmustern. In manchen Kulturen werden auch mythische und göttliche Wesen als Vorbilder dienen, was nicht bedeutet, dass den Einzelnen ihre Ideale quasi vorgeschrieben sind.[46] Eine Person hat in den meisten Fällen viele soziale Identitäten – sie ist beispielsweise eine Frau, gehört einer Alters- und Berufsgruppe an,

45 Dieses Beispiel entlehne ich Charles Taylor, »What is Human Agency«, in: ders., *Human Agency and Language*, Cambridge 1985, S. 26.

46 Wie der Kulturpsychologe Alan Roland hervorgehoben hat, bieten sich auch einem sehr traditionell aufwachsenden hinduistischen Mädchen verschiedene Identifikationsmöglichkeiten, beispielsweise sich mit *Sita* (der treuen Ehegattin) oder aber mit der willenstarken *Savitri* zu identifizieren. Vgl. hierzu Alan Roland, *In Search of Self in India and Japan. Towards a Cross-Cultural Psychology*, Princeton 1988, S. 266.

einer bestimmten Religion, einem Sportverein, einer Kaste oder Partei etc. Je nachdem, ob sie diese Identitäten als bloß auferlegt wahrnimmt oder sich mit ihnen identifiziert, ergeben sich daraus künstliche oder eigene Verpflichtungen und Handlungsgründe. Normen im Sinne von Regeln, Verboten und Vorschriften (wie dass man pünktlich zur Arbeit erscheinen und seine Rechnungen bezahlen muss, kein Geld aus der Vereinskasse unterschlagen darf, rechts fahren muss etc.) haben als solche keine Anziehungskraft; sie gelten entweder, weil sie mit der Realisierung von Idealen oder der Ausübung von geschätzten Rollen verbunden sind, oder aufgrund drohender rechtlicher oder sozialer Sanktionen. Andere Tätigkeiten können sowohl aus immanenten als auch aus künstlichen Gründen ausgeübt werden. Was für den einen eine Frage der Selbstachtung und des Selbstwertgefühls ist (ein ausgezeichneter Klavierspieler zu sein), stellt vielleicht für den anderen (in einer Musikerfamilie aufgewachsenen) eine Norm dar, die ihm von der sozialen Umgebung auferlegt wird. Auch Sauberkeit kann für den einen eine lästige Norm, für den anderen ein persönliches Ideal sein, das entscheidend das Selbstwertgefühl und die Selbstachtung bestimmt.

Dass wir *irgendeine* normative Identität haben müssen, um Selbstachtung entwickeln und zwischen gut und schlecht unterscheiden zu können, bedeutet natürlich nicht, dass das Personsein umgekehrt davon abhängt, die mit jeder Tätigkeit verbundenen normativen Ansprüche zu internalisieren. Wer schlecht gekocht hat, mag das Resultat unappetitlich finden, aber er wird sich nicht unbedingt schämen. Wer gar nicht den Anspruch hat, gut zu kochen, hat dazu keinen Grund. Nicht alle Aktivitäten zählen für das normative Selbstverständnis, und nicht alle sind gleich wichtig. Es ist sogar möglich, seinen Lebensunterhalt mit Kochen zu verdienen, ohne sich wirklich für einen Koch zu halten – vielleicht betrachtet man das Kochen nur als einen mühsamen Job. Ob die Rolle auch zur eigenen normativen Identität gehört, zeigt sich erst darin, dass man die mit ihr verbundenen Standards, nach denen zwischen einer guten oder schlechten Ausführung unterschieden wird, auch wirklich auf sich selbst anwendet. Menschen haben im Prinzip die Möglichkeit, sich auch rein äußerlich zu Rollen zu verhalten, die sie ausüben, sich *nicht* mit ihnen zu identifizieren. Es steht allerdings nicht ganz in der Wahl des Individuums: Wer als Koch in einem Restaurant beschäftigt ist, dem kann es nicht gleichgültig sein, ob er gut oder schlecht kocht; er muss sich zu einem gewissen Grad mit den Standards identifizieren, um die Rolle auch nur äußerlich ausüben zu können.[47]

Nun mag die Kochkunst noch keine besonders anspruchsvolle moralische Identität ausmachen. Erst unter der Voraussetzung, dass eine Person *irgendein* normatives Selbstverständnis ausbildet, kann sich jedoch die Art von *Freiheit* entwickeln, die für moralische Personen grundlegend ist (und über die der Amahbul nicht verfügt): die Fähigkeit, eigene Wünsche im Lichte der eigenen Ideale und normativen Maßstäbe zu prüfen und eventuell zurückzustellen. Die Identifikation mit Idealen ist eine notwendige psychologische Bedingung, um *freiwillig* auf etwas Verlockendes verzichten zu können. Wer sich mit einem Ideal – sagen wir dem einer Sportlerin oder eines politischen Vermittlers – identifiziert, bildet den Wunsch aus, das Erforderliche zu tun, um diesem Ideal nahe zu kommen. Dass es sich um einen eigenen, nichtkünstlichen Wunsch handelt, schließt nicht aus, dass er mit momentanen Regungen und Bedürfnissen in Konflikt geraten kann. Wer sich als Sportlerin versteht (und schätzt), will effektiv trainieren, was mit dem momentanen Wunsch konfligieren kann, leckere schwerverdauliche Dinge zu essen, und den Wunsch hervorruft, den ersten Wunsch loszuwerden; Harry Frankfurt hat dies einen Wunsch zweiter Stufe genannt.[48] Wer sich als politischen Vermittler sieht und daher allen Grund hat, sich alle Seiten zugänglich und gewogen zu halten, gerät vielleicht in Konflikt zu seinem momentanen Verlangen, in scharfer und zurechtweisender Form auf die unverschämte Provokation seines Gegenübers zu reagieren, und wünscht sich, er hätte dieses Verlangen nicht.

Erst durch die Identifikation mit solchen Idealen entsteht die emotionale und reflexive Dimension, in der sich die moralischen Konflikte einer Person abspielen. *Erstens* werden dadurch innere Konflikte zwischen Wünschen erster und zweiter Stufe möglich

47 Vgl. hierzu Ernst Tugendhat, *Vorlesungen über Ethik*, Frankfurt 1993, S. 61f. Allerdings sind den Möglichkeiten der eigenen Distanzierung durch die mit der Rolle verbundenen berechtigten Erwartungen anderer Grenzen gesetzt. Zu dieser sozialen Einbettung vgl. Bernard Williams' Beispiel des Bankbeamten in: ders., *Morality. An Introduction into Ethics*, Cambridge 1972, S. 64.

48 Vgl. Harry G. Frankfurt, »Freedom of the Will and the Concept of a Person«, in: ders., *The Importance of What We Care About*, Cambridge 1988, S. 11-25.

(an die sich höherstufige Konflikte anschließen können). *Zweitens* kann es zur Realisierung des Ich-Ideals wichtig werden, Kontrolle über die eigenen Gefühle und Reaktionen zu erlangen; wenn man sich mangelnder Kontrolle bewusst wird – wenn der Vermittler merkt, dass er sich zu einer unklugen Reaktion hat provozieren lassen –, kann dies äußerst beschämend sein. Und *drittens* ist die Person im Konfliktfall – der zwischen Wünschen erster und zweiter Stufe, aber auch zwischen Wünschen zweiter Stufe auftreten kann – genötigt, den Vorrang zwischen verschiedenen normativen Ansprüchen zu klären. Der Verzicht auf die Freiheit der Willkür, die der Amahbul genießt, eröffnet eine andere Dimension der Freiheit: die Fähigkeit, sich von den unmittelbaren Wünschen und Neigungen zu distanzieren und Wertentscheidungen zu treffen. Die Freiheit, unter Wertgesichtspunkten zu entscheiden, führt jedoch nicht notwendig zu vernünftigerem und besserem Verhalten. Aus der Identifikation mit Idealen – beispielsweise rassistischen Idealen – können sich Gründe und Motive zu Handlungen ergeben, welche die Rechte und Interessen anderer Personen in viel extremerem Masse verletzen, als es einem Amahbul in den Sinn kommen könnte.

Das wirft erneut die Frage auf, ob es nicht erforderlich ist, den hier entworfenen Begriff der Moral, der auch »schlechte« Moral einschließt, durch einen anspruchsvolleren Moralbegriff zu ergänzen, der Maßstäbe zur Kritik schlechter moralischer Ideen bereitstellt. Wie erwähnt, stellt man sich eine solche anspruchsvollere Moral meist als eine überparteiliche und perspektivenneutrale Moral vor, die in allgemeinen Prinzipien verankert ist. Nach dieser Moralauffassung richten sich moralische Fragen an mich nicht als eine Person mit einem speziellen Selbstverständnis, sondern als ein auswechselbares Wesen; sie betreffen moralische Prinzipien, die vorschreiben, was *jeder* – unabhängig von seinem persönlichen Selbstverständnis – tun oder lassen soll.[49] Daher darf die Frage, was ich tun oder lassen soll, nicht als die Frage verstanden werden, was für mich als eine Person mit einer je besonderen Sicht und Gewichtung der Dinge moralisch richtig ist. Es geht um die unparteiische Beurteilung allgemeiner Fragen der Gerechtigkeit,[50] die erfordert, von allen partikularen Gesichtspunkten zu abstrahieren. Ein Beispiel wäre die universale Relevanz der Menschenrechte, die zwar in

49 Vgl. Lutz Wingert, *Gemeinsinn und Moral*, Frankfurt/M. 1993.
50 Vgl. Habermas, *Erläuterungen zur Diskursethik*, S. 124.

der Menschheitsgeschichte erst spät anerkannt wurden, von denen man aber gleichwohl annehmen kann, dass sie jeden angehen. Habermas spricht mit Blick auf solche allgemeinen Normen von einer »Abstraktionsleistung, welche die Beteiligten nötigt, den sozialen und geschichtlichen Kontext ihrer je besonderen Lebensform und ihrer partikularen Gemeinschaft zu überschreiten und die Perspektive *aller* möglicherweise Betroffenen einzunehmen.«[51]

Wie ist das »Überschreiten« zu verstehen? Schließlich können wir nicht wirklich eine Perspektive jenseits der sozialen Wirklichkeit einnehmen – eine allein auf Rationalität begründete Perspektive von nirgendwo, die nicht an eine Lebensform gebunden ist. Es ist aber auch nicht so, dass wir an eine bestimmte Lebensform mit festen Normen und Werten gefesselt wären, da uns allein schon die Tatsache normativer Komplexität und Divergenz im kulturellen und sozialen Umfeld vor die Aufgabe stellt, ihre relative Wichtigkeit und Bedeutung für uns selbst zu klären. Nehmen wir das Beispiel eines deutschen Offiziers im Dienste Hitler-Deutschlands, der, da er sich selbst als Offizier versteht und einen Eid abgelegt hat, sich moralisch verpflichtet fühlt, die Befehle seiner Vorgesetzten zu befolgen.[52] Wenn es sich um Befehle handelt, die beispielsweise die Ermordung von Kriegsgefangenen oder von Zivilisten fordern, hat er zugleich zwingende Gründe, sie *nicht* zu befolgen. Es werden aber nur dann Gründe *für ihn* sein, wenn *sein* moralisches Selbstverständnis sich nicht auf das Offizier-im-Dienste-Hitlers-Sein beschränkt, wenn es beispielsweise auch ein Selbstverständnis als Offizier (nach dem Ehrenkodex, der Kriegsverbrechen verbietet) einschließt, oder wenn der Gedanke der Menschheit ihm etwas sagt und ihn zur Achtung der Menschenrechte verpflichtet. In dem Maße, in dem die Anerkennung der Menschenrechte direkt oder indirekt mit seinem Selbstverständnis verkoppelt ist, »überschreitet« sein moralisches Bewusstsein sein Selbstverständnis als Offizier-im-Dienste-Hitlers. Sein Abstraktionsvermögen ist eine Voraussetzung dafür, dass er moralische Ideen wie die Menschenrechte verstehen kann. Es allein liefert aber noch keine Motivation hierfür. Moralisch (nahezu) taub können nicht nur Menschen sein, die wie der Amahbul gar kein normatives Selbstverständnis entwi-

51 Ebd., Hervorhebung im Original.

52 Ich greife hier ein Beispiel von Bernard Williams auf, vgl. Williams, *Morality*, S. 65 f.

ckeln, sondern auch solche, die sich allein auf einen Gesichtspunkt oder eine Rolle versteifen. Wer seinem Selbstverständnis nach nicht nur *unter anderem* Offizier ist, sondern *nichts als* Offizier (oder gar nichts als Offizier-im-Dienste-Hitlers), wäre als moralische Person sozusagen eingeschrumpft; ihm würde der Freiraum fehlen, in dem er moralische Urteilskraft zur Einschätzung der in einer Situation jeweils relevanten moralischen Gesichtspunkte anwenden muss.

Mit Blick auf solche Fälle weist Habermas zu Recht darauf hin, dass allgemeine moralische Gesichtspunkte (nicht nur im Zusammenhang spezifisch moderner Perspektiven) bisweilen verlangen können, von Rollenerwartungen oder anderen speziellen Gesichtspunkten abzusehen. Weniger überzeugend scheint mir die Beschreibung, dass universale Gesichtspunkte der Gerechtigkeit den »kulturspezifischen lebensweltlichen Horizont, innerhalb dessen sich ethische Selbstverständigungsprozesse bewegen, [...] *sprengen*«.[53] Sie *erweitern* sie gewiss um eine neue Dimension, aber wenn dadurch die Verbindlichkeit lebensweltlicher moralischer Gesichtspunkte zerstört (und nicht nur komplexer) würde, träte an die Stelle des früheren moralischen Selbstverständnisses nicht moralische Autonomie, sondern Anomie, ein Zustand der Orientierungslosigkeit. Das ist weder wünschenswert, noch gibt es einen zwingenden Grund zur Annahme, die Ideale der Unparteilichkeit und Gleichheit, die mit diesem Gerechtigkeitsverständnis verbunden sind, seien notwendig mit einer Zerstörung traditioneller Lebensformen verbunden. Auch allgemeine Gesichtspunkte der Gerechtigkeit können nur für Menschen moralisch relevant werden, die schon ein moralisches Selbstverständnis entwickelt haben, das spezielle Verpflichtungen gegenüber bestimmten anderen Menschen einschließt. Dass solche universalen Verpflichtungen dann im Einzelfall eventuell in Konflikt zu den normativen Erwartungen geraten können, die sich aus speziellen Rollen und Bindungen ergeben, gehört zu den menschlichen Lebensbedingungen.

Das bringt uns zu der Frage zurück, *warum* die meisten Menschen mehr oder weniger starke normative Identitäten ausbilden – nicht im Sinne einer, sondern vieler *Rollen* und Personideale, mit denen sie sich identifizieren – und dadurch gewöhnlich auch für moralische Fragen ansprechbar werden, andere hingegen kaum

53 Jürgen Habermas, *Erläuterungen zur Diskursethik*, S. 124, Hervorh. M.S. L.

oder im Extremfall gar nicht. Wie bereits ausgeführt wurde, hat es keinen Sinn, diese Frage als Frage nach dem rationalen Grund eines Verhaltens zu verstehen, da dies kaum in der eigenen Wahl steht. Man kann jedoch nach den individualpsychologischen[54] und sozialen Voraussetzungen einer normativen Identität fragen.

54 Auf die individualpsychologischen Voraussetzungen kann ich im Rahmen dieser Arbeit kaum eingehen. Möglicherweise gehen die affektiven Triebfedern der verschiedenen Quellen von Normativität auf verschiedene Typen von frühkindlichen Erfahrungen zurück. Die Erfassung und Übernahme der Erwartungen der Eltern und anderer Bezugspersonen findet in unterschiedlichen Formen statt. Kinder neigen dazu, sich mit geliebten und bewunderten Bezugspersonen zu identifizieren, und sie machen andererseits die Erfahrung, dass ein gewisses Verhalten unangenehme Reaktionen hervorruft. Freud hatte sich vorgestellt, dass normative Autorität auf eine Synthese dieser beiden Erfahrungen zurückgeht, nämlich auf das Über-Ich, das eine Internalisierung der elterlichen Normen darstellt, die er weitgehend auf Kritik und Strafandrohung zurückführte. Das Kind fürchtet seine Eltern als Strafvollzieher und verinnerlicht ihre Normen, um sich selbst präventiv zu disziplinieren. Dieses Modell ist jedoch nicht ohne weiteres auf beliebige Kulturen anwendbar, da die Erziehungspraktiken zu unterschiedlich sind; in manchen traditionellen Gesellschaften scheinen Sanktionen gegenüber Kindern ganz unüblich zu sein, gleichwohl übernehmen die Kinder weitgehend das normative Selbstverständnis der früheren Generation. Es erklärt auch nicht die gemischten Gefühle, die der Heranwachsende und spätere Erwachsene gegenüber elterlichen Mahnungen und Idealen hat. So werden Kinder, die von ihren Eltern ständig zur Ordnung angehalten wurden und mit harten Sanktionen rechnen mussten, nicht notwendig ordnungsliebende Pedanten; mitunter ist das Gegenteil der Fall. Das schließt jedoch nicht aus, dass sie gleichzeitig Ideale ihrer Eltern übernehmen, die für sie positiv besetzt sind. (Ich greife hier ein Beispiel von David Velleman auf, »The Voice of Conscience«, in: ders., *Self to Self. Selected Essays*, Cambridge 2006, S. 149 f.) Mit Blick auf die verschiedenen Kulturen kann man wohl davon ausgehen, dass sich normative Autorität sowohl aus sanktionierenden Erziehungspraktiken als auch aus positiven Identifikationen über den Kontakt mit geliebten Bezugspersonen entwickeln kann.

III Selbstbewusstsein: Die Vertreibung aus dem Paradies

1. Selbstbewusstsein in der Tradition Lockes

Das normative Selbstverständnis, so war im letzten Kapitel ausgeführt worden, liefert einer Person Maßstäbe, um zwischen gutem und schlechtem, angemessenem und unangemessenem Verhalten zu unterscheiden. Sie verhält sich zu sich selbst als zu einem Personideal (ich als Koch, ich als vernünftige Person). Eine moralische Person bezieht sich aber noch in weiteren Weisen auf sich *selbst.* Nur wenn sie auch weiß, was sie *wirklich* tut, und darüber hinaus weiß, dass *sie selbst* es ist, die bestimmte Dinge getan und gelassen hat, kann sie auch dafür Verantwortung übernehmen.

Es gibt also nicht nur eine, sondern mehrere Weisen, sich auf sich selbst zu beziehen, die für eine Person konstitutiv sind. Dazu gehören, wie gesagt, der Selbstbezug in einer Rolle (»Ich als Mutter sollte...«), aber auch die Selbstzuschreibung in der Erinnerung (»Habe ich nicht vor einem Jahr ...«), die Identifikation mit dem Leib (»Das tut mir weh«), selbstbezügliche moralische Empfindungen (»Ich schäme mich«), aber möglicherweise auch Fragen der Authentizität (»Das bin nicht ich«) und der kritischen Hinterfragung eigener Meinungen (»scheint mir dies wirklich begründet?«) etc. Im Folgenden möchte ich Formen des Selbstbewusstseins unterscheiden, durch die Personen moralisch verantwortlich und zurechnungsfähig werden.

Das wohl bis heute am meisten verbreitete Modell dieses Selbstbewusstseins geht auf John Lockes *Essay Concerning Human Understanding* im späten siebzehnten Jahrhundert zurück. Dort hatte Locke den Gedanken eines im Wahrnehmen seiner selbst bewussten »Ich« mit dem Gedanken der Verantwortung und der Vorstellung eines intellektuell eigenständigen, von fremden Autoritäten befreiten, epistemisch autonomen Subjekts in Verbindung gebracht. Da dieses zu seiner Zeit revolutionäre Ideenbündel bis heute die philosophischen Erwartungen an eine Theorie des Selbstbewusstseins prägt und zudem den Anschein weltanschaulicher Neutralität hat, werde ich kurz begründen, warum es als Grundlage einer interkulturell anwendbaren Rekonstruktion normativen Selbstbewusstseins ungeeignet ist.

Locke führte die Art von Selbstbezug, die eine Person als Verantwortungsträgerin ausmacht, darauf zurück, dass es ihr »unmöglich sei, etwas wahrzunehmen, ohne dabei zugleich wahrzunehmen, *dass sie* es wahrnimmt«.[1] Locke schließt in diese Wahrnehmung auch die Erinnerung ein. Indem »ich« mich nicht nur an Erlebnisse erinnere, sondern diese mir beim Erinnern selbst zuschreibe, entsteht eine Identität über die Zeit hinweg. So betrachtet, sieht es ganz danach aus, als könnten wir das Selbstbewusstsein und die Erinnerung an die »eigenen« Handlungen ohne Bezug auf die sozialen Kontexte von Personen verstehen.[2] Und daraus leitet sich auch unsere Verantwortung her: Wir sind nämlich nach Locke für das, was wir tun, in genau dem Maße verantwortlich, in dem wir uns bewusst sind, dass wir selbst dies getan haben.[3]

Auf die vielen Fragen und Probleme, die dieser Ansatz aufwirft, kann ich in diesem Rahmen kaum eingehen. Die Annahme, dass wir Personen die Fähigkeit zuschreiben müssen, vergangene Handlungen *als eigene Handlungen zu erinnern*, wenn wir sie überhaupt als Personen betrachten, erscheint zunächst plausibel. Schon Lockes Beschreibung der Entstehung des Selbstbewusstseins ist jedoch nicht ohne weiteres nachvollziehbar, wenn man sie wörtlich nimmt. Warum sollte es uns unmöglich sein, wahrzunehmen, ohne dabei auch uns selbst wahrzunehmen? Ist das nicht ganz oft, viel-

1 »It being impossible for any one to perceive, without perceiving, that he does perceive [...] and by this every one is to himself, that which he calls self.« John Locke, *An Essay Concerning Human Understanding*, Buch II, Kap. XXVII, § 9, Oxford 1979 (1690), S. 335.

2 Moralische und rechtliche Normen kämen dann als Aufbau zu dieser quasi normfreien psychischen Basis der Person als Individuum hinzu. So thematisiert die schon fast in den Rang eines Klassikers erhobene Studie von Derek Parfit das Thema Person als ein primär *metaphysisches* Problem der personalen Identität, das erst sekundär rechtliche und moralische Anwendungen hat. Dabei wird der Personbegriff wie ein *deskriptiver* Begriff behandelt, der die Frage aufwirft, ob es eine von ihm unabhängige Erfahrung des eigenen Selbst gibt, für die er eine zutreffende Beschreibung bietet. Vgl. Derek Parfit, *Reasons and Persons*, Oxford 1984, insbes. S. 341. Vgl. auch hierzu John L. Mackie, *Problems from Locke*, Oxford 1976, und die Beiträge in *The Identities of Persons*, hg. v. Amelie Oksenberg Rorty, London 1969.

3 Für eine detailliertere Analyse dieser Konzeption vgl. Maria-Sibylla Lotter, »Rechtsprechung im Jenseits. Personale Identität und Verantwortung bei Locke«, in: *Archiv für Rechts- und Sozialphilosophie* 4 (2006), S. 505-533.

leicht sogar die meiste Zeit, der Fall? Machen uns nicht gelegentlich andere darauf aufmerksam, dass wir etwas getan oder unterlassen haben, ohne dass wir es bemerkt haben? Sind extrem vergessliche Personen weniger Personen als Menschen mit einem perfekten Gedächtnis? Oder sind sie im vollen Sinne Personen, aber für weniger verantwortlich als Letztere? Das leuchtet nicht ein.

Berücksichtigt man jedoch den speziellen religiösen Kontext Lockes,[4] dann werden seine Annahmen durchaus verständlich. Der Gedanke, dass wir uns im Wahrnehmen nie selbst vergessen können, mag uns heute fremd und merkwürdig scheinen, er ist im Kontext Lockes aber eher im Sinne einer Selbstsorge zu verstehen. Wir sind unserer selbst bewusst, insoweit wir um uns selbst besorgt sind.[5] Locke versteht diese Sorge jedoch nicht als die Sorge des Sozialwesens Mensch um die Anerkennung durch seine Mitmenschen. Es geht vielmehr um die letzten Fragen, die sich einem Christen stellen. Dabei gewinnt der Glaube an das Jüngste Gericht und die Gefahr der ewigen Verdammnis eine zentrale Bedeutung als Quelle der Normativität und des besorgten Selbstbewusstseins, mit schwerwiegenden Folgen für die Konzeption von Personen:[6] Die Grundlagen moralischer Verpflichtung sind für den Sanktions-

4 Locke hatte den Begriff des Selbstbewusstseins beziehungsweise seine englischen Entsprechungen aus den trinitarischen Spekulationen zeitgenössischer Theologen übernommen. Über Leibniz und Christian Wolf wanderte er in die deutsche Schulphilosophie ein und wurde dann vor allem bei Immanuel Kant und im Deutschen Idealismus zu einem zentralen Begriff der Subjektivitätsphilosophie. Im Gefolge der Romantik drang die Vorstellung von einem Selbstbewusstsein, das Subjektivität und Personalität konstituiert, schließlich auch in die Humanwissenschaften und das Alltagsdenken ein. Zur Neuartigkeit des Ansatzes beim Bewusstsein vgl. insbesondere Christopher Fox, *Locke and the Scriblerians. Identity and Consciousness in Early Eighteenth-Century Britain*, Berkeley 1988, S. 1 ff. Zum Gebrauch des Terminus bei den Zeitgenossen vgl. Udo Thiel, *Lockes Theorie der personalen Identität*, Bonn 1983, S. 69 ff.

5 »Self […] is concern'd for it *self*, as far as this consciousness extends.« John Locke, *Essay*, Buch II, Kap. XXVII, § 17, S. 341. Als reine Wahrnehmungssubjekte ohne Sorge und Unbehagen, so Locke, wären wir uns gleichgültig. Wir hätten gar keinen Anlass, zu reflektieren, dass *wir* jetzt etwas Bestimmtes empfinden oder wahrnehmen, und hätten auch keinen Antrieb zum Handeln: Erst die Sorge treibt uns zur Selbstreflexion und zu Maßnahmen der Veränderung. Vgl. Locke (1690), *Essay*, Buch II, Kap. VII, § 3, S. 129. Auf diese Stelle wurde ich durch Reinhard Brandt aufmerksam; vgl. Reinhard Brandt, »›Personal Identity‹ bei John Locke«, in: *Jahrbuch für Recht und Ethik/Annual Review of Law and Ethics* 13 (1957), S. 1-17.

6 Vgl. John Locke, *Ein Brief über Toleranz*, Hamburg 1957, S. 94.

theoretiker Locke die Aussicht auf das zukünftige Leben und die Angst vor ewiger Verdammnis. Wie Locke im *Brief über Toleranz* klar formuliert, haben Versprechen und Verträge daher keine bindende Kraft für einen Atheisten. Ohne ein christliches Selbstverständnis kann ich nach Locke somit gar keine Person, kein moralisches Wesen sein.[7]

Berücksichtigt man diesen Kontext, dann wird Lockes Selbstbewusstseinstheorie der Verantwortung nachvollziehbar, es zeigt sich aber auch, dass sie nicht auf das gewöhnliche Sozialleben anwendbar ist. Da Locke den religiösen Kontext seines Denkens jedoch nur an wenigen Stellen explizit einbezog und das Selbstbewusstsein wie eine epistemische Begleiterscheinung von Denken und Wahrnehmen beschrieb, konnte der irrige Eindruck entstehen, es sei schon in jedem Wahrnehmungsakt enthalten. Es bedarf jedoch mehr als des bloßen Wahrnehmens, um ein Bewusstsein der eigenen Verantwortung zu erzeugen.

Ähnliches gilt für den historisch mit der Selbstbewusstseinstheorie der Person assoziierten Gedanken eines epistemisch autonomen Bewusstseins, das sich nicht »blind« auf die Meinungen anderer stützt, sondern sie kritisch überprüft und seine Überzeugungen auf gesicherten Begründungen aufbaut. Der moralische Wert dieses Ideals und seine Bedeutung für die politische Entwicklung im modernen Europa ist nicht mit einer realen epistemischen Unabhängigkeit von Einzelpersonen zu verwechseln. Die Fähigkeit, gegebene Meinungen kritisch auf ihre Gründe hin zu untersuchen, ist zunächst eine Kulturleistung und erfordert vor allem eine Kultivierung des sachbezogenen und wahrheitsorientierten Gesprächs, das dann von Einzelnen auch monologisch fortgeführt werden kann; es ist keine jeder Person in beliebigen kulturellen Kontexten mögliche kognitive Operation. Und sie wäre zudem gar nicht durchführbar ohne die Bereitschaft, sich dabei weitgehend auf ein durch andere erzeugtes Wissen zu stützen, das sowohl aus quantitativen Gründen

7 Dass dieser Kontext lange Zeit kaum wahrgenommen wurde, hängt damit zusammen, dass Locke zu Recht als religionskritischer Denker galt. Locke war jedoch bei aller Kritik an missverstandener Religiosität den christlichen Grundüberzeugungen auch in seinen erkenntnistheoretischen Überlegungen treu geblieben; seine Kritik richtet sich gegen einen Missbrauch der Religion beziehungsweise des Glaubens als Unterwerfung unter falsche Autoritäten, nicht gegen die Inhalte der christlichen Religion.

als auch aus Gründen der Kompetenz von der einzelnen Person gar nicht selbst überprüft werden kann. Außerdem sind die Meinungen, zu denen man durch eigenen Vernunftgebrauch gelangt, nicht allein deswegen objektiv richtiger als die Meinungen anderer.[8] Ob man sich auf sich selbst oder auf andere verlässt – wir können keine autonomen Individuen im epistemischen Sinne sein. Die Verantwortungsfähigkeit der Person basiert nicht auf einem vermeintlich epistemisch unabhängigen Selbstbewusstsein. Sie setzt eher die Bereitschaft voraus, auch unter nie ganz sicheren epistemischen Bedingungen Verantwortung für das zu übernehmen, was man sagt und tut.

2. Scham als objektivierendes Selbstbewusstsein

Verfügen wir über einen Begriff des Selbstbewusstseins, der nicht – wie der Selbstbewusstseinsbegriff der lockeschen Tradition – von der Person als Sozialwesen abstrahiert?

Schon David Hume hatte gegen Locke eingewandt, dass wir erst im Zusammenhang mit den sozialen Affekten zu einer Vorstellung unserer selbst gelangen.[9] Dies wird durch die Bedeutungsveränderung bestätigt, die der Begriff des Selbstbewusstseins erfuhr, als er in die Alltagssprache einwanderte. Es ist schwerlich ein Zufall, dass wir im Alltagsleben unter Selbstbewusstsein – im Unterschied zur philosophischen Tradition – durchaus ein soziales Bewusstsein verstehen. Die alltagssprachlichen Bedeutungen beziehen sich sämtlich auf eine Aufmerksamkeit, die sich auf die eigene Person *im Verhältnis zu anderen* Personen richtet: so bezeichnet das englische Wort »self-consciousness« ein Gefühl der Verlegenheit,

8 In einer Studie, die im Detail die Ansprüche epistemischer Autonomie untersucht, kommt Peter Baumann zu dem Schluss: »Es scheint jedenfalls keine fundamentalen Unterschiede zwischen testimony und Erinnerung hinsichtlich der Sicherheit oder Zweifelhaftigkeit des Wissens zu geben. Beide Wissensquellen weisen typische Fehleranfälligkeiten und normale Bedingungen der Verwendung auf. Es ist kein Grund sichtbar, weshalb man hinsichtlich der einen skeptisch sein sollte, nicht aber hinsichtlich der anderen.« Peter Baumann, *Die Autonomie der Person*, Paderborn 2000, S. 90.

9 Vgl. Humes Ausführungen zur Selbstwahrnehmung im Gefühl des Stolzes oder der Demütigung; David Hume, *A Treatise of Human Nature,* Buch II, Oxford 1978, S. 277 ff.

der deutsche Ausdruck »Selbstbewusstsein« umgekehrt ein hohes Selbstwertgefühl.

In vielen traditionellen Gesellschaften wird unter dem moralischen Selbstbewusstsein die *Schamfähigkeit* verstanden.[10] Davon handeln schon die häuslichen Unterweisungen der chinesischen Zhou-Dynastie (11.-3. Jh. v. Chr.):

> Bei einer Person, die keine Scham kennt, verschwindet auch das Gewissen. Eltern haben keine Möglichkeit, eine solche Person Disziplin zu lehren; Lehrer und Freunde können ihr keinen Rat geben. Wie kann jemand sich verbessern, der nicht nach Höherem strebt? [...] Ein schamloser Nachbar ist schlecht – wie könnte er freundlich sein? [...] Bei dem hingegen, der Scham kennt, wird das Bewusstsein von Recht und Unrecht geweckt und sein absterbendes Gewissen kann wieder aufleben.[11]

Demnach stellen weder die natürliche Vernunft noch der soziale Druck – die Drohung mit Sanktionen – hinreichende Quellen der Normativität dar. Sanktionen können eine Person ebenso wenig erreichen wie der vernünftige Ratschlag, wenn sie nicht schon ein moralisches Selbstverständnis entwickelt hat, das sich als Scham äußert und der Person Gründe liefert, die Autorität von Eltern und die Kompetenz von Ratgebern anzuerkennen.

Der Begriff Scham steht hier für eine bewusste Selbstbeziehung, durch die eine Person überhaupt moralisch ansprechbar wird. Kulturelle Traditionen, in denen der Scham diese grundlegende Funktion zugeschrieben wird, gehen im Unterschied zu der christlichen und neuzeitlichen Tradition, für die das Gewissen (und später die praktische Vernunft) maßgeblich ist, von einem sozialen Verständnis der Person aus. Denn Scham bezieht sich auf den normativen Bereich des *Sozialen*, während der Begriff des Gewissens in dieser

10 In nicht wenigen Gesellschaften gibt sie das Kriterium ab, das ein »wahres« Mitglied der Gesellschaft von anderen Menschen unterscheidet. Vgl. beispielsweise die Untersuchungen zu den Fulbe bei Paul Riesman, *Freedom in Fulani Social Life*, Chicago 1977; vgl. auch Elisabeth Boesen, *Scham und Schönheit. Über Identität und Selbstvergewisserung bei den Fulbe Nordbenins*, Hamburg 1999. »Schamlosigkeit« (ἀναίδεια), heißt es auch bei Platon, ist »doch das größte Übel für alle, für den einzelnen wie für den Staat«. Platon, *Die Gesetze*, Buch I, 646e, Darmstadt 1977, S. 67.

11 Übersetzt nach der englischen Fassung bei Heidi Fung, »Becoming a Moral Child: The Socialization of Shame among Young Chinese Children«, in: *Ethos* 27, 2 (1999), S. 180.

Tradition die subjektive Ansprechbarkeit durch Gott bezeichnet. Nach der Lehre des Paulus sagt das Gewissen seinem Träger spontan, ob eine geschehene oder beabsichtigte Handlung dem Willen Gottes entspricht. Dieses Zeugnis des Gewissens ist von den Mitmenschen unabhängig und unterliegt auch nicht ihrem Urteil – kein Mensch kann das Gewissenszeugnis eines anderen bestätigen oder widerlegen.[12]

Geht man davon aus, dass alle Personen ursprünglich sozial konstituiert werden, dann liegt es nahe, das ursprüngliche normative Selbstbewusstsein nicht mit Paulus nach dem Modell des Gewissens, sondern eher mit den Zhous nach dem Modell der Scham zu verstehen. Der Begriff des Gewissens eignet sich ebenso wenig wie der an Locke anknüpfende Begriff des Selbstbewusstseins (der bei Locke dem Gewissensbegriff ohnehin noch sehr nahe ist) zur Rekonstruktion der sozialen Grundlagen personalen Selbstbewusstseins, noch kann er uns einen Zugang zu den sozialen Personbegriffen in vielen traditionellen Kulturen verschaffen. Umgekehrt scheint es aussichtsreicher, im Ausgang von einem sozialen Begriff des Selbstbewusstseins einen Zugang zu ethischen Systemen zu finden, in denen Vorstellungen von Autonomie und Individualität hohe Personideale und Werte darstellen. Die Annahme, dass jede Form von Selbstbewusstsein ein soziales Selbstbewusstsein voraussetzt, schließt nicht aus, dass im Einzelfall das im Verlauf des Sozialisationsprozesses entwickelte Selbstverständnis der Person mit einer Abwertung oder Ausklammerung des Sozialen verbunden ist; ein einsames Individuum hingegen kann kein Selbstbewusstsein entwickeln.

Orientiert man sich an der Etymologie – die deutschen Begriffe haben Entsprechungen in vielen indoeuropäischen Sprachen[13] –, dann beziehen sich Schamphänomene ursprünglich auf das unfreiwillige Wahrgenommenwerden durch andere. Sie spielen sich in einem (realen oder imaginierten) sozialen Raum ab und nicht allein in der subjektiven Innerlichkeit. Wer sich in diesem Raum bewegt, hat etwas zu verbergen. So wird die Schamhaftigkeit im Deutschen etymologisch mit einem sexuellen Bereich in Verbin-

12 Vgl. hierzu Albrecht Dihle, *Die Vorstellung vom Willen in der Antike*, Göttingen 1982, S. 91.

13 Zur entsprechenden Etymologie der indoeuropäischen Sprachen vgl. Carl D. Schneider, *Shame, Exposure and Privacy*, Boston 1977, S. 29.

dung gebracht (die Scham, die Schamhaare etc.), der gewöhnlich verdeckt wird; das Gefühl der Beschämung bezieht sich dann auf die Enthüllung von eigenen Zuständen oder Handlungen. Dabei verweist der deutsche Ausdruck *Scham* auf mehrere Phänomene, die im Französischen durch verschiedene Begriffe wiedergegeben werden: zunächst die *Schamhaftigkeit* (*pudeur*), ein Ausdruck für die Körperscham, der aber auch generalisierend auf das Bedürfnis angewendet wird, keine Aufmerksamkeit zu erregen; außerdem eine mehr oder weniger heftige Empfindung verringerten Selbstwerts (*Beschämung*), die eintreten kann, wenn man sich im sozialen Raum auf falsche Weise exponiert hat. Dieses auf falsche Weise auffällig werden, etwa durch einen Regelbruch – die *Schande* (*honte*) –, ist ein weiteres Element des Schamphänomens; in manchen Sprachen wie dem Englischen wird dasselbe Wort für das Gefühl wie für den objektiven Sachverhalt verwendet (*shame*).

Obgleich Schamphänomene von der Moralphilosophie traditionell eher despektierlich betrachtet und mit einer bloß konventionellen Art von Moralität assoziiert wurden, werden sie in dieser Untersuchung eine zentrale Stellung einnehmen. Das hat zunächst den Grund, dass in der Scham direkt die normative Identität einer Person zum Ausdruck kommt. Doch noch zwei weitere Gründe sprechen dafür, bei einer kulturübergreifenden Untersuchung der Grundstrukturen moralischen Selbstbewusstseins von den Schamphänomenen auszugehen. Der *erste* betrifft ihre Verbreitung: Schamphänomene treten universal auf und werden in sehr vielen Kulturen als maßgeblicher Ausdruck der moralischen Verfassung von Personen verstanden, auch wenn ihre Gewichtung und Bewertung im kulturellen Selbstverständnis sehr unterschiedlich ausfallen kann. (Auf Ansätze, die dies bestreiten, gehe ich im nächsten Kapitel ein.) Der *zweite* ist systematischer Art: Während die christliche Rückführung der moralischen Motivation auf das Gewissen dazu geführt hat, die sozialen Wurzeln der moralischen Motivation aus dem Blick zu verlieren, und die modernen Theorien moralischer Verantwortung in der kantischen Tradition von einem noch lebensfremderen Begriff der moralischen Motivation ausgehen, kann die Analyse der Scham die intersubjektiven Voraussetzungen zur Herausbildung eines Selbstbewusstsein und zur Internalisierung moralischer Gesichtspunkte verständlich machen, ohne die auch kritische und hochrationalistische Formen moralischer Reflexion nicht möglich sind.[14]

3. Die Vertreibung aus dem Paradies

Der vielleicht bekannteste Mythos von der Entstehung des Selbstbewusstseins ist die fast 3000 Jahre alte biblische Erzählung von der Vertreibung aus dem Paradies:

Und Gott der Herr pflanzte einen Garten in Eden gegen Osten hin und setzte den Menschen hinein, den er gemacht hatte. [...] Gott der Herr gebot dem Menschen und sprach: Du darfst essen von allen Bäumen im Garten, aber von dem Baum der Erkenntnis des Guten und Bösen sollst du nicht essen, denn an dem Tage, da du von ihm essest, mußt du des Todes sterben. [...] Und sie waren beide nackt, der Mensch und sein Weib, und schämten sich nicht. [...]

14 Obgleich in den letzten Jahrzehnten dem Schamphänomen auch in der Psychologie und Philosophie verstärkte Aufmerksamkeit gewidmet wird, gibt es bislang weder eine von den verschiedenen psychologischen Richtungen akzeptierte Theorie der Schamentwicklung, noch ist man sich auch nur in der *Beschreibung des Phänomens* einig. Immerhin liegt mit Hans-Peter Duerrs Studie *Der Mythos vom Zivilisationsprozess, Bd. 1-5,* Frankfurt/M. 1988-2003, eine umfangreiche ethnologische Materialsammlung vor, die allerdings vor allem auf die Widerlegung von Elias' These zum Zivilisationsprozess ausgerichtet ist, auf die ich noch zurückkommen werde. Folgende Studien geben einen Überblick über verschiedene Schamphänomene: Aus psychologischer Sicht u. a. Léon Wurmser, *Die Maske der Scham. Die Psychoanalyse von Schamaffekten und Schamkonflikten*, Berlin, Heidelberg u. a 1990; Michael Lewis, *Shame. The Exposed Self*, New York 1992; Donald L. Nathanson, *The Many Faces of Shame*, New York, London 1987; ders., *Shame and Pride. Affect, Sex and the Birth of the Self*, New York, London 1992; Mario Jakoby, *Scham-Angst und Selbstwertgefühl. Ihre Bedeutung in der Psychotherapie*, Solothurn, Düsseldorf 1993. Aus philosophischer Perspektive vgl. vor allem Günther Anders, *Die Antiquiertheit des Menschen* (2 Bd.), München 1980; Agnes Heller, *The Power of Shame*, London, Boston 1984; Anja Lietzmann, *Theorie der Scham. Eine anthropologische Perspektive auf ein menschliches Charakteristikum*, Hamburg 2007; Gabriele Taylor, *Pride, Shame and Guilt*, Oxford 1985; Bernard Williams, *Shame and Necessity*; Richard Wollheim, *On the Emotions*, New Haven 1999, Kap. 3; vgl. auch *Scham. Ein menschliches Gefühl*, Rolf Kühn, Michael Raub u. a. (Hg.), Opladen 1997; Bernard Williams, *Scham und Schuld. Festschrift aus Anlaß der Verleihung der Dr. Margrit Egnér*-Preise, 1997, sowie Hilge Landweer, *Scham und Macht. Phänomenologische Untersuchungen zur Sozialität eines Gefühls*, Tübingen 1999.

Da sprach die Schlange zum Weibe: Ihr werdet keineswegs des Todes sterben, sondern Gott weiß: an dem Tage, da ihr davon esset, werden eure Augen aufgehen, und ihr werdet sein wie Gott und wissen, was gut und böse ist.
Und das Weib sah, daß von dem Baum gut zu essen wäre, und daß er eine Lust für die Augen wäre und verlockend, weil er klug machte. Und sie nahm von der Frucht und gab ihrem Mann, der bei ihr war, auch davon, und er aß.
Da wurden ihnen beiden die Augen aufgetan, und sie wurden gewahr, daß sie nackt waren, und flochten Feigenblätter zusammen und machten sich Schurze.
Und sie hörten Gott den Herrn, wie er im Garten ging, als der Tag kühl geworden war. Und Adam versteckte sich mit seinem Weibe vor dem Angesicht Gottes des Herrn unter den Bäumen im Garten.
Und Gott der Herr rief Adam und sprach zu ihm: Wo bist du?
Und er sprach: Ich hörte dich im Garten und fürchtete mich; denn ich bin nackt, und darum versteckte ich mich. [...]
Und Gott der Herr sprach: Siehe der Mensch ist geworden wie unsereiner und weiß, was gut und böse ist. Nun aber, daß er nur nicht ausstrecke seine Hand und breche auch von dem Baum des Lebens und esse und lebe ewiglich!
Und er trieb den Menschen hinaus.[15]

Der Ursprung des Selbstbewusstseins ist demnach das Bewusstwerden der eigenen Nacktheit vor Gott, das auf den unerlaubten Verzehr eines Apfels vom Baum der Erkenntnis folgt. Der Zusammenhang zwischen der Missachtung eines Verbots, der Entstehung von moralischem Bewusstsein und der Körperscham wird durch den Mythos nicht wirklich »erklärt«. Es wird nur festgestellt, dass Adam und Eva unerlaubterweise einen Apfel verzehren, der »klug« machen soll, was durch den (höchstwahrscheinlich späteren) Zusatz als »Wissen, was gut und böse ist« erläutert wird. Daraufhin werden ihnen »die Augen aufgetan«. Sie stellen fest, dass sie nackt sind und sich verbergen müssen. Gott schließt daraus, dass sie ihm zu ähnlich geworden sind, wirft sie aus dem Paradies hinaus und verdammt sie zu einem Leben in Mühsal und zum Tod.

Ist die Wahrnehmung der Nacktheit so zu verstehen, dass der Leib oder jedenfalls der nackte Leib als »böse« gilt und daher ver-

15 1 Mose 2.8-4.22; Bibeltext in der Übersetzung Martin Luthers nach der revidierten Fassung von 1984, hg. v. Evangelische Kirche in Deutschland, Stuttgart 1990, S. 4ff.

steckt werden muss? Solche Deutungen könnte die viel später anzusetzende christliche Sinnenfeindlichkeit nahelegen. Sie erklären aber nichts, denn dann müsste der Leib ja auch schon vorher »böse« gewesen sein. Dagegen spricht aber nicht nur, dass Gott in diesem Fall etwas Schlechtes geschaffen hätte, was nicht sein kann; auch scheint die leibliche Gestalt seiner Geschöpfe vorher von niemandem, auch ihm nicht, als mangelhaft wahrgenommen zu werden. Somit können es nicht objektive Eigenschaften des Leibes sein, sondern erst die neue Art der *Wahrnehmung*, die ihn zu etwas machen, was man besser verbergen sollte. Die Frage, warum der Erwerb einer moralischen Unterscheidungsfähigkeit mit Körperscham verbunden ist, kann sich also nicht auf den Gegenstand Leib, sondern nur auf die neue Form des Bewusstseins richten.[16]

Die Frage müsste dann so gestellt werden: Wie *unterscheidet* sich das als Wahrnehmung der eigenen Nacktheit beschriebene Selbstbewusstsein von dem vorherigen paradiesischen Zustand Adams und Evas? Adam und Eva verfügen anscheinend schon im paradiesischen Zustand über Wahrnehmungsfähigkeit und begriffliches Unterscheidungsvermögen (Adam hatte die Tiere durch Namensgebung unterschieden), sie unterscheiden durchaus zwischen sich selbst, dem anderen Menschen, den Tieren und Gott. Sie nehmen jedoch offenbar den anderen Menschen und Gott noch nicht als Wesen wahr, *von denen sie wahrgenommen* werden; und entsprechend haben sie kein *Bewusstsein ihrer selbst*, so wie sie aus der Sicht dieser anderen Wesen erscheinen oder erscheinen könnten. Das bedeutet, dass sie gewisse Eigenschaften auch noch gar nicht an sich selbst wahrnehmen können, weil sie *relationaler* Art sind – Nacktheit in dem Sinne, in dem der Begriff später gebraucht wird, steht ja nicht primär für die Abwesenheit von Bekleidung, und auch nicht für einen mangelnden Schutz des Leibes vor der Sonne oder der Kälte, sondern für die mangelnde Verhülltheit des eigenen Leibes *vor den Blicken anderer*. Durch den eigenen Leib werden wir uns aber der anderen – und somit auch uns selbst – als vereinzelter individueller Wesen bewusst. Versteht man den früheren paradiesischen Zustand als metaphorische Beschreibung eines Bewusstseinszustands, in dem wir uns ebenfalls befinden können, dann erscheint er als ein Versunkensein ins Tun oder Wahrnehmen.

16 Zur Interpretation des Vertreibungsmythos vgl. auch David Velleman, »The Genesis of Shame«, in: ders., *Self to Self. Selected Essays*, Cambridge 2006, S. 46 f.

Man nimmt andere Dinge und die eigenen Wünsche und Gefühle wahr, ist sich aber nicht seiner selbst als eines bestimmten Wesens in einem sozialen Raum gewahr, das von anderen wahrgenommen und beurteilt wird.

Die ihrer Nacktheit (ihrer Unverborgenheit für die Wahrnehmung anderer) bewusst werdende Person hingegen nimmt die anderen Menschen – im Mythos Gott und den andersgeschlechtlichen Mitmenschen – nicht mehr (nur) als Objekte in ihrer subjektiven Welt wahr, sondern begegnet ihrem Blick und fürchtet ihn. Sie verlässt die Unmittelbarkeit des rein subjektiven Erlebens eigener Körperzustände, emotionaler Regungen, Wünsche und Identifikationen, in der sich kleine Kinder noch weitgehend bewegen, und wird sich bewusst, wie sie anderen erscheinen muss. Damit wird sie auch für sich selbst zu einem begrenzten, bestimmten Wesen unter anderen in der Welt. Das neue Selbstbewusstsein setzt also eine neue Wahrnehmung der anderen voraus: Gott und der andere Mensch werden nicht nur als gegenständlich wahrnehmbare Wesen im Paradies erfasst, aber auch nicht in der Form eines noch ununterschiedenen undifferenzierten Miteinanderseins, sondern als Wahrnehmungssubjekte, die mich wahrnehmen und beurteilen.

Das dadurch geweckte Selbstbewusstsein besteht jedoch nicht darin, sich selbst wirklich so wahrzunehmen, wie einen die anderen wahrnehmen. Das ist nicht möglich. Neu ist vielmehr die Bewusstseinsform, in der man sich selbst wahrnimmt: als ein Wesen im sozialen Raum, das ungeschützt der Aufmerksamkeit anderer ausgesetzt ist. Daher wird die Selbstwahrnehmung im Vertreibungsmythos als ein Zustand der Angst beschrieben: der Angst, dass der andere (Gott) einen sehen, hören, beurteilen kann. Dass dieses Bewusstsein, den Blicken anderer ausgesetzt zu sein, ursprünglich in der Körperscham zum Ausdruck kommt und dass diese dann auch zum Ausdruck für dieses Bewusstsein schlechthin wird, leuchtet ein, da es ja der Leib ist, durch den man für die anderen sichtbar wird.

4. Der Blick des anderen

Warum ändert sich die Selbstwahrnehmung so grundlegend durch das Bewusstsein, den Blicken anderer ausgesetzt zu sein? Der Psychoanalytiker Günter Seidler hat in diesem Zusammenhang an die griechische Sage von der Medusa erinnert, deren Blick jeden sofort zu Stein erstarren lässt.[17] Dieser Mythos verweise auf die einengende Wirkung eines jeden Blickes, dem wir ausgesetzt sind. Wie ist das zu verstehen? Ein freundschaftlicher, besonders anteilnehmender oder verliebter Blick kann doch auch Gefühle der Euphorie und Befreiung auslösen?

Gemeint ist hier offenbar nicht die spezielle Einstellung der anderen uns gegenüber, die sich in ihren Blicken kundtut und bei uns wiederum spezielle reaktive Gefühle auslöst. Es geht um den grundlegenden Perspektivenwechsel, der mit dem Herausgerissenwerden aus dem Zustand ungestörter Subjektivität verbunden ist. Erst durch diesen Perspektivenwechsel, so möchte ich im Folgenden im Rückgriff auf Sartre zeigen, entsteht die Selbstspaltung, die für Personen charakteristisch ist: die Fähigkeit, sich von dem idealen Selbst zu unterscheiden und sich kritisch auf sich selbst zu beziehen.

Jean Paul Sartre thematisiert diesen Perspektivenwechsel in *Das Sein und das Nichts*, wo er sich ebenfalls indirekt auf den Vertreibungsmythos bezieht. Er beschreibt dort das Phänomen des Wahrgenommenwerdens: wie die Richtung der eigenen Wahrnehmung in dem Moment umkippt, in dem man auf den Blick des anderen stößt. Dass sich zwei Augen auf mich richten, kann ich nicht einfach als eine Veränderung innerhalb der von mir wahrgenommenen Welt wahrnehmen. Wenn man den Blick erfasst, so Sartre, kann man die Augen nicht mehr erkennen: »Nie können wir Augen, während sie uns ansehen, schön oder hässlich finden, ihre Farbe feststellen. Der Blick des Anderen verbirgt seine Augen, scheint vor sie zu treten.«[18]

Man kann versuchen, sich dem Blick zu entziehen, indem man sich auf die Augenfarbe konzentriert, aber man kann nicht die Auf-

17 Vgl. Günther H. Seidler, *Der Blick des Anderen. Eine Analyse der Scham*, Stuttgart 1995, S. 70 f.

18 Jean-Paul Sartre, *Das Sein und das Nichts. Philosophische Schriften*, Bd. 3, Hamburg 2002, S. 466.

merksamkeit auf den Blick lenken, ohne dass die eigene Weltwahrnehmung sich auflöst und in den Hintergrund tritt. Worauf mich der Blick des anderen (wenn er auf *mich* gerichtet ist) verweist, ist somit weder seine eigene Subjektivität, noch meine Weltwahrnehmung, sondern etwas, was ich selbst bin: »Der Blick, den die Augen manifestieren, von welcher Art sie auch sein mögen, ist reiner Verweis auf mich selbst.«[19]

Auf was genau werde ich verwiesen, wenn ich auf »mich selbst« verwiesen werde? Vielleicht habe ich mich grob benommen, ohne es zu merken; erst in dem Moment, wo ich auf den Blick einer anderen Person stoße, die mich kritisch betrachtet, wird mir *meine Grobheit* schlagartig bewusst. Was ich dabei wahrnehme, ist weder genau das, was der andere wahrnimmt (vielleicht irritierte ihn ein anderer Aspekt meines Verhaltens mehr als die Grobheit), noch wird meine vorherige subjektive Selbstwahrnehmung – sagen wir, das unbestimmte Gefühl der Gereiztheit, das ich spürte, als ich grob wurde – verdoppelt. Vielmehr nehme ich jetzt genau das an mir wahr, wovon ich nicht möchte, dass es die anderen wahrnehmen, woran ich, mir selbst überlassen, aber gar nicht gedacht hätte – mein grobes Verhalten, den Fleck auf der Hose, meine Unsicherheit etc. Der Blick des anderen, so Sartre, ist hier ein unentbehrliches »Mittelglied, das von mir auf mich selbst verweist.«[20]

So wie der Vertreibungsmythos diese Selbstverwiesenheit ambivalent als Verlust eines höheren und glücklicheren Seinszustandes darstellt, auf den Sterblichkeit, Schmerzen bei der Geburt, mühevolle Plackerei zur Lebenserhaltung folgen, so beschreibt ihn auch Sartre als eine Vertreibung aus dem Paradiese einer ungestörten, unreflektierten Subjektivität in einen Zustand der Entfremdung und Angst. Eine Entfremdung ist es insofern, als das, was ich jetzt wahrnehme – meine Grobheit –, erst *vermittelt durch die Fremdwahrnehmung* in meinen Blick gerät. Scham ist insofern ein Ausdruck von Heteronomie, von Fremdbestimmtsein, wie Sartre es ausdrückt, weil »ich mit einem Schlag Bewusstsein von mir habe, insofern ich mir entgehe, [...] insofern ich meinen Grund außerhalb von mir habe.«[21]

Sartre interessiert sich in diesem Zusammenhang nicht für die

19 Sartre, *Das Sein und das Nichts*, S. 467.

20 Sartre, *Das Sein und das Nichts*, S. 467.

21 Sartre, *Das Sein und das Nichts*, S. 470.

Scham als Quelle der Normativität. Dennoch ist seine Beschreibung für die Zwecke dieser Arbeit interessant, weil sie zeigt, wie durch soziale Situationen, die Scham auslösen, normatives Selbstbewusstsein entstehen kann; es lohnt daher, Sartre hier gegen den Strich zu lesen.

Fassen wir zunächst zusammen, wie dieses Selbstbewusstsein *nicht* zu verstehen ist: Die Scham lässt sich nicht auf eine soziale *Sanktion* reduzieren, wie sie bei gezielten Beschämungsritualen vorliegt, das heißt im Sinne einer Sozialdressur verstehen. Sie ist ursprünglich aber auch nicht *rationaler* Art – Scham entsteht nicht dadurch, dass mich der Blick des anderen etwa an *Gründe* erinnerte, die dafür sprechen, mich anders zu verhalten, als ich es gerade tue (das ist auch möglich, aber darum geht es hier nicht). Noch ist dieses Selbstbewusstsein in irgendeinem Sinne ursprünglich autonom: Die moralische Person wählt (oder erschafft) sich nicht ursprünglich selbst, wie Sartre sehr anschaulich beschreibt. Vielmehr *nötigt* mich der andere unmittelbar (und vielleicht ganz ohne Absicht, nur durch seine Präsens), etwas an mir *als Grobheit* wahrzunehmen, mir selbst moralische Eigenschaften zuzuschreiben und mich im Lichte von Normen, Idealen und Werten zu betrachten. Mit anderen Worten: Er zwingt mich zur ursprünglichen *Anerkennung* dieser Norm, denn indem ich sie auf mich anwende, erkenne ich sie auch an – ob ich will oder nicht.

Die Fähigkeit des anderen, mich auf der Ebene der Schamphänomene zur Anerkennung einer Norm zu zwingen, ganz unabhängig davon, ob mir diese Norm selbst bei genauer Analyse vernünftig erscheinen würde, kann man als *ursprüngliche Autorität* bezeichnen. Sie ergibt sich aus der intersubjektiven Situation, in der ich wahrnehme, dass ich wahrgenommen werde, und setzt weder Autorität im Sinne höherer Kompetenz noch im Sinne eines speziellen Status voraus. Die Autorität des Blicks liegt eben darin, dass er mich *auf die Tatsachen stößt*. Ich kann mich faktisch dem Blick nicht entziehen, ich kann nicht verhindern, dass ich durch ihn auf mich selbst zurückgeworfen werde. Das heißt: »Ich erkenne an, dass ich bin, wie *andere* mich sehen.«[22] Genau hierin liegt für Sartre der ursprüngliche Sündenfall: »Scham […] ist Anerkennung dessen, dass ich wirklich dieses Objekt bin, das der Andere

22 Sartre, *Das Sein und das Nichts*, S. 406 (Hervorhebung M.-S. L.).

anblickt und beurteilt [...] mein Sündenfall ist die Existenz des Andern.«[23]

Der Blick nötigt mich also, mich jetzt selbst aus der imaginären Perspektive eines anderen wahrzunehmen; und Autorität gewinnt er deswegen, weil er mich auf etwas stößt, was ich anerkennen muss. Das rechtfertigt ihn quasi durch den Erfolg: Ich kann den Zwang, der vom Blick des anderen ausgeht, nicht als äußerliche Gewalt oder bloße Meinung abtun, weil ich das, was ich wahrnehme, nicht bestreiten kann – ich sehe es ja selbst. Diese Form der Heteronomie ist jedoch nicht mit Unterwerfung unter den Willen oder die Perspektive des anderen zu verwechseln; es ist nicht so, als würde ich einen Befehl, den der andere mir erteilt, ausführen. Und wie bereits erwähnt, ist diese Weise, sich seiner selbst als Objekt bewusst zu werden, auch *nicht* als Einnahme der wirklichen Perspektive des anderen zu verstehen; es ist nicht einmal erforderlich, dass man einschätzen kann, wie einen der andere höchstwahrscheinlich wahrnehmen wird. Meine Aufmerksamkeit, die der Blick des anderen auslöst, richtet sich ja nicht auf ihn und seine Sicht der Dinge, sondern auf mich selbst. Man sieht dadurch, was man im Zustand der ungetrübten Subjektivität nicht sehen kann, was dort sozusagen im Schatten liegt, jetzt aber schlagartig als etwas in Erscheinung tritt, was der Sicht des anderen zugänglich ist. Anerkennung kann hier also nur bedeuten, *erstens* auf Tatsachen gestoßen zu werden, deren Existenz ich in diesem Moment gar nicht bestreiten kann, und *zweitens* damit auch die Normen (der Höflichkeit) akzeptiert zu haben, die diese Tatsachen (die Grobheit) überhaupt erst der Aufmerksamkeit wert erscheinen lassen. *Drittens* erkenne ich damit eine Autorität an, die mir zunächst als eine soziale erscheint, die aber meine eigene ist: denn es ist nicht der tatsächliche, sondern der von mir imaginierte Blick des anderen, den ich als Autorität anerkenne. Obwohl die Ursituation der Entstehung normativen Selbstbewusstseins *unfreiwillig* ist, entsteht dadurch etwas, was Voraussetzung auch der eigenständigen und der vom Sozialen freieren Formen moralischen Selbstbewusstseins ist.

Wie Sartre plastisch ausmalt, ist diese Entwicklung normativen Selbstbewusstseins aber gar nicht abtrennbar vom Gewahrwerden der eigenen Verletzlichkeit als Mensch unter Menschen durch un-

23 Sartre, *Das Sein und das Nichts*, S. 471, S. 474.

berechenbare psychische und physische Gewalt: »Was ich unmittelbar erfasse, wenn ich die Zweige hinter mir knacken höre, ist nicht, dass jemand da ist, sondern dass ich verletzlich bin, dass ich [...] wehrlos bin, kurz, dass ich *gesehen werde.*«[24] Freilich, in den alltäglichen Blickwechseln zwischen Erwachsenen geht es harmloser zu. Aber das liegt daran, dass wir im Sozialisationsprozess einerseits gelernt haben, sehr zurückhaltend zu blicken, andererseits Techniken erworben haben, uns den Blicken anderer zu entziehen – oder im Notfall den anderen im wechselseitigen Ritual des Anstarrens sozusagen zu neutralisieren. Das gewöhnliche Erleben ist schon durch Methoden der Beschämungsvermeidung geprägt, die den sozialen Verkehr erträglich machen sollen. Vor der Eindrücklichkeit des Perspektivwechsels, der ursprünglich damit verbunden ist, dass man aus der Unbegrenztheit der subjektiven Perspektive herausfällt und sich selbst als endliches Wesen in der Welt wahrnimmt, das dem Urteil anderer preisgegeben ist, schützen wir uns und andere durch Verzicht auf wahrnehmbares Wahrnehmen, anzügliche oder herausfordernde Blicke. Wenn einen tatsächlich ein direkter Blick trifft, erlebt man daher in den meisten Fällen nicht die von Sartre beschriebene reine Situation des Erstarrens im Objektiviertwerden, sondern eine spezielle soziale Handlung des auf etwas Hingewiesenwerdens, der Herausforderung oder des Flirts.

Sartres Darstellung ist jedoch keine verallgemeinernde Beschreibung gewöhnlicher Situationen der Wahrnehmung des Wahrgenommenwerdens. Ich habe sie hier als eine phänomenologische Beschreibung der Formen des Bewusstseins rekonstruiert, die eine Person im Unterschied zu dem Menschen im Naturzustand (im fiktiven Zustand einer ungestörten Subjektivität) ausmachen. Was Sartre als Heteronomie beschreibt, schließt die Anerkennung unserer Situiertheit in der sozialen Welt und damit auch der Unmöglichkeit ein, die normativen Perspektiven anderer ganz zu ignorieren. Dass der andere bei der ursprünglichen Herausbildung normativen Selbstbewusstseins ein unentbehrliches Mittelglied ist, darf jedoch, wie gesagt, weder als Heteronomie in dem Sinne verstanden werden, dass ich dadurch genötigt werde, mich so zu sehen, wie die anderen mich tatsächlich sehen, noch, dass die Normen, die ich dabei anzuerkennen genötigt werde, notwendig

24 Jean-Paul Sartre, *Das Sein und das Nichts*, S. 467.

dieselben sind, um die es den anderen geht. Beides kann je nach Alter, sozialer Situation und Art der Persönlichkeit mehr oder weniger abweichen. Zudem folgt aus dieser ursprünglichen emotionalen Anerkennung meiner objektiven Existenz unter normativen Gesichtspunkten weder, dass ich die dabei einschlägigen Normen bei genauerer Überlegung auch intellektuell bejahen müsste, noch, dass ich die ursprüngliche Sicht meiner selbst nicht später durch andere Personideale erweitern oder ersetzen könnte. Es bedeutet auch nicht, dass die mutmaßliche abschätzige Sicht einer anderen Person sich bei einem Erwachsenen mit einer ausgeprägten normativen Identität und einer gewissen Reflexionsfähigkeit nachhaltig auf sein Selbstwertgefühl auswirken müsste. Dies mag bei manchen Persönlichkeiten so sein, bei anderen wird eine nachhaltige Beschämung wohl vorwiegend dann eintreten, wenn sie feststellen, dass sie sich vorher über sich selbst getäuscht hatten.

Kommen wir zu der ursprünglichen Erfahrung zurück, die mit der Erfahrung der eigenen Verletzlichkeit und dem Gefühl verbunden ist, zu sein, was man nicht sein will. Günther Anders hat die Scham daher auch als eine »Identitätsstörung« bezeichnet. »Störung« ist hier jedoch nicht im Sinne der Unterbrechung einer empirischen Normalität zu verstehen, die durch die Abwesenheit dessen charakterisiert wäre, was sie »stört«. Denn wenn man nach den normalen Voraussetzungen der Entwicklung einer moralischen Persönlichkeit fragt, ist es *nicht* die subjektive Fähigkeit, in seinem subjektiven Selbstverhältnis durch die objektivierende Schamwahrnehmung gestört werden zu können, die pathologisch erscheint, sondern umgekehrt die *Immunität* gegen solche Störungen. Nicht einmal eine Wahrnehmung der eigenen individuellen Besonderheit wäre aus der rein subjektiven Perspektive möglich. Wir würden nicht wahrnehmen, wie unsere eigene Stimme klingt, welche Gefühle wir beim Sprechen ausdrücken, wenn wir uns nicht bemühten, uns quasi von außen so zu hören, wie uns nach unserer Vorstellung andere wahrnehmen. Die Fähigkeit, sich aus einer internalisierten imaginären Außenperspektive wahrzunehmen, ist Voraussetzung nicht nur eines *konventionellen*, sondern auch eines *individuellen Selbstbewusstseins* – eines Bewusstsein dessen, was an mir einzigartig und verschieden ist.[25]

25 Zur individuellen Selbstwahrnehmung vgl. George Herbert Mead, *Mind, Self & Society*, Chicago 1962, S. 138.

5. Die Schutzfunktion der Scham

In den Formen der Körperscham drückt sich das ursprüngliche Bewusstsein der Verletzlichkeit durch die Blicke anderer aus. Entsprechend schützt sich eine Person, indem sie gewisse Körperteile verbirgt – diese Haltung kann sie dann aber auch mit Blick auf Empfindungen, Meinungen und anderes einnehmen. Sie nimmt einen Teil ihrer selbst, einen Teil ihres Erlebens, Handelns, Fühlens etc. als einen nichtöffentlichen Bereich wahr, der anderen Personen je nach Art der Beziehung weniger, kaum oder gar nicht zugänglich ist. Hier sind wir an dem Punkt angekommen, wo uns die dünne Beschreibung der grundlegenden Merkmale der Beschämung einen Zugang zu den besonderen Schamphänomenen in verschiedenen Kulturen eröffnet. Wie die privaten und öffentlichen Aspekte des Selbst interpretiert werden – und *wo* die Grenze zwischen dem Verborgenem und Unverborgenem gezogen wird –, hängt vom jeweils kulturell codierten Menschenbild ab. Manchen Kulturen gilt *jede* Art der öffentlichen Aufmerksamkeit als beschämend. So berichtet Elisabeth Boesen von den Fulbe Nordbenins: »Einen Pullo vor anderen mit seinen Taten, den guten wie den bösen, zu konfrontieren, zeigt einen Mangel an Respekt; das öffentliche Lob wird als Schmähung oder Kritik aufgenommen.«[26] Und Takie Sugimayama Lebra beschreibt das *haji* der Japaner als eine Verlegenheit, die bei einem Japaner schon auftrete, wenn überhaupt Zuschauer da seien, auch wenn er gar keine Normverletzung begangen habe.[27] Beide Formen der Schamhaftigkeit würden in westlichen Kontexten wohl als Extremfälle betrachtet werden, ebenso wie *lek*, die Schamhaftigkeit der Balinesen, die der Kulturanthropologe Clifford Geertz als eine Art *Lampenfieber* auf der sozialen Bühne beschrieben hat.[28] *Dass* eine Grenze zwischen dem Öffentlichen und dem Nichtöffentlichen gezogen wird, scheint jedoch in irgendeiner Form auf alle bekannten Gemeinschaften

26 Elisabeth Boesen, *Scham und Schönheit*, S. 84. Zu den Fulbe vgl. auch Paul Riesman, *Freedom in Fulani Social Life*.

27 Vgl. Takie Sugiyama Lebra, »Shame and Guilt: A Psychocultural View of the Japanese Self«, in: *Ethos* 11, 3 (1983), S. 193.

28 Zu *lek* vgl. Clifford Geertz, »›From the Native's Point of View.‹ On the Nature of Anthropological Understanding«, in: *Culture Theory. Essays on Mind, Self, and Emotion*, hg. v. Richard A. Shweder, Robert A. LeVine, Cambridge 1984, S. 130.

zuzutreffen.[29] Ganz im Gegensatz zu einer verbreiteten Redeweise, wonach ein anständiger Mensch »nichts zu verbergen hat«, haben Personen – im Gegensatz zu dem Menschentypus, der als »Unverschämter« bezeichnet wird –, stets »etwas zu verbergen«.

Einige Psychologen schreiben der Schamhaftigkeit daher auch eine wichtige Schutzfunktion[30] zu: Als »Wächter«, der »unsere menschliche Würde bewacht«,[31] könne sie einen Impuls zum Reden oder Handeln hemmen, durch den wir aus unserer Unauffälligkeit heraustreten würden, was die Gefahr mit sich bringt, dass sich die anderen, an die wir uns wenden, belästigt fühlen.[32] Das betrifft aber nicht nur die Gefahr, selbst Normen zu verletzen oder von den anderen in den eigenen Initiativen abgelehnt zu werden. Schamangst und Scham können offenbar auch überall dort auftreten, wo eine im Prinzip erwünschte und sogar angestrebte Nähe, ein Lob oder auch nur das Angeblicktwerden eine gewisse *Intensität* überschreiten, ohne dass kulturell vorgegebene Tabu-Bereiche überschritten sein müssen; dies scheint dann schlicht eine Bedrohung der eigenen Subjektivität und Freiheit durch das beklemmende Gefühl anzuzeigen, auf der sozialen Bühne ausgestellt zu sein, wo man auf jede Regung achten muss. Daher empfinden auch Mitglieder moderner westlicher Gesellschaften, wo Lob nach dem kulturellen Code nicht als Respektlosigkeit gilt, direktes Lob

29 Vgl. hierzu Robert I. Levy, »Introduction – Self and Emotion«, in: *Ethos* 11, 3 (1983), S. 131.

30 Gegen die Annahme einer kulturübergreifenden Schutzfunktion der Schamgefühle hat Michelle Rosaldo eingewandt, diese Vorstellung setze das westliche Bild eines dynamischen Selbst voraus, dessen innere Triebkräfte auf potenziell destruktive Weise nach außen drängen. Diese Vorstellung vom Selbst sei auf Kulturen wie die von ihr untersuchten Llongots nicht übertragbar. Vgl. Michelle Rosaldo, »The Shame of Headhunters and the Autonomy of Self«, in *Ethos* 11, No 3 (1983), S. 135-151, sowie dies., »Toward an Anthropology of Self and Feeling«, in *Culture Theory. Essays on Mind, Self and Emotion, hg. v.* Richard A. Shweder, Robert A. LeVine, *Cambridge* 1984, S. 137-157. Wenn die Schutzfunktion so wie hier verstanden wird, setzt sie jedoch kein speziell dynamisches Bild vom Selbst voraus, sondern nur die von Sartre analysierte Verletzlichkeit durch den Blick der anderen.

31 Mario Jakoby, *Scham-Angst und Selbstwertgefühl. Ihre Bedeutung in der Psychotherapie*, Solothurn, Düsseldorf 1993, S. 53.

32 In dieser Funktion wird sie schon bei Platon mit den speziellen Tugenden der Selbstbeherrschung und Maßhaltung in Verbindung gebracht. Vgl. Platon, *Der Staat*, 560c-561a, Werke IV, Darmstadt 1971, S. 691 ff.

oft als peinlich und beklemmend, auch wenn sie Grund zur Freude hätten. Möglicherweise bietet die psychologische Theorie, dass ein bestimmter Schamaffekt generell der Abgrenzung des Ich von anderen dient, eine Erklärung hierfür an.[33] Beim gegenwärtigen Stand der Forschung ist allerdings schwer einzuschätzen, inwieweit solche Schamphänomene eine typisch moderne europäische Schamstruktur oder eine universal-menschliche Tendenz anzeigen. Wenn sich diese psychologischen Beobachtungen durch die Kulturwissenschaften bestätigen würden, dann spräche dies dafür, dass Scham ein ursprüngliches Bedürfnis nach Individuation durch Grenzziehung zu den anderen realisiert, das nicht nur durch negative, sondern auch durch positive Näheerlebnisse gefährdet werden kann. Scham gegenüber einem intensiven Angeblicktwerden wäre dann nicht nur als Folgeerscheinung kultureller Tabus zu verstehen, sondern umgekehrt wären dann solche Tabus auch als *Formen der Realisierung von Schambedürfnissen* zu verstehen.

Indem Schamgefühle dazu veranlassen, bestimmte Dinge »bei sich« zu behalten, weil sie die Umwelt »nichts angehen«,[34] befördern sie ein Gefühl eigener Identität im Sinne von Abgetrenntheit, Intimität und Exklusivität: das Bewusstsein einer vor anderen verborgenen Eigenheit, eines exklusiven Innenbereichs. In welcher Weise sich die Person mit ihren jeweils verborgenen Aspekten identifiziert – ob sie diese überhaupt wahrnimmt, ob sie sie als ihre »andere Seite«, als ein von ihr verschiedenes zweites Wesen oder nach sehr viel komplexeren Modellen interpretiert –, wird von den Beschreibungsmöglichkeiten abhängen, die ihr der kulturelle Kontext bietet; der Innenraum der Intimität ist von Kultur zu Kultur anders möbliert. Er kann aber auch kleiner oder größer werden, er verändert seine Grenzen je nach Art der Beziehung, in der sich die Person jeweils befindet.

So werden Ausscheidungsvorgänge, Geschlechtsmerkmale, der

33 Bekanntlich können auch Guck-Spiele mit Kleinkindern nach anfänglicher Begeisterung einen starken Schamaffekt und Abwendung bei ihnen auslösen. Der Psychoanalytiker Micha Hilgers erklärt sich solche Phänomene damit, dass »wenn das eigentlich gewünschte Gesehen- und Betrachtet-Werden zu heftige euphorische Gefühle auslöst und die Selbst- und Intimitätsgrenzen hierdurch in Gefahr geraten, [...] die entstehende Verlegenheit oder Scham für deren Wiedereinsetzung und Schutz [sorgt].« Hilgers, *Scham – Gesichter eines Affekts*, Göttingen 1996, S. 15.

34 Jakoby, *Scham-Angst und Selbstwertgefühl*, S. 47.

Geschlechtsverkehr, der sterbende Körper, oft auch die Nahrungsaufnahme und andere Zustände vor den Blicken anderer verborgen. Carl Schneider hat aus dieser Beobachtung gefolgert, das Individuum müsse generell in Zuständen verborgen werden, in denen es auf seinen Körper reduziert erscheinen könnte, in denen es nicht als Ganzheit, sondern nur in körperlichen Aspekten präsent zu sein scheint.[35] Der Bereich des zu Verbergenden scheint jedoch nicht überall mit dem des Körperlichen zusammenzufallen noch mit dem jeweiligen kulturellen Bereich des Schlechten oder Missratenen, auch wenn es Überschneidungen gibt. Er umfasst Aspekte des Selbst, die für die Öffentlichkeit »zu schlecht« sind, erstreckt sich aber auch umgekehrt auf alles, was »zu gut«, aber verletzlich ist und daher nur in ganz besonderen sozialen Beziehungen enthüllt werden darf wie die Geschlechtsteile,[36] die nahezu universell tabuisiert sind, oder das Heilige.[37] Auch Erfahrungen, die im weiten Sinne religiös genannt werden, bedürfen der Verschleierung.

Versucht man die reichhaltigen Verschleierungspraktiken in verschiedenen kulturellen Kontexten zu verstehen, genügt es allerdings nicht, wie Sartre nur von der Asymmetrie in der abstrakten Beziehung zwischen Beobachtetem und Beobachter auszugehen. Wenn jemand aktuell oder potenziell wahrgenommen wird, wird auch der Wahrnehmende als wahrnehmend wahrgenommen – auch er ist verletzbar in dieser Situation; wer in einer beschämenden Situation erwischt wird, beispielsweise beim Urinieren, mag vielleicht sogar weniger über den eigenen Anblick als die peinliche Situation beschämt sein, in die er die anderen gebracht hat, die

35 Vgl. hierzu die Ausführungen zum Tod bei Schneider, *Shame, Exposure and Privacy*, S. 49.

36 Das griechische Wort *aidoia*, das sich von *aidos* (Scham) herleitet, bezieht sich in Griechenland auf die Genitalien. Hier folge ich Williams, *Shame and Necessity*, S. 78. Als einfachster Anlass zu einer solchen Beschämung erscheint die unpassende Entblößung vor anderen, oder, in Kontexten wo Nacktheit normal ist, eine unziemliche Weise, angeblickt zu werden oder die Aufmerksamkeit auf sich zu lenken. Es scheint universell tabuisiert zu sein, andere auf auffällige Weise beim Sexualakt zu beobachten.

37 »Der Anstand verbietet es einem Mann gegenüber seine Frau oder seine Schwester zu erwähnen, weil die Frau zu den Dingen gehört, derer man sich schämt. [...] Aber auch darum, weil die Frau für den Mann von allen Dingen das Heiligste ist«, sagt Bourdieu über die Kabylen. Vgl. Bourdieu, *Entwurf einer Theorie der Praxis*, S. 40.

potenzielle Verlegenheit des nächsten Zusammenseins. Die Verletzlichkeit des Ansehens aller ist daher auch Grundlage einer sozialen Kooperation, die in manchen kulturellen Kontexten erhebliche Kunstfertigkeit erfordern kann, um potenzielle Verletzungen abzuwehren. Zum Verbergen des Privaten gehört das Hinwegsehen der anderen, das Taktgefühl gegenüber anderen Personen, das sich im Nichtgehörthaben etc. äußert, aber auch die Entwicklung von Humor und anderen Formen der Neutralisierung von Peinlichkeiten; denn eine vollständige soziale Verschleierung ist für ein biologisches Wesen unmöglich. Dabei können andere Personen einen viel höheren Anteil an der Verdeckungsarbeit haben als das potenzielle Objekt der beschämenden Wahrnehmung, beispielsweise wenn die Verdeckung der Geschlechtsteile nicht durch Verhüllung, sondern durch Wahrnehmungsverzicht anderer Personen geschieht. Durch diese kulturellen Praktiken, in denen die Interessen aller am Schutz ihrer individuellen Verletzlichkeit zusammenkommen, kann die von Sartre so plastisch ausgemalte, zutiefst verunsichernde Urerfahrung, dem abschätzigen Blick und Urteil anderer hilflos ausgesetzt zu sein, wieder beruhigt und durch ein quasi *sekundär* erworbenes Alltagsvertrauen auf den Takt der anderen abgelöst werden.

6. Schluss

Die grundlegende und konstruktive Rolle, die der Scham hier zugewiesen wurde, steht nicht nur quer zu einer dominanten Tendenz in der modernen Philosophie, Selbstbewusstsein und Moral allein aus den Eigenschaften und Selbstverhältnissen des isoliert betrachteten rationalen Individuums herzuleiten, sondern widerspricht auch der modernen Neigung, die Scham mit einem Ausdruck konventioneller Ängstlichkeit gleichzusetzen. In der Philosophie der Aufklärung, auf die unsere heutigen Ideale der autonomen Person zurückgehen, wurde die Scham mehr oder weniger auf eine äußere Sanktion reduziert. Kant beschrieb sie als ein Gefühl der »Angst aus der besorgten Verachtung einer gegenwärtigen Person«,[38] also als eine bloße Sanktionsangst, die sich auf eine bestenfalls konventionelle Moral und die Gefahr eines unmittelbaren Anerkennungs-

38 Immanuel Kant, *Anthropologie in pragmatischer Hinsicht*, Erster Teil, § 76, *Kants Werke* VII, Akademie Textausgabe, Berlin, New York 1968, S. 255.

entzuges durch bestimmte präsente Personen bezieht. Nach dem Autonomieideal der modernen Philosophie von Locke bis Kant hingegen soll das moralische Subjekt nur rein rational begründeten Maximen folgen und sich nicht von Gefühlen leiten lassen, die aus den Verhaltenserwartungen anderer entstehen. Die in vielen traditionellen Gesellschaften mit der Schamfähigkeit assoziierte wichtige Fähigkeit, sich selbst zurückzunehmen und auf andere hören zu können, die als wichtige soziale Tugend und Ausdruck von Vernunft gilt, erscheint im Lichte des Ideals epistemischer Autonomie als Unfähigkeit zum Selbstdenken, soziale Ängstlichkeit und Denkfaulheit. Denkt man in diesen Gleisen, dann sieht es so aus, als füge die Schamfähigkeit den rechtlich sanktionierten Normen noch eine generell sozialkonformistische Haltung hinzu. Sie erscheint denkbar ungeeignet als Grundlage eines anspruchsvollen und selbständigen moralischen Bewusstseins.

An dieser despektierlichen Sicht der Scham ist insofern etwas Wahres, als die Schamfähigkeit, die wir in Laufe der Sozialisation entwickeln, nicht unbedingt mit geschulter moralischer Urteilskraft und geistiger Unabhängigkeit verbunden ist. Der Beschämbarkeit und ihren intersubjektiven Voraussetzungen eine grundlegende Bedeutung für die moralische Ansprechbarkeit zuzusprechen bedeutet nicht, Schamgefühle als verlässlichen moralischer Kompass zu betrachten. Schamgefühle können weder die Funktion moralischer Urteilskraft übernehmen, noch machen sie die kritische Frage nach dem Wert der internalisierten Werte für das eigene Leben oder das Leben anderer überflüssig. Umgekehrt ist schwer vorstellbar, wie eine Person, die keine Schamfähigkeit entwickelt hätte, im moralischen Sinne rational denken und handeln könnte, auch wenn sie über eine hohe Intelligenz verfügte. Wie sollten wir eine moralische Perspektive auf unser Leben allein aus der Eigenschaft entwickeln, *denkende* Wesen zu sein?

IV Scham, Demütigung und das Ideal der autonomen Person

1. Das Schamphänomen im Kontext des sogenannten Zivilisationsprozesses

Die Annahme, dass Schamphänomene universal auftreten, steht im Widerspruch zu einigen einflussreichen kulturwissenschaftlichen Theorien, welche die Scham – beziehungsweise ihre jeweilige Interpretation der Scham – mal als frühes, mal als spätes Stadium in einer kulturgeschichtlichen Entwicklung verorten. Das macht es nötig, auf die Gründe einzugehen, die gegen diese Interpretationen der Scham sprechen. Zudem bietet die Auseinandersetzung mit diesen Theorien eine Gelegenheit, gewisse weitverbreitete Vorurteile über den Unterschied zwischen einer modernen Moralität und dem moralischen Bewusstsein in traditionellen Gesellschaften zu hinterfragen. Die Analyse und Konfrontation dieser Vorurteile mit verschiedenen Fallbeispielen kann darüber hinaus dazu dienen, Formen der Internalisierung moralischer Instanzen zu unterscheiden, die in verschiedenen ethischen Systemen auftreten und sich nicht ausschließen.

Die Einschätzung, Schamphänomene seien auf spezielle Gesellschaften und Zeiten beschränkt, wird in zwei Variationen vertreten, einer soziologischen und einer ethnologischen, die zeitlich quasi eine umgekehrte Entwicklung annehmen und sich dabei auf unterschiedliche Schamaspekte konzentrieren: In Norbert Elias' bekannter soziologischer Theorie des Zivilisationsprozesses tritt die Scham erst spät in die Kulturgeschichte ein und wächst dann kontinuierlich an.[1] Die von Ruth Benedict und Margaret Mead entwickelte Unterscheidung zwischen sogenannten Scham- und Schuldgesellschaften suggeriert das umgekehrte Bild: Auf reine Schamgesellschaften folgen in der Moderne Schuldgesellschaften.[2] Ich werde daher beide Ansätze nacheinander behandeln.

1 Vgl. Norbert Elias, *Über den Prozeß der Zivilisation*, 2 Bde., Frankfurt/M. 1976.

2 Eine informative und wesentlich ausführlichere Darstellung dieser Auffassungen, als sie hier möglich ist, gibt Anja Lietzmann in ihrer an Plessner ausgerichteten Untersuchung *Theorie der Scham. Eine anthropologische Perspektive auf ein menschliches Charakteristikum*, Hamburg 2007.

In seiner Studie *Über den Prozess der Zivilisation* hatte Norbert Elias die Entwicklung des Schamempfindens in Europa seit dem Mittelalter, die er besonders am Beispiel der höfischen Gesellschaft illustrierte, als symptomatisch für eine allgemeine Entwicklung der Menschheit gedeutet. Diese bewege sich in »ein und dieselbe Richtung«, nämlich in Richtung einer zunehmenden Kontrolle der Affekte und Triebe, die in der Gegenwart ihren Höhepunkt erreicht habe.[3] Dabei würden äußere Zwänge internalisiert und in innere Zwänge umgewandelt. Entsprechend müsse der Einzelne immer weniger durch andere zu normgerechtem Verhalten aufgefordert werden, sondern entwickle zunehmend eine innere, selbständige Motivation hierzu. Die Scham übernimmt nach Elias eine zentrale Rolle bei dieser Umwandlung äußerer Zwänge in innere, selbständig funktionierende Motivationen. Dabei geht er von einer sehr speziellen Interpretation der Scham aus. Die Scham ist im Grunde eine »Angst vor der sozialen Degradierung, oder, allgemeiner gesagt, vor den Überlegenheitsgesten anderer«.[4] Warum sollte man solche Gesten fürchten? Es handelt sich nach Elias offenbar weniger um eine konkrete Furcht als um eine psychologisch bedingte Grundangst: Er führt die Wehrlosigkeit des Erwachsenen gegenüber solchen echten oder vermeintlichen Überlegenheitsgesten freudianisch auf das »Über-Ich« zurück, das in der Kindheit durch die Macht und Überlegenheit der Eltern herangezüchtet worden sei. Der Schamkonflikt ist daher bei Elias nicht auf die konkrete Angst vor dem Wahrgenommenwerden durch andere Personen reduzierbar; diese ist vielmehr nur *Auslöser* für einen *inneren* Konflikt, nämlich den Konflikt mit den internalisierten gesellschaftlichen Vorstellungen, die sich zum »Über-Ich« verfestigt haben.

Auch die Verbergungsfunktion der Scham, die in dieser Arbeit als ein universales Merkmal der Personalität behandelt wurde, erscheint bei Elias als ein speziell neuzeitliches Phänomen, das seit dem 16. Jahrhundert eine vormals nahezu schamfreie Betätigung der Sexualität, der körperlichen Ausscheidungen etc. abgelöst habe. Elias führt dieses neue Phänomen auf die Staatenbildung und die damit einhergehende Entstehung größerer Interdependenzketten zurück, die eine stärkere Affektkontrolle nötig gemacht habe. Dabei bringt er die Scham mit »Rationalisierungsschüben« in Zusam-

3 Elias, *Über den Prozeß der Zivilisation*, I, S. IX.

4 Elias, *Über den Prozeß der Zivilisation*, II, S. 397.

menhang, nämlich der Entwicklung von »Langsicht« und rationaler Selbstkontrolle.

Gegen Elias' These von der modernen Entwicklung zu mehr Scham und Affektkontrolle wäre jedoch *erstens* einzuwenden, dass die Entstehung von längeren Interdependenzketten nicht notwendig zu größerer sozialer Kontrolle führt; einiges spricht sogar eher für einen umgekehrten Zusammenhang. Wer ökonomisch von immer mehr Menschen abhängig wird, die er persönlich gar nicht kennt, ist keinesfalls einem zunehmenden sozialen Druck ausgesetzt, sondern erlebt eher einen abnehmenden: ganz im Gegensatz zu kleinen Gemeinschaften, wo jeder mit jedem in langfristigen Beziehungen steht, was eine starke Affektkontrolle erfordert, um Beziehungen nicht zu beschädigen, auf die man dauerhaft angewiesen ist.[5] Und tatsächlich geht die zunehmende Anonymisierung der Beziehungen mit einem Nachlassen der Verbergungsscham im Bereich der Sexualität und Nacktheit in den heutigen westlichen Gesellschaften einher, das mit Elias' These nicht vereinbar ist.[6]

Zweitens lässt sich die (nicht ganz eindeutige) Unterstellung, vor der frühen Neuzeit seien die europäische, aber auch andere Gesellschaften quasi schamfrei gewesen,[7] empirisch nicht belegen, wenn man einmal von Elias speziellen mittelalterlichen Beispielen vermeintlich schamfreier Nacktheit und öffentlich praktizierter Sexualität absieht, deren Deutung und Repräsentativität jedoch durch den Ethnologen Hans-Peter Duerr im Detail in Zweifel gezogen wurde.[8] Duerrs fünfbändige Kritik der eliasschen Zivilisationsthe-

5 Vgl. hierzu die Einwände, die Dürr gegen Elias erhebt, in: Hans-Peter Duerr, *Die Tatsachen des Lebens*, Frankfurt/M. 2002, S. 445 (*Der Mythos vom Zivilisationsprozess* Bd. 5).

6 Vgl. die Einwände von Lietzmann, *Theorie der Scham*, S. 56.

7 Hierzu äußert sich Elias mehrdeutig. Einerseits führt er Belege für die vermeintlich schamfreie Sexualität im Mittelalter an (Elias, *Über den Prozeß der Zivilisation*, I, S. 222, S. 296) und weist darauf hin, dass nicht nur von gradweisen Veränderungen die Rede sei. An anderer Stelle hingegen bestreitet er, dass es so etwas wie einen Nullpunkt der Entwicklung gäbe (ebd., S. 298).

8 Duerr hat mit Blick auf Elias' Quellen gezeigt, dass Elias' Interpretation teils nicht zwingend ist, teils eine unzulässige Verallgemeinerung nichtrepräsentativen Materials darstellt. Vgl. seine Ausführungen in *Nacktheit und Scham*, Frankfurt/M. 1988 (*Der Mythos vom Zivilisationsprozeß* Bd. 1), insbesondere § 2, § 3, § 6, § 18, § 19. Dem steht nicht viel mehr als eine frühe Studie Margaret Meads über die angeblich von Schamgefühlen ganz unbelastete Adoleszenz der Bewohnerinnen Samoas entgegen. (Vgl. Margaret Mead, *Coming of Age in Samoa*, New York 1929.)

orie hat – auf einer sehr viel umfangreicheren Materialbasis – an unzähligen Beispielen die variierenden Gestalten und unterschiedlichen Intensitäten der Schamgefühle dokumentiert, die Menschen in allen Gesellschaftsformen entwickeln und die man sich am ehesten mit Internalisierungen von Normen und Personidealen erklären kann.[9]

Duerr hat zudem an vielen Beispielen gezeigt, dass die in der Neuzeit bis ins zwanzigste Jahrhundert immer wieder vertretene Auffassung, nichtwestliche Kulturen seien quasi schamfrei, meist im Kontext der Rechtfertigung des Kolonialismus vertreten wurden.[10] Diesem kommt so die moralische Aufgabe zu, aus unzivilisierten Menschen, die sich wie Kinder benehmen und kaum Verantwortung tragen können, zivilisierte, selbstbeherrschte Erwachsene zu machen. Das bedeutet nicht unbedingt, dass Fakten erfunden werden. Oft wird Nacktheit in Situationen, in denen sie in der kolonialen Kultur nicht üblich ist, fälschlicherweise als Schamlosigkeit gedeutet. Nacktheit ist jedoch kein Anzeichen mangelnder Körperscham. Da die Regeln, die festlegen, welche Aspekte der Verdeckung der wahrnehmbaren Person und welche Aspekte den wahrnehmenden Personen obliegen, kulturvariant sind, ist es unabhängig vom kulturellen Kontext nicht sehr aussichtsreich, von äußeren Gepflogenheiten wie der Art der Bekleidung auf die Schamhaftigkeit der Person (oder ihren Mangel an Scham) zu schließen. In manchen Gemeinschaften gilt leichte oder mangelnde Bekleidung der Geschlechtsmerkmale als untrügliches Anzeichen von Schamlosigkeit. In anderen (wie auch europäischen Nudistengruppen) obliegt der Schutz der Person den Wahrnehmenden beziehungsweise ihrer Kultivierung des Blickens; sie müssen lernen, auf nichtwahrnehmbare Weise wahrzunehmen. So hat

Diese Studie ist jedoch nie durch spätere bestätigt worden und gilt inzwischen auch mit Blick auf Meads damalige Vorgehensweise als widerlegt. Zur Kritik vgl. vor allem Derek Freeman, *Margaret Mead and Samoa. The Making and Unmaking of an Anthropological Myth*, 1983, sowie ders., *The Fateful Hoaxing of Margaret Mead: A Historical Analysis of her Samoan Research*; vgl. auch Lowell D. Holmes, *Quest for the Real Samoa. The Mead/Freeman Controversy & Beyond*, South Hadley 1987.

9 Zur Universalität der Scham vgl. die Ergebnisse des Ethnologen Arnold L. Epstein, *The Experience of Shame in Melanesia*, S. 46.

10 Vgl. besonders die Beispiele zu Japan in Hans-Peter Duerr, *Nacktheit und Scham*, S. 116 ff.

sich im letzten Jahrhundert in Europa und den von europäischen Kleidungssitten beeinflussten Ländern ein kultureller Wandel hin zur Verdeckung durch Verzicht auf sexuell anzügliche Blicke vollzogen, während ein großer Teil der europäischen Missionsarbeit zuvor darin bestand, die Aufgabe der Verbergung in die Gegenrichtung umzuverteilen, indem die Pflicht zur Verdeckung vor allem der wahrnehmbaren Person selbst auferlegt wurde. Ein anschauliches Beispiel für die Verwirrungen, die solche Umverteilungen in Kulturen anrichten können, wo die Person nicht in ihrer Rolle als *Wahrnehmungsobjekt*, sondern als *Wahrnehmungssubjekt* für schamhafte Verbergung sorgt, hatte sich schon Max Scheler ausgedacht:

> Dass die Negerin, die ihre Schamteile nicht bedeckt, sogar ein sehr ausgeprägtes Schamgefühl besitzt, zeigt die Tatsache, dass sie, durch den Missionar aufgefordert, ihre Schamteile zu bedecken, sich unter allen Zeichen des natürlichen Schamausdrucks lebhaft weigert, dies zu tun; im Falle aber, dass sie dann widerwillig gehorcht, davonläuft und sich hinter Büschen oder in der Hütte versteckt und zunächst nicht dazu zu bringen ist, sich mit dem Bekleidungsstück öffentlich zu zeigen. Diese Tatsache ist eine einfache Folge davon, dass sie ihre Haut als ihr Kleid empfindet, die Schamhaare aber als ihr Schurzfell, das überlassene Schurzfell aber, resp. den Rock, als etwas ansehen muss, was gerade die öffentliche Beachtung auf ihre Schamteile lenkt – was für die Männer ihres Stammes, an deren Beachtungsform sie seelisch angepasst ist, ja natürlich auch der Fall sein muss. Was immer als die Beachtung nach dem eigenen Gefühl auf jene Sphäre lenkend erlebt wird, das erweckt eben Scham – ganz gleichgültig, worin das »Neue« je nach der Ausgangs»sitte« besteht.[11]

2. Zur Unterscheidung zwischen Scham- und Schuldkulturen

Während Elias die Scham als ein spätes und zunehmendes Phänomen der Zivilisationsgeschichte deutet, geht eine immer noch verbreitete Interpretation der kulturwissenschaftlichen Unterscheidung zwischen Scham- und Schuldkulturen dem Anschein nach in genau die umgekehrte Richtung. Sie betrifft die ursprüngliche Unterscheidung zwischen Scham- und Schuldkulturen durch die Kul-

11 Max Scheler, »Über Scham und Schamgefühl«, in: ders., *Schriften aus dem Nachlaß I. Zur Ethik und Erkenntnislehre*, Bern 1957, S. 76.

turanthropologinnen Margaret Mead und Ruth Benedict, die sich dabei nicht an der Rolle des jeweiligen Begriffs für die in der Kultur verankerte Interpretation moralischer Regelverletzungen, sondern an Freuds Unterscheidung zwischen internen und externen Sanktionen orientierten. (Freud selbst hatte diese Unterscheidung gar nicht auf die Differenz zwischen Scham und Schuld angewendet.)[12]

Der Gegensatz zu Elias ist jedoch nicht ganz so groß, wie er auf den ersten Blick scheint. Mead und Benedict gehen zwar nicht von einem Zustand der Schamfreiheit in »primitiven« und vormodernen Gesellschaften aus, beziehen den Schambegriff jedoch auch nicht auf ein genuines moralisches Gefühl, das *verinnerlichte* Normen und Ideale ausdrückt. Sie interpretieren sie vielmehr als ein Gefühl, das nur in der Gegenwart von Zuschauern auftritt.[13] Der Begriff *Schuld* hingegen steht für das unbehagliche Gewissen, das sich aufgrund eines internalisierten und selbsttätigen Über-Ich auch dann bemerkbar macht, wenn es gar keine Zuschauer gibt. Der fromme Katholik, so Mead, der sogar auf einer einsamen Insel auf den Verzehr von Fleisch am Freitag verzichten würde, reagiert auf die interne Sanktion des Gewissens, während der Geschäftsmann, der sich bei seinen Geschäftsreisen Ausschweifungen erlaubt, die für ihn zu Hause tabu wären, auf eine externe Sanktion reagiert.[14]

Führt man den Unterschied zwischen Scham- und Schuldkulturen nun auf den Unterschied zwischen außen- und innengeleiteten moralischen Motivationen ihrer Mitglieder zurück, dann folgt daraus (wie Mead tatsächlich annahm), dass es einer Person im Kontext einer sogenannten »Schamkultur« gleichgültig sein kann, wie sie sich verhält, solange es nicht von anderen bemerkt wird.[15] Nach diesem Schema beschrieb Benedict auch das ethische System Japans als allein durch die öffentliche Meinung reguliert,[16] und der

12 Vgl. hierzu auch die zusammenfassende Darstellung von Millie R. Chreighton, »Revisiting Shame and Guilt Cultures: A Forty-Year Pilgrimage«, in: *Ethos* 18, 3 (1990), S. 279-307. Vgl. auch Robert I. Levy, »Introduction: Self and Emotion«, S. 130.

13 Vgl. Ruth Benedict, *The Chrysanthemum and the Sword. Patterns of Japanese Culture*, London 1967, S. 223.

14 Vgl. Margaret Mead, *Cooperation and Competition among Primitive Peoples*, New York, London 1937, S. 493.

15 Vgl. Mead, *Cooperation and Competition among Primitive Peoples*, S. 494.

16 Vgl. Benedict, *The Chrysanthemum and the Sword.* Auch die nordamerikanischen

Altertumswissenschaftler Eric Dodds wendete dieses Konstrukt einer »Schamkultur« auf die Antike an,[17] indem er eine ältere »homerische Schamkultur« gegenüber einer »Schuldkultur der klassischen Zeit« abgrenzte.

Alle diese vereinheitlichenden Darstellungen werden mittlerweile aus gutem Grund stark in Zweifel gezogen.[18] Dass ausgerechnet das Schamgefühl, das bei den Zhous und in vielen traditionellen Kulturen als *die* innere moralische Triebfeder schlechthin angesehen wird, hier als Ausdruck einer bloß äußerlichen Sanktion interpretiert wird, ist überhaupt nur nachvollziehbar, wenn man die Unterscheidung von dem damaligen kulturwissenschaftlichen Interesse her versteht, ein griffiges Schema für die Differenz zwischen zwei speziellen ethischen Systemen zu entwickeln. Der Kulturanthropologin Benedict ging es bei ihrer Studie um den Unterschied zwischen der moralischen Psychologie der Japaner und der Nordamerikaner, und sie konnte sich (während des zweiten Weltkriegs) nur auf Berichte stützen. Entsprechend konzentrierte sie sich auf das, was ihr im Ausgang vom gängigen Verständnis der eigenen moralischen Kultur anders erschien. Da das moralische Bewusstsein nach den christlich geprägten modernen westlichen Vorstellungen als ein rein intern wirkendes Gewissen zu denken ist, das von den sozialen Erwartungen unabhängig sein sollte, erschien

Indianer wurden in einem groß angelegten Forschungsprojekt der University of Chicago als Prototypen von Schamkulturen untersucht. Vgl. die Literaturhinweise in: Piers und Singer, *Shame and Guilt*, S. 106, Fußnote 7.

17 Vgl. Eric R. Dodds, *The Greeks and the Irrational*, Berkeley, Los Angeles 1951.

18 Einen Überblick gibt Sighard Neckel, *Status und Scham. Zur symbolischen Reproduktion sozialer Ungleichheit*, Frankfurt/M. 1991, S. 49. Zu Japan vgl. die Einwände von Takie Sugiyama Lebra, der die umgekehrte Auffassung vertritt, dass in Japan ein Schwergewicht auf der Schuld liege, da der egozentrische Aspekt der Scham im Kontext der buddhistischen Abwertung des Selbst auch zur Abwertung der Scham führe. Vgl. Lebra, »Shame and Guilt: A Psychocultural View of the Japanese Self«. Zum antiken Griechenland vgl. die Kritik von Bernard Williams an der Vorstellung einer bloß oberflächlichen Scham: Williams, *Shame and Necessity*, S. 7, S. 89. Williams' Kritik richtet sich vor allem gegen die ältere Darstellung von Arthur W. Adkins, *From the Many to the One: A Study of Personality and Views of Human Nature in the Context of Ancient Greek Society, Values and Beliefs*, London 1979. Vgl. auch die Einwände von Philip Steger in: »Die Scham in der griechisch-römischen Antike. Eine philosophisch-historische Bestandaufnahme von Homer bis zum Neuen Testament«, in: *Scham. Ein menschliches Gefühl*, hg. v. Rolf Kühn, Michael Raub, Michael Titze, Opladen 1997, S. 62 f.

das moralische Selbstverständnis der Japaner vor dem Hintergrund dieses Moralideals eher »äußerlich«.

Bevor ich auf die Gründe eingehe, die *dagegen* sprechen, Schamphänomene auf äußere Sanktionen zu reduzieren, möchte ich zunächst ein Beispiel einer rein äußeren Sanktion untersuchen.

Wie schon erörtert, verlassen sich Personen je nach kulturellem Kontext mal mehr auf ihr Schamgefühl, mal mehr auf den Takt anderer, um Gefahren der öffentlichen Bloßstellung zu vermeiden. Wenn das Vertrauen auf den Takt der anderen sich jedoch als illusorisch erweist und die Person in der Öffentlichkeit auf eine Weise entblößt wird, die sie nicht verhindern und auch nicht kontrollieren kann, können besonders extreme Formen der Beschämung und Demütigung auftreten. So berichtet der Ethnologe Bronislaw Malinowski in seiner Studie über den Umgang mit Verbrechen in »primitiven« Gesellschaften von dem tragischen Fall eines jungen Trobrianders, der Suizid beging, nachdem er durch einen eifersüchtigen Nebenbuhler öffentlich wegen seiner Liebesbeziehung zu einer Kusine beschimpft worden war, die unter das strenge Inzesttabu fiel.[19] Die Umstände sprechen dagegen, dass ihn moralische Skrupel wegen seines Fehlverhaltens in den Tod getrieben haben könnten. So war es unter den jungen Männern, wie Malinowski berichtet, schon fast eine Art Sport geworden, das Inzesttabu zu ignorieren und sogar mit ihren verbotenen Beziehungen zu prahlen. Zudem wurden solche Tabubrüche durch die sozialen Taktregeln erleichtert. Auch die Beziehung des jungen Mannes zu seiner Kusine war in diesem Fall allen schon lange bekannt gewesen, aber Außenstehende hatten, wie üblich, stillschweigend darüber hinweggesehen. Es bedurfte daher der heftigen Aggressionen eines eifersüchtigen Nebenbuhlers, um die Regeln des taktvollen Übersehens zu brechen. Da dessen öffentliche Tiraden es unmöglich machten, den Tabubruch weiterhin zu ignorieren, sah der junge Mann offenbar keinen Ausweg mehr. Seine letzten Äußerungen, bevor er von einer hohen Palme sprang, lassen erkennen, dass ihn nicht moralische Qualen wegen eigenen Fehlverhaltens, sondern erst die öffentliche Demütigung in den Suizid getrieben hatte: Schon auf der Palme, erhob er selbst eine öffentliche Anklage gegen seinen Widersacher und gab ihm die Schuld an seinem Tod.

19 Bronislaw Malinowski, *Crime and Custom in Savage Society*, S. 77 ff.

Wenn diese Interpretation zutrifft, dann zeigt der Fall, dass sich autoaggressive moralische Gefühle auch ohne moralische Selbstkritik, rein als äußere Sanktion aufgrund öffentlicher Bloßstellung entwickeln können. (Hier handelt es sich allerdings mehr um eine öffentliche Demütigung als ein Schamphänomen; gegen Letzteres spricht die Gegenanklage des jungen Mannes.) Wenn es zutrifft, dass der junge Mann das Inzesttabu lange Zeit seelisch unbeschwert missachten konnte, dann hatte er offenbar keine *eigenen* normativen Gründe, es einzuhalten, sondern nur den *künstlichen* Grund möglicher sozialer Sanktionen; aufgrund der sozialen Gepflogenheit, in solchen Fällen wegzusehen, musste ihm diese Gefahr aber nicht allzu bedrohlich erscheinen. Es ist daher auch denkbar, dass die eigentliche Demütigung für ihn in der Respektlosigkeit lag, die sich darin ausdrückte, dass ein anderer rücksichtslos und beleidigend seine privaten Angelegenheiten in die Öffentlichkeit zerrte.

Eine solche moralische Psychologie berichtet die Ethnologin Elisabeth Boesen von den afrikanischen Fulbe. Die Selbstachtung und das Ansehen einer Person scheinen gar nicht davon belastet zu werden, wenn über sie üble Geschichten kursieren. Selbst jemand, der unter Mordverdacht steht, wird mit gleichem Respekt behandelt wie alle anderen. Grundlegend anders verhält es sich jedoch bei direkter, offener Kritik. Nicht die eigene *Handlung*, sondern die direkt und öffentlichen gegen einen gerichteten *Worte* der anderen verletzen die Ehre. Warum? Nach Boesen zeigen erst die Worte, dass der Betreffende als ein Mensch wahrgenommen wird, auf dessen Schamempfinden keine Rücksicht genommen werden muss, womit unterstellt wird, dass er keines hat. Indem ihm der Schutz des Wegsehens entzogen und er und seine Taten zu einem öffentlichen Gegenstand gemacht werden, wird ihm sein Ehrgefühl abgesprochen.[20]

Über Normbrüche hinwegzusehen beziehungsweise ein entsprechendes Verhalten möglichst erst gar nicht *als* einen Normbruch wahrzunehmen ist in vielen sozialen Kontexten sowohl ein Ausdruck des Respekts als auch ein Mittel der Konfliktvermeidung. Die Gefahr für die Gemeinschaft, die ein solches Ignorieren unmöglich macht, geht nicht von der Handlung als solcher aus, sondern erst von ihrer öffentlichen Beschreibung *als* Verbrechen; erst

20 Vgl. Elisabeth Boesen, *Scham und Schönheit*, S. 112.

die Beschreibung des Tuns *als* Normbruch stellt wirklich die Norm in Frage und fordert somit die Gesellschaft zu einer Reaktion heraus.[21] Solange sich der Einzelne darauf verlassen kann, dass die anderen sein Tun und Lassen nicht *als einen Normbruch* öffentlich denunzieren werden, besteht diese Herausforderung nur potenziell. Solange die öffentliche Beschreibung, durch die ein individuelles Verhalten zu einer normativen Herausforderung wird, in den Händen der Gesellschaftsmitglieder selbst liegt, ist es daher nicht widersprüchlich, eine Norm dadurch schützen zu wollen, dass über ihren Bruch stillschweigend hinweggesehen wird.

Wenn man diese Sitten vor dem Hintergrund der Vorstellungen betrachtet, die wir uns von unserer modernen Moral gemacht haben, wirken sie fremdartig. Sie entsprechen so wenig dem modernen Ideal der moralisch autonomen Person, deren Gewissen sich von selbst meldet, wenn sie etwas Schlechtes tut, und die nicht der Meinung anderer, sondern ihrer praktischen Vernunft folgt, dass man auf die Idee kommen könnte, hier zeige sich eine grundlegende Andersartigkeit des moralischen Bewusstseins im Vergleich zu modernen westlichen Gesellschaften. So scheinen Mead und Benedict auch tatsächlich gedacht zu haben. Während sie nicht-

21 Während hier nicht das Wissen der anderen, sondern die durch partikulare Interessen und Leidenschaften motivierte Tirade den Normbruch öffentlich macht, kann dies in anderen Kontexten auch durch einen Unglücksfall geschehen, wie der Theologe Theo Sundermeier aus seiner Erfahrung mit verschiedenen afrikanischen Stammes- und Kleingesellschaften berichtet. Da die gesellschaftliche Harmonie Vorrang hat, so Sundermeier, ist es nicht möglich, sie durch öffentliche Anklagen zu stören, ohne sich selbst ins Unrecht zu setzen. Daher wolle niemand der Unruhestifter sein. Was geschieht nun mit einem Menschen, dessen Untat nicht bekannt wird. Wird sein Gewissen schlagen? Dies meint der christliche Theologe bejahen zu können, das Gewissen schlägt aber erst in Folge eines Unglücks, durch das die Untat publik wird, wie durch die Aussage des Wahrsagers: »Das nicht bekanntgewordene Böse wird als nicht existent angesehen und ruft bei dem Täter keine Reaktion hervor. Das Gewissen spricht nicht. Scham tritt nicht ein. Es ist das Unglück, das das Gewissen weckt. Es weckt jedoch nicht nur das Gewissen des Einzelnen, sondern zugleich das der Gemeinschaft. […] Es ist das öffentliche Wort, das von der Gemeinschaft oder von einem einzelnen stellvertretend gesprochen wird, das das Gewissen anrührt, so dass der Schuldige bekennt und in der Gemeinschaft den Schaden wiedergutmacht, den privaten und sozialen.« Theo Sundermeier, »Das Gewissen als Unglück«, in: *Schuld, Gewissen und Person*, hg. v. Jan Assmann, Theo Sundermeier, Gütersloh 1997, S. 208.

westliche Kulturen insgesamt als »Schamkulturen« (im Sinne rein äußerlicher Sanktionen) einordnen, gehört Scham nach Benedict in den »Schuldkulturen« Europa und Nordamerika *nicht* zum »fundamentalen System der Moralität«.[22]

Da die Unterscheidung zwischen Scham- und Schuldkulturen vor dem Hintergrund der modernen Abwertung bloß »äußerer« moralischer Antriebe selbst zu einem Werturteil wird, kann die Beobachtung, dass die westliche Moral, wie wir sie kennen, durchaus nicht nur innengeleitet ist, heftige moralische Verfallsängste auslösen: »Wir erleben in der westlichen Welt das Ende der bisher umfassendsten Schuldkultur der Geschichte und einen Rückfall in eine auf reine Außenwahrnehmung des Menschen orientierte Schamkultur«, argwöhnt ein evangelischer Theologe: »Je mehr sich das christliche Abendland von dieser Schuldkultur entfernt, desto mehr treten reine Anpassung, rein äußere Reputation, das Nicht-Erwischenlassen und die Ehrsucht in der Vordergrund.«[23] Aber auch die umgekehrte Wertung ist verbreitet. So haben Ethnologen mit dem Gedanken einer Schamkultur nicht selten die schwärmerische Vorstellung einer von Schuld gänzlich unbeschwerten Gemeinschaft verbunden und vermutet, die Angehörigen von Schamkulturen müssten mehr persönliches Glück erleben, als es im Kontext der westlichen Fixierung auf Sünde möglich sei.[24] Beide Phantasien entspringen Vorstellungen über die Natur der modernen Moral, die sich teilweise auf dominante moderne Mythen von der Moral zurückführen lassen, teilweise auf sozialkritische Interpretationen der psychischen Folgekosten dieser mythologisch interpretierten Moral.

Jedoch sprechen sowohl empirische als auch begriffliche Gründe dagegen, den Unterschied zwischen Scham- und Schuldkulturen auf den Unterschied zwischen außen- und innengeleiteten moralischen Motivationen zurückzuführen. Freilich zeigen Beispiele wie das des Mannes auf der Palme, dass in sogenannten Schamkul-

22 Benedict, *The Chrysanthemum and the Sword,* S. 224.

23 Thomas Schirrmacher, »Kolumne: Scham- und Schuldkultur«, in: *Professorenforum-Journal,* 3, 3 (2002), S. 22 f.

24 Vgl. hierzu die Kritik von Piers und Singer, *Shame and Guilt,* S. 76, die sich auf eine klassische Studie von Clyde Kluckhohn und Dorothea Leighton bezieht: *Children of the People: The Navaho Individual and His Development,* Cambridge 1947.

turen »von außen geleitete« moralische Gefühle und Reaktionen vorkommen. Die empirischen Gegebenheiten liefern aber keinen Grund zur Annahme, dass solche Phänomene nur solchen Kulturen zuzuordnen sind, die unter moralischer Ansprechbarkeit vor allem Schamhaftigkeit verstehen. Vermutlich sind sie universal, ganz gewiss aber kommen sie auch in Kulturen vor, in denen man das moralische Bewusstsein vor allem als ein »Schuldbewusstsein« beschreibt. Schließlich ist auch »unsere« moderne Moral – die gelebte Moral, nicht das Ideal – nicht autonom; und auch unsere Selbstachtung kann wie die des jungen Trobrianders durch eine rein »äußerliche« Demütigung verletzt werden.

Aus der Interpretation des Unterschieds zwischen Scham- und Schuldkulturen nach dem Schema der Unterscheidung zwischen außen- und innengeleiteter Moral ergeben sich mehrere Missverständnisse. Das erste betrifft die empirische Adäquatheit der Interpretation der westlichen Kultur als Schuldkultur. Die Beschreibung trifft insofern oberflächlich zu, als sie sich mit einem verbreiteten Verständnis des moralischen Bewusstseins als »Schuldbewusstsein« deckt. Gleichwohl belegt ein Überblick über die Literatur[25] die wichtige Rolle des Schamgefühls in der moralischen Reflexion des modernen Europa.[26] Auch wenn die Rolle und Bedeutung der

25 Einen breiten Überblick über die Bedeutung der Scham in der Literatur gibt Helen Merell Lynd, *On Shame and the Search for Identity*, New York 1958. Sie zeigt, dass auch schon Shakespeare »shame« ungefähr neunmal so oft verwendet wie »guilt« (S. 25).

26 Das schließt nicht aus, dass in Europa und Nordamerika seit dem Zweiten Weltkrieg eine gewisse Umgewichtung des Verhältnisses von Scham- und Schuldgefühlen stattgefunden haben könnte. Die Änderung der Erziehungsideale seit dem Zweiten Weltkrieg könnte dazu geführt haben, dass an die Stelle von Schuldgefühlen heute verstärkt Schamgefühle getreten sind: Es sieht so aus, als ob moralische Bewertungen wie Gut und Böse zunehmend durch eher indirekte Bewertungen abgelöst wurden, die sich auf die Eignung von Handlungen zur *Verwirklichung von persönlichen Entwicklungsidealen* und zur *Verfolgung von Eigeninteressen* beziehen. Den Kindern wird in den letzten Jahrzehnten weniger gesagt, dass es schlecht oder gut sei, was sie tun, sondern produktiv oder nutzlos, erwachsen oder unreif etc. Zu dieser Veränderung in den Erziehungspraktiken und den entsprechenden Persönlichkeitsstrukturen vgl. Lynd, *On Shame and the Search for Identity*, S. 18. Auch der Umstand, dass Scham in der Psychoanalyse seit den sechziger Jahren zunehmend diskutiert wird, während die frühe Psychoanalyse Freuds fast ausschließlich am Schuldbegriff orientiert war, mag ein Indiz dafür sein, dass diese Änderung der Erziehungspraktiken sich tatsächlich

Scham durch die moderne Moralphilosophie (mit Ausnahmen wie Nietzsche) eher verschleiert wird, haben wir es keinesfalls mit einer reinen Schuldkultur zu tun. Das trifft ebenso auf die biblischen Grundlagen des Christentums zu: Vor dem Hintergrund des Mythos vom Sündenfall, in dem die Scham in mehreren Bedeutungen konstitutiv für den neuen Zustand der Menschen wird, und in Anbetracht der häufigen Thematisierung der Scham in beiden Testamenten (während nur sehr selten von Schuld die Rede ist), erscheint das Christentums keinesfalls als Prototyp einer reinen »Schuldkultur« (*im Gegensatz* zu einer Schamkultur).[27]

Das zweite Missverständnis ist begrifflicher Art: Wie eine Schamgesellschaft möglich sein soll, die auf der Grundlage rein äußerlicher Sanktion funktioniert, ist schwer zu denken. In einer solchen Kultur müsste ja einerseits jede Person ein starkes Interesse daran haben, dass die *anderen* die Normen einhalten, denn sonst müsste sich niemand davor fürchten, entdeckt zu werden. Andererseits dürfte sich niemand mit den Normen beziehungsweise den ihnen zugrunde liegenden Personidealen identifizieren, sie dürften für niemanden selbst verpflichtend sein. Es ist jedoch nicht zu erkennen, aus welcher Quelle sich ein Interesse daran entwickeln sollte, dass andere die Normen einhalten, wenn nicht daraus, dass man sich mit den zugrundeliegenden Rollen, Idealen und Personauffassungen identifiziert, mit der Begleiterscheinung, dass der Wert, den die anderen diesen normativen Faktoren beimessen, auch das eigene Selbstwertgefühl tangiert. Wer sich nicht (direkt oder indirekt) mit den Normen identifiziert, hat auch keinen guten Grund, es von anderen zu verlangen, und sollte er das trotzdem tun, würde es als Heuchelei und Zumutung wahrgenommen werden. Wer jedoch eine Norm für wichtig hält und somit die mit

auf die moralische Psychologie von Personen ausgewirkt hat. Einen Überblick über die neuere Diskussion der Scham in der Psychologie und Psychiatrie geben Nathanson, *The Many Faces of Shame*, ders., *Shame and Pride,* und Wurmser, *Die Maske der Scham.* Wenn es zutreffen sollte, dass Scham heute ein verbreiteteres Gefühl ist als früher, würde daraus jedoch nicht folgen, dass moralische Gefühle weniger »intern« gesteuert wären als früher; es würde nur anzeigen, dass sich die Bewertungen stärker auf die eigene Person beziehen als auf die anderen.

27 Während das Wort Schuld im Alten Testament nur zweimal vorkommt, im Zusammenhang von Verbrechen, und im Neuen Testament überhaupt nicht erscheint, wird Scham in beiden Überlieferungen häufig thematisiert. Vgl. hierzu Lynd, *On Shame and the Search for Identity*, S. 25.

ihr verbundenen Einschränkungen bejaht, wird auch zwangsläufig wollen, dass die anderen sie einhalten oder zumindest bemüht sind, Normbrüche, wenn sie doch einmal vorkommen, nicht öffentlich werden zu lassen.

Fälle wie der des Mannes auf der Palme, dessen öffentliche Demütigung die Kriterien einer bloß äußeren Sanktion erfüllt, repräsentieren daher *nicht* die grundlegenden Merkmale von Schamphänomenen.[28] Auch die ethnologischen Befunde belegen keinesfalls die Annahme, Schamphänomene seien in der Regel an öffentliche Beschämungen gebunden. Vermutlich ist das sogar eher die Ausnahme. Da es gerade in Kulturen, in denen Normverletzungen primär als Fragen der Scham interpretiert werden, oft nur in engen Grenzen erlaubt ist, andere öffentlich zu beschämen, kann Scham meist nur bei sozialen Unfällen (wie dem des eifersüchtigen Nebenbuhlers) als rein äußere Sanktion wirken. So beschreibt Elisabeth Boesen die afrikanischen *Fulbe*, die für ein ungewöhnlich hohes Maß an Schamhaftigkeit bekannt sind und vielleicht als Extremfall einer Schamkultur gelten können, als gegen äußere Sanktionen nahezu psychisch immun:

> Die Gewißheit, daß jeder ihrer Schritte registriert wird und Stoff für Klatsch und Nachrede liefern kann, scheint die Fulbe nicht sonderlich zu bedrükken. Meine Entrüstung über die phantastischen Geschichten, die über mich im Umlauf waren, brachte sie zum Lachen. Der generelle Wunsch, sich zu erklären, Irrtümer auszuräumen, Argwohn und Mißtrauen zu beseitigen, ist ihnen fremd, ja es scheint sogar, als sähen sie es nicht ganz ungern, wenn andere über ihre Pläne und Absichten rätseln. Ein Pullo ist, so zeigt diese indifferente Haltung, niemandem Rechenschaft schuldig.[29]

Sogar im Falle schwerwiegender Vergehen, so berichtet Boesen, wird die Tat nicht sanktioniert, »da die Scham, d.h. die in den Augen der Fulbe wesentliche Eigenschaft, gerade nicht von den anderen kommen, nicht von außen induziert werden kann; sie muß im Individuum selbst entstehen.«[30] Das zeigt, dass ein hohes Maß an kulturell erzeugter, gezielt anerzogener Schamhaftigkeit psycho-

28 Darauf weisen schon Gerhart Piers und Milton B. Singer in *Shame and Guilt* hin: vgl. Kap. 2, insbes. S. 68. Vgl. auch die Darlegungen von Bernhard Williams zu Homer in *Shame and Necessity*, S. 77-102.

29 Boesen, *Scham und Schönheit*, S. 111.

30 Boesen, *Scham und Schönheit*, S. 116 f.

logisch durchaus mit einem hohen Maß an psychologischer Unabhängigkeit von der Meinung anderer und einer nahezu angstfreien Wahrnehmung ihrer Missbilligung einher gehen kann.

Max Schelers Einschätzung, dass Scham ebenso ursprünglich »Scham vor sich selbst« und ein »Sichschämen vor sich selbst« wie eine Scham vor anderen ist,[31] wird auch in vielen traditionellen Kulturen geteilt. Margaret Mead hatte mit Blick auf die nordamerikanischen Ureinwohner sogar selbst darauf hingewiesen, dass Scham in vielen Ethnien als eine starke »innere« Sanktion gilt, die weniger durch Erwartungen der Gruppe als durch *Erwartungen der individuellen Person an sich selbst* bestimmt ist, die sich dabei selbst wahrnimmt und beurteilt.[32] Allen Anschein nach ist die Vorstellung, Scham sei eine bloß äußerliche Sanktion, allein im modernen Europa und Nordamerika anzutreffen.

Könnte das Benedict-Mead-Schema dann immerhin auf kulturelle Kontexte wie das Griechenland Homers und der Tragödiendichter anwendbar sein, wo die Möglichkeit, bestimmte Situationen als ehrenrührig oder beschämend zu deuten, durch die mit gewissen sozialen Rollen verbundenen Ehrenstandards viel stärker festgelegt scheint als in vielen anderen ethischen Kontexten? Wenn eine Person ihr Selbstverständnis vor allem aus der Zugehörigkeit zu einer Gruppe bezieht, die sich durch bestimmte Ehrvorstellungen von anderen unterscheidet, ist ihre persönliche Identität schließlich an die Tugend oder Gruppe von Tugenden gebunden,

31 Scheler, »Über Scham und Schamgefühl«, S. 78.

32 »Vgl. Mead, *Cooperation and Competition among Primitive Peoples*, S. 494. Ganz ähnlich wandten auch japanische Kulturwissenschaftler gegen Benedict ein, dass es sich mit Scham und Schuld in Japan genau umgekehrt verhalte, als von ihr dargestellt. So wies Sakuta darauf hin, dass Schuldbewusstsein nach dem japanischen Verständnis durch Bestrafung erworben wird, wohingegen eine Person, die Scham im japanischen Sinne kennt, sich selbst beherrscht. Auch Mori führt Schuld auf äußere Sanktion, Scham hingegen auf die persönliche Bildung im Sinne traditioneller Werte zurück. Vgl. Hierzu Chreighton, »Revisiting Shame and Guilt Cultures: A Forty-Year Pilgrimage«. Auch in der taoistischen Kultur versteht man unter Scham offenbar in erster Linie Scham gegenüber sich selbst, nur in zweiter Linie Scham gegenüber den Leuten. Zuk-Nae Lee zufolge handelt es sich um eine Reaktion des »Yang-Sim« oder des eigentlichen Gewissens, die für die Selbstverwirklichung des Menschen notwendig ist. Zuk-Nae Lee, »Koreanische Kultur und Schamgefühl«, in: *Scham. Ein menschliches Gefühl*, hg. v. Rolf Kühn u. a., Opladen 1997, S. 78 f.

welche die »Ehre« dieser Person ausmacht. Nur ein entsprechendes Leben verleiht der Person Wert, und ihre Identität ist im Sinne eines bestimmten Status definiert.[33] Aber auch mit Blick auf solche Kontexte, in denen der Ehre eine dominante Rolle für die Selbstachtung zukommt, gibt es keinen Grund zur Annahme, dass eine Beschämung nur und primär dann eintritt, wenn die Person *tatsächlich* von den falschen Personen in der falschen Verfassung wahrgenommen wird.[34]

Wie Bernard Williams in seinen Studien zur antiken Moral gezeigt hat, kann es sich ebenso wie bei dem Bewusstsein der Schuld um ein internalisiertes Gefühl handeln, das sich auf die prinzipielle Möglichkeit bezieht, dass eine Person der Art, die *ich respektiere*, mein Verhalten missbilligen könnte.[35] Schamgefühle treten daher auch in Fällen auf, in denen die Person weiß, dass niemand von dem beschämenden Anlass erfahren kann. Sie sind zwar nicht unabhängig vom Gedanken an ein Wahrnehmungssubjekt, dieses imaginäre Subjekt muss jedoch nicht notwendig als eine andere Person vorgestellt werden. Die Person kann sich auch bewusst auf ihr eigenes imaginiertes »höheres« Selbst oder die abstrakte Möglichkeit eines Betrachters beziehen.

Daher wird der Schamanlass, anderes als es Benedict und Mead unterstellen, sogar in viel stärkerem Maße von den eigenen normativen Ansprüchen der Person definiert als im Falle eines Verschuldens. Wenn eine Person andere Personen verletzt hat, sagen wir durch eine grobe Beleidigung, ist sie »schuld« an dieser Verletzung, auch wenn sie selbst glaubt, nur einen Scherz gemacht zu haben. Denn da es sich bei der Schuld um ein Vergehen gegenüber anderen Personen und/oder eine Verletzung gemeinschaftlicher Normen handelt, ist sie dadurch bestimmt, wie die anderen beziehungsweise die Gemeinschaft die Situation definieren. Ein Schuldgefühl wird daher oft erst durch die Reaktion der Umwelt hervorgerufen, wenn nämlich die Geschädigten sich empören, eine

33 Zur Scham im Kontext einer sogenannten Ehrengruppe vgl. Gabriele Taylor, *Pride, Shame and Guilt*, S. 109 f.

34 Das unterstellt Neckel, *Status und Scham*, S. 201.

35 Vgl. Williams, *Shame und Necessity*, S. 84, S. 219, sowie ders., »Shame, Guilt, and the Structure of Punishment«, in: ders., *Scham und Schuld. Festschrift aus Anlaß der Verleihung der Dr. Margrit Egnér-Preise 1997*, Margrit Egnér Stiftung 1997, S. 21-30.

Entschädigung oder Entschuldigung fordern oder eine staatliche Strafverfolgung einsetzt.

In welchem Maße eine Situation beschämend ist, hängt bei einer Person mit einer entwickelten normativen Identität hingegen weitgehend von ihr selbst ab, wie ein bekanntes und häufig variiertes Beispiel demonstriert, das ursprünglich auf Max Scheler zurückgeht: Ein unbekleidetes Malermodell fühlt plötzlich Scham, als der Blick ihres Auftraggebers ihr deutlich macht, dass er sie nicht mehr unpersönlich, sondern sexuell wahrnimmt. Was in diesem Fall Scham auslöst, ist offenkundig *nicht* die fiktive Einnahme der mutmaßlichen Perspektive des Beobachters. Wenn das Modell Scham empfindet, nimmt sie sich nicht primär als sexuell attraktive Frau wahr, sondern als eine Frau, die von dem anderen primär als Sexualobjekt wahrgenommen wird. Was die Identitätsstörung erzeugt, ist die Unvereinbarkeit dieser Wahrnehmung mit ihrem Selbstverständnis als Modell.[36] Und man kann sich vorstellen, dass der anzügliche Blick auch dann Scham auslösen würde, wenn sie das sexuelle Interesse des Auftraggebers erwiderte – also in dieser Hinsicht tatsächlich seine Perspektive übernähme –, denn das würde nichts daran ändern, dass ihr Auftraggeber dadurch, dass er in der falschen Situation sein sexuelles Interesse erkennen lässt, den Respekt ihr gegenüber vermissen lässt.

Worin besteht also letztlich der Unterschied zwischen Scham- und Schuldkulturen – wenn es überhaupt einen gibt? *Erstens* unterscheiden sich Schamgefühle von Schuldgefühlen ganz allgemein durch ihre *Selbstbezogenheit*. Der Schambegriff bezieht sich auf ein *egozentrisches* Wertempfinden, ein Selbstwertempfinden, im Unterschied zu den Schuldgefühlen, die man als *allozentrisch* bezeichnen könnte, weil sie sich auf Verletzungen von anderen Personen und von Normen richten.[37] Wenn man von dieser Unterscheidung ausgeht, dann stehen beide Begriffe nicht für konträre und einander ausschließende Gefühls- und Verhaltenstypen, sondern für ergänzende. Ein Anlass kann sowohl Scham- als auch Schuldgefühle auslösen, beispielsweise wenn man das Gefühl hat, sich in

36 Das Beispiel wurde hier wiedergegeben in einer Variante von Gabriele Taylor, vgl. Taylor, *Pride, Shame and Guilt*, S. 61.

37 Dieser Gebrauch der Ausdrücke entspricht einer heute weitgehend üblichen Verwendung, die ursprünglich auf die Psychologen Piers und Singer zurückgeht (dies., *Shame and Guilt*).

persönlichen Beziehungen inkorrekt verhalten zu haben.[38] Das Schamgefühl selbst ist jedoch egozentrisch. Was Scham auslöst, ist nicht die Verletzung der anderen, sondern eigenes Sein oder Tun, das man nicht leugnen, mit dem man sich aber auch nicht identifizieren kann.

Zweitens ist die Unterscheidung zwischen Scham- und Schuldkulturen nicht im Sinne des exklusiven oder dominanten Vorkommens des einen oder anderen Typs moralischer Gefühle zu verstehen. Sie betrifft vor allem die dominante *Interpretation* des Moralischen, die freilich dann auch Rückwirkungen auf die moralischen Gefühle hat.[39] Mit anderen Worten, in einer Schamkultur werden Normenverletzungen *primär* in Schamkategorien *interpretiert*, also als Verletzungen des eigenen Ichideals oder Rollenideals, was natürlich nicht ausschließt, dass auch Schuldangelegenheiten als solche thematisiert werden können. In einer Schuldkultur verhält es sich umgekehrt: Fehlhandlungen werden *als* Verletzungen anderer Personen und Verletzungen der sozialen oder göttlichen Normen verstanden. Auch dies schließt, wie gesagt, nicht aus, dass bei manchen Normbrüchen heftige Schamgefühle auftreten und Schamgefühle gelegentlich sogar stärker sein können als Schuldgefühle.

3. Das moderne Paradox der Demütigung

Am Beispiel der benedictschen Unterscheidung zwischen Scham- und Schuldkulturen hatte sich gezeigt, wie unverstandene Aspekte einer anderen Kultur, indem sie in Kontrast zu einer idealisierenden Interpretation der eigenen Kultur gesetzt werden, als Gegenmodell dieser Idealisierung erscheinen müssen. Vielversprechender scheint

38 Vgl. hierzu auch die Beispiele von John Rawls, *A Theory of Justice*, Oxford 1971, S. 445.

39 Es gibt allerdings auch Grenzfälle von Kulturen, die anscheinend weder *Begriffe* von Scham noch von Schuld verwenden. Von den philippinischen Llongots beispielsweise, die in ihrem Sozialleben sowohl Gleichheit als auch relative Stärke anstreben, wird dies berichtet, obgleich Scham*gefühle* im Zusammenhang sozialer Ungleichheit und Unterlegenheit durchaus vorkommen. Vgl. hierzu Michelle Rosaldo, »The Shame of Headhunters and the Autonomy of Self«, in: *Ethos* 11, 3 (1983), S. 141. Ein besonders interessantes, extrem ungewöhnliches Schamphänomen stellt das dort beschriebene Erstarren der Kopfjäger bei der Jagd dar.

es mir, die scheinbare Fremdartigkeit anderskultureller Praktiken zum Anlass zu nehmen, um zu untersuchen, inwieweit ihr »fremde«, das heißt im Lichte gängiger Interpretationen unverstandene Phänomene in der eigenen Kultur entsprechen. Das Beispiel des jungen Trobrianders, der sich nach der Tirade eines eifersüchtigen Nebenbuhlers von einer Palme stürzte, wirkt auf uns gewiss fremdartig, sind wir doch gewohnt, außengeleitete moralische Empfindungen als typisch für quasi vormoralische Stadien der moralischen Entwicklung zu betrachten.

Umgekehrt stellt sich die Frage, ob wir uns wirklich eine rein innengeleitete Moral zuschreiben. Kann nicht auch im moralischen Kontext einer heutigen westlichen Gesellschaft die Selbstachtung einer Person durch andere Personen verletzt werden, ohne dass sie sich selbst für moralisches Fehlverhalten verurteilt? Mir geht es hier nicht um die Frage, ob so etwas faktisch vorkommen kann (wer wäre so weltfremd, daran zu zweifeln?), sondern um das Selbstverständnis als moralische Personen, auf das wir uns bei praktischen Einschätzungen stützen.

Wenn man an die Herablassung denkt, mit der Kant und viele moderne Moralphilosophen Fragen des Ansehens in den Augen anderer behandeln, scheint sich eine tiefe Kluft zwischen »uns« und Kulturen aufzutun, die der sozialen Ehre große Bedeutung beimessen. Dem von der Stoa geprägten modernen Ideal der moralischen Autonomie liegt der Gedanke zugrunde, dass der eigene Wert als Person und daher die Selbstachtung letztlich in der eigenen Macht liegt. Das Ansehen in den Augen anderer scheint dafür ohne Bedeutung; es kommt nur auf die eigene Einschätzung an, richtig oder falsch gehandelt zu haben, wobei man sich nur für das verantwortlich fühlen muss, was in der eigenen Macht stand. Wird also die Selbstachtung durch eine öffentliche Beschämung oder Demütigung verletzt, so ist das darauf zurückzuführen, dass man die Vorwürfe beziehungsweise Sanktionen selbst als berechtigt empfindet. Wäre Letzteres nicht der Fall, dann könnte auch nicht die Selbstachtung betroffen sein, was natürlich nicht ausschließt, dass die Demütigung soziale Ängste und andere moralisch irrelevante Gefühle auslöst.

Unser wirkliches moralisches Gefühlsleben ist aber viel komplexer. Auch in modernen westlichen Gesellschaften kommen Suizide vor, die durch die öffentliche Bekanntmachung eines Verbrechens, bei dem vorher kein Unrechtsbewusstsein bestand (Kindesmissbrauch oder -misshandlung), oder allein durch einen Ansehensverlust (Suizide unter Bankern im Anschluss an die Finanzkrise) ausgelöst werden. Auch wir schämen uns – oder fühlen uns gedemütigt – aufgrund des abschätzigen oder verächtlichen Verhaltens anderer, selbst wenn wir es als unberechtigt empfinden.

Wer das moderne Autonomieideal für eine korrekte Beschreibung der Bedingungen und Möglichkeiten von Selbstachtung hält, hat zwei Möglichkeiten, solche Phänomene mangelnder Übereinstimmung zwischen dem Ideal und den Erfahrungstatsachen wegzuerklären. *Erstens* kann man versuchen, Gefühle der Scham und Demütigung, die sich nicht auf vermeidbares Fehlverhalten beziehen, auf einen *Irrtum* beziehungsweise auf einen Mangel an intellektueller Klarsicht zurückzuführen. Man nimmt dann an, dass die betroffenen Personen irrtümlicherweise glauben, sie könnten etwas für das, wofür sie in Wirklichkeit gar nichts können. Solche Erklärungen treffen aber auf viele Schamphänomene nicht zu. Man kann sich bekanntlich wegen Dingen schämen, bei denen man nicht im Geringsten glaubt, auf sie irgendeinen Einfluss zu haben. Für solche Phänomene bietet sich noch eine *zweite* Lösung der Diskrepanz an: Man spricht den entsprechenden Gefühlen ab, genuin *moralische* Gefühle zu sein, indem man sie nicht als Verletzung der Selbstachtung im eigentlichen Sinne, sondern als Verletzung der Selbstliebe, der Eitelkeit etc. deutet. In der Tat treten Gefühle der Beschämung oder der Demütigung ja bei weitem nicht nur im Kontext von *moralischen* Problemen auf, sondern auch in Situationen, in denen man sich eines irgendwie ungünstigen Bildes in den Augen der anderen gewahr wird. Man schämt sich, eine unpassende oder hässliche Hose angezogen zu haben, aus einer niedrigeren sozialen Schicht zu stammen als die Anwesenden, einen Auftritt verpatzt und ganz allgemein einen schlechten Eindruck gemacht zu haben. Mit Blick auf solche Fälle kann man Verletzungen des sozialen Status, des Selbstwertgefühls oder der persönlichen Eitelkeit von einer Verletzung der Selbstachtung unterscheiden.

Aber auch wenn man solche Fälle ausklammert, zeigt sich bei praktischen Einschätzungen, dass wir in Wirklichkeit von einem anderen Verständnis der Bedingungen unserer Selbstachtung als Personen ausgehen, als sie die moderne Vorstellung moralischer Autonomie nahelegt. Avishai Margalit hat diese Diskrepanz in seiner Studie über die Maßstäbe einer »anständigen Gesellschaft« als Paradox der Demütigung bezeichnet.[40]

Margalit diskutiert in diesem Zusammenhang die normative Frage, wann wir *glauben, guten Grund zu haben*, uns gedemütigt zu fühlen (nicht zu verwechseln mit der psychologischen Frage, in welchen Situationen wir uns *tatsächlich* gedemütigt fühlen); es geht also nicht um unser Gefühl des Selbstwertverlusts, sondern um unseren *Begriff* der Selbstachtung. Dabei verweist er auf das historische Beispiel einer Gruppe von Juden in Wien, die von SS-Leuten gezwungen wurden, das Trottoir mit Zahnbürsten zu reinigen.[41] Rekonstruiert man dieses Beispiel als Gedankenexperiment, dann scheint es eher zu belegen, dass wir *nicht* glauben, die Selbstachtung stünde allein in der eigenen Macht.

Margalit hält es für unstrittig, dass Personen, die solchen erniedrigenden Schikanen ausgesetzt sind, allen Grund haben, sich beschämt, gedemütigt und in ihrer Selbstachtung, ihrer moralischen Integrität verletzt zu fühlen. Wer versucht, sich in ihre furchtbare Situation zu versetzen, wird das, was ihnen angetan wurde, schwerlich nur als angsterregende Gewalt beschreiben, als handle es sich um einen Raubüberfall. Es handelt sich aber auch nicht um eine Kränkung der Eitelkeit oder einen sozialen Statusverlust wie bei einer Entlassung. Ganz offenkundig findet ein Angriff auf die Selbstachtung statt, und zwar durch die Handlungen und die sich hierin ausdrückenden verächtlichen Haltungen der *anderen* Personen. Das scheint intuitiv klar, aber wie ist es möglich? Wenn es für andere – für uns Nichtbetroffene – keinen Grund gibt, die Opfer zu verachten, dann dürften die Betroffenen eigentlich auch selbst keinen Grund haben, sich in ihrer Selbstachtung verletzt zu fühlen. Trotzdem glauben wir, dass sie dazu allen Grund haben und dass die Demütigung deswegen auch sehr schwerwiegende psychische Folgen für sie hat.[42]

Margalit spricht hier, wie erwähnt, von einem Paradox. Wir

40 Vgl. Avishai Margalit, *Politik der Würde. Über Achtung und Verachtung*, Frankfurt/M. 1999, S. 143 ff.

41 Margalit, *Politik der Würde*, S. 156.

42 Vgl. hierzu auch den Kommentar von Ralf Stoecker, »Menschenwürde und das Paradox der Entwürdigung«, in: *Menschenwürde. Annäherung an einen Begriff*, hg. v. Ralf Stoecker, Schriftenreihe der Wittgenstein-Gesellschaft Bd. 32, Wien 2003, S. 133-152.

glauben einerseits, nur für das moralisch verantwortlich – und somit in der eigenen Selbstachtung tangierbar – zu sein, was auch in der eigenen Macht steht, gehen andererseits aber davon aus, dass die Selbstachtung auch von der Haltung *anderer* Personen abhängig ist; und dass sie auch unter Absehung davon, was wir selbst tun und lassen, durch Situationen, in denen wir hilflos der Verachtung anderer ausgeliefert sind, zerstört werden kann. Wären wir wirklich der Auffassung, dass die Selbstachtung eine allein autonome rationale Grundlage der moralischen Zurechnung hat (beziehungsweise im Normalfall haben sollte), dann müssten wir die Situation sofort so einschätzen, dass nicht die Opfer, sondern die *Täter* Grund hätten, sich schwer gedemütigt und in ihrer Selbstachtung verletzt zu fühlen. Schließlich waren sie es und nicht ihre Opfer, die ihre niedrigsten Instinkte und sadistischen Neigungen in aller Öffentlichkeit zur Schau stellten.

Das wirft die Frage auf, welche Bedeutung das Ideal autonomer, vom Ansehen unabhängiger Moral tatsächlich in unserer Kultur hat. Lügen wir uns hier etwas vor, wie Nietzsche es bei den meisten modernen Moralbegriffen vermutet hat? Einerseits nein. Wenn wir nicht selbst betroffen sind, sondern andere, dann stellt es sich uns als eine persönliche Katastrophe, aber nicht als eine *Schande* dar, zufällig – weil andere Menschen rassistische Vorstellungen pflegen, weil man zur falschen Zeit am falschen Ort ist – Opfer eines Pogroms zu werden. Niemand (außer den Tätern und anderen Antisemiten) würde die Opfer deswegen moralisch verachten. Was ihnen geschieht, erscheint uns nicht als ihr moralisches Problem, sondern als ein ihnen angetanes Verbrechen. Ein moralischer Vorwurf wäre absurd.

Anders verhält es sich jedoch, wenn man selbst betroffen ist. Wir wissen, dass unsere Selbstachtung, hätten wir das Pech, in eine solche Situation zu geraten, durchaus Schaden nehmen könnte – und aus gutem Grund. Der Grund liegt darin, dass wir aus Erfahrung wissen, dass unsere wirkliche Selbstachtung durchaus nicht nur von der moralischen Güte unserer eigenen Handlungen in unseren eigenen Augen abhängt, wie es unser Moralbegriff suggeriert, sondern auch von der Anerkennung durch andere. Dieses intersubjektive Fundament der Selbstachtung lässt sich jedoch im ideologischen Kontext der autonomen Moral nicht verständlich machen. Es scheint daher eine moralische Schwäche anzuzeigen, ein Zurückbleiben hinter dem Ideal moralischer Autonomie.

Jedenfalls zeigt Margalits Beispiel, dass ungeachtet der starken Unterschiede zwischen den modernen philosophischen Moral- und Personbegriffen und der Weise, wie Kulturwissenschaftler andere Kulturen interpretieren, die Kluft zwischen den persönlichen Erfahrungen und Schicksalen in Kulturen mit einem sozialen Personbegriff, wo die Achtung ausdrücklich an soziale Ehre gebunden ist, und unserem vermeintlich rein innengeleiteten autonomen Selbstverständnis in der Praxis nicht unbedingt sehr tief sein muss. Nicht nur in traditionellen Schamgesellschaften setzt die Fähigkeit, sich selbst zu achten, die Anerkennung durch andere voraus. Das bedeutet jedoch keine unmittelbare Abhängigkeit – Personen haben, je nachdem, wie sie sich selbst verstehen, die Möglichkeit, sich durch selektive Vorstellungen relevanter Autoritäten und Fiktionen eines idealen anderen den Erwartungen und Haltungen jeweils präsenter anderer Personen zu entziehen. Sie sind jedoch in ihrer Selbstachtung insofern nicht autonom, als diese *nicht* der bloßen Willkür der Betroffenen unterliegt. Sie hängt von ihren Weltanschauungen und normativen Identifikationen, aber auch von ihren psychischen Fähigkeiten ab.

Margalit gibt selbst zwei Gründe dafür an, warum die Selbstachtung einer Person durch andere verletzt werden kann. Der erste ergibt sich aus der Zugehörigkeit zur menschlichen Gemeinschaft.[43] Da jeder ein Mitglied der menschlichen Gemeinschaft sei, so Margalit, sei er auf die Anerkennung der anderen Mitglieder angewiesen. Der zweite Grund betrifft die Kontrolle über den eigenen Körper. Keine Kontrolle mehr über sich selbst zu haben werde von allen Menschen unmittelbar als demütigend empfunden, auch wenn sie nichts dafür können.

Der erste Grund ist mir nicht ganz nachvollziehbar, denn Margalit lässt offen, *in welcher Hinsicht* alle Menschen eine Gemeinschaft bilden. Die Gattungszugehörigkeit allein kann er schwerlich meinen, weil sie noch keine Gemeinschaft ausmacht. Zudem gehen wir gar nicht davon aus, dass Menschen auf die Anerkennung *aller* anderen Menschen angewiesen wären. Würde eine unbekannte Horde plötzlich über uns herfallen, mit der wir uns sprachlich gar nicht verständigen könnten, wäre das mehr angsterregend als demütigend, auch wenn es sich um Menschen handelte. In dem

43 Avishai Margalit, *Politik der Würde*, S. 153.

Maße, in dem unsere Selbstachtung tatsächlich auf die Anerkennung anderer Menschen angewiesen ist, hängt diese Angewiesenheit damit zusammen, welche Bedeutung diese Menschen für das eigene *Selbstverständnis* haben. Gegen Margalit wäre also einzuwenden, dass diese Angewiesenheit nicht Menschen überhaupt, sondern Menschen betrifft, mit denen die Person eine *normative Gemeinschaft* bildet: eine Gemeinschaft, in der die Mitglieder ihre jeweilige Identität durch wechselseitige Anerkennung und entsprechende Respektsbezeugungen ausbilden.

Dass es uns mit Blick auf den beschriebenen Fall schwer möglich scheint, die Selbstachtung zu bewahren, betrifft aber vor allem den zweiten Grund des Kontrollverlusts. Der Verlust über die Kontrolle des eigenen Körpers ist unmittelbar demütigend – daher wird er gewöhnlich auch durch die Regeln des Takts verborgen. In dem besagten Beispiel findet jedoch genau das Gegenteil des taktvollen Schutzes der Person statt, nämlich die gewaltsame Erzwingung und *symbolische* Vorführung eines Kontrollverlustes. Zu einer sinnlosen und lächerlichen Tätigkeit genötigt zu werden ist eine symbolische Aberkennung des Rechts, über den eigenen Geist und Körper zweckmäßig zu verfügen: durch die öffentliche Vorführung dieser Nötigung wird den Opfern abgesprochen, überhaupt Personen zu sein.

Wenn dieser Gedankengang zutrifft, dann gehen wir davon aus, dass unsere Selbstachtung durchaus durch andere verletzt werden kann. Und das zeigt, dass sie nicht autark ist, sondern auf einem intersubjektiven Vertrauen aufbaut: dem Vertrauen, dass die anderen – solange wir uns nichts zuschulden kommen lassen – uns als Personen anerkennen und auf keinen Fall die Grenzen unseres Bereichs der Selbstkontrolle verletzen.

Wie sich die anderen tatsächlich verhalten werden, entzieht sich aber letztlich der eigenen Macht. Was die Demütigung in so extremen Fällen wie dem Wiener Beispiel ausmacht, ist die Offenlegung eines *Nichtkönnens*, einer *Unfähigkeit*, sich zu verteidigen. Das ist wohl auch der Grund, warum Gefühle der Demütigung und der Scham tiefer gehen können als Schuldgefühle. Während Schuldgefühle sich vor allem auf Dinge beziehen, die man meint, frei entscheiden zu können, scheint es sich bei besonders tiefgehenden Schamgefühlen und Gefühlen der Demütigung umgekehrt zu verhalten. Das Gemeinsame der Schamgefühle – das hat Günter Anders herausgearbeitet – liegt gerade darin, dass wir dessen gewahr sind, etwas *nicht* ändern, über etwas *nicht* verfügen zu können. Wir schämen uns nicht für das, wofür wir etwas können, sondern für unsere Machtlosigkeit:

Die übliche Annahme, man schäme sich vor allem, oder gar nur, derjenigen Tat, für die man etwas »könne«, stellt die Verhältnisse einfach auf den Kopf. Sie bezeugt jenen maßlosen Freiheitsanspruch, den wir eben erwähnt hatten: denn mit ihr versucht der Mensch, den Schmerz der Unfreiheit (den die Scham darstellt) sich selbst anzueignen; ihn nämlich als »Strafschmerz« auszugeben und zu verwenden.[44]

4. Die Rolle des imaginären anderen

Die Überlegung des letzten Abschnitts erfordert eine Differenzierung, denn auch wenn Menschen nicht frei auf die Anerkennung anderer Menschen verzichten können, wird ihre Selbstachtung nicht quasi automatisch durch die Missachtung anderer beschädigt werden. Wie gesagt, kommt es hier auf das *normative Selbstverständnis* an. Es ist durchaus denkbar, dass auch im Falle einer brutalen Nötigung keine tiefe Verletzung der Selbstachtung eintritt, nämlich in dem Fall, wenn die Opfer die Täter als natürliche Katastrophen wahrnehmen, die man irgendwie überleben muss, und nicht als Mitglieder einer sozialen Gemeinschaft, die für ihr *Selbstverständnis* relevant ist. Bekanntlich können Menschen – wenn entsprechende Deutungsmuster zur Verfügung stehen – sich normativ mit einer exklusiven Gemeinschaft identifizieren, für die es auf die normative Anerkennung außenstehender Menschen nicht ankommt. Das wäre beispielsweise der Fall, wenn die Feindseligkeiten anderer Menschen von den Opfern auf die unerforschlichen Prüfungen zurückgeführt würden, die Gott ihnen als einem auserwählten Volk auferlegt hat. In diesem Fall würde vielleicht nur ein oberflächliches Gefühl der Demütigung eintreten, das eventuell sogar von Stolz begleitet wäre, da die Demütigung die mit dem Prüfungsgedanken verbundene hohe Bewertung der eigenen religiösen Gemeinschaft und somit der eigenen Person gar nicht in Frage stellen, sondern bestätigen würde.

44 Günter Anders, *Die Antiquiertheit des Menschen*, Bd. 1, München 1980, S. 331.

Auch dieser hypothetische Fall zeigt also, dass nur diejenigen die Selbstachtung einer Person verletzten können, gegenüber denen sie kein rein instrumentelles Verhältnis einnehmen kann. Das betrifft aber – wenn wir von dem Beispiel absehen und die Frage generalisieren – nicht nur präsente Personen. Die fragliche Instanz kann »äußerlich« sein – jedenfalls im körperlichen Sinne; es kann sich aber auch um antizipierte Zuschauer, um die Ahnen, um eine idealisierte Person oder um nichtmenschliche Instanzen wie den jüdisch-christlichen Gott handeln – menschliche oder übermenschliche, lebendige oder tote, besondere oder allgemeine Instanzen.

Ein Beispiel stellt die erste literarische Person dar, die in der Literatur als autonom (*autonomos*, *autognotos*) bezeichnet wurde: Sophokles' *Antigone*. Sie benimmt sich, als könne sie durch keine Beleidigung der präsenten sozialen Mächte beschämt und gedemütigt werden. Sie ist jedoch auch nicht mit einem Menschen zu verwechseln, der in seiner Subjektivität verharrt und sich sozusagen weigert, Person zu werden, sich aus der fiktiven Perspektive anderer wahrzunehmen. Sie führt ihre Freiheit vielmehr ausdrücklich darauf zurück, dass sie eher »den Unteren gefallen muss als denen hier«.[45] Für sie ist die imaginäre Anerkennung durch die Toten – und nicht durch die Lebenden – maßgeblich. Darin besteht ihre »Autonomie«, weswegen sie für ihren lebendigen Gegenspieler Kreon, der öffentlich schwere moralische Vorwürfe gegen sie erhebt, normativ gar nicht ansprechbar ist.

Eine historisch besonders wichtige, wenn auch in ihrer Reichweite und Intensität nicht leicht einschätzbare Veränderung des moralischen Bewusstseins, die man als Verinnerlichung der Scham beschreiben könnte, geht auf die monotheistische Vorstellung eines allwissenden Gottes zurück, der moralische Gesetze erlassen hat, die ausnahmslos gelten und von deren Einhaltung die Existenz der Gemeinschaft (und im Christentum dann auch das Leben des Individuums nach dem Tode) abhängig ist. Wer fest an einen Gott glaubt, dem auch die den Mitmenschen verborgenen oder geflissentlich ignorierten Übeltaten nicht entgehen können und der den Christen nach seinem Tod dafür strafen wird, hat allen Grund, so etwas wie ein autonomes Gewissen, ein sich selbst überwachendes Bewusstsein zu entwickeln. (Dieser rationale Grund ist natürlich

45 Sophokles, *Antigone*, in: ders., *Tragödien*, Düsseldorf, Zürich 2002, S. 137.

nicht mit einer hinreichenden Ursache zu verwechseln: auch unter monotheistischen Bedingungen kann die vergessliche menschliche Natur und soziale Lebensform die ununterbrochene Tätigkeit eines solchen inneren Beobachters behindern und ihm die Aufmerksamkeit entziehen.)

Die Einführung eines allmächtigen und allwissenden Gottes im Judentum, Christentum und Islam hat den Bereich des *Gesehenwerdens* ins Ungeheure ausgedehnt.[46] Ihrem Gott bleibt nichts verborgen. Gegenüber einem allwissenden Gott kann man sich weder unter Schleiern verstecken noch im Haus, noch ist es möglich, durch Disziplin im Gespräch die eigenen Meinungen zu verbergen. Zudem kennt ein solcher Gott im Unterschied zu den menschlichen Nachbarn selbst keine Scham; er bildet daher auch kein Taktgefühl aus und hat keinen Grund wegzusehen, wo es etwas zu sehen geben könnte. Gott sieht auch das Unsichtbare und Unhörbare, das Innere des Hauses oder einsame Orte. Im Unterschied zu den anderen kann Gott in die Tiefen der Seele eindringen, er kann nicht nur die Handlung, sondern auch die Motivation erkennen.

So geht die selbstverständliche Reziprozität von Scham und Schande verloren, denn sie basiert auf wechselseitiger Sichtbarkeit und somit auch auf einem gewissen gegenseitigen Interesse, die öffentliche Schande durch taktvolles Wegsehen zu vermeiden. Wer an einen allsehenden Gott glaubt, antizipiert seinen durchdringenden Blick und hat somit allen Grund, sich selbst zu überwachen. Zu einer solchen Internalisierung und moralischen Selbstüberwachung gibt es keinen Grund in Gesellschaften, die nur lebendige menschliche Autoritäten kennen. Sie wird auch dort nicht für nötig gehalten, wo die Macht der Ahnen, der Geister und der Götter beschränkt ist.

Darüber hinaus ist anzunehmen, dass sich die Natur der Normen ändert, wenn sie ihre Autorität von Gott und nicht aus der Gemeinschaft herleiten. Da der jüdische Gott unsichtbar ist, ist nicht nur Rücksichtnahme auf die Wahrnehmung der anderen gefordert, sondern wörtliche Befolgung seiner Gebote. Daher werden sie in diesem Zusammenhang mit einem unbedingten Gehorsamsgebot versehen: Sie werden als kategorische, nicht nur hypothe-

46 Bei der Rekonstruktion der Konsequenzen dieses Gottesbegriffs für die moralische Psychologie habe ich mich vor allem an Agnes Heller orientiert; vgl. dies., *The Power of Shame*, London, Boston 1984, S. 9.

tische (unter Voraussetzung bestimmter sozialer Situationen und Beziehungen geltende) Imperative verstanden. (Ob eine dem Gottesbegriff entsprechende Internalisierung und Selbstkontrolle im Bereich monotheistischer Religionen bei allen Mitgliedern tatsächlich stattfindet, ist eine andere Frage.)

Die Vorstellung, dass man von einem Gott jenseits des sozialen Lebens wahrgenommen wird, kann aber auch als Mittelglied dienen, um ein antikonventionelles Selbstverständnis zu entwickeln. In solchen Fällen werden die sozialen Normen durch ein anderes, eventuell universales Selbstverständnis überlagert. So betrachtet, überbrückt der dünne Begriff der Scham nicht nur Traditionen konventioneller und antikonventioneller Moralauffassungen, sondern auch unkonventionelle Formen des Selbstverständnisses. Nietzsche schreibt in seiner unzeitgemäßen Betrachtung »Schopenhauer als Erzieher« der Rolle des bewunderten Freundes oder Vorbildes sogar die Funktion zu, ein solches unkonventionelles Selbstverständnis wachzurufen – ich komme noch darauf zurück.

5. Die Bedeutung von Schamkonflikten für die moralische Entwicklung

Wie gezeigt wurde, kann das Selbstbewusstsein, das der Scham zugrunde liegt – sich seiner selbst aus der imaginären Perspektive anderer bewusst zu werden –, lokale, aber auch universale, soziale und individualistische Gestalten annehmen. Gleichwohl wird die Scham oft mit einer unentwickelten und heteronomen Moralpsychologie assoziiert. Neben einem zu oberflächlichen Bild der Scham und einem ebenfalls zu oberflächlichen Bild der eigenen Kultur als einer postkonventionellen Schuldkultur gibt es hierfür noch einen weiteren Grund. Schamgefühle können mitunter mit den bewusst bejahten Normen in Konflikt geraten, was sie im Kontext einer Kultur, die den Bereich der Moral für einen Bereich der bewussten rational begründeten Entscheidungen hält, als eine quasi gegenmoralische Instanz erscheinen lässt. Dass »sich rationalitätsfähige Wesen Normen verpflichtet fühlen können, die sie oft noch nicht einmal explizieren können«,[47] muss im Lichte eines

47 Hilge Landweer, *Scham und Macht. Phänomenologische Untersuchungen zur Sozialität eines Gefühls*, Tübingen 1999, S. 183.

modernen Ideals individueller Autonomie, wonach uns vor allem das »eigen« ist, was wir bewusst als rationale Überzeugung bejahen und verstehen, geradezu demütigend erscheinen.

Wohl jeder hat einmal Schamgefühle erlebt, die weder auf die Präsens missbilligender Personen noch auf die Verletzung bewusst bejahter Werte und Ideale zurückgeführt werden können. Man schämt sich, weil man gegen eine Verhaltensregel verstoßen hat, die man eigentlich gar nicht akzeptiert. Wer glaubt, mit gutem Grund gewisse Verhaltensregeln der Eltern abzulehnen, wird mitunter verärgert und gedemütigt feststellen, dass er bei entsprechenden Anlässen gleichwohl von Schamgefühlen geplagt wird. Solche Erlebnisse irritieren und beunruhigen. Die Scham verweist in solchen Fällen auf Empfindungen, die wir zwar durchaus als eigene kennen, die uns aber zugleich fremd bleiben, weil sie sich der Kontrolle durch die bewusste moralische Reflexion entziehen. Hier machen sich Normen oder Ideale bemerkbar, mit denen wir uns – im Sinne unseres bewussten Selbstverständnisses – *nicht* identifizieren. Solche Phänomene werden in modernen Kontexten oft als eine Art innerer sozialer Zwangsmechanismus beschrieben, der die Person zu etwas nötigt, was »sie selbst« eigentlich nicht will. Psychoanalytiker sprechen von einer »neurotischen« Schamanfälligkeit, die auf mangelndes Selbstwertgefühl schließen lässt.[48]

Diese Deutung liegt nahe, wenn man das westliche Ideal des rationalen und autonomen Selbst vereinfacht als realistische Beschreibung einer »normalen« Person versteht; wer die Person »selbst« mit ihren bewussten, rational kontrollierbaren Überzeugungen gleichsetzt, erwartet von einer nicht »neurotischen« Person, dass sie im Sinne ihrer bewussten Überzeugungen handelt. Dann erscheinen die Regungen, die den Überzeugungen widersprechen, die man zu einem bestimmten Zeitpunkt für die eigenen hält, zwangsläufig als etwas Fremdes.

An dem Ideal des rationalen und autonomen Selbst ist ohne Zweifel viel Gutes und Erhabenes, aber es ist nicht mit unserer wirklichen moralischen Psychologie zu verwechseln.[49] Betrach-

48 Vgl. Mario Jakoby, *Scham-Angst und Selbstwertgefühl. Ihre Bedeutung in der Psychotherapie*, S. 190.

49 Ich verstehe es hier eher als eine Leitidee, die unmöglich je vollständig realisiert werden kann, aber zu den Zielen der moralischen Entwicklung gehört. Das entspricht ungefähr dem Gesichtspunkt des *moralischen Perfektionismus*, wie

tet man den Gedanken des autonomen, sich selbst transparenten Selbst als ein Ideal (und nicht als Normalität), dann verlangt er von der individuellen Person, sich überhaupt erst einmal darüber klarzuwerden, was für sie wertvoll ist, und die relative Wichtigkeit der persönlichen Werte und Ideale nicht von vornherein mit dem gleichzusetzen, was sie für die eigene Meinung hält. Unter diesem Gesichtspunkt gibt es keinen zwingenden Grund, dem, was eine Person für ihre Überzeugung hält, von vornherein Vorrang vor ihren abweichenden und unverstandenen Gefühlen einzuräumen. Die Gleichsetzung der normativen Identität mit der bewussten Selbstbeschreibung ist zu oberflächlich. Das Auftreten scheinbar grundloser Schamgefühle kann sich zuweilen als emotionaler Widerstand gegen die Festlegungen des konventionellen Bewusstseins entpuppen. Dass Schamreaktionen nicht zu den Meinungen passen, die jemand in bestimmten sozialen Umgebungen äußert, muss daher nicht bedeuten, dass er moralisch *fremdbestimmter* wäre als ein diesbezüglich konfliktfreier Mensch. Es kann sich auch um ein Stadium einer inneren moralischen Auseinandersetzung handeln.

Nehmen wir ein Beispiel des Soziologen Sighart Neckel: das Schwarzfahren im öffentlichen Verkehr.[50] Neckel verwendet es als Beispiel für eine heteronome Schamangst, mit der Erläuterung, dass das Schwarzfahren heute von vielen nicht mehr als unmoralisch angesehen werde; die Angst vor öffentlicher Beschämung beim Erwischtwerden sei jedoch bei vielen so groß, dass sie aus Angst vor den psychischen Folgekosten der Beschämung eine Fahrkarte erwerben. Aus dieser Perspektive erscheint die Scham als eine heteronome Überwältigung der Person durch Normen, die sie gar nicht anerkennt.

Muss es sich hier jedoch um einen Fall von Heteronomie handeln? Es könnte ja auch sein, dass sich in der Scham ein vages Bewusstsein ungeklärter moralischer Probleme kundtut. Neckels Deutung hingegen setzt voraus, dass die Betroffenen überhaupt eine ausdrückliche und eindeutige Meinung zum moralischen Wert des Schwarzfahren entwickelt haben – was keinesfalls selbstverständlich ist. Es ist nicht so, dass wir in allen moralischen Fragen eine

ihn Stanley Cavell in verschiedenen Schriften vertritt, beispielsweise in *Cities of Words*, Harvard 2004 (dt. *Cities of Words. Ein moralisches Register in Philosophie, Film und Literatur*, übers. v. Maria-Sibylla Lotter, Zürich 2010).

50 Sighard Neckel, *Status und Scham*, S. 201.

bestimmte Überzeugung entwickelt haben. In vielen Fragen haben wir gar keine feste Meinung. Oft scheinen einem gewisse Ansichten plausibel, die andere äußern, was aber nicht ausschließt, dass man zugleich das Gefühl hat, einiges spräche dagegen. Gewöhnlich fühlt man sich auch nicht veranlasst, jede derart ungeklärte Frage durch gründliches Nachdenken zu erforschen und sich auf die bestbegründete Antwort festzulegen. Zudem ist das Schwarzfahren nicht unbedingt ein Thema, bei dem man annehmen kann, dass jeder sich hier eine eindeutige Überzeugung gebildet hat.

Gegen Neckels Folgerung wäre daher Folgendes einzuwenden: Wären die Betroffenen *wirklich überzeugt*, dass Schwarzfahren legitim ist, dann würden sie diese Gründe auch für argumentativ vermittelbar halten (wie bei einen ökologisch motivierten Protest gegen ein öffentliches Bauvorhaben). Man würde davon ausgehen können, das eigene Verhalten beim Erwischtwerden auch moralisch rechtfertigen zu können.

Wer jedoch schon die potenzielle Situation als eine derart beschämende antizipiert, dass er sie gar nicht erst riskieren möchte, wird wohl doch nicht so ganz von seiner eigenen »Ansicht« überzeugt sein. Anders ausgedrückt: Es ist auch denkbar, dass die Schamangst in solchen Fällen Ausdruck von moralischen Skrupeln ist, die man unterdrückt, weil sie nicht den offiziellen Meinungen der Peergroup entsprechen. Auch dies mag durch die Angst vor möglichen Beschämungen bedingt sein, beispielsweise durch die Angst, in einer Gruppe, in der Schwarzfahren als legitim gilt, als Spießer wahrgenommen zu werden.

In Fällen, wo Schamgefühle innere Widerstände gegen solche Lebenslügen anzeigen, können sie eine wichtige Rolle in moralischen Meinungsbildungsprozessen spielen, vorausgesetzt, dass die Betroffenen selbst ein Interesse daran haben, eine eigene, möglicherweise von der sozialen Oberflächenmeinung abweichende Überzeugung zu entwickeln.[51] Mitunter werden Menschen durch das Schockhafte und Schmerzhafte tiefer Beschämungen auch dazu veranlasst, Gefühle oder Überzeugungen an sich wahrzunehmen,

51 Wie der Psychoanalytiker Michael Lewis annimmt, werden solche Beschämungen jedoch in den meisten Fällen gar nicht bewusst erlebt, sondern durch andere, leichter erträgliche Affekte wie Schuldgefühle, eine aufgesetzte Haltung der Schamlosigkeit oder ablenkende Verhaltensweisen dem Bewusstsein entzogen. Vgl. hierzu Michael Lewis, *Shame. The Exposed Self*, New York 1992, Kap. 7.

die ihrem idealisierten Selbstbild nicht entsprechen. Unerwartete Schamkonflikte können so Erkenntnisprozesse einleiten, aus denen die Person verändert hervorgeht. In dieser Hinsicht ähneln Beschämungen den *Initiationsritualen* in vielen Kulturen (und stellen sehr oft einen Teil davon dar).[52] Wie das plötzliche Bewusstwerden der normativen Tiefendimension gedeutet wird, die möglicherweise in der Scham zum Ausdruck kommt – ob als »Fingerzeige Gottes«, als Kampf guter und böser Elemente im Menschen oder nicht verwundene Kindheitstraumata –, ist abhängig vom Weltbild. Wo die Religion das Ziel verfolgt, die Menschen von ihren bloßen Konventionen zu befreien, um sie zu sich selbst oder vor Gott zu bringen, werden Schamkonflikte oft als ein Befreiungskampf des Einzelnen von korrupten gesellschaftlichen Bindungen gedeutet. Die Beschämung erscheint in diesem Lichte als ein Erweckungserlebnis, das der Person enthüllt, dass sie sich vorher mit einem *falschen, korrupten Selbst* identifiziert hat. Sie verweist auf die Möglichkeit einer normativen Identität, die (noch) nicht die eigene ist, aber doch irgendwie mit ihr verbunden sein könnte: ein moralisch oder ästhetisch anspruchsvolleres Selbst, das Gegenstand von Sehnsucht sein kann. Dies kommt in der religiösen Intuition zum Ausdruck, um der Wahrheit näher zu kommen, müsse zunächst der oberflächliche Eigenwille und das oberflächliche Selbstbild abgetötet werden. Nietzsche hat in seiner kurzen Abhandlung »Schopenhauer als Erzieher« diese Intuition aufgegriffen und die Beschämung als treibendes Moment in einem Bildungsprozess hin zu mehr moralischer Autonomie beschrieben. So konnte er Selbsthass und Selbstbeschämung angesichts des eigenen gegenwärtigen Zustands – anders als es der verbreiteten Gleichsetzung der oberflächlichen Meinung mit der eigenen Überzeugung entspricht – als einen durchaus *positiven, aussichtreichen* Zustand beschreiben: »Selbstbeschämung ohne Verdrossenheit«.[53]

Nietzsche hat in seiner positiven Bewertung der Selbstbeschä-

52 Zur Bewusstseinsänderung und zum Wechsel der Persönlichkeitsstruktur durch Initiationsrituale vgl. Alan Morinis, »The Ritual Experience: Pain and the Transformation of Consciousness in Ordeals of Initiation«, in: *Ethos* 13, 2 (1985) S. 150-174.

53 Friedrich Nietzsche, »Schopenhauer als Erzieher«, in: ders., *Unzeitgemäße Betrachtungen, Kritische Studienausgabe*, hg. v. Giorgio Colli, Mazzino Montinari Berlin, New York 1999, Bd. 1, S. 385.

mung die heute verbreitete Deutung des Verhältnisses von Scham und Autonomie umgekehrt. In der Situation des vereinzelten Menschen, der allein der Last der Konventionen ausgesetzt ist, ist moralische Autonomie laut Nietzsches (an Emerson angelehnter) Beschreibung gar nicht zu erlangen.[54] Denn das Selbstvertrauen, das erforderlich wäre, um sich auch mit den unkonventionellen Aspekten des eigenen Ich wohlwollend zu befassen, entsteht gewöhnlich erst durch den emotionalen Bezug zu einer Person, die dieses Selbstvertrauen zu haben scheint. In

> der Liebe allein gewinnt die Seele jene Begierde, über sich hinauszuschauen, um nach einem irgendwo noch verborgenen höheren Selbst mit allen Kräften zu suchen. Also nur der, welcher sein Herz an irgendeinen großen Menschen gehängt hat, empfängt damit die *erste Weihe der Kultur.*[55]

Erst dann, so Nietzsche, kann an die Stelle der »Angst vor der Meinung der Leute« Scham über die »eigene Enge und Verschrumpftheit« treten.[56]

Der Gegenstand der Liebe ist imaginär, auch wenn er notwendig eine äußere Person als Bezugspunkt benötigt, in diesem Fall Schopenhauer. Dieser repräsentiert hier all das, was sich Nietzsche, angeregt von der Lektüre von und über Schopenhauer, unter einem wirklich selbstbestimmten Menschen vorstellte. Hier übernimmt der (imaginierte) beschämende Blick von außen die gegenteilige Funktion wie bei Sartre; er dient als Medium der Befreiung auch der eigenen Subjektivität. Er soll eine Person dazu motivieren, konventionelle Ängste zu überwinden; und dies ist nicht möglich, ohne sich zu etwas Fremdem in Beziehung zu setzen.

Nehmen wir ein alltäglicheres Beispiel als Nietzsches Bewunderung für Schopenhauer. Man stelle sich einen Alkoholiker vor, der sich wünscht, vom Alkohol loszukommen, und gelegentlich einen Kampf dagegen führt, den er aber allein stets verliert. Die Ansprüche, die er an sich stellt, sind durch die Erfahrung der Erfolglosigkeit ständig gesunken. Es scheint aber auch unter solchen Voraussetzungen durchaus möglich, dass er eine neue Motivati-

54 Eine detaillierte Rekonstruktion von Nietzsches Gedankengang und seinen emersonschen Quellen führt Stanley Cavell in *Cities of Words* durch; vgl. dort Kap. 11, S. 208-226.

55 Nietzsche, »Schopenhauer als Erzieher«, S. 385.

56 Nietzsche, »Schopenhauer als Erzieher«, S. 385.

on zum Widerstand gewinnen könnte, wenn er eine emotionale Beziehung zu einer Person entwickelt, die er schätzt und vor der er sich schämt. Man könnte sein neues Verhalten nun sowohl als außengeleitet als auch selbstbestimmt beschreiben, denn jetzt werden Verhaltensideale handlungsleitend, die der Person nicht fremd waren, die jedoch ohne den Bezug zu einer anderen Person keine starken moralischen Gefühle ausgelöst hätten. Man könnte sagen, dass in diesem Fall der imaginierte Blick von außen der Person die Willensfreiheit verschafft, über die sie allein nicht verfügt.

V Schuld und moralische Haftung

1. Moralische Schuld

Im letzten Kapitel habe ich die Auffassung vertreten, dass der Unterschied zwischen Scham- und Schuldkulturen vor allem darin zu suchen ist, ob das moralische Problembewusstsein sich primär in Kategorien der Scham oder der Schuld artikuliert. Geht man davon aus, dass die Grundlage der Normengeltung und der moralischen Ansprechbarkeit das normative Selbstverständnis ist, dann erscheint die Scham als unmittelbarer Ausdruck dieses Selbstverständnisses als das grundlegendere moralische Gefühl. Da jedes moralische Bewusstsein, auch ein stark an universalen Gesichtspunkten orientiertes Schuldbewusstsein, ein moralisches Selbstverständnis voraussetzt, habe ich in dieser Arbeit nicht das Schuldbewusstsein, sondern die Scham als das objektive Selbstbewusstsein gedeutet, in dem sich direkt die normative Identität einer Person ausdrückt.[1] Geht man hingegen wie viele moderne Philosophen von einem Begriff der Moral aus, der auf der menschlichen Fähigkeit zur Einsicht in allgemeine moralische Prinzipien aufbaut, dann sieht es umgekehrt so aus, als sei überhaupt erst das Schuldbewusstsein – das Bewusstsein, solche allgemeinen unpersönlichen Gesetze verletzt zu haben – ein moralisches Bewusstsein im eigentlichen Sinne. Unter dieser Voraussetzung erscheinen die Mitglieder sogenannter Schamgesellschaften gar nicht als moralische Personen im eigentlichen Sinne, sondern bestenfalls als Vertreter einer konventionellen Sittlichkeit.

Da es sich bei Scham und Schuld jedoch nicht um konkurrierende, sondern einander ergänzende reaktive moralische Gefühle und Beurteilungsweisen handelt, können wir davon ausgehen, dass Schuld als moralisches Phänomen nicht nur in sogenannten Schuldkulturen, sondern auch in Schamkulturen vorkommt. Unterscheidet man zwischen diesem *Phänomen* der Schuld »allgemein« und der speziellen *Interpretation* der Schuld im Kontext einer Schuldkultur, dann stellen sich zwei Arten von Fragen zur moralischen Schuld. Die *erste* richtet sich auf das moralische *Phä-*

1 Ein solches Verständnis des Verhältnisses von Scham und Schuld vertritt auch Bernard Williams in *Shame and Necessity*, S. 6. Er weist darauf hin, dass Scham Schuld verständlich machen kann, aber nicht umgekehrt.

nomen: Was bedeutet es, im moralischen Sinne »schuldig« zu sein, oder einem anderen »Schuld« zuzuschreiben? Handelt es sich hier um ein universales Phänomen, von dem wir zumindest eine dünne Beschreibung geben können, die sowohl auf Scham- als auch Schuldkulturen anwendbar ist? *Zweitens* geht es um den speziellen modernen *Begriff* der moralischen Schuld, der für Benedict und Mead das Paradigma einer Schuldkultur schlechthin darstellt: Was verstehen wir unter moralischer Schuld, und wie verhält sich dieses Verständnis zum noch nicht theoretisch reflektierten Phänomen der Schuld (wenn davon die Rede sein kann)?

Dabei ist zu berücksichtigen, dass es bei der Frage, ob die Scham oder die Schuld der grundlegende Begriff ist und wie sie zu verstehen sind, nicht nur um *faktische* Unterschiede zwischen dem Denken und Fühlen in verschiedenen Kulturen geht; da mit den Begriffen der Anspruch verbunden ist, moralische Phänomene und Probleme zu beschreiben, stellt sich auch die Frage nach ihrer Angemessenheit und ihrem Wert. Das betrifft sowohl die Verständlichkeit – das heißt die Konsistenz und Kohärenz – der Begriffe als auch ihre Adäquatheit und Reichweite, wenn es darum geht, Probleme des wirklichen Lebens zu begreifen. Wissen wir eigentlich selbst, was wir meinen, wenn wir von moralischen Begriffen wie »Schuld« sprechen? Ist der Begriff verständlich? Inwieweit erhellt er unsere moralische Praxis, inwieweit verschleiert er sie möglicherweise? Inwieweit vermittelt er einen Zugang zu moralischen Dimensionen, die wir mit anderen Menschen in anderen ethischen Systemen teilen?

Das Besondere des modernen Schuldbegriffs liegt nicht nur in seinem Bezug zu einem unpersönlichen Verständnis von Moral, sondern vor allem auch in den Eigenschaften oder Fähigkeiten, die er der Person im Rückgriff auf weitere Begriffe wie Autonomie oder freier Wille zuschreibt. Er lenkt die Aufmerksamkeit auf andere Aspekte des eigenen Selbst als der Schambegriff. Wer jemandem Schuld zuschreibt, stellt nicht nur eine Differenz zwischen Sein und Sollen fest. Die Aufmerksamkeit richtet sich vielmehr auf den Ursprung dieser Differenz, der ausdrücklich auf die Person selbst zurückgeführt wird: »Im moralischen Gefühl der Schuld erkennt man sich z. B. als Autor einer Handlung, die den eigenen moralischen Überzeugungen widerstreitet.«[2]

2 Wingert, *Gemeinsinn und Moral*, S. 81.

Das ist offenkundig etwas anderes als das Bewusstsein einer Schuld, wie es wohl in allen Gesellschaften vorkommt: nämlich das Bewusstsein, sich an einer anderen Person vergangen zu haben und dafür bezahlen zu müssen. Das Schuldbewusstsein – in diesem modernen Sinne – lenkt die Aufmerksamkeit von dem Vergehen und seinen Folgen ab und richtet sie auf den Schuldigen als Autor dieses Verhaltens. Was bedeutet es, im moralischen Sinne *Autor* zu sein? Der deutsche Bundesgerichtshof in Strafsachen hat vor über fünfzig Jahren eine Definition der strafrechtlichen Schuld gegeben, die vermutlich der modernen Vorstellung von moralischen Schuld weitgehend entspricht, wenn man »Recht« und »Unrecht« durch »Gut« und »Böse« ersetzt:

> Schuld ist Vorwerfbarkeit. Mit dem Unwerturteil der Schuld wird dem Täter vorgeworfen, daß er sich nicht rechtmäßig verhalten, daß er sich für das Unrecht entschieden hat, obwohl er sich rechtmäßig verhalten, sich für das Recht hätte entscheiden können. Der innere Grund des Schuldvorwurfes liegt darin, daß der Mensch auf freie, verantwortliche sittliche Selbstbestimmung angelegt und deshalb befähigt ist, sich für das Recht und gegen das Unrecht zu entscheiden […].[3]

Autorschaft bedeutet also Willensfreiheit, im Sinne der Fähigkeit, sich »frei« zwischen Gut und Böse *zu entscheiden*. Wenn wir diese Interpretation zugrunde legen, dann richtet sich der Schuldvorwurf weniger auf die Handlung als auf die Person selbst, wie der amerikanische Philosoph Thomas Nagel hervorgehoben hat: »Wenn wir jemandem seine Handlungen vorwerfen, dann sagen wir nicht nur, es sei schlecht, dass sie passiert sind, oder es sei schlecht, dass es ihn gibt. Wir verurteilen *ihn*. Wir sagen: Er ist schlecht. Und das bedeutet etwas anderes, als dass er ein schlechtes Ding sei.«[4] Tadeln wir eine Person moralisch, so Nagel, dann geht es nicht darum, dass sie »schlecht« im Sinne einer *Disposition* zu schlechten Handlungen wäre (etwa wie ein »schlechter«, da ungehorsamer

3 Zitiert nach Ulrich Pothast, *Die Unzulänglichkeit der Freiheitsbeweise*, Frankfurt/M. 1987, S. 322.

4 Thomas Nagel, »Moral Luck«, in: ders., *Mortal Questions*, Cambridge 1979, S. 25. (Übers. M.-S. L. mit einer hinzugefügten Hervorhebung). Im Original: »When we blame someone for his actions we are not merely saying it is bad that they happened, or bad that he exists: we are judging him, saying he is bad, which is different from his being a bad thing.«

und bissiger Hund), dass von ihr also schlechte Handlungen zu befürchten wären. Die eingetretenen oder zu befürchtenden Auswirkungen des Verhaltens der Person auf ihre Mitmenschen spielen hier nach Nagel keine Rolle. Wir meinen vielmehr etwas an der Persönlichkeit selbst, was sich in ihren Handlungen ausdrückt, aber nicht auf diese reduzierbar ist; eine innere Schlechtigkeit, an der sie selbst schuld sein, die sie selbst gewählt haben muss (sonst wäre es eine bloße Disposition). Darauf trifft eher der Ausdruck Bosheit als Schlechtigkeit zu.[5]

Ob diese Beschreibung auch auf das zutrifft, was wir gewöhnlich meinen, wenn wir im Alltagsleben jemanden tadeln, kann allerdings bezweifelt werden. Auch wenn wir damit nicht den praktischen Zweck verfolgen, jemanden auf eine ungünstige Disposition aufmerksam zu machen, an der er etwas ändern sollte, verbinden wir damit nicht unbedingt die Vorstellung, dass er aufgrund einer selbstgewählten Bosheit gehandelt hat. Viele von uns werden zu den tieferen Quellen eines solchen Verhaltens keine Meinung haben, manche ziehen es auch vor, zu psychologisieren. Wenn Moralphilosophen wie Nagel und der Bundesgerichtshof erklären, was unter Schuld zu verstehen ist, geht es ihnen jedoch nicht um die praktischen Zwecke des Tadels im Alltag und die damit assoziierten Ideen. Wenn sie der Person Autorschaft beziehungsweise Willensfreiheit zuschreiben, dann beziehen sie sich auf eine Voraussetzung, ohne die nach verbreiteter Auffassung moralische Vorwürfe nicht *berechtigt* wären; wenn wir Vorwürfe erheben und sie für berechtigt halten, dann bejahen wir nach dieser Auffassung *implizit* diese Voraussetzung, ob wir dies nun wissen oder nicht. Mit dieser Voraussetzung wird zugleich all das in Verbindung gebracht, was an einer Person eigentlich moralisch wertvoll ist. An eine »Autorschaft«, »Willensfreiheit«, Anlage zur Selbstbestimmung oder dergleichen zu glauben gilt nicht nur als erforderlich, weil andernfalls unsere moralischen Vorwürfe nicht berechtigt wären, sondern auch, weil wir ohne diese Eigenschaften viel wertlosere Wesen wären, als wir glauben beanspruchen zu sollen. Menschen *nicht* als Wesen zu betrachten, die in einem tiefen Sinne als Personen »schuldig« werden können, würde bedeuten, Menschen die »freie, verantwortliche sittliche Selbstbestimmung« abzusprechen, sie zu bloßen Objekten

5 Zu dieser Interpretation moralischer Schuld vgl. auch Susan Wolf, *Freedom within Reason*, Oxford 1990, S. 40 f.

zu degradieren.[6] Die Strafrechtstheorie hat sich im vergangenen Jahrhundert lange Zeit zwischen den extremen Alternativen hin und her bewegt, dem Täter entweder so etwas wie eine bewusste Entscheidung zum Bösen zuzuschreiben, die durch die Strafe vergolten wird, oder ihn auf einen potenziellen Gegenstand sozialtherapeutischer Einflussnahme zu reduzieren.[7]

Einen anderen Eindruck erhält man jedoch, wenn man die Frage, was Menschen unter moralischer Schuld und Verantwortung verstehen, auf ihre *Lebenspraxis* und nicht primär auf die theoretischen Vorstellungen bezieht, die ihnen in den Sinn kommen, wenn man sie mit Begriffen wie »Moral« oder »Schuld« konfrontiert. Denn was sie *wirklich* unter moralischer Verantwortung *verstehen*, zeigt sich in ihrem Alltagsleben: in den moralischen Gefühlen, mit denen sie aufeinander reagieren, in ihrer sozialen Lebenserfahrung, auf die sie sich stützen, wenn sie sich fragen, wie sie am besten in der jeweiligen Situation mit enttäuschten normativen Erwartungen umgehen könnten, wann es besser ist, die Sache ruhen zu lassen, wann eine explizite Reaktion erforderlich ist, wem man Grenzen setzen und wen man tolerieren sollte, und in ihrem Umgang mit den Entschuldigungen, die andere für ihr (echtes oder vermeintliches) Fehlverhalten vorbringen. Die Frage, ob Menschen einen Begriff von moralischer Verantwortung und Schuld haben, darf daher *nicht* mit der Frage gleichgesetzt werden, ob sie metaphysische oder

6 Vgl. den Einwand Hegels gegen die relative Straftheorie Feuerbachs, sie spräche den Verbrechern »Ehre und Freiheit« ab und behandle sie letztlich wie einen »Hund«. Georg Wilhelm Friedrich Hegel, *Grundlinien der Philosophie des Rechts*, hg. v. Eva Moldenhauer, Karl-Markus Michel, Frankfurt/M. 1970, § 99, Zusatz.

7 So vertrat der einflussreiche Strafrechtstheoretiker Frank von Liszt 1898 die Auffassung: »Verantwortlichkeit ist nicht mehr als die Tatsache, dass wir den geistesgesunden Verbrecher für seine Tat strafrechtlich zur Verantwortung ziehen. Unsere Berechtigung, dies zu tun, liegt einzig und allein in [...] seiner Empfänglichkeit für die durch die Strafe bezweckte Motivsetzung.« Hier wiedergegeben nach Klaus Günther, »Voluntary Action and Criminal Responsibility«, in: *Voluntary Action. Brains, Minds and Sociality*, hg. v. Sabine Maassen, Wolfgang Prinz, Gerhardt Roth, Oxford 2003, S. 270 f. Dreißig Jahre später bezeichnete es der Philosoph Moritz Schlick als »Skandal«, dass einige Philosophen Verantwortung immer noch mit Willensfreiheit in Verbindung bringen, anstatt zu begreifen, dass eine rationale Verantwortungszuschreibung sich nur auf den »Angriffspunkt für Motive« beziehen kann und sollte. Vgl. hierzu Moritz Schlick, *Fragen der Ethik*, Wien 1930, S. 105-116. Auch in den siebziger Jahren dominierten wieder Strafrechtstheorien, die Delinquenz vor allem auf soziale Faktoren zurückführten.

religiöse *Ideen* ausgebildet haben, die den modernen metaphysischen Postulaten ähneln, mit denen der Gedanke der Schuld als Autorschaft begründet wird.

2. Reaktive moralische Gefühle

Die Überlegungen des letzten Abschnitts führen zurück zu Nietzsches Kritik an der verbreiteten rationalistischen Vorstellung, dass die Moral aus dem Denken entsteht. Nach diesem Bild entwickeln wir bestimmte Gefühle (beispielsweise ein moralisches Schuldgefühl) und handeln entsprechend (etwa indem wir uns entschuldigen oder Vorwürfe erheben), weil wir bestimmte intellektuelle Überzeugungen haben (etwa die Überzeugung, dass Menschen einen freien Willen haben und deswegen für ihr Tun verantwortlich sind). Nietzsche zufolge – eine Einsicht, die er mit buddhistischen Denktraditionen teilt – verhält es sich genau umgekehrt: unter bestimmten sozialen Umständen entstehen spezielle Gefühle, die dann zu speziellen Gedanken motivieren, zu Gedanken beispielsweise, die ihrer Verstärkung oder Befriedigung dienen. So dient das Nachdenken über die außerordentlichen Qualitäten eines Liebesobjekts der Steigerung des Gefühls der Verliebtheit, das Nachdenken über die Fehler und Schwächen eines Widersachers hingegen der Befriedigung von Rachsucht. Ähnliches gilt nach Nietzsche auch für die moralischen Gefühle, die mit moralischen Schuldzuschreibungen verbunden sind.

Moralische Schuld ist für Nietzsche kein einheitliches Phänomen, sondern nimmt ganz unterschiedliche Formen an, je nachdem, welche Gefühle involviert sind. Im Zusammenhang seiner bereits erwähnten Unterscheidung zwischen »Herrenmoral« und »Sklavenmoral«[8] beschreibt er zwei Weisen der moralischen Bewertung, die auf unterschiedliche Motivationen zurückgehen.[9] Zu sagen, jemand habe »schlecht« gehandelt oder sei »schlecht«, bedeutet im ersten Typ von ethischem System (der mehr oder weniger für eine Schamkultur steht) so etwas wie *mangelhaft* – es bezeichnet ein untaugliches Verhalten beziehungsweise einen Zustand der Unfä-

8 Vgl. oben das Kapitel 2.

9 Vgl. die erste Abhandlung von *Zur Genealogie der Moral*: »Gut und Böse«, »Gut und Schlecht«, insbesondere § 10.

higkeit oder Torheit, vor dem man sich eigentlich nur abwenden kann. Im anderen Typus – Christentum und moderne Moral – bedeutet schlecht hingegen *böse*. Nietzsche macht darauf aufmerksam, dass die verschiedenen Wertungen mit verschiedenen moralischen Affekten verbunden sind, welche die Phantasie im einen Fall kurzhalten, im anderen stimulieren. Im ersten Fall (der voraussetzt, dass man sich in seiner Selbstachtung der »schlecht« handelnden Person von vornherein überlegen fühlt) reicht die Spannweite des Affekts von Verachtung bis zu herablassendem Mitleid und Amüsement über eine solche Torheit; er kommt im Desinteresse zum Erliegen. Im zweiten Fall ist der Affekt aggressiv, was im Falle, dass er sich nicht physisch ausagieren kann, die Phantasie zu imaginativen Formen der Rache stimuliert. Er wird intellektuell schöpferisch. Nietzsche hat in diesem Zusammenhang bekanntlich die Vermutung geäußert, der Begriff des Bösen und der Gedanke der Willensfreiheit seien psychologisch auf ein solches hochaggressives Ressentiment zurückzuführen, das sich durch die Unmöglichkeit zur direkten Rache intensiviert und den Intellekt zu Formen der imaginären Rache inspiriert. Es ist dieser Affekt, glaubt er, der bei der Entwicklung der christlichen Moral am Werke war und sich zum Hass die erforderlichen Legitimationen hinzuerfand, um den Gehassten zum Bösen zu machen, insbesondere die Idee des freien Willens, aufgrund deren der Übeltäter selbst schuld an seiner Schlechtigkeit ist. Das Ressentiment treibt die Person, sich eine fiktive Welt hinter den Handlungen, ein fiktives Innenleben der Personen zu erfinden, um sich in seinem Affekt gerechtfertigt zu fühlen und ideell Rache (durch die Abwertung des anderen) zu nehmen. Hat diese Fiktion einmal Ausdruck, Akzeptanz und Verbreitung gefunden, dann emanzipiert sich der Gedanke vom ursprünglichen Affekt. Hat man sich einmal an ihn gewöhnt, ist er zum kulturellen Deutungsmuster geworden, dann setzt man ihn mit der moralischen Bewertung schlechthin gleich, als sei die Zuschreibung moralischer Verantwortung notwendig mit einem tiefgehenden Schuldvorwurf verbunden, der die Handlung einem freien Willensakt zurechnet.

Unabhängig davon, was man speziell von Nietzsches Interpretation des Ressentiments als Quelle der christlichen Ideen halten mag: Mit seiner hypothetischen Herleitung des Begriffs des Bösen und des freien Willens aus dem Ressentiment und seinem Vergleich dieser Form der moralischen Zuschreibung mit anderen möglichen Formen hat uns Nietzsche zumindest verdeutlicht, dass das (auch heute noch) dominante Verständnis moralischer Verantwortung weder universal noch notwendig ist. Das ihm zugrunde liegende Muster ist unter speziellen sozialen und kulturellen Umständen entstanden und zu einer Gewohnheit des Fühlens und Denkens geworden, die keinesfalls zu den Grundgegebenheiten der menschlichen Kooperation gehört. Da es nicht notwendig ist, kann durchaus gefragt werden, was es eigentlich wert ist – welche Funktionen es erfüllt, in welchen Hinsichten es eher disfunktional ist und wie seine Auswirkungen auf unsere moralischen Gefühle und unser Menschenbild vor dem Hintergrund möglicher und wirklicher Alternativen einzuschätzen sind.

Nietzsches Vergleich macht auch darauf aufmerksam, dass die moralischen Gefühle, die eine Person anlässlich des Verhaltens anderer entwickelt, nicht zuletzt davon abhängen, in welcher sozialen Beziehung sie zu ihnen steht. Gefühle der Entrüstung, des Grolls oder des nachhaltigen Ressentiments richten sich nicht auf diejenigen, die man mit Blick auf den sozialen Status oder die Kaste als niedriger wahrnimmt, sondern auf Gleiche. Wenn Nietzsche bei seiner Beschreibung der »Herrenmoral« den »höheren« sozialen Schichten solche Gefühle abspricht, klammert er allerdings die für alle wirklichen moralischen Systeme zentrale Ebene der moralischen Reaktionen *unter Gleichen* aus, mit denen man kooperiert. Beziehungen zwischen Gleichen sind nicht speziell auf so genannte egalitäre Kulturen oder »untere« soziale Schichten beschränkt, sondern überall anzutreffen. Sozial Gleichgestellten, die darauf angewiesen sind, eng miteinander zu kooperieren, ist nicht nur in staatlichen Gesellschaften eine direkte Rache oft nicht möglich. In dem Maße, in dem sie einerseits auf die Anerkennung, das Wohlwollen und die Fairness der anderen angewiesen sind und in dem diese Faktoren andererseits stark von der Persönlichkeit und der Einstellung ihrer Mitmenschen abhängen, werden daher auch die Mitglieder einer zur Kooperation genötigten feudalen Schicht untereinander moralische Gefühle wie Dankbarkeit und Hochschätzung oder Gekränktheit, Entrüstung, Empörung und Groll entwickeln. Auch wenn solche Gefühle nicht in allen sozialen Beziehungen entstehen und mitunter durch Erziehung und religiöse Umdeutung nahezu unkenntlich gemacht werden, kann man sich schwerlich eine Gesellschaft vorstellen, in der sie als Gefühle vollständig *unbekannt* sind. Je weniger die Menschen miteinander zu tun haben, desto schwächer werden allerdings auch ihre emotionalen Reaktionen ausfallen.[10] Umgekehrt werden sie umso intensiver auftreten, je mehr die Verwirklichung ihrer Interessen und Projekte von den persönlichen Einstellungen ihrer Mitmenschen abhängig ist.

Nicht erst das von Nietzsche untersuchte tiefgehende Ressentiment, auch kurzlebigere und schwächere emotionale Reaktionen wie Empörung, Enttäuschung, Groll – oder Dankbarkeit und besondere Wertschätzung – haben wegweisende und kreative Funktionen mit Blick auf soziale Normen. Sie machen der betroffenen Person deutlich, dass eine normative Verhaltenserwartung enttäuscht wurde. Das unterscheidet sie auf signifikante Weise von nichtmoralischen Gefühlen der Sympathie oder Antipathie. Sie verweisen auf intersubjektiv geteilte Überzeugungen von richtigen und falschen Verhaltensweisen.[11] Man kann jemanden unsympathisch finden, weil man »seine Art« einfach nicht mag, ohne damit den Glauben zu verbinden, es gäbe objektiv – intersubjektiv – etwas an seinem Verhalten zu beanstanden. Wenn man jedoch Wut oder Empörung empfindet, ist dies zumindest potenziell mit der Überzeugung verbunden, dass auch andere Grund hätten, sein Benehmen als nicht akzeptabel zu betrachten.

Peter Strawson hat in seinem Aufsatz *Freedom and Resentment* darauf aufmerksam gemacht, dass solche Reaktionen an gewisse Unterstellungen bezüglich der Einstellungen und Absichten anderer gebunden sind.[12] Wenn das Verhalten anderer sich zufälligerweise als uns nützlich erweist, werden wir uns freuen, aber ihnen nicht unbedingt dankbar sein. Anders verhält es sich jedoch, wenn man es mit Wohlwollen und Freundschaft in Verbindung bringen kann. Umgekehrt wäre es unangebracht, Groll gegen eine Person zu entwickeln, die einem aus Versehen auf den Fuß getreten war; man meint jedoch Grund zur Entrüstung zu haben, wenn Rücksichtslosigkeit oder gar Absicht anzunehmen sind. Solche Vermutungen bezüglich der Absichten und Einstellungen anderer uns

10 Vgl. das Beispiel der Palyians im nächsten Kapitel.

11 Zur Unterstellung intersubjektiver Gültigkeit bei den reaktiven moralischen Gefühlen vgl. Wingert, *Gemeinsinn und Moral*, S. 74 ff.

12 Vgl. Peter Strawson, »Freedom and Resentment«, in: *Free Will*, hg. v. Gary Watson, Oxford 1982, S. 72-93.

gegenüber verbinden sich mit der mehr oder weniger vagen Vorstellung, dass der andere hätte anders handeln können, wenn er nur gewollt beziehungsweise sich mehr bemüht hätte: dass er in irgendeinem Sinne frei war, sich anders zu verhalten.

Strawson führt diese rudimentäre Unterstellung von Freiheit auf unsere Gefühlslage zurück; darauf, wie enorm *wichtig uns die Haltungen und Absichten sind*, die andere Menschen uns gegenüber einnehmen. Unterscheidungen wie die zwischen freiwilligem und unfreiwilligem, vorsätzlichem und unvorsätzlichem Verhalten haben für uns eine unverzichtbare Funktion bei der Einschätzung dieser Haltungen und Absichten. Strawson folgt hier einer Intuition, die der Einschätzung Nietzsches eng verwandt ist. Die Wichtigkeit gewisser sozialer Beziehungen bringt Gefühle einer bestimmten Art hervor, und diese Gefühle führen zur Erfindung oder Entdeckung gewisser Eigenschaften, auf die man sich – nach pragmatischen, intersubjektiv akzeptierten Regeln – wiederum als Gründe berufen kann.

Das bedeutet nicht, dass der Wütende oder Empörte bewusst Hypothesen über die Absichten oder gar den freien Willen der Person anstellen muss, die sich in empörender Weise verhalten hat; reaktive moralische Gefühle können schlagartig und spontan auftreten. Die Unterstellungen, an die seine Gefühle gebunden sind, treten jedoch spätestens dann zutage, wenn sie von anderen als grundlos, unangebracht oder übertrieben kritisiert werden. Dann zeigt sich, dass diese emotionalen Reaktionen mit normativen und empirischen Einschätzungen verbunden sind, die sich als falsch herausstellen können.

Strawson hat die Ausnahmefälle, in denen wir moralische Reaktionen nicht für angebracht halten, in zwei Typen eingeteilt: Die ersten betreffen die generelle Zurechnungsfähigkeit der Person, die zweiten die Frage ihrer persönlichen Schuld an dem Geschehen.

Die ersten Ausnahmefälle sind abhängig von den jeweils sozial akzeptierten Kategorien der Unzurechnungsfähigkeit. Wenn die unbekannte Person, die einen, offenkundig absichtlich, auf dem Gehweg attackiert hat, als »geisteskrank« einzustufen ist, nimmt man ihr gegenüber eine objektivierende Haltung ein; man fragt nicht mehr nach den subjektiven Gründen, sondern den Ursachen ihres Verhaltens. Das bedeutet aber nicht, dass mit der Frage nach den Gründen normalerweise der Glaube verbunden wäre, für das

Verhalten einer zurechnungsfähigen Person gäbe es keine Ursachen. Umgekehrt ist die objektivierende Haltung nicht mit dem Glauben verbunden, der Geisteskranke könnte keine Gründe für sein Verhalten angeben. Diese werden jedoch nicht mehr als moralisch relevant wahrgenommen, sobald man ihm gegenüber eine objektivierende Haltung einnimmt.

Bei den zweiten Ausnahmefällen halten wir auch bei zurechnungsfähigen Personen Emotionen wie Entrüstung oder Dankbarkeit nicht mehr für angebracht, wenn sich ihr Verhalten beziehungsweise dessen Auswirkung auf andere nicht auf eine persönliche Gesinnung oder Absicht zurückführen lassen. Stellt sich heraus, dass es von außen veranlasst wurde oder durch Zufall zustande kam, gibt es weder Grund, sich deswegen zu entrüsten, noch dankbar zu sein. Man verwendet dann Ausdrücke und Redewendungen wie »ein Versehen«, »unfreiwillig«, »nicht so gemeint«, um darzutun, dass der betreffende Vorgang nicht eigentlich von der Person ausgeht. Wie stark die Gefühle tatsächlich an solche Einschätzungen gebunden sind, zeigt sich am schnellen Wechsel unserer emotionalen Reaktionen, wenn sich nämlich herausstellt, dass wir eine Situation falsch eingeschätzt hatten. Der Zorn des Spaziergängers, der unsanft umgerissen wird, löst sich schlagartig in Erleichterung oder sogar Besorgnis um den Auslöser des Ärgernisses auf, als sich die zunächst befürchtete Attacke als bloßer Ausrutscher eines Ungeschickten auf winterlichem Glatteis herausstellt.

Das könnte vermuten lassen, dass die reaktiven moralischen Gefühle auf einer Überzeugung beruhen, nämlich der Überzeugung, die Person habe vorsätzlich oder grob fahrlässig, jedenfalls *freiwillig* gehandelt. Und das scheint vorauszusetzen, dass man auch schon einen »Begriff« von Freiwilligkeit haben muss, zumindest »implizit«. Zwar kann offenkundig nicht jeder, der mit moralischen Gefuhlen auf das Verhalten anderer reagiert und weiß, welche Entschuldigungsgründe zu akzeptieren sind, angeben, was er unter dem freien Willen versteht. Gleichwohl legt Strawsons Analyse den Gedanken nahe, dass die von uns praktisch akzeptierten Entschuldigungsgründe logisch einen Begriff des freien Willens »implizieren« – so wie manche vom praktischen Sprachgebrauch annehmen, dass er die Kenntnis der grammatischen Regeln »impliziert«. Entsprechend scheinen auch einige praktische Philosophen der Gegenwart ihre Untersuchungen des freien Willens als Untersuchungen von etwas zu verstehen, was implizit schon in der Praxis selbst angelegt ist.

Es soll hier nicht suggeriert werden, Weltanschauungen spielten für die Interpretation moralischer Verantwortung im Alltagsleben keine Rolle; Strawson möchte eher auf eine relative *praktische Immunität* oder Widerständigkeit reaktiver moralischer Gefühle gegen Theorien hinweisen, in deren Lichte sie als unbegründet erscheinen. Wenn ich ihn richtig verstehe, hält er die den reaktiven Emotionen zugrunde liegende praktische Überzeugung, dass andere normalerweise etwas für ihr Verhalten können, für eine Überzeugung, die keines positiven Beweises (sondern nur im Einzelfall der Widerlegung) bedarf, weil sie durch unsere sozialen Bestrebungen und die Art unserer Beziehungen selbst hervorgebracht und gestützt wird. Die nichtdistanzierten Haltungen und Reaktionen von Menschen, die direkt miteinander zu tun haben, so Strawson, sind nicht mit den distanzierten Geisteshaltungen zu verwechseln, in denen man philosophische Fragen wie die von Freiheit oder Determinismus diskutiert. Während philosophische Annahmen wie die eines freien Willens jederzeit bezweifelt werden können, seien die reaktiven Emotionen so stark in unseren sozialen Beziehungen verwurzelt, dass ein Wechsel der theoretischen Welteinstellung wie etwa hin zum Determinismus sie gar nicht entwurzeln könnte.[13] Theoretisch kann die philosophische Skepsis alles hinterfragen, aber praktisch stößt sie hier an ihre Grenzen.

Die Praxis ist auch dann nicht auf Theorie reduzierbar, wenn man die logischen »Implikationen« der Entschuldigungsgründe analysiert und versucht, daraus einen Begriff der Freiwilligkeit zu gewinnen. Das theoretische Wissen, auf das man in einem kulturellen Kontext zurückgreift, wenn man beispielsweise – wie Nagel – anzugeben versucht, was moralische Schuld bedeutet, steht zum praktischen Orientierungswissen nicht in derselben Beziehung, wie die durch Unterricht erworbene Kenntnis der Grammatik einer Sprache zu ihrer praktischen Beherrschung steht. Wer als sogenannte Muttersprache Deutsch gelernt hat, hat damit nicht gelernt, die grammatischen Regeln des Deutschen zu erklären; hierzu benötigt er einen speziellen Grammatikunterricht. Lernt er diese Regeln jedoch, dann wird er sie mehr oder weniger zur Explikation

13 Vgl. Strawson, »Freedom and Ressentment«, S. 68.

seines *Knowing how* verwenden können. Zwar sind auch Grammatiken Konstruktionen, nicht »Entdeckungen« von Strukturen, die so schon »im« Sprachgebrauch liegen; aber sie orientieren sich an gegebenen Sprachgewohnheiten und sind mit dem Anliegen entworfen worden, diese durch Vereinheitlichungen und Vereinfachungen strukturell zugänglich zu machen. Letzteres gilt jedoch nur sehr begrenzt von den philosophischen Versuchen zur Explikation moralischer Verantwortung. Es trifft zu einem großen Teil auf Aristoteles' Ausführungen zum Begriff des Freiwilligen (*hekousion*) in der *Nikomachischen Ethik* und der an Aristoteles anknüpfenden Analyse unseres Sprachgebrauchs bei Austin zu,[14] aber nicht auf die Tradition von Augustinus bis Kant, die das moderne Verständnis geprägt hat.

Geht man von den vergleichsweise eng an der Praxis orientierten Analysen der Entschuldigungsgründe von Aristoteles und Austin aus, dann spricht wenig für die Annahme, wir setzten im alltäglichen Umgang miteinander bewusst oder unbewusst einen *positiven* Begriff des freien Willens voraus. Freilich kann man die Gemeinsamkeit der akzeptierten Entschuldigungsgründe im Sinne eines Verständnisses von *Freiwilligkeit* auslegen. Der Begriff dient dann jedoch nur als *Sammelbegriff* für Typen von Entschuldigungsgründen, die reaktiven moralischen Gefühlen die Grundlage entziehen: Gründe wie »Sie konnte nichts dafür, sie wurde geschubst«, »Er wusste doch gar nicht, worum es ging«, aber auch »Das hätte er selbst nie getan, er wurde verhext«. All diese Entschuldigungen laufen auf den Schluss hinaus, eigentlich sei der Person nichts vorzuwerfen. Das bedeutet jedoch nicht, dass sie sich nur auf einen Willenszustand des Individuums beziehen, wie es der Begriff des freien Willens suggeriert. Ihre Eignung als Entschuldigungsgründe hängt auch davon ab, welches Maß an Sorgfalt und Umsicht mit Blick auf den jeweiligen Anlass und die eingetretenen Folgen erwartet wird. Um ein Beispiel von Austin aufzugreifen: Man kann sich damit entschuldigen, dass man *versehentlich* auf die Schnecke getreten ist, aber nicht damit, dass man versehentlich auf das Baby getreten ist. In beiden Fällen kann es natürlich *faktisch* ein Versehen sein, es lag ein psychischer Zustand der Unaufmerksamkeit vor; aber die *faktische Unwissenheit* entschuldigt im zweiten Fall nicht;

14 Vgl. John L. Austin, »A Plea for Excuses«, in: ders., *Philosophical Papers*, Oxford 1961, S. 123-152.

wenn ein Baby auf dem Boden krabbelt, hat man gefälligst aufzupassen, wo man seine Füße hinsetzt.[15] Solche Beispiele zeigen, dass die Art von Freiwilligkeit, die in unseren moralischen Reaktionen unterstellt wird, nicht unabhängig von der Situation und den jeweils relevanten sozialen Erwartungen bemessen werden kann.

3. Agamemnon und die Schuldfrage

Wenn ein Großteil der philosophischen und religiösen Auffassungen von moralischer Verantwortung *nicht* als Explikation der alltäglichen Verantwortungszuschreibungen im Sinne der reaktiven moralischen Gefühle zu verstehen ist, dann stellt sich die Frage nach dem Verhältnis theoretischer moralischer Begriffe und lebensweltlicher Erfahrung und Praxis. Wir haben es hier nicht mit »bloßer« uninterpretierter Erfahrung zu tun – die Erfahrung, um die es geht, ist nicht »blind«, wie Kant an einer berühmten Stelle von den Anschauungen sagt,[16] sie besteht wesentlich in einem *Knowing How*, das sich pragmatisch entwickelt hat und nicht mit den philosophischen Moraltheorien oder Diskussionen des freien Willens zusammenfällt – Strawson scheint ihm sogar eine gewisse Immunität zuzuschreiben. Genauso wenig sind die Theorien, um die es hier geht, ohne Bezug auf diese Praxis »leer«, um noch einmal Kant zu zitieren. Sie beziehen ihren Inhalt oft aus ganz anderen Kontexten und Problemstellungen als denen der alltäglichen sozialen Erfahrung. Weder folgt die Metaphysik und Ethik im Sinne eines kruden Empirismus aus der moralischen Erfahrung, etwa als Abstraktion darin enthaltener Implikationen, noch kann man ohne weiteres davon ausgehen, dass der moralische Gehalt der sozialen Gefühle und Praktiken allein durch die in einem kulturellen Kontext vorherrschenden religiösen Ideen oder philosophischen Moraltheorien auf den Begriff gebracht wird. Um zu verstehen, was moralische Verantwortung in einem Kontext bedeutet, wären sowohl die Praxis als auch die Ideen der jeweiligen Denkschulen zu berücksichtigen und zu untersuchen, auf welche Weise Letztere in die Praxis eingreifen, sie erhellen, gestalten oder auch verbergen.

15 Vgl. Austin, »A Plea for Excuses«, S. 142.

16 Kant, *Kritik der reinen Vernunft*, B75, A 51, *Kants Werke* IV, Akademie Textausgabe, Berlin / New York 1968, S. 48.

Nehmen wir ein Beispiel aus der Ilias, das allem Anschein nach einen Glauben an die Macht der Götter erkennen lässt, das menschliche Handeln zu manipulieren. Altertumswissenschaftler haben noch bis zur Mitte des zwanzigsten Jahrhunderts daraus geschlossen, dass der sogenannte archaische Mensch sich gar nicht als ein eigenverantwortlicher Handelnder verstand.[17] Das enthält insofern ein Stück Wahrheit, als die homerischen Helden schwerlich dasselbe Verständnis von moralischer Verantwortung gehabt haben werden wie die modernen Altertumswissenschaftler. Dürfen wir jedoch aus der Möglichkeit der Manipulation menschlichen Handelns durch die Götter (und anderen offenkundigen Abweichungen der homerischen Beschreibungen von modernen Sichtweisen) auf ein mangelndes Bewusstsein moralischer Verantwortung bei den Menschen schließen?[18]

Wenn man die Aufmerksamkeit auf die zwischenmenschlichen moralischen Reaktionen richtet, so wie sie bei Homer dargestellt werden, hat es eher den Anschein, als reagierten die homerischen Helden mit moralischen Gefühlen aufeinander, die uns durchaus vertraut sind: sie werden wütend und entwickeln nachhaltigen Groll, bringen Vorwürfe vor oder drücken Hochschätzung und Dankbarkeit aus. Gelegentlich werden auch Entschuldigungen vorgebracht, bei denen die Götter eine wichtige Rolle spielen (womit natürlich nicht gesagt werden soll, dass sich darin ihre Rolle erschöpft). Der gelegentliche Verweis auf Manipulationen der menschlichen Affekte durch die Götter belegt jedoch ebenso wenig, dass sich die Menschen *gewöhnlich* – das heißt, wenn sie nicht ein Gott, der Wahnsinn oder anderes daran hinderte – *nicht* als verantwortliche Handelnde verstanden, wie aus der Tatsache, dass wir Zwang oder Unwissenheit als Entschuldigungsgründe akzeptieren, folgen würde, dass wir uns gewöhnlich (wenn beides nicht

17 Zu der Einschätzung, dass in der archaischen Antike Handlungen als »von außen« verursacht gedacht wurden, und nicht durch die Person selbst, vgl. insbesondere Bruno Snells einflussreiche Studie: *Die Entdeckung des Geistes. Studien zur Entstehung des europäischen Denkens bei den Griechen*, Göttingen 1986 (1. Aufl. 1948), insbesondere S. 10, S., 28, S. 34.

18 In diese Richtung gehen die bekannten Darstellungen von Arthur W. Adkins, *From the Many to the One*, sowie die schon erwähnte Studie Snells, *Die Entdeckung des Geistes*. Vgl. jedoch die Kritik an diesen Einschätzungen bei Williams, *Shame and Necessity*, S. 5, S. 171, dem die Forschung sich heute weitgehend anschließt.

vorliegt) nicht als verantwortlich verstehen. Typisch ist die Passage, in der Agamemnon dazu Stellung nimmt, sich gegenüber Achilles ungerecht und ehrenrührig verhalten zu haben, was für die Achaier bekanntlich fatale Folgen hatte. Agamemnon bezieht sich hier ausdrücklich auf die Vorwürfe, die er sich seit seinem fatalen Fehlverhalten immer wieder hatte anhören müssen:

Oftmals haben dasselbe mir bereits gesagt die Achaier und mich
gescholten darum;
doch ich bin sicher nicht schuldig,
sondern das Schicksal und Zeus und Erinys, die wandelt im Dunkel,
welche das Herz mir im Rat erfüllten mit arger Betörung,
jenes Tags, als ich selbst dem Achill entwand seine Gabe.
Aber was konnte ich tun? Vollbrachte doch alles die Gottheit […].[19]

Agamemnon behauptet also, er sei eigentlich nicht schuld *(aitios)* an dem Vorgang und seinen Folgen, weil ihn Zeus und Erinys damals »betört«, das heißt in einen Zustand der Unzurechnungsfähigkeit versetzt hätten. (Der von ihm verwendete Ausdruck *aitios* bedeutet nicht nur »ursächlich«, sondern auch »schuldig« im Sinne von tadelbar.)[20] Er bedient sich dieser Erklärung aber ganz offenkundig nicht als eines Paradigmas, das auf *alles* menschliche Handeln anwendbar wäre – wenn er glaubte, alles Handeln werde durch die Götter manipuliert, wäre die Erklärung überflüssig, und die Vorwürfe, die an ihn gerichtet wurden, hätten gar nicht als persönliche Vorwürfe, sondern nur als Klagen über das Schicksal verstanden werden können. Das kann aber nicht gemeint sein, denn Agamemnon bezieht die Vorwürfe durchaus auf sich, und sein Verweis auf die Götter soll einen akzeptierten oder zumindest der Gesichtswahrung dienenden Entschuldigungsgrund liefern. Mit anderen Worten, der Verweis auf die Götter begründet nicht den Normalfall einer allgemeinen Verantwortungsunfähigkeit, sondern den Ausnahmefall.

Die Vermutung, die Götter könnten das eigene Geschick und Gemüt manipuliert haben, wenn die Dinge einmal nicht so laufen, wie man es sich vorstellt, muss dem Verantwortungsbewusstsein im Alltagsleben nicht unbedingt abträglicher sein als die Überzeugung

19 Homer, *Ilias*, neunzehnter Gesang, wiedergegeben nach der Übersetzung von Johann Heinrich Voss, Berlin, Darmstadt 1957, S. 339

20 Hier folge ich Williams, *Shame and Necessity*, S. 51.

eines psychoanalytisch Geschulten, wir seien durch Unbewusstes veranlasst worden, etwas zu tun, das wir andernfalls (bei vollem Bewusstsein und klarem Verstand) nicht tun würden. Jedenfalls hinderte sie die Helden Homers nicht daran, sich gegenseitig für unvernünftiges Verhalten zu tadeln. Warum sollte man Agamemnons Berufung auf göttlichen Einfluss grundsätzlich anders interpretieren als heute akzeptierte Erklärungen wie hormonelle Störungen, persönliche Krisen, Druck durch den Chef, die Wetterfühligkeit oder Stress?

4. Moralische Haftung und andere Formen moralischer Verantwortung ohne Vorwerfbarkeit

Wenn man die Frage, was moralische Verantwortung ausmacht, nicht von vornherein unter modernen Vorzeichen mit der Frage nach der moralischen Schuld gleichsetzt, können die von Homer anschaulich beschriebenen Konflikte der Achaier sogar hilfreich sein, um Formen moralischer Verantwortung zu unterscheiden, die auch das moderne Leben prägen, aber von der Moralphilosophie vernachlässigt werden. Denn während Agamemnon moralische Schuld von sich weist, weiß er sich durchaus verantwortlich für die Folgen seines Handelns. Er erklärt sich uneingeschränkt bereit, das in seiner Macht Stehende zu tun, um den Schaden wiedergutzumachen (das heißt, Achilleus die ihm von Agamemnon entführte Sklavin Briseis zurückzugeben, mit zusätzlichen Versöhnungsgeschenken etc.); er erkennt also an, dass er aufgrund seines Handelns verantwortlich für die Wiedergutmachung des Schadens geworden ist. Nennen wir diese vom Schuldvorwurf unabhängige oder ihn ergänzende Form moralischer Verantwortung *moralische Haftbarkeit*. Moralische Haftbarkeit bedeutet eine moralische Verpflichtung zur Linderung oder Heilung von sozialen Verletzungen, für die man kausal oder aufgrund einer sozialen Rolle verantwortlich ist, unabhängig davon, ob das entsprechende Verhalten moralisch vorwerfbar ist.

Moralische Haftbarkeit ergibt sich aus der Rollenverantwortung oder kausalen Verantwortung für die Verletzung oder Schädigung anderer als Pflicht zur Reparation. Ein solcher Fall kann beispielsweise vorliegen, wenn wir die Verletzung nicht vermeiden konnten oder nur um den Preis eines größeren Übels hätten vermeiden können. Wenn jemand vor einem lebensgefährlichen Schneesturm flüchtet und in eine Berghütte einbricht, dort die Nahrungsmittel verzehrt und die Möbel als Feuerholz verheizt, würden wir ihm keinen moralischen Vorwurf machen, weil die Rettung eines Menschenlebens uns *wichtiger* erscheint als der Schutz des Eigentums; gleichwohl würden wir aus der kausalen Verantwortlichkeit des Einbrechers gewöhnlich auch die moralische (nicht nur die rechtliche) Pflicht herleiten, die Besitzerin der Hütte nach der Rettung zu entschädigen.[21] Das heißt, auch wenn der Einbruch selbst nicht zu tadeln ist, leitet sich daraus eine Verpflichtung ab, deren Nichterfüllung durchaus zu tadeln wäre.

In welcher Form eine Person moralisch haftbar ist, hängt im heutigen Leben nicht anders als im archaischen von den jeweils betroffenen sozialen Beziehungen ab. Hier muss es sich nicht um ausdrückliche allgemeine Rechte oder Pflichten handeln, die an feste soziale Rollen gebunden sind, und der Schwerpunkt liegt nicht auf der verantwortlichen Person, sondern den Betroffenen – Art und Ausmaß der Haftung hängt weniger vom eigenen Tun und Lassen, als von der Verletzbarkeit der Betroffenen ab. Oft ergibt sie sich erst aus der individuellen Eigenart der Betroffenen und ihrer individuellen Geschichte, wie man sich am Beispiel von verletzten Gefühlen unter Freunden oder Verwandten verdeutlichen kann.

Ein Beispiel: Tabea hat auf der Fahrt zu einer Familienfeier spontan eine sympathische Zufallsbekanntschaft eingeladen, sie zu begleiten. Das hat unerwartet desaströse Folgen: Der in nüchterner Verfassung sympathisch und kultiviert wirkende Unbekannte, von dem sie dachte, dass er ihrer Mutter sehr gefallen würde, wird in trunkenem Zustand sehr ausfällig. Tabeas Geschwister machen sich nichts daraus, und ihr Vater, der familiäre Harmonie ohnehin nicht leiden kann, ist eher amüsiert über den unkontrollierbaren Gast. Ihre Mutter jedoch ist schockiert und tief betrübt angesichts der ihr unverständlichen Rücksichtslosigkeit ihrer Tochter, und ihr Onkel, der ein früheres Gespräch mit Tabea über lästige Familienfeiern erinnert, fragt sich, ob sie das arrangiert hat, um ihn und andere Angehörige seiner Generation vorsätzlich zu verhöhnen.

Nehmen wir an, dass Tabea an diesen Missstimmungen und

21 Hier greife ich einen Fall auf, den Peter Cane diskutiert; vgl. ders., *Responsibility in Law and Morality*, Oxford 2002, S. 107.

Missverständnissen nicht moralisch »schuld« ist. Spontaneinladungen sind in ihrer Familie nicht ganz unüblich, und sie beabsichtigte keine Provokation. Allenfalls wäre ihr Fahrlässigkeit vorwerfbar – mangelnde Vorsicht bei der Auswahl des Gastes; sie hatte jedoch durchaus Grund zur Annahme gehabt, ihre neue Bekanntschaft sei eine angenehme, familientaugliche Gesellschaft. Man kann sich schließlich irren. Trotzdem wären gewisse Familienmitglieder zu Recht verärgert, würde sie jetzt mit den Achseln zucken und die Sache nicht als ihr Problem betrachten. Allein aus ihrer kausalen Verantwortlichkeit und ihrer persönlichen Rolle in der Familie ergibt sich die Verpflichtung, ihr Möglichstes zu tun, um die entstandenen Probleme zu entschärfen, die Verletzungen wieder zu heilen. In diesem Fall verhält es sich jedoch umgekehrt wie bei der moralischen Schuld: die moralischen Verpflichtungen zur Wiedergutmachung entsprechen weniger dem eigenen aktiven Anteil am Geschehen als dem Leidensanteil der davon Betroffenen. Je nach Art der betroffenen Persönlichkeit können sich daraus unterschiedliche Verpflichtungen ergeben.

Aufgrund der besonderen Verletzbarkeit ihrer Mutter ist Tabea ihr gegenüber auch besonders verpflichtet; und obgleich der Onkel ein mündiger Mann ist, der selbst für seine Gedankengänge verantwortlich ist und hier einen falschen Schluss gezogen hat, schuldet sie ihm eine Klarstellung. Den Geschwistern und dem Vater gegenüber ist sie nicht unbedingt zu einer Entschuldigung verpflichtet, da sie weiß, dass diese nicht wirklich unter dem Vorkommnis leiden. Gegenüber den Kellnern im Restaurant wiederum ist die ganze Familie moralisch haftbar geworden. Sie alle sind dazu verpflichtet, sich um den betrunkenen Randalierer zu kümmern, der mittlerweile dazu übergegangen ist, die Angestellten zu beschimpfen, und das Problem nicht allein ihnen zu überlassen, denn schließlich haben sie ihn mitgebracht. Für jede dieser Personen ergeben sich aus der spontanen Einladung im Zug aufgrund ihrer Zugehörigkeit zu einer sozialen Einheit einerseits, ihrer unterschiedlichen Betroffenheit andererseits, jeweils gewisse Anrechte, aber auch Verpflichtungen auf Wiedergutmachung.

Moralische Haftbarkeit erstreckt sich über das komplexe und dynamisches Beziehungsgefüge eines Akteurs im Sozialleben, der auch für Unbeabsichtigtes Verantwortung zu übernehmen hat; sie ist abhängig von den Perspektiven der jeweils betroffenen Personen.

Zwischen moralischer Schuld und moralischer Haftbarkeit ist im wirklichen Sozialleben – und ein anderes haben wir nicht – keine eindeutige Grenze zu ziehen, weil die Kriterien der Freiwilligkeit von Fall zu Fall variieren. Das erleben wir nicht als Willkür, weil wir im Prozess der Sozialisation mit der Kenntnis der Dinge auch Rangordnungen ihrer relativen Wichtigkeit erwerben, mit entsprechend unterschiedlichen Sorgfaltsanforderungen. Es ist vor allem die Bereitschaft, moralische Haftbarkeit zu übernehmen, die uns als Sozialpersonen ausmacht. Wenn wir im Sozialleben nur für das moralisch Verantwortung übernähmen, was in unserer (als individuelles Vermögen verstandenen) Macht steht, dann wäre das Leid, das wir unbeabsichtigt zufügen, das Pech anderer Personen.[22] Die Maßstäbe und Gesichtspunkte, unter denen wir als moralische Personen im Sozialleben wirklich moralische Verantwortung übernehmen, haben wenig mit unseren Ideen von moralischer Schuld gemein.

Zur Dimension moralischer Verantwortung ohne Vorwerfbarkeit gehört nicht nur moralische Haftbarkeit. Sie umfasst auch Formen des Übelnehmens ohne die Unterstellung, der andere hätte anders handeln können, und selbstbezügliche Formen emotionaler Betroffenheit, die Bernard Williams als Täterbedauern (»agent-regret«) bezeichnet hat. Wenn wir uns auf intersubjektiv geteilte Normen angemessenen Verhaltens beziehen, unterstellen wir zwar gewöhnlich, dass die meisten Menschen auch imstande sind, sich entsprechend zu verhalten. Im Einzelfall gehen wir aber davon aus, dass dies *nicht* auf *diese* Person mit dieser speziellen psychologischen Verfassung zutrifft. Sprachhandlungen wie Vorwürfe haben dann keinen Sinn. Dies bedeutet jedoch nicht, dass *gar keine* moralische Reaktion einträte – sie besteht in solchen Fällen vielleicht nur darin, dass sich die Gefühle verändern, dass man der Person mit weniger Wohlwollen und Vertrauen begegnet oder sich vielleicht sogar ganz zurückzieht.[23] Man kann den Respekt vor einer Person verlieren oder ihr Benehmen übelnehmen, auch wenn man der Überzeugung ist, man könne aufgrund ihrer unverbesserlichen Sturheit, Selbstbezogenheit oder Ängstlichkeit nichts anderes von

22 Vgl. auch den Einwand Margaret Walkers gegen die Verwechslung von moralischen Personen mit noumenalen Handelnden: Margaret Urban Walker, »Moral Luck and the Virtues of Impure Agency«, in: *Metaphilosophy* 22 (1991), S. 23.

23 Zur Differenzierung dieses Übelnehmens von anderen Formen von »blame« vgl. Thomas M. Scanlon, *Moral Dimensions*, Harvard 2008, insbesondere S. 124 ff.

ihr erwarten. Zu sagen, wir hätten hierzu keinen Grund, weil die Person »nichts dafür kann«, wäre verfehlt. Wir können durchaus guten Grund dazu haben – wenn wir etwa nur mit Menschen verkehren wollen, mit denen ein offener und vertrauensvoller Umgang möglich ist, oder das Bedürfnis haben, uns selbst vor verletzenden Kontakten zu schützen. Je nachdem, um was für eine moralische Reaktion es sich handelt, muss auch die Frage nach ihrer Berechtigung anders gestellt werden. Bei weitem nicht jede Reaktion gründet auf der Überzeugung, der andere hätte sein Fehlverhalten vermeiden können. Die zugrunde liegenden Einschätzungen betreffen oft eher die Disposition einer Person beziehungsweise die befürchteten weiteren Auswirkungen eines Kontaktes mit ihr.

Ein anderer Fall ist das schon erwähnte Bedauern des Handelnden, das sich auf seine kausale, aber nicht intentionale Rolle bezieht. Reaktive moralische Gefühle wie Empörung wären in Fällen von Verletzungen oder Schädigungen unangebracht, die nicht intendiert waren und auch bei größerer Sorgfalt nicht hätten vermieden werden können. Gleichwohl wird ein Lastwagenfahrer, der – unabsichtlich und ohne dass man ihm Nachlässigkeit vorwerfen könnte – ein Kind überfährt, das unerwartet auf die Straße rennt, sich selbst irgendwie für den Vorfall verantwortlich fühlen, aus dem schlichten Grund, dass er ihn verursacht hat. Hier liegt eine auffällige Asymmetrie zwischen der Perspektive der Handelnden selbst und anderen Personen (den Opfern, Zuschauern oder Mitwissern) vor.[24] Gleichwohl ist das selbstbezogene Gefühl nicht rein subjektiv, sondern in intersubjektiven normativen Erwartungen verwurzelt; man erwartet durchaus von dem Täter, dass er die Sache »nicht zu leicht nimmt«, dass er aufgrund seiner kausalen Rolle in dem Geschehen ein gewisses Bedauern erkennen lässt. Je nach Art der Gemeinschaft und der sozialen Bekanntschaft – handelt es sich um ein kleines Dorf oder eine anonyme Großstadt? – wird man von ihm auch einen rituellen Ausdruck gegenüber der betroffenen Familie erwarten.

Das Bedauern, das der Verursacher eines schlimmen Unfalls auch dann fühlt, wenn er ihn nicht hätte vermeiden können, ist allerdings empirisch in den meisten Lebenssituationen schwer von

24 Diese Asymmetrie beschreibt Christopher Kutz, »Responsibility«, in: *The Oxford Handbook of Jurisprudence and Philosophy of Law*, hg. v. Jules L. Coleman, Scott Shapiro, Oxford 2002, S. 558 f.

dem Schuldgefühl trennbar, nicht alles getan zu haben, um ihn zu verhindern, denn Situationen, die vom Handelnden *unter gar keinen Umständen* hätten verhindert werden können, sind eher selten. Wir bewegen uns physisch und sozial gewöhnlich nicht mit solcher Vorsicht, dass wir einen vermeidbaren eigenen Anteil an den Verletzungen und Schäden anderer vollständig ausschließen könnten. Meistens hätte die Geschwindigkeit beim Autofahren geringer sein können (auch wenn sie nicht die vorgeschriebene Geschwindigkeitsbegrenzung überschritt), die Aufmerksamkeit größer, ein Umweg, der nicht durch ein Wohngebiet führt, hätte zur Durchfahrt gewählt werden können etc.

Während die moderne Moralphilosophie moralische Verantwortung weitgehend als moralische Schuld auslegt, ist unser wirkliches Leben vermutlich mindestens ebenso stark durch moralische Haftung und Täterbedauern geprägt. Hier zeigt sich, dass die philosophischen und theologischen Reflexionsformen der Moral mitnichten die verborgene Grammatik unseres moralischen Lebens auf den Begriff bringen. Sie leisten dies in einigen Aspekten zwar mit besonderer Präzision, wirken aber gerade durch die Hervorhebung und Fixierung auf diese Aspekte darauf hin, dass andere Dimensionen der Moral ausgeblendet werden. Daher können »unzeitgemäße Betrachtungen«, wie Nietzsche sie nannte, im Ausgang von den Problemstellungen anderer Epochen oder Kulturen Aspekte des gegenwärtigen Alltagslebens verständlich machen, die wir aufgrund der modernen Assoziation moralischer Verantwortung mit Schuld nicht mehr als genuine Probleme moralischer Verantwortung erkennen können. Das Thema einer schuldfreien moralischen Verantwortung steht zum Beispiel in vielen griechischen Tragödien wie den Ödipus-Dramen von Sophokles im Mittelpunkt. So weist Ödipus einerseits (in Ödipus auf Kolonnos) die Vorwürfe Kreons scharf zurück, der ihm die Schuld an Vatermord und Inzest gibt und beides mit einem schlechten Charakter in Verbindung bringt. Dass er auf den Thron verzichtet und ins Exil geht, zeigt andererseits, dass er durchaus anerkennt, dass er – wer sonst? – für seine Handlungen und ihre Folgen verantwortlich ist. Beides kann man als Anerkennung moralischer Haftbarkeit und als Ausdruck von Täterbedauern verstehen.[25] Dass die Art, wie Ödipus moralische

25 Andere Elemente kommen hinzu: Das Entsetzen, mit dem Ödipus auf die Entdeckung reagiert, dass er seinen Vater getötet und mit seiner Mutter Kinder ge-

Haftung übernimmt, in der Moderne oft nur als ein antiquiertes, irritierendes und rückständiges Schuldverständnis wahrgenommen werden konnte,[26] zeigt, wie die gedankliche Weichenstellung, die durch die Konzentration auf moralischen Schuld zustande kommt, zum Unvermögen führt, Dimensionen moralischer Verantwortung zu verstehen, die auch in unserem Alltagsleben eine wichtige Rolle spielen.

5. Der diebische Mönch

Im letzten Abschnitt zeigte sich, dass sich die Typen moralischer Verantwortung ohne Schuld, die zum unentbehrlichen *Knowing How* gehören, mit dem wir unser Sozialleben bewältigen, wesentlich leichter im Ausgang von einem »unzeitgemäßen« Beispiel Homers oder Sophokles' als mit dem »zeitgemäßen« nagelschen Begriff moralischer Verantwortung verständlich machen lassen. Damit soll nicht behauptet werden, die heutige Philosophie sei generell schlechter, einseitiger und beschränkter als etwa die antike Dichtung oder andere Denktraditionen. Eine gewisse Verengung des Denkens auf einzelne Aspekte, die zur Ausblendung anderer Erfahrungen führt, ist Voraussetzung allen ethischen und religiösen Denkens; es verfolgt meist sehr viel speziellere Ziele als den Zweck, alle Bereiche unserer bewussten oder gar auch noch unbewussten Erfahrung angemessen zu berücksichtigen. Eine Beschreibung, die

zeugt hat – eine moralische Reaktion, die in seine Selbstblendung mündet –, ist nicht nur ein Ausdruck von Täterbedauern. Es ist eine moralische Reaktion auf einen extremen Tabubruch (ich werde im Kapitel 7 darauf zurückkommen). Diese moralische Reaktion ist uns heute fremd, nicht jedoch moralische Haftung und Täterbedauern.

26 Andere versuchen, es als Charakterschwäche umzudeuten, was der modernen Vorstellung moralischer Schuld nicht ganz so fern liegt. So erklärt John Kekes die Blendung damit, dass Ödipus einen schweren Defekt in seinem persönlichen Charakter entdeckt habe, der seinem Verhalten zugrunde liegt. Es sei sein persönlicher Charakter, der bei ihm ein Entsetzen auslöst, das zur Blendung führt. (Vgl. John Kekes, *Moral Tradition and Individuality*, Princeton 1989, S. 18.) Mir scheint diese Deutung weder plausibel mit Blick auf die Darstellung des Ödipus bei Sophokles, der mir nicht (auch nicht in dem von Kekes angesprochenen Sinne) als charakterlich defizient geschildert scheint, noch mit Blick auf das in diesen Tragödien herausgestellte Problem.

nur das Ziel hätte, nichts auszulassen, wäre trivial. Religionsstifter gehen zudem eher davon aus, dass das, was Menschen in ihrem Alltagsleben für wichtig halten, weniger wichtig ist, als man glaubt; und dass es auf etwas ankommt, was man bisher unterschätzt oder nicht begriffen hat. Das verlangt, die Alltagserfahrung mit einem gewissen Misstrauen zu betrachten. Während Menschen in ihren Handlungsverläufen meist zu wissen glauben, was sie tun, und darauf vertrauen, dass sie es bewerkstelligen können, gehen viele Denktraditionen davon aus, dass es sich in Wirklichkeit anders verhält – eine Wahrheit, die nur der distanzierten Perspektive des kontemplativen Weisen zugänglich ist, der die kosmischen, historischen und sozialen Zusammenhänge überblickt und reflektiert. Die moderne Vorstellung, dass Personen sich selbst und die weltlichen Ereignisse kontrollieren können, gilt im Kontext solcher Traditionen als Illusion. Muss nicht jeder Mensch immer wieder feststellen – sowohl auf individueller, als auch auf kollektiver Ebene–, dass unvorhersehbare und unkontrollierbare Entwicklungen den Gang der Dinge bestimmen und die Absichten durchkreuzen?

Das wirft die Frage auf, was moralische Verantwortung im Kontext von Weltanschauungen bedeutet, die mit Blick auf die großen Zusammenhänge nicht an die bewusste Planung und Gestaltung der Welt durch die Menschen glauben und das Gefühl der Kontrolle über die alltäglichen Zusammenhänge, das Menschen im Alltagsleben entwickeln, nicht für realistisch halten. Peter Strawson hat bei seiner Analyse der reaktiven moralischen Gefühle auf eine gewisse Theorieimmunität der schon im Gefühlsleben sozialer Wesen angelegten Unterstellung hingewiesen, dass wir gewöhnlich über eine gewisse Kontrolle und Entscheidungsfreiheit beim Handeln verfügen. Diese Annahme müsste daran überprüfbar sein, ob solche Gefühle und Praktiken auch dort anzutreffen sind, wo die unreflektierte Unterstellung von Autorschaft als illusionär gilt. Im Folgenden möchte ich mich auf ein Beispiel beschränken, einen Einzelfall aus einem buddhistischen Kontext.[27]

Während die Annahme, der andere könne etwas für sein Verhalten, in der modernen europäischen Tradition durch Begriffe

27 Eine Einführung in die verschiedenen buddhistischen Denktraditionen bietet Edward Conze, *Buddhistisches Denken*, Frankfurt/M. 1990. Beim folgenden Beispiel stütze ich mich jedoch vor allem auf Rebekka Redwood French, *The Golden Yoke. The Legal Cosmology of Buddhist Tibet*, Ithaka 1995.

wie Willensfreiheit, Autonomie etc. gerechtfertigt wird, betrachtet man sie in den buddhistischen Traditionen als eine Illusion, die die wahre Natur der Dinge verhüllt. Die vage Unterstellung eines kompakten Selbst, das aus sich heraus handelt, verdeckt, wie unser Handeln durch seine karmische Vorgeschichte prädisponiert ist (nicht im fatalistischen Sinne determiniert). Sie wird jedoch nicht als ein trivialer Irrtum verstanden, sondern als eine Illusion, die sich im Sozialleben nahezu unvermeidbar einstellt – darin stimmen die buddhistischen Erkenntnislehren mit Strawson überein. Daraus folgt jedoch weder, dass sie auch im metaphysischen Sinne wahr wäre, noch, dass sie in einen anspruchsvolleren moralischen Sinne gut (das heißt dem Abbau von schlechtem Karma förderlich) wäre. Allerdings kommen auch im Alltagsleben buddhistischer Gesellschaften moralische Verantwortungszuschreibungen in Gestalt von reaktiven Gefühlen, Lob und Tadel oder verhängten Strafen vor. Indem man zwischen einer Ebene der konventionellen Beschreibung und einer der wahren Wirklichkeit unterscheidet, ist dies durchaus vereinbar mit der erkenntnistheoretischen Ablehnung der Vorstellung vom freien Willen, vom individuellen Selbst etc. So kann man einerseits reaktiven Gefühlen wie Empörung im Sozialleben eine gewisse Funktion zuschreiben, sie andererseits aber auch als Illusionen betrachten, die Grund des Leidens und des Aufbaus von schlechtem Karma sind. Wie man in der Praxis zwischen diesen beiden Perspektiven wechselt, lässt sich an einem Beispiel aus den 1940er Jahren ersehen, das die Rechtsethnologin Rebekka Redwood French in ihrer Studie über das Rechtswesen im buddhistischen Tibet anführt.

Es handelt sich um den Fall eines *chronischen Diebes*, eines *Mönchs* aus der Region Tseten, der oft das Kloster verließ und im Land herumwanderte, wobei er sich durch Nahrungsdiebstähle bei den Mönchen und den Bauern ernährte. Oft wurde er gefasst, ausgepeitscht und ins Gefängnis gesteckt, wo er jedoch stets wieder ausbrach. Seine Fähigkeit, sich auch schwerer Eisenketten zu entledigen, machte ihn berühmt. Nachdem der Klostervorsteher sich genau nach den Motiven erkundigt hatte, aus denen der Mönch stahl, und erfolglos versucht hatte, die Familie des Mönchs zu bewegen, ihn wieder bei sich aufzunehmen (sie fürchtete um ihren guten Ruf), suchte er ihn auf:

Er erklärte ihm, wenn er nicht aufhörte zu stehlen, würde ihn niemand mehr mögen oder auch nur mit ihm zu tun haben wollen. Er sagte, dass er dadurch sehr schlechtes Karma erzeugte und dieses Karma zu einer schlechten Wiedergeburt führen würde. Anschließend sagte der Vorsteher dem Mönch, er solle von nun an in seinem Haus leben. Da er eine große Familie hatte, gab es dort genug zu essen, und der Mönch sollte Essen, Kleider und ein Gehalt bekommen. [...] Und so zog der wandernde Mönch bei dem Vorsteher ein. Er veränderte sich dann sehr [...] und ihm wurde die Verantwortung für alle Rinder, Yaks und Ziegen der Familie übertragen. Der Mönch blieb bei der Familie und stahl nie wieder. Mit der Zeit wurde ihm in der Region so viel Vertrauen entgegengebracht, dass er in der Trockenzeit, als Wasser verteilt werden musste, gebeten wurde zu entscheiden, welcher Bauer zuerst Wasser bekommen sollte.«[28]

Diese Geschichte vermittelt eine Ahnung von den zwei Ebenen des Umgangs mit menschlichem Fehlverhalten im Kontext dieser buddhistischen Gesellschaft. Auch die tibetischen Bauern reagieren auf Normverletzungen und Übergriffe mit Sanktionen. Das mag aus der Sicht der Gelehrten ein grobes und ungenaues Vorgehen sein, es reicht für die Regelung alltäglicher Probleme aber in den meisten Fällen aus. Sind Mönche involviert oder stellt sich heraus, dass das Problem mit solchen konventionellen Mitteln nicht lösbar ist, dann muss es auf der Grundlage der buddhistischen Lehre untersucht werden. Das (von Mönchen gesprochene) Recht geht von der buddhistischen Lehre aus, dass in jedem Moment Entscheidungen getroffen werden. Man glaubt jedoch nicht an eine von der Wahrnehmung verschiedene freie Willensentscheidung (in dem augustinischen Sinne, auf den ich noch eingehen werde); es geht vielmehr um die Differenziertheit der Wahrnehmung und der darauf aufbauenden Einschätzungen, die bei den einen gut entwickelt sind, während die Sicht der anderen egozentrisch verengt ist. Und aus dieser Perspektive erscheinen allgemeine Annahmen wie: dass erwachsene Menschen fremdes Eigentum von ihrem unterscheiden können, dass sie wissen, dass Stehlen unrecht ist etc., als eine oberflächliche und unverlässliche Sicht der Dinge. Vielmehr müsste eigentlich mit Blick auf jeden Einzelfall gefragt werden, ob dieses Individuum überhaupt einer solchen Achtsamkeit fähig ist: Nimmt der betreffende Mensch die Wirklichkeit differenziert genug wahr? In den Augen des Vorstehers war dies bei dem Mönch nicht der Fall: Da er aufgrund seiner karmischen Vorgeschichte

28 French, *The Golden Yoke*, S. 65. (Übers. M.-S. L.)

nicht über die differenzierte Wahrnehmung verfügte, die erst durch eine gewisse Beruhigung der Affekte möglich wird, und da er an das Gemeinschaftseigentum unter Klosterinsassen gewöhnt war, behandelte er auch nach dem Verlassen des Klosters das Eigentum anderer wie eigenes. Worauf der einzelne Mensch überhaupt intellektuell und emotional achten kann, was er vorsätzlich und was er unvorsätzlich tut, kann letztlich nur durch eine *genaue Prüfung des Einzelfalls* ermittelt werden, der im Kontext der Wiedergeburtslehre gedeutet wird.[29] Auch wenn es sich um einen erwachsenen und anscheinend geistig gesunden Mann handelt, ist stets zu vermuten, dass er die Dinge aufgrund seines *vergangenen Lebens* generell falsch versteht. Sein rücksichtsloses Treiben ist nicht der Fiktion eines kompakten Selbst oder Willens zuzurechnen, sondern auf einen durch die Vergangenheit bedingten *Leidenszustand* zurückzuführen.[30] So vermuteten die an unserem Fall Beteiligten schon bald, dass der Mönch sich verantwortungslos wie ein Tier benahm, weil er möglicherweise in seinem früheren Leben ein Tier gewesen *war.*[31] Ein Tier lässt sich durch Gewalt von Nahrungsdiebstählen abbringen, aber nur, solange es sich auch anders ernähren kann und der Reiz nicht zu groß ist. Genauso wenig wie beim Fuchs, der die Gans gestohlen hat, erklärte sich der Vorsteher daher die Diebstähle aus »schlechten Motiven«; ohnehin ist die Erklärung des Verhaltens aus dem Karma des Individuums nicht monokausal. Der Mönch hätte nicht gestohlen, wenn er nicht aufgrund seiner karmischen Vorgeschichte eine getrübte Wahrnehmung der Wirklichkeit gehabt hätte, aber er hätte auch nicht gestohlen, wenn er sich anders hätte ernähren können. Seine Handlung wiederum wird nicht nur als Folge seines karmischen Zustands betrachtet, sondern als ein Faktor, der diesen verschlechtert. Als die *angemessene moralische Reaktion* auf das Verhalten des Mönchs erscheint daher nicht der Schuldvorwurf, sondern die Unterstützung beim Abbau des *schlechten Karmas*. Da der Mönch nicht von sich aus

29 Vgl. French, *The Golden Yoke*, S. 59 f.

30 Hier folge ich der Deutung von French, *The Golden Yoke*, S. 66.

31 Andererseits könnte dies im Kontext der Karma-Logik sogar dafür sprechen, dass er in seinem vergangenen Leben gutes Karma angesammelt hat, da er in eine höhere Seinsform als die eines gewöhnlichen Tieres wiedergeboren wurde und als Mönch sogar einen höheren Status als den eines gewöhnlichen Bauern erlangt hatte.

in einen besseren Zustand gelangen kann, fällt dem Vorsteher die Aufgabe zu, ihn bei dem Erwerb besseren Karmas zu unterstützen.

Geht man von dem modernen Bild der autonomen Person aus, dann tritt auf solche buddhistischen Praktiken wortwörtlich zu, was Hegel gegen Feuerbach einwendet: »Es ist [...], als wenn man gegen einen Hund den Stock erhebt, und der Mensch wird nicht nach seiner Ehre und Freiheit, sondern wie ein Hund behandelt.«[32] Denn Menschen sind nach der buddhistischen Wiedergeburtsvorstellung nicht *grundlegend* von Hunden verschieden; sie können als Hunde wiedergeboren werden, und sie können Wiedergeburten von Hunden sein und deren Gewohnheiten verhaftet bleiben. Der Unterschied ist keine kategoriale Differenz wie in den jüdischen, islamischen und christlichen Traditionen. Diese unterschiedliche Interpretation des Verhältnisses von Mensch und Tier ist jedoch kein Grund, das buddhistische Denken moralisch geringzuschätzen; auch ihm liegt eine Metaphysik zugrunde, die – besonders in der Gewichtung der Achtsamkeit – starke moralische Intuitionen präzisiert, dabei jedoch den Schwerpunkt auf die Befreiung von Illusionen durch die Steigerung der Achtsamkeit legt.

6. Der eilige Rechtsanwalt und die Frage nach der moralischen Schuld

Wie in den letzten Abschnitten deutlich wurde, spiegelt weder die jeweils vorherrschende Metaphysik und Ethik nur die moralische Erfahrung und Praxis wieder, etwa als Abstraktion und Interpretation darin angelegter Annahmen, noch sind die reaktiven moralischen Gefühle und Erfahrungen, die wir im Sozialleben machen, nur ein anschauliches Erleben der Grundgedanken religiöser oder philosophischer Moraltheorien. Gleichwohl durchdringen religiöse Theorien moralischer Verantwortung, wenn sie hinreichend kulturell verankert und durch Erziehung verinnerlicht sind, das *Knowing How* des direkten lebenspraktischen Umgangs mit dem Fehlverhalten anderer. Sie greifen tief in das gefühlsmäßige Erleben ein und wirken sich direkt auf die Einschätzung und Bewertung der Handlungen anderer aus.

32 Hegel, *Grundlinien der Philosophie des Rechts*, § 99, Zusatz.

Das trifft auch auf die Assoziation von kausaler Verantwortung und Vorwerfbarkeit zu, die sich im modernen Schuldbegriff verfestigt hat und uns von der Feststellung, dass eine Person schuld an etwas ist, zu der Feststellung weiterführen, dass die Person dafür zu tadeln ist, weil sie selbst schlecht ist. Das führt dazu, dass die moralische Haftung von uns nicht als eine schuldfreie Form der moralischen Verantwortung wahrgenommen wird, sondern in moralische Schuld umgedeutet wird. Entsprechend gilt sogar im Zivilrecht, wenn auch aufgeweicht, ein Verschuldensprinzip.

Wie sozialpsychologische Untersuchungen gezeigt haben, korrespondieren dem Gedanken moralischer Schuld typische sozialpsychologische Verhaltensweisen von Angehörigen westlicher Kulturen, die im Sozialisationsprozess Muster persönlichkeitsbezogener Zuschreibungen erlernen, während beispielsweise die Angehörigen ostasiatischer Kulturen eher mit Rollen- und situationsbezogenen Zuschreibungsweisen vertraut gemacht werden.[33] Entsprechend konzentrieren sich Berichte über einen Mordfall in westlichen Kontexten gewöhnlich mehr auf die Persönlichkeitsmerkmale des Täters, in ostasiatischen Kontexten mehr auf seine Lebenssituation, seine Probleme mit seiner sozialen Rolle und Familie etc.[34] Das bedeutet nicht, dass die Berücksichtigung der Lebenssituation und der sozialen Probleme in westlichen Kontexten fremd und unverständlich wäre. Beide Erklärungsformen werden in vielen Kulturen aktiv verwendet, teilweise abhängig davon, ob es um die Perspektive der ersten oder der dritten Person geht;[35] und sie sind wohl in den meisten nachvollziehbar. Das spricht dafür, dass ihnen – auch unabhängig von der jeweiligen religiösen und metaphysischen Deutung – unterschiedliche Selektionen und Gewichtungen von lebensweltlich erfahrbaren Faktoren entsprechen, die in den meisten kulturellen Kontexten als zurechnungsrelevant wahrgenommen werden können.

Das folgende Beispiel entstammt einer vergleichenden Unter-

33 Einen kurzen Überblick bietet der Band Eliot Aronson, Timothy Wilson, Robin M. Akert, *Sozialpsychologie*, München 2008, S. 212.

34 Vgl. die Beispiele in Aronson, Wilson, Akert, *Sozialpsychologie*, S. 213.

35 Wenn es um die Beurteilung des Verhaltens anderer geht, wird in westlichen Kontexten stärker persönlichkeitsbezogen zugerechnet als mit Blick auf die eigene Person, wobei Letzteres nochmals unterschiedlich ausfällt mit Blick auf Erfolge oder Misserfolge. Vgl. Aronson, Wilson, Akert *Sozialpsychologie*, S. 214.

suchung der Sozialwissenschaftlerin Joan Miller über Verhaltenserklärungen von Hindus in Indien und von Nordamerikanern.[36] Es zeigt, wie Personen, die aufgrund ihrer Lebenserfahrung in der Einschätzung der Ursachen eines Verhaltens nahezu vollständig übereinstimmen, aufgrund ihrer jeweiligen Weltanschauungen gleichwohl grundverschiedene moralische Haltungen diesem Vorgang gegenüber einnehmen.

In einem sozialpsychologischen Experiment wurden einem Hindu und einem (christlich sozialisierten?) Nordamerikaner derselbe Bericht über einen Motorradunfall mit tödlichem Ausgang vorgetragen:

> Bei einem Motorrad platzte der Hinterreifen. Der Beifahrer auf dem Rücksitz wurde herabgeschleudert. Beim Sturz schlug er mit dem Kopf auf dem Boden auf. Der Fahrer – ein Rechtsanwalt, der gerade auf dem Weg zum Gericht war – brachte den Beifahrer nur zu einer lokalen Krankenstation, fuhr weiter und kümmerte sich um seine Arbeit am Gericht. Ich persönlich finde das Verhalten des Fahrers falsch. Er ließ den Beifahrer dort, ohne den Arzt über die Ernsthaftigkeit der Verletzung – die Schwere der Lage – zu befragen und ob der Beifahrer sofort an einen anderen Ort gebracht werden müsste. Stattdessen fuhr er weiter zum Gericht. So kam es schließlich dazu, dass der Beifahrer starb.[37]

Der vortragende Hindu hatte das Verhalten des Fahrers als *falsch* bezeichnet, ging also offenbar davon aus, dass man sich in der betreffenden Region nicht ohne weiteres auf die ärztliche Initiative, Kompetenz und Ausstattung einer kleinen örtlichen Krankenstation verlassen konnte. Dieser Bewertung des Verhaltens schlossen sich beide Zuhörer an. Sie wurden nun gefragt, *warum* der Fahrer weiterfuhr, ohne sich nach der Schwere der Verletzung zu erkundigen. Sie boten dafür jeweils mehrere Erklärungen an. Der Hindu verwies darauf, dass der Fahrer 1. verpflichtet war, im Gericht seinen Klienten zu vertreten (soziale Rolle und Verpflichtung) 2. dass er vielleicht nervös oder verwirrt gewesen war (getrübter Geisteszustand) und 3. die Verletzung des Beifahrers vielleicht nicht so ernst gewirkt hatte, wie sie war (mangelnde Kenntnis der Tatsachen). Der Amerikaner erklärte sich das Verhalten 1. damit, dass der Fah-

36 Hier wiedergegeben nach Joan G. Miller, Richard Shweder, »The Social Construction of the Person: How Is It Possible?«, in: *Thinking through Cultures. Expeditions in Cultural Psychology*, hg. v. Richard Shweder, Harvard 1991, S. 172 ff.

37 Miller, Shweder, »The Social Construction of the Person«, S. 172. (Übers. M.-S. L.)

rer offensichtlich ein unverantwortlicher Mensch sei (allgemeiner Charakterzug), 2. er wohl unter Schock gestanden habe (getrübter Geisteszustand), und 3. auf rücksichtslose Weise seine Karriere vorantreibe (allgemeiner Charakterzug).

Auffällig an diesen Antworten ist, dass der Amerikaner und der Hindu das Verhalten nahezu gleich bewerten (falsch) und es auf die gleiche unmittelbare Ursache zurückführen (getrübter Geisteszustand). Erst ihre darüber hinausgehenden Einschätzungen und Wertungen weichen stark voneinander ab. Aufgrund ihrer Sozialisation erscheinen ihnen jeweils andere Aspekte der (bekannten und unbekannten) Wirklichkeit relevant für die Erklärung und Bewertung menschlichen Verhaltens. Dies fällt besonders bei dem Amerikaner auf, der, obgleich der Bericht gar keine direkten Informationen über den Charakter des Rechtsanwalts enthält, davon ausgeht, dass sich das Verhalten nur aus der moralischen Qualität des individuellen Charakters erklären lässt. Ein falsches Verhalten zu erklären bedeutet für ihn offenbar einem Zurechnungsmuster zu folgen, wonach der individuelle moralische Charakter eines Täters als *die* relevante Ursache eines Verhaltens zu betrachten ist. Der Hindu folgt einem ganz anderen Selektionsmuster: Beschreibungen menschlichen Verhaltens in einer traditionell hinduistischen indischen Gesellschaft bestehen in der Wiedergabe dessen, was jemand genau tat, und der Herstellung von Bezügen zu Personentypen, Situationstypen, Rollen und Pflichten. Weil man davon ausgeht, dass sich das Verhalten von Personen aus ihren sozialen Rollen im Verhältnis zu anderen Personen ergibt, beziehen sich auch rationale Handlungserklärungen auf die mit diesen Rollen verbundenen Verpflichtungen[38] und auf weitere situative Merkmale, mit denen die Schwierigkeiten erklärt werden, diesen Pflichten Genüge zu tun. So scheint das Verhalten des Rechtsanwalts verständlich und hinreichend entschuldigt, wenn man es auf seine *Pflichten* als Rechtsanwalt und seinen mutmaßlich konfusen Geisteszustand bezieht. Dem Hindu kam es gar nicht in den Sinn, von der Bewertung der Handlung zu einer *moralischen Verurteilung* der Person überzugehen. Der Gedanke, die Person könnte aus respektablen Gründen (beruflichen Verpflichtungen) das Falsche getan oder das Richtige unterlassen haben, stellte für ihn offenbar keinen Widerspruch dar.

38 Nach Joan Miller und Richard Shweder gilt dies unabhängig von der sozialen Position in der indischen Gesellschaft.

Das bedeutet natürlich nicht, dass im Kontext einer Hindu-Gesellschaft reaktive moralische Gefühle oder moralische Vorwürfe unbekannt wären. Noch wäre eine Zurechnung zu persönlichen Eigenschaften vollkommen fremdartig. Eine Zurechnung zu rein hypothetischen Eigenschaften des individuellen Charakters wäre jedoch allein schon deswegen schwer verständlich, weil sie sich auf etwas Unbekanntes und Abstraktes richtet: auf einen nicht direkt erfahrbaren Charakter im Sinne *allgemeiner, situationsunabhängiger* persönlicher Eigenschaften. Die Konstruktion eines solchen Charakters hat keine Funktion in einem Kontext, wo Handlungen mit der sozialen Rolle und der jeweiligen sozialen Konstellation erklärt werden, wie Miller und Shweder in ihrer Studie an einem Beispiel verdeutlichen: Wo ein Amerikaner sagen würde, »sie ist freundlich«, würde ein Inder sagen, »sie bringt meiner Familie an Festtagen Kuchen«;[39] das ist nicht ein Umschreibung für situationsunabhängige persönliche Eigenschaften, denn aus ihr folgt nichts über das Verhalten dieser Frau der Schwiegertochter oder gewissen armen Verwandten gegenüber.

Den unterschiedlichen Zurechnungen entsprechen unterschiedliche Personauffassungen. Während der Hindu den Rechtsanwalt als eine Sozialperson wahrnimmt, deren Denken, Fühlen und Handeln sich aus ihren sozialen Pflichten und Rollen ergibt, versteht der Amerikaner unter dem Rechtsanwalt *selbst* seine tieferen Charaktereigenschaften, die als Ursache auch seiner sozialen Bezüge verstanden werden; die beruflichen Verpflichtungen werden nicht als Gründe des Handelns wahrgenommen, die vom individuellen Charakter unabhängig sind, sondern auf Motive zurückgeführt, die charakterlich bedingt sind (beruflicher Ehrgeiz). Die Überzeugung, dass der individuelle Charakter letztlich der einzig relevante Autor des Handelns und seiner Auswirkungen ist, dass daher ein Fehlverhalten auch im Zustand der Verwirrung letztlich einen Charakterfehler anzeigt, mag Ausdruck eines besonders intensiven Bewusstseins moralischer Schuldfähigkeit sein. Die damit verbundene Verengung auf den hypothetischen Charakter einer Person hat jedoch ihren Preis: die Ausblendung der sozialen Bedingtheit und Komplexität der konkreten Lebenslage. Der Zugewinn an moralischem Schuldbewusstsein und moralischem Ehrgeiz, den die

39 Vgl. Miller, Shweder, »The Social Construction of the Person«, S. 171.

Konstruktion der Tiefenebene des Charakters mit sich bringt, wird durch einen Verlust an Differenzierungsfähigkeit erkauft.

Was folgt daraus für das Verständnis moralischer Schuld? Die beiden ostasiatischen Beispiele zeigen deutlich, dass wir nicht über einen universal anwendbaren deskriptiven Begriff der moralischen Schuld verfügen, denn das müsste ein Begriff sein, der auf alle Personkonzeptionen anwendbar wäre – sowohl dort, wo die Person als Individuum mit eigenen Zielen begriffen wird, das selbst an seinem Charakter schuld ist, als auch dort, wo man sie als Rollenträgerin versteht, die nur ihren Pflichten nachgeht, oder dort, wo man sich ihr Tun und Lassen mit ihrer karmischen Vergangenheit erklärt. Wie der Vergleich zeigt, beruht moralische Schuld auf einer sehr speziellen kulturellen Konstruktion. Das bedeutet jedoch weder, dass sie keinen Tatsachenbezug hätte, noch, dass dieser Tatsachenbezug in anderen kulturellen Kontexten gar nicht mehr herstellbar wäre. Sowohl der Klostervorsteher als auch der Hindu und der Amerikaner gehen von Annahmen über Tatsachen aus, die sich als wahr oder falsch herausstellen können: Annahmen über kausale beziehungsweise karmische Antriebe, berufliche Verpflichtungen und Geistestrübungen oder charakterliche Eigenschaften. Welche Art von Tatsachen berücksichtigt werden und welche nicht, ergibt sich jedoch erst aus dem kulturellen Kontext; es hängt davon ab, ob eine Person als Individuum, als Rollenträgerin, als karmischer Prozess oder auf ganz andere Weise verstanden wird. Diese Kategorisierung ist Voraussetzung, um zu entscheiden, ob Tatsachen vorliegen, die eine Person entschuldigen oder nicht.

Die Assoziationsgewohnheiten, die uns von der Frage, ob jemand kausal an einer unerwünschten Wirkung beteiligt war, zu der Frage übergehen lassen, aufgrund welcher moralischen Schwächen das Individuum hierfür zu tadeln ist, sind nur in kulturellen Kontexten nachvollziehbar, die von der typisch »westlichen« Mischung aus antikem Denken, Christentum und moderner Aufklärung geprägt sind. Unabhängig von diesen Traditionen erscheint das Denkmuster weder logisch noch erkenntnistheoretisch, noch moralisch begründet. Vielleicht kann man es als eine Abwandlung des modernen Mythos von der technischen Beherrschbarkeit der Welt verstehen.[40] Denn die Verurteilung der Person, die Nietzsche

40 Dies vermutet Jens Kulenkampff, »What Oedipus Did When He Married Jocasta or What Ancient Tragedy Tells Us About Agents, Their Actions and the

sich vor allem aus einem kulturell produzierten Ressentiment zu erklären versucht hatte, erscheint in ihrer modernen Variante wie die Kehrseite eines Optimismus, den man nicht aufgeben möchte: der Vorstellung, dass die Person bei *besserer innerer Einstellung* das Übel grundsätzlich hätte vermeiden können. Auch Unwissen wie die mangelnde Wahrnehmung der Gefahrenlage, die der Hindu im Beispiel zur Entlastung anführt, lässt sich prinzipiell auf einen Charakterfehler zurückführen: Die Person hätte stets weniger an sich denken und besser aufpassen können.

7. Freier Wille bei Augustinus

Kommen wir auf das Denkmuster zurück, das der Einschätzung des Amerikaners zugrunde liegt. Es verbindet zwei Elemente: die Feststellung, dass jemand kausal an einer Wirkung beteiligt war, und die Hypothese, dass diese Wirkung auf eine moralisch tadelnswerte charakterliche Einstellung der Person zurückzuführen ist. Da es zwischen beiden Elementen keinen logischen Zusammenhang gibt, ist zu vermuten, dass die Verbindung spezielle geistesgeschichtliche Ursachen hat.

Mit Blick auf die europäische Geistesgeschichte lässt sich die Inkohärenz dieses Ideenkomplexes vielleicht am ehesten dadurch erklären, dass hier zwei inkommensurable Denkrichtungen zusammenkommen, die von unterschiedlichen Fragen ausgehen: die christliche Theologie und die aristotelische Ethik. Die *erste* Frage lautet: Was für Wesen müssen wir sein, das heißt, welche Eigenschaften und Fähigkeiten müssen wir uns metaphysisch zuschreiben, damit wir letztlich selbst für unser Leben und Handeln verantwortlich sind?[41] Die *zweite* lautet: Nach welchen Regeln und Maßstäben schreiben wir einander im Sozialleben Verantwortung für unser Tun und Lassen und dessen Folgen zu oder sprechen sie ab? Nach welchen loben und tadeln wir einander? Aus beiden Fragestellungen lassen sich jeweils verschiedene konsistente und kohärente Begriffe moralischer Verantwortung entwickeln. Die

World«, in: *Grazer Philosophische Studien. Internationale Zeitschrift für Analytische Philosophie* 61 (2001), S. 138.

41 Zur Unterschiedlichkeit dieser Ausrichtungen vgl. auch Wolf, *Freedom Within Reason*, S. 4 f.

Inkohärenz im populären heutigen Verständnis, das kausale Verantwortung mit tiefer moralischer Schuld assoziiert, entsteht erst durch die Vermischung dieser Fragestellungen und ihrer jeweiligen Antworten. Aus ihrer Verbindung kann sich kein kohärenter Begriff der Verantwortung ergeben, denn die erste versteht unter moralischer Verantwortung etwas, was *nicht* mit unseren diesbezüglichen sozialen Praktiken zusammenfallen kann: eine tiefer gehende Art von Verantwortung, die allein in der Macht des Individuums selbst steht und sich daher gar nicht auf die Auswirkungen des Tuns und Lassens in der Welt erstrecken kann.

Der Begriff des freien Willens, auf den sich die philosophische Diskussion der ersten Frage auch heute noch konzentriert, geht auf Überlegungen zur Beziehung zwischen dem einzelnen Menschen und Gott zurück, die der christliche Bischof Augustinus in den frühen neunziger Jahren des vierten Jahrhunderts angestellt hatte. Er bezeichnet dort ein aktives Vermögen der Entscheidung zwischen dem Guten und dem Schlechten, das weder mit der Vernunft noch mit den Leidenschaften zusammenfällt. Der Bedarf, ein solches Vermögen anzunehmen, entspringt im christlich-paulinischen Kontext der Frage nach der Gerechtigkeit der göttlichen Strafe. Gott teilt »den Sündern Elend, den richtig Handelnden Glückseligkeit zu«;[42] er erlöst die einen nach dem Tode und verdammt die anderen zu Höllenqualen. Ein Gott, der derart schreckliche Sanktionen verhängt, so die Überlegung des frühen Augustinus, wäre jedoch kein gerechter Gott, dürfte man nicht voraussetzen, dass die Täter selbst schuld an ihren Taten sind.[43] Gehen wir von der göttlichen Gerechtigkeit aus, dann müssen wir bei allen Menschen einen freien Willen annehmen.[44] Die Schuld, die sich daraus ergibt – das unterscheidet das augustinische Schuldverständnis von dem populären modernen –, ist jedoch keine kausale, sie erstreckt sich *nicht* auf die Handlungen und ihre Folgen, über die der Einzelne nur sehr begrenzt Macht hat. Schuld liegt allein in den tieferen inneren Einstellungen, die

42 Augustinus, *De libero arbitrio*, Buch III, in: ders., *Theologische Frühschriften*, hg. v. Guilelmus Green, Zürich 1962, S. 105.

43 Vgl. Augustinus' Argumentation gleich zu Beginn des ersten Buches: *De libero arbitrio*, S. 31. Vgl. auch den Anfang des zweiten Buches.

44 Das ist der Standpunkt, den er in seiner frühen Schrift *Über den freien Willen* vertrat. Vgl. Augustinus, *De libero arbitrio*, S. 220 f.

zu diesen Handlungen führen.[45] Daher kann der, der schlecht (im Sinne der Auswirkungen) handelt, dies durchaus reinen Herzens tun, und umgekehrt kann der vermeintliche Wohltäter aus einer falschen inneren Einstellung handeln.

Augustinus setzt den Willensbegriff hier ein, um die Haltung, die der einzelne Mensch *Gott gegenüber* einnimmt und aus der sich der Wert seines Tuns und Lassens ergibt, auf diesen selbst zurückführen zu können, aber in einem viel radikaleren Sinne, als es die Erklärung aus intellektueller Unwissenheit oder Leidenschaft erlaubt; der Begriff ist daher nicht auf die Phänomene übertragbar, die umgangssprachlich als »wollen« bezeichnet werden und die wir normalerweise weder von vernünftigen Interessen noch von Leidenschaften eindeutig abgrenzen.[46] Er bezieht sich auf eine den geistigen und sinnlichen Bestrebungen vorausliegende Entscheidung, entweder den geistigen oder den sinnlichen Freuden Vorzug zu geben.[47] Diese Willensausrichtung folgt also nicht aus Einsicht und Leidenschaft; sie schafft umgekehrt eher die Voraussetzungen für die Affizierbarkeit durch sinnliche Objekte und für die intellektuelle Fähigkeit, die Dinge in ihrer relativen Wichtigkeit zu verstehen.[48]

Der Bedarf nach einem solchen Begriff liegt in der Annahme der jüdisch-christlichen Tradition begründet, dass der Mensch sich Gott zuwenden oder von ihm abwenden kann. Da das göttliche Denken und Planen nach jüdisch-christlicher Auffassung der menschlichen Einsicht entzogen ist, findet sich schon im Kontext des Alten Testaments die Vorstellung von einer Fähigkeit des Menschen, unabhängig von seinem Kenntnisstand und seinen intellektuellen Fähigkeiten auf Gottes Gebot zu antworten.[49] Diese Auffassung von dem Verhältnis zwischen Mensch und Gott unterscheidet sich deutlich von der griechisch-stoischen Tradition, der zufolge der Mensch aufgrund eigener Einsicht frei dem zustimmt, was Gott oder die Natur ihm aufgetragen hat. Nach jüdisch-christ-

45 Vgl. Augustinus, *De libero arbitrio*, S. 41 f.

46 Vgl. Augustinus, *De libero arbitrio*, S 309 ff.

47 Vgl. Augustinus, *De libero arbitrio*, S. 101. Zur Reflexion, Abkehr und Hinwendung des Willens vgl. insbesondere S. 209 ff.

48 Vgl. Augustinus, *De libero arbitrio*, S. 75.

49 Darauf hat der Altphilologe Albrecht Dihle in seiner Studie *Die Vorstellung vom Willen in der Antike* (S. 22 ff.) hingewiesen.

licher Auffassung hingegen kann der Mensch die Gebote Gottes nicht verstehen, er kann ihnen nur gehorchen oder sie missachten. Schon im Alten Testament werden daher Menschen als Vorbilder gepriesen, die dem Befehl Jahwes gehorcht haben, ohne dabei auch nur versucht (beziehungsweise sich angemaßt) zu haben, sich selbst ein Urteil über die Richtigkeit oder Falschheit dieses Befehls zu bilden.[50]

Der augustinischen Tradition gehört auch die einflussreiche Moralphilosophie Kants an. Sie führt Verantwortung auf ein Wollen *vor* allem von Leidenschaft oder Einsicht geleiteten Wollen zurück. (Augustinus hatte diesen Gedanken durch seine Deutung des Sündenfalls, durch den wir die ursprüngliche Willensfreiheit verlieren, und die Auserwählungs- und Gnadenlehre in seinen späten Schriften freilich wieder relativiert – Probleme, die hier ausgeklammert werden müssen.[51]) Kant hält diesen Gedanken für eine unverzichtbare Voraussetzung auch der säkularen Moralphilosophie. Die moralische Zurechnung von Handlungen, so behauptet Kant 1793 in seiner Schrift *Die Religion innerhalb der Grenzen der bloßen Vernunft*, ist nur unter der Bedingung möglich, dass man einen letzten subjektiven Grund des Gebrauchs der Freiheit im Individuum annimmt, der aber selbst wieder als ein »Actus« der Freiheit gedacht werden muss, »denn sonst könnte der Gebrauch, oder Mißbrauch der Willkür des Menschen, in Ansehung des sittlichen Gesetzes, ihm nicht zugerechnet werden, und das Gute oder Böse in ihm nicht moralisch heißen«.[52]

In der Tradition von Augustinus und Kant drückt der Begriff des

50 Die Unabhängigkeit des Willens vom Verstand bekommt in Augustinus' Lehre vom Sündenfall noch eine neue Dimension, indem der Wille zur Voraussetzung des Erkenntniszustands wird. Nach der Lehre vom Sündenfall führt der Akt des Ungehorsams gegenüber dem göttlichen Willen zum Verlust der Fähigkeit, das Richtige zu erkennen. Religiöse und moralische Erkenntnis bzw. ihr Mangel werden so zur *Folge* eines *vorhergehenden Willensaktes* des Gehorsams oder der Verweigerung. Vgl. Dihle, *Die Vorstellung vom Willen in der Antike*, S. 84, S. 87.

51 Zum schon im dritten Buch von *De libero arbitrio* vertretenen Konzept vom Sündenfall, durch den die Seele zur Strafe ihr Wissen und ihre Willenskraft verliert vgl. Augustinus, *De libero arbitrio*, S. 313 ff., S. 317.

52 Immanuel Kant, *Die Religion innerhalb der Grenzen der bloßen Vernunft*, BA 7, in: *Kants Werke, Akademie Textausgabe VI*, Berlin, New York 1968, S. 21. Diese »intelligible Tat« des freien Willens ist jedoch nicht als kausale Urheberschaft im gewöhnlichen Sinne zu verstehen; sie findet nicht in Raum und Zeit statt.

freien Willens also eine unverzichtbare normative Eigenschaft moralisch verantwortlicher Personen aus – das, was sie in einem letzten, absoluten Sinne zu Urhebern ihrer Handlungen macht. Dieser Gedanke hat im Anschluss an Kant nicht nur die Philosophie des deutschen Idealismus und des Existenzialismus geprägt. Die Idee eines selbst unbestimmten freien Willens, der als letzter Urheber auch unserem Charakter, so wie wir ihn kennen, vorausliegt, wirkt bis heute in den sogenannten inkompatibilistischen Theorien des freien Willens nach. Auch die Überzeugung, es wäre ungerecht, Menschen moralisch für ihr Tun und Lassen zur Verantwortung zu ziehen, wenn man ihnen nicht einen freien Willen zuschreiben könnte, der *außerhalb* von natürlichen Kausalzusammenhängen wirksam wird, wird bis heute vertreten.[53]

8. Die aristotelische Konzeption moralischer Verantwortung

Der Begriff des freien Willens in der augustinisch-kantischen Tradition beantwortet die Frage, welche normativen Eigenschaften wir uns zuschreiben müssen, um in einem tiefen Sinne für unsere moralische Grundeinstellung verantwortlich sein zu können. Entsprechend bezieht sich der Gedanke moralischer Verantwortung auf das Desiderat eines metaphysischen Faktums unabhängig von den sozialen Zuschreibungsregeln. Er steht für die Annahme – wie es Susan Wolf formuliert hat –, »dass sich die Frage, ob wir freie und verantwortliche Wesen sind, auf eine Tatsache bezieht; eine Tatsache, die wir entdecken können und hinsichtlich deren wir uns irren können«.[54] Da sich die Freiheit nur auf unsere unergründliche moralische Grundeinstellung bezieht, ist dieser Verantwortungsbegriff jedoch nicht auf die Verantwortung für unsere Handlungen

53 So vertritt Ulrich Pothast die Auffassung, ohne den Beweis, dass wir über einen im metaphysischen Sinne freien Willen verfügen, der außerhalb von Kausalketten wirkt, sei es eigentlich nicht gerechtfertigt, Personen für ihr Handeln und Lassen zu bestrafen. Vgl. Ulrich Pothast, »Mensch und Recht – Freiheit und Verantwortung«, in: Ernst-Joachim Lampe (Hg.), *Beiträge zur Rechtsanthropologie*, Stuttgart 1985, S. 37. Vgl. auch Ulrich Pothast, *Die Unzulänglichkeit der Freiheitsbeweise*, Frankfurt/M. 1987, S. 40.

54 Susan Wolf, *Freedom Within Reason*, S. 15. (Übers. M.-S. L.)

und ihre Folgen in der Welt anwendbar, noch ist er geeignet, zwischen entschuldbarem und nicht entschuldbarem Verhalten im Sozialleben zu unterscheiden. Fragt man sich hingegen, was die Bedingungen sind, unter denen Personen einander für ihr Handeln loben oder tadeln, dann geht es nicht darum, die Bedingungen zu *entdecken*, unter denen sie selbst in einem rein *faktischen* Sinne moralisch für Übel verantwortlich sind, sondern um die Bedingungen, unter denen sie *einander* Verantwortung zuschreiben oder absprechen. Und dazu gehört die Vorstellung, dass es keinen Sinn hat, unfreiwillige Handlungen zu tadeln.[55]

Geht man von den Gründen aus, aus denen wir im Sozialleben einander für unser Verhalten tadeln oder auch nicht, dann ist die Rolle des Begriffs der Freiwilligkeit *negativ* zu verstehen, wie John Austin herausgearbeitet hat: Zu sagen, dass wir *frei* gehandelt haben, ist dann so zu verstehen, dass wir *nicht unfrei* gehandelt haben, und zu sagen, dass eine Person frei ist, bedeutet nichts anderes, als zu sagen, dass es keinen Grund gibt, sie als unzurechnungsfähig zu betrachten: »So wie ›wirklich‹, verwendet man den Ausdruck ›frei‹, um die Annahme einer oder aller seiner jeweils bekannten Antithesen auszuschließen.«[56]

Wenn man von der sozialen Praxis ausgeht, gibt es auch keinen zwingenden Grund, dem Wort Freiwilligkeit überhaupt eine *einheitliche Bedeutung* zu unterstellen; wenn man das Wort im Sinne von verantwortlich versteht, bezieht es sich auf verschiedene Aspekte, die je nach Situation unterschiedlich relevant werden, wie sich negativ zeigt, wenn man ein Handeln als unfreiwillig oder eine Person als unfrei ansieht. Der Freiheitsbegriff bezeichnet hier keine einfache Eigenschaft, sondern eine durchaus komplexe Dimension der Beurteilung von Handlungen und Unterlassungen. Aristoteles hat wohl als Erster versucht, einen solchen Begriff zu formulieren, und seine Diskussion der Freiwilligkeit im dritten Buch der *Nikomachischen Ethik* ist bis heute maßgebend. Aristoteles fragt dort nach den Bedingungen, die erfüllt sein müssen, wenn man in der sozialen Kommunikation andere (zu Recht) für ihr Verhalten lobt oder tadelt. Handlungen, bei denen diese Bedingungen erfüllt sind,

55 Hier folge ich Marion Smiley, *Moral Responsibility and the Boundaries of Community. Power and Accountability from a Pragmatic Point of View*, Chicago, London 1992, S. 38 ff.

56 Austin, »A Plea for Excuses«, S. 128. (Übers. M.-S. L.)

bezeichnet er als *hekousios*, was meist mit freiwillig übersetzt wird.[57] Der Begriff der Freiwilligkeit bezieht sich also auf das Nichtzutreffen von Entschuldigungsgründen, wobei Aristoteles davon ausging, dass der weitaus überwiegende Teil unserer Handlungen weder rein freiwillig noch rein unfreiwillig ist, sondern eine Mischform darstellt.

Die akzeptierbaren Entschuldigungsgründe teilt Aristoteles bekanntlich in zwei Gruppen ein, von denen die einen ein Handeln unter (äußerem) *Zwang*, die anderen ein Handeln in *Unkenntnis* der relevanten Tatsachen betreffen. »Freiwillig« ist also ein Sammelbegriff, der verschiedene Gründe auflistet und systematisiert, aufgrund deren wir glauben, dass es nicht sinnvoll wäre, erzwungene Handlungen und Handlungen in Unkenntnis der Umstände oder getrübten geistigen Zuständen zu tadeln. Die Art von Unkenntnis, angesichts deren wir eine Handlung als unfreiwillig einstufen, ist beispielsweise die Unkenntnis, dass der Speer, den man ausprobiert, eine scharfe Spitze hat (und somit zu Verletzungen führen kann); zur Tatsachenunkenntnis werden aber auch Wahnvorstellungen gerechnet, wie dass jemand seinen Sohn für seinen Feind hält. Dass die Freiwilligkeit nicht allein mit der faktischen Unkenntnis zusammenfällt, zeigt Aristoteles' Diskussion des Beispiels der Unkenntnis, was gut und was schlecht sei. Wer nicht weiß, dass es schlecht ist, was er tut, ist deswegen nicht entschuldigt; Aristoteles rechnet diese Form der Unwissenheit dem Charakter zu (ich komme noch darauf zurück).

Wenn man von dem Extrem eines Zwanges absieht, der keine physische Bewegung erlaubt, eröffnet dieser Begriff der Unfreiwilligkeit die Möglichkeit, den Spielraum der jeweiligen Freiheit mit Blick auf die normativen sozialen Erwartungen auszuloten. Wenn man Freiheit negativ über Unfreiheit bestimmt, hängt die Zuschreibung von Freiwilligkeit auch von sozialen Standards ab. Zwar thematisiert Aristoteles diese soziale Grundlage nicht ausdrücklich als Bestandteil der Freiwilligkeit, was damit zusammenhängt, dass er die Person nicht als Rollenträgerin versteht, sondern als ein soziales Einzelwesen, das nach Glück (nicht im Sinne von Lust, sondern Eudämonie) strebt. Gleichwohl zielt die Frage, ob jemand unter Zwang oder in Unwissenheit gehandelt hat, nicht

57 Ursula Wolf übersetzt ihn mit »gewollt« oder »aus dem eigenen Wollen hervorgehend«. Vgl. ihre Übersetzung der *Nikomachischen Ethik*, Hamburg 2006, S. 95.

nur auf die Ermittlung von physischen und psychischen *Tatsachen*. Vielmehr müssen die Tatsachen mit Blick auf die Bedingungen beurteilt werden, unter denen jeweils Unwissenheit oder Zwang als hinreichende Entschuldigungsgründe akzeptiert werden.[58] So kann man in dem Falle, dass ein Tyrann jemanden zu einem Verbrechen nötigt, indem er dessen Familie als Geiseln nimmt und mit dem Tode bedroht, im Zweifel sein, ob der Erpresste freiwillig oder unfreiwillig handelt.[59] Und in manchen Fällen glauben wir, dass Widerstand das Menschenmögliche übersteigen würde. Wenn wir aber in anderen Fällen von unseren Mitbürgern erwarten, den eigenen Tod in Kauf zu nehmen, betrachten wir auch erpresste Handlungen noch als mehr oder weniger freiwillig. Hier messen wir die Gegebenheiten an unseren normativen Erwartungen. Dasselbe gilt für Trunkenheit,[60] wie Aristoteles klarmacht, denn in solchen Fällen sind auch Handlungen in faktischer Unwissenheit nicht entschuldbar.

Obgleich Aristoteles von einem Personverständnis ausgeht, das nicht ohne weiteres auf andere Kontexte übertragbar ist, ist seine Analyse der Freiwilligkeit vermutlich auch unter anderen kulturellen Rahmenbedingungen nachvollziehbar. Da er den jeweiligen Grad an Freiwilligkeit *im Kontext* unserer sozialen Praktiken und normativen Erwartungen betrachtet, dürfte sein negatives Verständnis von Freiwilligkeit vermutlich auch in kulturellen Kontexten anwendbar sein, wo Personen in einem stärkeren Maße als Träger sozialer Rollen und Pflichten verstanden werden und man entsprechend auch den normativen Erwartungen bei der Zuschreibung von Verantwortung ein größeres Gewicht beimisst als Aristoteles selbst. Aus der *Nikomachischen Ethik* lässt sich darüber hinaus mit Blick auf ein individualistisches Verständnis von Verantwortung eine differenzierte Beschreibung moralischer Verantwortung herleiten, die es erlaubt, Handlungen und Unterlassungen *mehr oder weniger* stark der Person selbst zuzurechnen, je nachdem, welche kausale Rolle der Charakter dabei gespielt hat und ob eine überlegte Entscheidung getroffen wurde.

58 Diese soziale Seite hebt Smiley in ihrer Rekonstruktion von Aristoteles' Verantwortungslehre hervor; vgl. Smiley, *Moral Responsibility and the Boundaries of Community*, S. 39.

59 Vgl. Aristoteles, *Nikomachische Ethik*, 1110a 5 ff.

60 Vgl. Aristoteles, *Nikomachische Ethik*, 1110b 26.

Diese Zurechnung ist jedoch von der modernen Zurechnung zu unterscheiden, wie sie Nagel formuliert hat: Weder fällen wir nach Aristoteles immer ein Urteil über die Person, wenn wir ihr Tun und Lassen beurteilen, noch wird ein solches Urteil im modernen Sinne verstanden. Aristoteles weist ausdrücklich darauf hin, dass wir auch Kinder und »andere Tiere« loben und tadeln, wenn sie sich richtig oder falsch verhalten.[61] Aus diesem Grund ist seine Analyse der Freiwilligkeit von modernen Autoren oft als rückständig kritisiert worden, weil er einerseits nicht über einen »genuinen« Begriff des freien Willens verfüge und es andererseits uneindeutig sei, was denn eigentlich die Angemessenheit von Lob und Tadel begründe:[62] Geht es um den persönlichen *Verdienst* – also um moralische Verantwortung in dem Sinne, der in der modernen Philosophie als der eigentliche gilt? Das wäre unverträglich mit der Annahme, dass auch Kinder und Hunde freiwillig handeln. Geht es also bei Lob und Tadel letztlich nur darum, den Betreffenden zu *erziehen* – ihm mit Lob und Tadel eine Motivation zu liefern, sich in Zukunft anders zu verhalten? Das würde bedeuten, moralische Verantwortung, wie es später Moritz Schlick formuliert hat, ganz von der Frage der Freiwilligkeit zu lösen und allein auf die Frage zu reduzieren, ob jemand beeinflussbar ist, sich im sozial wünschenswerten Sinne zu verhalten.[63]

61 Vgl. Vgl. Aristoteles, *Nikomachische Ethik*, 1111b 8. Da wir das Loben oder Tadeln von Tieren – Hunden? – heute nicht als moralische Äußerung verstehen (im Lichte des modernen Verständnisses von moralischer Verantwortung), wurde Aristoteles' Konzeption moralischer Verantwortung häufig auf seine Diskussion der *prohairesis* (überlegte Entscheidung) reduziert, die Bewertungen des Charakters erlaubt. Wie Richard Sorabji herausgearbeitet hat, geht es jedoch an Aristoteles' eigenen Unterscheidungen vorbei, anzunehmen, moralische Verantwortung beträfe allein die *prohairesis*. Moralische Verantwortung im Sinne von Lob und Tadel bezieht sich bei Aristoteles eindeutig auf das Freiwillige (*hekousion*), und die Konsequenz, dass dann auch Hunde tadelbar sind, galt durchaus nicht als unvernünftig und wurde auch von anderen geteilt. Vgl. Richard Sorabji, »The Concept of the Will from Plato to Maximus the Confessor«,in: *The Will and Human Action from Antiquity to the Present Day*, hg. v. Thomas Pink, M. W. F Stone, London 2004, S. 12.

62 Maximilian Forschner geht daher davon aus, dass Aristoteles erst in seiner Erörterung der *prohairesis* und der *boulesis* moralische Verantwortung thematisiert; vgl. Maximilian Forschner, *Mensch und Gesellschaft. Grundbegriffe der Sozialanthropologie,* Darmstadt 1989, S. 66.

63 Vgl. Moritz Schlick, *Fragen der Ethik*, S. 105 ff.

Wenn man weder das Anliegen verfolgt, moralische Verantwortung auf eine schlichte metaphysische oder psychologische Tatsache namens Freiheit zurückzuführen, noch daran interessiert ist, sie in ein therapeutisches Unternehmen zu transformieren, erweist sich die mangelnde Eindeutigkeit jedoch als vorteilhaft, denn sie ermöglicht es, ein wesentlich differenzierteres Bild unserer moralischen Bewertungen zu gewinnen. Wenn wir andere für ihr Verhalten loben oder tadeln und mit moralischen Gefühlen auf sie reagieren, kann dies mehrere Gründe haben: wir finden zum Beispiel, dass sie es im Lichte dessen, was man vernünftigerweise von seinen Mitmenschen erwarten kann, durchaus verdienen, wollen aber wohl auch einen gewissen Einfluss auf sie ausüben, der nicht unbedingt im Sinne einer Dressur verstanden werden muss, sondern durchaus auch eines vernünftigen Hinweises. In beiden Fällen haben Lob und Tadel jedoch nur Sinn mit Blick auf ein Verhalten, das nicht von außen erzwungen war und bei dem der Betreffende es hätte besser wissen können.

Da Freiwilligkeit im aristotelischen Sinne nicht derselben Logik folgt wie der Gedanke eines freien Willens, kann Aristoteles Handlungen als tadelnswert bezeichnen, ohne damit die Person als solche abzuwerten. Allerdings geht auch er davon aus, dass wir bei manchen Handlungen den Charakter der Person bewerten. Auf der Grundlage der *Nikomachischen Ethik* lassen sich verschiedene *Stufen* der moralischen Verantwortung unterscheiden. *Erstens* moralische Verantwortung in dem primären und oberflächlichen Sinne, dass eine Person zu Recht für ihr Handeln oder Lassen gelobt oder getadelt werden kann (das Freiwillige/*hekousion*). Darauf bauen die folgenden anspruchsvolleren Bedeutungen auf. Dazu gehört *zweitens* das Kriterium, dass eine Handlung *vorsätzlich* geschah, das heißt aufgrund einer überlegten Entscheidung. Als Entscheidung (*prohairesis)* bezeichnet Aristoteles das aus reiflicher Überlegung resultierende Wollen von etwas, das in unserer Macht steht.[64] *Drittens* wäre das Kriterium zu berücksichtigen, dass das freiwillige Handeln sich aus dem Charakter ergibt. Wir rechnen eine vorsätzliche Handlung viel eher dem Charakter zu als eine spontane Reaktion, aber nicht alle Handlungen, die dem Charakter entspringen, sind vorsätzlich.

64 Vgl. Aristoteles, *Nikomachische Ethik*, 1111b 5 ff.

Grundlage dieser Zurechnungen ist Aristoteles' Theorie der handlungsrelevanten erworbenen Charakterzüge, mit der auch die moralische Zurechnung irrational motivierten Verhaltens erklärt werden kann. Sie setzt voraus, dass wir selbst aktiv an der Entwicklung von Lebensgewohnheiten beteiligt sind. Alle Untugenden wie Tugenden entstehen aus wiederholten Einzelhandlungen, die weitgehend freiwillig sind. Das bedeutet nicht, dass man sich seine Wünsche und Bestrebungen selbst aussuchen kann; Aristoteles scheint davon auszugehen, dass Veranlagung und Erziehung den Charakter weitgehend formen; gleichwohl erleidet niemand die Erziehung *nur* passiv, sondern vollzieht sie aktiv mit. Er verfolgt nämlich in seinem Handeln seine eigene Vorstellung vom Glück. Dadurch eignet er sich seine Gewohnheiten an, und mit Blick auf dieses Ziel werden sie auch moralisch relevant und zu Tugenden oder Untugenden.[65] Kurz: man handelt insoweit *selbst*, als man (reflektiert oder unreflektiert, auf kluge oder dumme Weise) nach Glück strebt. Daraus ergibt sich zugleich der Maßstab rationalen Handelns: Man handelt rational, wenn man glaubt, dass die entsprechenden Handlungen zum eigenen Glück beitragen.[66] Da sich die entsprechenden Einschätzungen ändern können, kann man seine milieubedingten Gewohnheiten je nach Alter auch wieder umgestalten.[67] Aristoteles scheint dabei anzunehmen, dass gewöhnlich jeder hinreichend Gelegenheit hat, einzusehen, welches Verhalten ihn tugendhafter machen würde und welches die gegenteilige Wirkung hätte. Er berücksichtigt nicht die Möglichkeit, dass jemand ohne eigene Schuld durch eine ungute Sozialisation nicht nur schlechte Gewohnheiten, sondern auch schlechte Vorstellungen vom erstrebenswerten Glück erworben hat, mit der Folge, dass

65 Hier folge ich Susan Meyer, die meines Erachtens überzeugend dargelegt hat, dass das eigene Glücksstreben bei Aristoteles eine notwendige Bedingung dafür ist, dass man tugendhaft *oder* lasterhaft handeln kann. Ein Handelnder kann nicht als gerecht, mäßig oder unmäßig etc. bezeichnet werden, wenn er nicht eine Disposition hat, die seine Auffassung von Glückseligkeit ausdrückt, und seiner Disposition entsprechend handeln kann. Hierdurch wird er den Forderungen und Ansprüchen der Moral unterworfen. Die Verfolgung des Glücks ist also keine Bedingung der Tugendhaftigkeit, aber der moralischen Verantwortung und macht das Verhalten der Personen erst bewertbar. Vgl. Susan Meyer, *Aristotle on Moral Responsibility: Character and Cause*, Oxford 1993, S. 26.

66 Hier folge ich Meyer, *Aristotle on Moral Responsibility*, S. 24.

67 Vgl. Christoph Jedan, *Willensfreiheit bei Aristoteles?*, Göttingen 2000, S. 161 f.

er nicht weiß, dass er durch ungerechte Handlungen selbst ungerecht wird, ohne dass ihm diese normative Unkenntnis wirklich zuzuschreiben ist.[68] Allerdings kann sich auch aus der Überlegung, dass unser Charakter und unsere Wünsche nicht selten durch eine schlechte Sozialisation geprägt worden sind, für die wir nichts können, im aristotelischen Kontext nicht das extreme Problem des moralischen Zufalls ergeben, das Thomas Nagel, wie wir gleich sehen werden, für das moderne Verständnis diagnostiziert. Aristoteles nahm an, dass ein Handelnder ebenso wenig für den Charakter, aus dem er handelt, verantwortlich sein muss, um für die Handlung verantwortlich zu sein, wie ein Steinmetz für den Erwerb seiner künstlerischen Fähigkeiten verantwortlich sein muss, um für die Qualität seiner Statuen verantwortlich zu sein.[69]

Aristoteles' Rückführung der Handlungen auf Charakterzüge ist also nicht mit der Unterstellung alleiniger Urheberschaft zu verwechseln; sie beruht vielmehr auf der Unterscheidung zwischen Ursachen *kata symbebekos* und *kath auto,* zwischen akzidentellen und wesentlichen Ursachen. Das Objekt, das die Begierde hervorruft – etwa das Geld die Handlung des Gelegenheitsdiebes –, stellte für Aristoteles nur die akzidentelle Ursache dar. Wesentliche Ursache ist die Untugend der Habsucht. Auf dieser Grundlage ist beispielsweise eine feige Handlung nicht wesentlich auf Angst, sondern auf die Untugend der Feigheit zurückzuführen, und somit auf etwas von der Person selbst (Mit-)Erzeugtes, während die entsprechende Emotion, nämlich Angst, von außen erzeugt wird.

Dass moralische Verantwortung im aristotelischen Kontext nicht auf das Postulat eines freien Willens, sondern auf die differenzierte Ursachenlehre zurückgeführt wird, macht eine entsprechend differenzierte Zurechnung zum moralischen Charakter möglich. Im aristotelischen Rahmen ist es kein Problem, zu erklären, wie *gute* Menschen *schlechte* Handlungen begehen können. Dies ist nicht aus dem Handlungstyp als solchem erschließbar, denn zuweilen kann die Ungunst der Umstände oder eine Leidenschaft dazu führen, dass jemand freiwillig etwas tut, was nicht seinem Charakter entspricht:

68 Vgl. Meyer, *Aristotle on Moral Responsibility*, S. 126 f.
69 Hier folge ich Meyer, *Aristotle on Moral Responsibility*, S. 50.

Jemand könnte ja mit einer Frau schlafen im Wissen, wer sie ist [dass sie verheiratet ist und er somit Ehebruch begeht], und doch so, dass der Ursprung der Handlung nicht ein Vorsatz [*prohairesis*], sondern ein Affekt ist. Dann tut er also unrecht, ist aber nicht ungerecht, wie zum Beispiel jemand kein Dieb ist, obwohl er gestohlen hat, oder kein Ehebrecher, obwohl er die Frau verführt hat usw.[70]

Wenn man hingegen jemanden in einem nicht nur akzidentellen Sinne moralisch für eine Handlung verantwortlich macht, geht man davon aus, dass die entscheidende Ursache der Handlung in seinem Charakter liegt. Angewandt auf das Beispiel des vom Tyrannen Erpressten wäre seine verwerfliche Handlung – nehmen wir an, ein Mord – nur im akzidentellen Sinn von ihm selbst begangen; sie ist dem Handelnden vielleicht vorzuwerfen und zu bestrafen, er kann deswegen aber nicht als ein Mörder angesehen werden (im Sinne einer Person, die aus Gründen mordet, die sich aus ihrer eigenen Lebensführung ergeben).

Fassen wir zusammen: Moralische Verantwortung kann im aristotelischen Rahmen auf einer oberflächlicheren und einer tieferen Ebene zugeschrieben werden, nämlich als Lob- oder Tadelbarkeit der Handlung und als Lob- oder Tadelbarkeit der Person *als tugendhafter oder untugendhafter Handlungserzeugerin*. Diese tiefere Ebene moralischer Verantwortung geht *nicht* auf eine grundsätzliche willentliche Bevorzugung des Schlechten vor dem Guten oder umgekehrt zurück wie der Gedanke moralischer Verantwortung im augustinisch-kantischen Sinne. Sie ist vielmehr darin begründet, dass man die konstanten Gewohnheiten, welche die Person sich im Zusammenhang ihres eigenen Glückstrebens selbst zugelegt oder zugezogen hat, als die relevanten Ursachen ihres Verhaltens ansieht.

Eine moralische Autonomie im Sinne einer Entscheidung zwischen dem Guten oder Besseren und dem Schlechteren wie in der augustinischen Tradition ist im aristotelischen Rahmen nicht denkbar, ebenso wenig wie eine letzte Urheberschaft für den eigenen Charakter. Setzt man das intensivierte moderne Verständnis moralischer Verantwortung, in das der augustinische Begriff des freien Willens eingeflossen ist, als das maßgebliche Verständnis voraus, dann erscheint es als Mangel, dass der Gedanke eines bewusst und überlegt begangenen Unrechts – eines Unrechts, das als

70 Aristoteles, *Nikomachische Ethik*, 1134 a 16 f.

Unrecht gewollt wird – im aristotelischen Rahmen wie im griechischen überhaupt nicht recht verständlich ist. Für seine Ethik ist die Überlegung grundlegend, dass jeder nach Glück strebt; man kann sich nicht über dieses Ziel, sondern nur über die adäquaten Mittel irren und insofern nicht im radikalen Sinne die Wahl zwischen Gut und Böse haben. Zwar kennt auch Aristoteles ein aus Entscheidung resultierendes Unrecht.[71] Der Gedanke, es sei möglich, sich *gegen* das *als gut Erkannte* zu entscheiden, ist aber wohl erst vor dem Hintergrund der Wahlmöglichkeit zwischen irdischen und himmlischen Gütern fassbar.[72]

9. Moralischer Zufall und andere moderne Probleme

Kommen wir nach diesem Umweg zum modernen Verständnis moralischer Verantwortung zurück, in dem aristotelische und augustinische Gesichtspunkte eine unheilige Allianz eingehen. Wer eine Person für ihr Tun und Lassen tadelt, unterstellt nach Nagel, dass es letztlich von ihr selbst abhängt, was sie getan und was sich daraus ergeben hat.

Nagel scheint diese Denkweise nicht als eine speziell philosophische zu verstehen, sondern geht davon aus, dass sie schon im alltäglichen Gebrauch von Entschuldigungsgründen angelegt ist.

71 Otfried Höffe verweist auf eine entsprechende Ausführung in der aristotelischen Rhetorik, vgl. Aristoteles, *Rhetorik* I 10, 1368b6 ff.; vgl. Otfried Höffe, *Aristoteles*, München 1996, S. 210.

72 Nicht wenige moderne Denker haben daher den augustinischen Begriff des freien Willens als eine Kulturleistung betrachtet, die es quasi erst erlaubt, moralische Verantwortung im eigentlichen Sinne zu denken, nämlich *vorsätzliche* Handlungen als solche auszuzeichnen. Das Phänomen, dass viele Menschen schlecht handeln, obwohl sie es eigentlich besser wissen, wurde bei den Griechen hingegen mit der zweigeteilten Psychologie erklärt: Wessen Verstand nicht stärker ist als seine Leidenschaft, wird stets verkehrt handeln. Hierfür steht das Wort *akrateia*, Unbeherrschtheit. (Vgl. Dihle, *Die Vorstellung vom Willen in der Antike*, S. 49.) Das macht es jedoch unmöglich, schlechte Handlungen, die nicht im Affekt, sondern absichtlich und in voller Kenntnis der Umstände begangen werden, grundsätzlich von törichten Handlungen zu unterscheiden. So wurde zwar im 7. Jahrhundert v. Chr. die Unterscheidung zwischen Vorsätzlichkeit und Unvorsätzlichkeit in das griechische Strafrecht eingeführt, die *vorsätzliche* Rechtsverletzung jedoch als Unwissenheit bezeichnet. Vgl. hierzu Dihle, *Die Vorstellung vom Willen in der Antike*, S. 43 ff.

Wenn wir uns beispielsweise darauf berufen, dass es nicht unsere Schuld war, dass wir zu spät zur Arbeit kamen, und uns dabei auf einen Stau oder eine Elektrizitätsstörung im Nahverkehr berufen, geben wir Gründe an, die man auf den Nenner einer mangelnden Kontrolle des Geschehens oder seiner Bedingungen bringen kann. Es lag an Faktoren, über die wir keine Macht hatten und die wir auch nicht vorhersehen konnten. Wenn wir umgekehrt Verantwortung zuschreiben, unterstellen wir, dass die Dinge in unserer Macht standen. Aber wo ist die Grenze zu ziehen? Wenn wir Verantwortung auf eigene Urheberschaft zurückführen, dann müssen wir auch für die Neigungen verantwortlich sein, die uns zu bestimmten Handlungen veranlassen, für die Einschätzungen, aufgrund deren wir ein Handeln für zweckmäßig halten etc. Die Bedingung der Kontrolle verlangt etwas, das letztlich unerfüllbar ist. Sie fordert in letzter Konsequenz *alleinige* Urheberschaft. Verantwortlich für das Zuspätkommen könnten wir nur sein, wenn wir uns dafür entschieden oder es bewusst in Kauf genommen haben, aber auch die zugrunde liegenden Entscheidungen, Einstellungen, Neigungen und Charakterzüge müssten in unserer Macht gestanden haben. Das ist jedoch unmöglich: Wie sollen wir uns für eine Persönlichkeit entscheiden, durch die wir überhaupt erst als bestimmte Wesen konstituiert werden, die sich für etwas entscheiden können? Zudem können die Ursachen des Tuns und Lassens einer Person theoretisch unendlich weit in der Zeit zurückverfolgt werden, also auch vor ihre Geburt, so dass eine endgültige Zurechnung zur Ur-Entscheidung eines Ur-Ich gar nicht denkbar ist.[73] Als eine verantwortliche Person im vollen Sinne könnte nur Gott gedacht werden, weil es für ihn kein »außerhalb« geben kann.[74]

73 Vgl. hierzu Martha Klein, *Determinism, Blameworthiness and Deprivation*, Oxford 1990, S. 70 ff. Vgl. auch Susan L. Hurley, *Justice, Luck and Knowledge*, Cambridge, London 2003, S. 21.

74 Georg Simmel hat vermutet, dass sich unser modernes Personbild letztlich am Bild Gottes orientiert. Wir wären nur dann »formal vollkommene Persönlichkeiten«, so Simmel, wenn die Wechselwirkung zwischen unseren divergenten und fragmentarisierten Erlebnissen »eine vollkommen geschlossene wäre« und unser Denken und Fühlen ausschließlich durch unsere persönliche Lebensgeschichte bestimmt würde. Georg Simmel, »Die Persönlichkeit Gottes«, in: ders., *Philosophische Kultur*, Leipzig 1911, S. 213. Zum Begriff der Persönlichkeit vgl. auch Georg Simmel, *Die Philosophie des Geldes*, GSG 6, hg. v. David P. Frisby und Klaus Christian Köhnke, Frankfurt/M. 1989, S. 402.

Aber auch wenn man das Prinzip der Kontrolle nicht auf die in der Vergangenheit liegenden Voraussetzungen gegenwärtigen Wollens und Handelns bezieht, sondern sich auf die Gegenwart konzentriert, scheint es von der Verantwortung wenig übrig zu lassen. Wenn man die vielen äußeren Bedingungen unseres Tuns und Lassens im Verhältnis zu dem betrachtet, was wir selbst bewusst entscheiden, sieht es nicht so aus, als überwögen unsere eigenen Entschlüsse. Die Bedingung der individuellen Kontrolle, ohne die ein moralisches Urteil kein *moralisches* Urteil wäre, unterminiert also selbst die moralischen Urteile.[75] Gleichwohl können wir nicht auf sie verzichten, weil dann moralische Verantwortung ihren Sinn verlöre. So erweist sich moralische Schuld als *moralischer Zufall.* Das darf aber nach der Bedingung der Kontrolle, ohne die wir keinen Begriff moralischer Schuld hätten, nicht sein.[76]

Nagel hat vier Typen von moralischem Zufall unterschieden: einen *konstitutiven* Zufall hinsichtlich des eigenen Charakters, des Temperaments, der Neigungen und Fähigkeiten; einen Zufall der *Umstände* beziehungsweise der Probleme und Situationen, in die man gerät; der zufällige Einfluss *früherer* Umstände auf die gegenwärtige Situation; und schließlich den Zufall, durch den die kurzfristigen und langfristigen *Ergebnisse* der eigenen Handlungen und Projekte mit bedingt sind. Alle Situationen, in denen wir moralisch aufeinander reagieren, sind durch solche Zufälle geprägt.[77]

Das zeigt eindrucksvoll, wie widersprüchlich unser Verständnis moralischer Schuld ist. Auch das Denkmuster, dem der Amerikaner in unserem oben angeführten Beispiel folgt, setzt voraus, dass unser Handeln und seine Folgen weitgehend in unserer Macht stehen. Das ist jedoch nicht der Fall.

Es gibt unter Philosophen verschiedene Strategien, dem Problem auszuweichen. Eine besteht im Rückzug auf eine Art augustinisch-kantische Position, nämlich der Unterstellung, dass das, was wir meinen, wenn wir Handlungen loben oder tadeln, gar nicht die volle, von vielen Zufallsfaktoren abhängige Handlung und ihre unkontrollierbaren Folgen sei, sondern etwas von außen gar nicht Einsehbares. Demnach beziehen wir uns eigentlich auf die *wahre* moralische Verantwortung, die strikt von den Zuschreibungen zu

75 Vgl. Nagel, »Moral Luck«, S. 27.

76 Nagel, »Moral Luck«, S. 26.

77 Nagel, »Moral Luck«, S. 28.

unterscheiden ist, die wir unter gewöhnlichen weltlichen Bedingungen vornehmen und in die soziale Gesichtspunkte und Zufälle eingehen.[78] Diese *wahre* moralische Verantwortung entspricht allein den freien Entscheidungen der Person selbst, in denen sich ihre innere moralische Einstellung ausdrückt.

Der naheliegende Einwand lautet, dass diese wahre moralische Verantwortung wenig mit der moralischen Verantwortung gemein hat, die wir im wirklichen Leben zuschreiben. Gewöhnlich interessieren wir uns, wenn wir uns über ein Verhalten empören, weniger für die auch der Täterin selten transparenten inneren Einstellungen als dafür, was sie getan hat. Wer betrunken ein Kind überfahren hat, befindet sich rechtlich und moralisch in einer anderen Lage als der, der in ähnlicher Verfassung am Steuer saß, ohne dass etwas passierte. Was hier mit Blick auf unsere moralischen und rechtlichen Reaktionen einen großen Unterschied ausmacht, macht jedoch keinen Unterschied, was die sogenannte wahre moralische Verantwortung angeht. Dass wir unterschiedlich reagieren, lässt sich dann erkenntnistheoretisch damit erklären, dass wir gewöhnlich nicht über hinreichende Informationen verfügen, verschiedene Fälle gleichermaßen genau nach dem Kriterium der individuellen Kontrolle zu beurteilen. So führt Julian Nida-Rümelin Nagels Interpretationen der Fälle moralischen Zufalls auf konzeptionelle Verwechslungen wie die zwischen der Kenntnis der Tatsache, dass jemand sich moralisch falsch verhalten hat, und der *Tatsache* selbst zurück.[79] Dass wir beispielsweise einen chronisch fahrlässigen Fahrer, der einen Unfall verursacht, weil ihm zufällig jemand vor das Auto läuft, moralisch verantwortlich machen, einen ebenso fahrlässigen, aber unfallfreien hingegen nicht, ginge darauf zurück, dass wir im einen Fall nicht *wissen*, dass er sich falsch verhalten hat; aus dem mangelnden Wissen folge jedoch nicht, dass es die moralische Tatsache des Fehlverhaltens nicht gäbe. Klammert man diejenigen Aspekte

78 So unterscheidet Gottfried Seebaß zwischen einer ethischen und rechtlichen »Haftung«, die auf soziale Kontrolle abzielt, und einer eigentlichen »prägnanten« Verantwortung. Vgl. Gottfried Seebaß, *Wollen*, Frankfurt/M. 1993, S. 23. Er reserviert also den Begriff Zurechnung für einen »metaethischen und metajuridischen Begriff der Zurechenbarkeit«, der allein den Anteil betrifft, in dem die Betroffenen »aktiv« am Geschehen beteiligt sind, während moralische und rechtliche Haftung weder notwendig noch hinreichend für Zurechenbarkeit im »prägnanten« Sinne sei.

79 Vgl. Julian Nida-Rümelin, *Über menschliche Freiheit*, Stuttgart 2005, S. 107.

moralischen Zufalls aus, die sich nicht auf mangelnde Kenntnis reduzieren lassen, dann scheint es mit dieser Strategie durchaus möglich, an einem widerspruchsfreien Begriff moralischer Schuld festzuhalten, jedoch um den Preis mangelnder Anwendbarkeit auf unsere Praxis. Das macht in einem religiösen Kontext Sinn, wo der Gedanke einer Verantwortung des Einzelnen vor Gott Vorrang vor der weltlichen Verantwortung hat. In einem säkularen Kontext, wo wir moralische Verantwortung *nicht* als Verantwortung gegenüber einem allwissenden göttlichen Wesen verstehen, das in die Seelen blickt und den Eigenanteil jedes Individuums am Guten und Schlechten erkennen kann, sondern als Verantwortung gegenüber den Betroffenen, gegenüber uns selbst und den Rechtsinstitutionen, fehlt ihr jedoch der Bezugspunkt.

Nagels Analyse des Problems moralischen Zufalls zeigt nicht nur, wie lebensfremd es ist, moralische Verantwortung auf eine Frage des individuellen Verdienstes zu reduzieren und diesen im Sinne letzter Urheberschaft zu verstehen. Berücksichtigt man die unterschiedlichen augustinischen und aristotelischen Wurzeln heutiger Auffassungen von Verantwortung, dann ist auch unschwer erkennbar, dass unsere heutigen Intuitionen inkohärent sind. Einerseits beziehen wir uns, wenn wir moralische Verantwortung zuschreiben, auf wirkliche Geschehnisse in der Welt – wir loben und tadeln unsere Mitmenschen für Dinge, die sie *wirklich* tun und lassen, und nicht für letzte innere Willensakte, von denen wir gar nichts wissen können. Diesen Bezug auf wirkliches Handeln und Tun hat die heutige intuitive Vorstellung moralischer Verantwortung mit der aristotelischen gemein. Andererseits wird Verantwortung aber nicht nur als Tadelbarkeit der Handlung verstanden, und auch nicht nur als Tadelbarkeit der Person im aristotelischen Sinne (dass sie vorsätzlich gehandelt hat und/oder einen Charakter hat, der die Ursache von Handlungen dieses Typs ist und an dessen Herausbildung sie aktiv mitbeteiligt war). Vielmehr beanspruchen wir – wenn Nagel recht hat – ein grundlegendes moralisches Werturteil über die Person als ganze fällen zu können. Dann aber dürfte sich unser Urteil weder auf die empirische Handlung noch auf den empirischen Charakter beziehen – wie Augustinus und Kant bewusst war. So sagt Kant an einer berühmten Stelle:

Die eigentliche Moralität der Handlungen (Verdienst und Schuld) bleibt uns daher, selbst die unseres eigenen Verhaltens, gänzlich verborgen. Unsere Zurechnungen können nur auf den empirischen Charakter bezogen werden. Wie viel aber davon reine Wirkung der Freiheit, wie viel der bloßen Natur und dem unverschuldeten Fehler des Temperaments, oder dessen glücklicher Beschaffenheit (merito fortunae) zuzuschreiben sei, kann niemand ergründen, und daher auch nicht nach völliger Gerechtigkeit richten.[80]

10. Kompatibilistische Versionen moralischer Verantwortung

Mittlerweile verwendet nur noch eine Minderheit von Philosophen der Gegenwart einen Begriff moralischer Verantwortung, der letzte Urheberschaft oder Indeterminiertheit voraussetzt. Die meisten vertreten heute sogenannte *kompatibilistische* (mit deterministischen Auffassungen kompatible) Interpretationen der Freiwilligkeit. Das hat jedoch nichts daran geändert, dass moralische Verantwortung immer noch weitgehend unter dem Gesichtspunkt eines individuellen Verdienstes (oder Verschuldens) betrachtet wird, der allein auf ein Vermögen oder eine Tätigkeit des Individuums zurückzuführen ist. Im Folgenden werde ich nur kurz auf die neueren Ansätze eingehen, zumal sie schon in unzähligen Abhandlungen ausgiebig diskutiert worden sind.[81]

Schon Locke hatte argumentiert, wir verstünden eine Handlung nicht nur dann als freiwillig, wenn es in unserer Macht stand, auch anders zu handeln. So handle eine Person, die ohne ihr Wissen in einem Zimmer eingesperrt ist, sich aber aufgrund ihres eigenen Herzenswunsches dort aufhält, etwa um sich an der Gegenwart einer anderen geschätzten Person zu erfreuen, nach unserem Verständnis nicht weniger freiwillig, als wenn sie das Zimmer hätte verlassen können.[82] Freiwilligkeit bestünde in der Fähigkeit, zu tun,

80 Kant, *Kritik der Reinen Vernunft*, A 551 / B 579, Anmerkung.

81 Einen guten Gesamtüberblick über die philosophischen Richtungen bietet die Anthologie *The Oxford Handbook of Free Will*, hg. v. Robert Kane, Oxford 2002.

82 Locke, *An Essay Concerning Human Understanding*, Buch II, § 10, S. 238. Harry Frankfurt hat diese Überlegung mit seinem bekannten Beispiel von Black verfeinert, der Jones mit irgendeiner Methode (bis hin zu Eingriffen in das Gehirn, die sogar die Entwicklung von anderen Wünschen verhindern würden) dazu bringen

was man will; ob man sich hätte anders entscheiden können, sei dafür zweitrangig. Das wirft die Frage auf, was es denn bedeutet, selbst *etwas zu wollen*. Eine heute populäre, wenn auch kontroverse Antwort, die es erlaubt, »bloßes« Wollen im auch triebhaften Sinne von einem moralisch anspruchsvolleren Wollen zu unterscheiden, hat Harry Frankfurt mit seiner bekannten Stufentheorie des Wollens gegeben:[83] Personen können demnach wünschen oder ablehnen, was sie wollen, und sie sind moralisch für das verantwortlich, von dem sie wollen, dass sie es wollen. Sie sind insoweit autonom, als das, was sie auf der ersten Stufe wollen, mit dem, was sie auf der zweiten Stufe wollen, in Einklang steht. Autonomie bedeutet dann nicht Freiheit, sondern *Einheit, interne Konsistenz*.[84] Diese Überlegungen können jedoch auf die soziale Praxis des Lobens und Tadelns nur zu einem geringen Teil angewendet werden. Würde moralische Verantwortung mit Autonomie in diesem Sinne gleichgesetzt werden, dann wären wir nur für das verantwortlich, was unseren eigenen Wünschen und Werten entspricht, und für nichts anderes. (Diese Position wurde tatsächlich vertreten, wenn auch nicht von Frankfurt selbst.)[85]

Andere Kompatibilisten wie Jay Wallace und Susan Wolf bemes-

würde, eine bestimmte Handlung zu vollziehen, die Jones jedoch ohnehin schon aus eigener Intention begeht. Vgl. Harry G. Frankfurt, »Alternate Possibilities and Moral Responsibility«, in: ders., *The Importance of What We Care About*, Cambridge 1988, S. 7.

83 Vgl. Frankfurt, »Freedom of the Will and the Concept of a Person«.

84 Eine ausführliche Diskussion dieses Ansatzes mit Antworten Frankfurts enthält *Contours of Agency. Essays on Themes from Harry Frankfurt*, hg. v. Sarah Buss und Lee Overton, Cambridge 2002. Eine Zusammenfassung der gegen Frankfurt erhobenen Einwände gibt Michael Quante in »The Things we do for Love«, in: *Autonomes Handeln. Beiträge zur Philosophie von Harry G. Frankfurt*, hg. v. Monika Betzler und Barbara Guckes, Berlin 2000, S. 120 ff.

85 Frankfurt selbst hat aus seinem Personbegriff keine explizite Theorie der Verantwortung hergeleitet; ein entsprechender Verantwortungsbegriff ist von Eugene Schlossberger ausgearbeitet worden. Schlossberger scheint anzunehmen, dass Frankfurts Verständnis von Freiwilligkeit selbst ein allgemeines Prinzip abgeben kann, das die Grenze zwischen dem festlegt, wofür wir moralisch verantwortlich sind, und dem, wofür wir nicht verantwortlich sind. Demnach können wir nur für solche Handlungen und Unterlassungen moralisch verantwortlich sein, die sich aus unseren persönlichen Überzeugungen und Weltanschauungen ergeben, und das heißt für Frankfurt, aus solchen, die wir auch ausdrücklich bejahen und haben wollen. Vgl. Eugene Schlossberger, *Moral Responsibility and Persons*, Philadelphia 1992, S. 137, S. 148.

sen moralische Verantwortung vor allem am Maßtab der Einsichts- und Wahrnehmungsfähigkeit. Das leuchtet ein: Wenn moralische Verantwortung anders als moralische Haftung einen Schuldvorwurf einschließt, dann kann sie sich nur auf das erstrecken, was wir aufgrund unserer Erfahrung und unserer intellektuellen Fähigkeiten im Prinzip *wahrnehmen* und in seiner normativen Relevanz *beurteilen* können. Wenn Personen über eine hinreichende kognitive und normative Kompetenz verfügen, dann erscheint es auch grundsätzlich fair und gerecht, sie in einem moralischen Sinne zu loben oder zu tadeln. Diese Verstehensfähigkeit setzen wir offenkundig nicht nur voraus, wenn wir eine Handlung oder Unterlassung als *freiwillig* ansehen, sondern auch schon, wenn wir die *Zurechnungsfähigkeit* von Personen einschätzen. Sie umfasst sowohl normative Kompetenz – die Einsicht, dass bestimmte Dinge gut und andere schlecht, manche geboten und andere verboten sind etc. – als auch die Fähigkeit, an den Tatsachen das wahrzunehmen, was moralisch relevant ist, und sich im Handeln durch die *Vernunft* leiten zu lassen.[86] Diese Interpretation von Freiwilligkeit als Wissen hat zudem den Vorzug praktischer Anwendbarkeit. Sie passt zu den Kriterien, die wir in unseren alltäglichen moralischen Reaktionen anwenden, aber auch zu den rechtlichen Unterscheidungen zwischen zurechnungsfähigen und unzurechnungsfähigen, schuldhaft und schuldlos handelnden Personen. Allerdings erfasst sie nur einen Teil der von uns akzeptierten Entschuldigungsgründe – sie ist nicht auf die Entschuldigungsgründe anwendbar, die sich auf Zwang oder die mangelnde Macht einer Person relativ zu ihrer sozialen und physischen Umgebung beziehen.

Da aber auch hier die Dimension moralischer Verantwortung von vornherein nur unter dem Gesichtspunkt des je individuellen Verdienstes betrachtet wird, der die entsprechende individuelle Einsichtsfähigkeit voraussetzt, bleibt er einseitig; gar nicht gestellt wird die Frage nach der Berechtigung eines moralischen Übelnehmens, das sich *nicht* darauf bezieht, dass der Betreffende es durchaus hätte besser wissen können. So wäre nach Susan Wolf

86 Während Susan Wolf den Ausdruck »Vernunft« für die höchsten geistigen Fähigkeiten verwendet, die zum *Guten* und *Wahren* führen, versteht Wallace darunter die Fähigkeit, moralische Gründe zu erkennen, auf Einzelfälle anzuwenden und das eigene Verhalten entsprechend zu steuern. Vgl. R. Jay Wallace, *Responsibility and the Moral Sentiments*, Cambridge 1994, S. 1.

eine Person, die zu selbstbezogen ist, um überhaupt auf die Idee zu kommen, ihrer Freundin aus nichtinstrumentellen Gründen ein Geschenk zu machen, auch nicht moralisch dafür verantwortlich.[87] Das ist nur konsequent gedacht, wenn man moralische Verantwortung auf Verdienst reduziert und diesen auf individuelle Einsichtsfähigkeit zurückführt. Und es ist schwerlich bestreitbar, dass die Zuschreibung moralischer Verantwortung im »tiefen« Sinne Wolfs, wenn man den Gedanken überhaupt für sinnvoll hält, dort widersprüchlich wäre, wo eine bewusste Entscheidung gar nicht hätte stattfinden können. Der Umstand, dass wir im wirklichen Leben durchaus moralisch auf die Entdeckung reagieren, dass eine (vermeintliche) Freundin uns primär unter Gesichtspunkten der Nützlichkeit wahrnimmt, auch wenn diese Entdeckung von der moralisch noch betrüblicheren begleitet ist, dass sie gar nicht fähig ist, Menschen anders wahrzunehmen, lässt jedoch vermuten, dass es faktisch Formen des berechtigten moralischen Übelnehmens gibt, die nicht unter die Schuldkategorie fallen, aber deswegen nicht irrational sind.[88] (Womit nicht bestritten werden soll, dass der kommunikative Akt des Tadelns gegenüber Personen, die man für mehr oder weniger moralisch »taub« hält, wenig Sinn hat, auch wenn er als öffentlicher Akt mit Blick auf andere symbolischen Wert haben kann.) Ein Können ist jedoch keine einfache Tatsache. Die Frage, ob jemand etwas wissen konnte, kann beispielsweise mit Blick auf seinen Bildungsstand, seine allgemeinen Möglichkeiten, sich zu informieren oder im Hinblick auf die Ausrichtung seiner Aufmerksamkeit in einer bestimmten Situation jeweils anders beantwortet werden. Platon rechnete in seinem bekannten Mythos des Er das verfügbare Wissen anderer sogar ausdrücklich dazu. Er verwies darauf, dass diejenigen, welche die schwere Aufgabe, zu erkennen, was

87 Wolf, *Freedom Within Reason*, S. 85 f. Da moralische Verantwortung auf der Fähigkeit basiert, die normative Bedeutung der Fragen, um die es geht, erfassen und auf sich beziehen zu können, ergibt sich bei Wolf konsequenterweise eine Asymmetrie der Verantwortung: »The Reason View is thus committed to the curious claim that being psychologically determined to perform good actions is compatible with deserving praise for them, but that being psychologically determined to perform bad actions is not compatible with deserving blame.« Wolf, *Freedom Within Reason*, S. 79.

88 Wie schon erwähnt, findet sich eine in dieser Hinsicht viel realitätsnähere Analyse des Übelnehmens bei Thomas M. Scanlon in seinem Buch *Moral Dimensions*, Kapitel 4.

(für sie) gut oder schlecht wäre, allein kaum bewältigen können, dennoch dafür selbst verantwortlich sind, weil sie sich schließlich mit kompetenteren Personen austauschen könnten.[89] Das Kriterium der Einsichtsfähigkeit wird in der gegenwärtigen philosophischen Diskussion jedoch so gehandhabt, als handle es sich um eine nichtrelationale Eigenschaft des Individuums, aus der sich seine tatsächliche Verantwortung ergibt.

Wenn Platon im Kontext des erwähnten Mythos den Ausdruck *aitios* (ursächlich/verantwortlich) verwandte, beanspruchte er damit freilich, nicht mehr zu sagen, als dass *niemand anderes* (etwa ein Gott) als die Person selbst für ihr Leben verantwortlich ist. Damit war gemeint, dass die Richtung, die ihr Leben nimmt, durch Entscheidungen bestimmt ist, deren Tragweite der Person zwar meist nicht hinreichend bewusst ist, aber bewusst gemacht werden könnte, und dass der, der ein hinreichendes Problembewusstsein entwickelt, sein Leben in der Regel auch in seinem Sinne gestalten kann. Das ist allerdings nach Platon eine anspruchsvolle Aufgabe, die erfordert, dass man sich um eine genaue Kenntnis der Lage der Dinge und der eigenen Fähigkeiten und Grenzen bemüht – was unter anderem das Gespräch mit anderen und die Einbeziehung ihrer Erfahrung und Einsicht erfordert.[90]

Dass die Analysen moralischer Verantwortung in der »praktischen« Philosophie der Gegenwart im Vergleich zu dieser mythischen Darstellung oft lebensfremd anmuten, hängt mit der Unterstellung zusammen, das reale Können müsse irgendwo tief im Individuum versteckt sein, unabhängig von seinen sozialen Beziehungen und kommunikativen Möglichkeiten. Nur durch die realitätsferne Abkoppelung der Einsichtsfähigkeit von den Möglichkeiten des Einzelnen, sich mit Hilfe anderer zu informieren, ist ein Urteil über den tiefen individuellen Verdienst beziehungsweise das tiefe individuelle Verschulden der Person als solcher zu begründen.[91]

89 Vgl. Platon, *Der Staat,* in: ders., Werke IV, Darmstadt, 618 c, S. 866-867.

90 Platons Erzähler weist allerdings darauf hin, dass faktisch die allerwenigsten das Nötige tun, um ein glückliches Leben führen zu können. Das liegt ihm zufolge daran, dass vielen gar nicht bewusst ist, was alles schiefgehen kann, andere wiederum sich zu stark von ihren vergangenen Erfahrungen und Traumata bestimmen lassen.

91 Vgl. Wolf, *Freedom Within Reason*, S. 3 f.

Warum glauben so viele Philosophen und Philosophinnen, moralische Verantwortung als Urteil über den wahren moralischen Verdienst eines fiktiven, da isolierten Individuums verstehen zu müssen? Susan Wolf sieht zu einem solchen Ansatz nur die Alternative, die Kriterien der Freiwilligkeit auf kontingente soziale Entscheidungen zurückzuführen, die an sozialen Zwecken orientiert sind und nichts mit der moralischen Verantwortung selbst zu tun haben.[92] Wenn die Entscheidung, jemanden zu tadeln, sich lediglich aus der Überlegung ergäbe, wie er dazu veranlasst werden könnte, sich in einer sozial wünschenswerteren Weise zu verhalten, hätte sie nichts mehr mit moralischer Verantwortung zu tun.[93] An die Stelle moralischer Verantwortung träte dann moralische Manipulation oder Dressur.

An diesem Einwand ist gewiss etwas Wahres, aber als Argument für die Unverzichtbarkeit eines metaphysischen Begriffs moralischer Verantwortung, der sich nur auf Eigenschaften des Individuums bezieht, greift er zu kurz. Wolf weist zu Recht darauf hin, dass unser Glaube an die soziale Nützlichkeit von Tadel und Strafe nicht mit den Gründen für diese Reaktionen selbst zu verwechseln ist noch mit den Kriterien, nach denen wir ihre Berechtigung beurteilen. Unsere moralischen Reaktionen des Lobens und Tadelns sind jedoch unbestreitbar *soziale* Reaktionen – Weisen, wie wir auf das Verhalten anderer Personen in sozialen Kontexten *reagieren*. Dies wird in den neueren Diskussionen moralischer Verantwortung von Nagel bis Wolf ignoriert. Einerseits unterstellen sie, man wisse schon, worauf sich moralische Reaktionen wie Tadel beziehen. Das ist aber überhaupt nicht klar und variiert vermutlich stark je nach Kontext. Wenn wir mit einer moralischen Kritik im Alltagsleben dasselbe meinen würden wie Augustinus, als er in einem ganz anderen Kontext die rhetorische Frage aufwarf, ob die Strafen, die Gott über uns verhängt, auch gerecht sind, dann erschiene in der Tat die Annahme zwingend, dass es in der Macht des Betreffenden gestanden haben muss, sich anders zu verhalten. Wenn es jedoch gar nicht um die Frage geht, ob jemand zu Recht mit Höllenqualen bestraft wird, sondern ob wir Grund haben, jemandem sein

92 Vgl. Wolf, *Freedom Within Reason*, S. 16 f. So hat Moritz Schlick Tadel und Strafe auf ihre soziale Zweckmäßigkeit zurückführt; vgl. Schlick, *Fragen der Ethik*, S. 105 ff.

93 Vgl. Wolf, *Freedom Within Reason*, S. 18.

Verhalten übelzunehmen oder von ihm Wiedergutmachung einfordern sollten, dann erscheint eine solche Annahme nicht unbedingt erforderlich; auch das sind aber zweifellos moralische Reaktionen, Weisen, einander moralisch zur Verantwortung zu ziehen.

Wolfs Befürchtung, moralische Verantwortung löse sich letztlich auf, wenn man sie nicht auf eine tatsächliche psychische Beschaffenheit des Individuums unabhängig von seinem sozialen Kontext, dessen Möglichkeiten und normativen Erwartungen zurückführen könne, ist nur in einem augustinischen Fragekontext zwingend, nicht im Kontext unseres Soziallebens.

Wie Strawson gezeigt hat, ergibt sich die Bedeutung der Schuldzuschreibungen, die in unseren reaktiven moralischen Gefühlen und Praktiken angelegt sind, *erstens* aus der Frage, was es bedeutet, wirklich in persönliche Beziehungen involviert zu sein. Sie drücken vor allem aus, wie enorm wichtig für uns die Haltungen und Absichten sind, die andere Menschen uns gegenüber einnehmen. Die Unterscheidung zwischen freiwilligem und unfreiwilligem, vorsätzlichem und unvorsätzlichem Verhalten hat für uns eine unverzichtbare Funktion bei der Einschätzung dieser Haltungen und Absichten. Gegenüber einer philosophischen Tradition, die mitunter den Eindruck erweckt, als hinge unsere moralische Verantwortung vom Glauben an gewisse metaphysische Hypothesen ab, hat Strawson zu Recht darauf hingewiesen, dass unsere diesbezüglichen moralischen Gefühle von Änderungen in unserer theoretischen Sichtweise der Dinge im Grunde nicht wirklich entscheidend berührt werden können.

Dass wir *zweitens* einander nicht als »determinierte« Wesen wahrnehmen, sondern wechselseitig als Personen anerkennen, die aus Gründen handeln und (mehr oder weniger) rationalen Argumenten zugänglich sind, liegt schon in der sprachlichen Kommunikation begründet. Wir signalisieren es einander auf die Weise, in der wir miteinander sprechen: nicht nur zeigend und befehlend, sondern argumentierend, begründend, abwägend etc. Schon im Sprechakt, nicht erst in unseren Meinungen über die Gesprächspartner, unterstellen wir, dass der andere Gründe einsehen und aufgrund dieser Gründe handeln kann. Dafür brauchen wir keine Metaphysik.

VI Achtung zwischen Personen

1. Das moderne Gebot gleicher Achtung

Achtung gegenüber anderen Personen gehört zu den normativen Erwartungen, die eine Person vom Menschen im Naturzustand unterscheiden. Es geht nicht um ein Verhalten, das sich Menschen gewöhnlich oder gar in allen Fällen und Situationen entgegenbringen, sondern um ein Verhalten, von dem sie glauben, dass es ihnen gebührt und dass sie es auch den anderen gegenüber erweisen sollten. Was heißt das? Bedeutet – und verlangt – die Achtung überall dasselbe oder Verschiedenes?

Geht man von den wörtlichen Bedeutungen der Begriffe *Achtung* und *Respekt* (vom lateinischen *respicere*, das heißt zurückblicken) aus, dann bedeutet Achtung *Aufmerksamkeit* beziehungsweise *Rücksicht*. Der Begriff steht also im Gegensatz zu Ignoranz, Nachlässigkeit und Rücksichtslosigkeit in den Beziehungen zwischen Personen. *Worauf* zu achten ist, *was* zu berücksichtigen ist, wird durch den Begriff nicht festgelegt. Man könnte also sagen, die Achtung verlangt generell, darauf zu achten, wer eine Person ist, was je nach kulturellem Kontext auch ihre sozialen Beziehungen einschließt. Achtung in diesem positiven Sinne wäre dann ein Sammelbegriff für alle Verhaltensweisen, die dem gerecht werden, was die Identität einer Person ausmacht. Achtung hat aber auch eine wichtige negative Bedeutung. Wenn man die Person als ein verletzliches innerweltliches Wesen betrachtet, das zur Entwicklung und Aufrechterhaltung seiner normativen Identität und Selbstachtung der Rücksicht anderer bedarf, scheint sich allein schon aus dieser Verfassung ein Verbot von Demütigungen herzuleiten, welche die Selbstachtung und damit die Grundlage der Personalität untergraben könnten.[1]

In Schamkulturen, wo man ausdrücklich davon ausgeht, dass die Selbstachtung einer Person auf den Takt der anderen angewiesen ist, bedarf das Recht auf Achtung (und die Pflicht dazu) keiner besonderen Begründung – sie ergibt sich allein schon aus der

1 Vgl. hierzu auch Peter Schaber, »Menschenwürde und Selbstachtung«, in: *Studia Philosophica* 63 (2004), S. 93-107.

Angewiesenheit aller auf Achtung, die jedem »schamhaften« Menschen bewusst ist. Dieses Bewusstsein drückt sich in den bereits untersuchten Regeln des Takts und des Wegsehens aus. Die Scham ist selbstbezogen, aber deswegen nicht egoistisch, denn wer Schamgefühl besitzt, hält die Ehre und Würde der anderen für ebenso achtenswert.[2] Das wirft die Frage auf, wie demgegenüber Achtung im kulturellen Einflussbereich moderner westlicher Gesellschaften zu verstehen ist, die ihre Moral weniger auf den Schambegriff als den Schuldbegriff stützen und die Person als ein moralisch autonomes Wesen vorstellen (auch wenn unsere wirklichen Weisen des moralischen Denkens und Fühlens wie das *praktisches* Wissen von der Abhängigkeit der Selbstachtung von der Anerkennung durch andere, wie schon erwähnt, nicht ohne weiteres auf dieses Selbstverständnis reduzierbar sind). Wenn man Personen als moralisch autonom betrachtet, scheinen sie auf Achtung eigentlich gar nicht angewiesen zu sein. Ob uns die anderen achten oder nicht, unsere Selbstachtung dürfte davon ja gar nicht berührt sein. Achtung wäre ein verzichtbarer, wenngleich vielleicht erfreulicher Luxus. Gleichwohl hat gerade Kant den Gedanken der Achtung besonders betont, die Achtung im eigentlichen (moralischen) Sinne jedoch scharf von der sozial differenzierenden Achtung abgegrenzt: »Ein jeder Mensch hat den rechtmäßigen Anspruch auf Achtung von seinen Nebenmenschen, und wechselseitig ist er dazu auch gegen jeden Anderen verbunden.«[3]

Das wirft die Frage auf, was hier unter Achtung zu verstehen ist und worauf sie – im Unterschied zu Schamkulturen – gründet. Daran schließen sich eine Reihe von anderen Fragen an: Ist hier in demselben Sinne von Achtung die Rede – gibt es also einen universalen Begriff der Achtung, der eine Gemeinsamkeit sowohl von Scham- als auch Schuldkulturen ausdrückt? Oder lässt sich die Bedeutung von Achtung erst aus ihrem Zusammenhang mit anderen moralischen Faktoren erschließen, was bedeuten würde, dass der Begriff in Absehung von speziellen dichten moralischen Traditionen leer ist?

Kant hatte den Anspruch eines jeden Menschen »auf Achtung

2 Zu der wechselseitigen Bedingtheit von Selbstachtung und Achtung anderer vgl. Williams, *Shame and Necessity*, S. 80.

3 Kant, *Die Metaphysik der Sitten*, in: *Kants Werke*, Akademie Textausgabe VI, Berlin, New York 1968, S. 462.

von seinen Nebenmenschen«[4] mit dem unübertrefflichen *Wert* der menschlichen Person begründet, den er aus ihrer Vernunftnatur herleitete. Sie dürfe daher nicht nur als Mittel betrachtet werden, sondern sei immer auch Zweck an sich selbst. Achtung verdient eine Person nach der Logik der modernen Autonomiemoral also *erstens* deshalb, weil sie über eine *Eigenschaft* verfügt, die im höchsten Maße achtbar ist. Und *zweitens* handelt es sich um eine Eigenschaft, die sie mit allen Menschen *gemein* hat. Entsprechend wurde der Gedanke der Achtung von Personen in der Nachfolge Kants und anderer moderner Denker mit dem der *Gleichheit* assoziiert.[5] John Rawls bezeichnet den Gedanken, einen jeden Menschen *gleichermaßen* zu achten, als grundlegendes Prinzip der Gerechtigkeit.[6]

Da die moderne Gedankenverbindung von Achtung mit Gleichheit durch herausragende und mittlerweile universale kulturelle Errungenschaften wie den Gedanken der Menschenrechte und der Menschenwürde repräsentiert wird, hat sie auch eine besondere Suggestionskraft, zumal der Gedanke der Gleichheit im modernen Denken mit der Ablösung ungerechter und (für die meisten) elender sozialer und politischer Verhältnisse assoziiert wird. Die Pflicht, alle Menschen gleichermaßen zu achten, steht für den Gedanken eines moralischen Fortschritts, der primitivere Stadien der Menschheitsentwicklung abgelöst haben soll, in denen die Achtung nur auf den sozialen Status oder die individuellen Fähigkeiten von Personen gerichtet war. Zwar verweisen die philosophischen Denker in der Tradition Kants oft darauf, dass die Forderung, jeden gleichermaßen zu achten, nicht etwa so zu verstehen sei, dass jeder ein Recht darauf habe, gleich behandelt zu werden; es ginge vielmehr darum, dass jeder als gleichermaßen wertvoll behandelt werden müsse (was sich letztlich auf den Anspruch reduziert, ihn als ein der Moral und der Vernunft fähiges Wesen zu betrachten). Aber auch unabhängig davon, wie man den Gedanken der gleichermaßen geschuldeten Achtung auslegt, suggeriert die Annahme, Achtung gegenüber Per-

4 Kant, *Die Metaphysik der Sitten*, S. 462.

5 Joseph Raz, *Value, Respect and Attachment*, Cambridge 2001, S. 159.

6 Vgl. John Rawls, *A Theory of Justice*, Oxford 1971, S. 511. Gegen diese Engführung von Achtung und Gleichheit richtet sich Nietzsches berühmt-berüchtigter Ressentimentverdacht in der *Genealogie der Moral*; auch Harry G. Frankfurt distanziert sich davon in »Equality and Respect«, in: ders., *Necessity, Volition and Love*, Cambridge 1999, S. 146-154.

sonen müsse im Sinne einer »Moral gleicher Achtung«[7] begriffen werden, dass sie sich nur auf etwas allen Menschen Gemeinsames beziehen dürfe, etwa im Gedanken allgemeiner Menschenrechte unabhängig von Status und Geschlecht. Von dort ist es nicht weit zu dem Umkehrschluss (des sozialen oder existenziellen Neids), Achtung verlange das Absehen von den Unterschieden zwischen Menschen und Kulturen, so dass differenzierende Achtung als solche schon eine Form der Missachtung wäre. Diese komplexe ideologische Verflechtung von Achtung und Gleichheit macht es nicht leicht, die verschiedenen Hinsichten wahrzunehmen, in denen Personen auf Achtung angewiesen sind und durch die die Formen bedingt sind, welche die Achtung in wirklichen sozialen Kontexten – traditionellen nicht weniger als modernen – annimmt. Im Ausgang von der Annahme, Achtung müsse sich im »eigentlichen moralischen Sinne« auf die Personen *als gleiche* beziehen, ist es kaum möglich, den Zusammenhang zwischen dem theoretischen und praktischen Verständnis von Achtung im modernen Leben und den Formen der Achtung in vielen traditionellen Kulturen zu verstehen.

Im Folgenden werde ich daher den kantischen Leitgedanken einer durch die metaphysischen Eigenschaften des Menschen begründeten Achtung ganz ausklammern und Achtung als eine von den normativen Verhaltenserwartungen betrachten, durch die Lebensformen gestaltet werden. Ich möchte den Anspruch auf Achtung und das, was sie verlangt, nicht aus einem bestimmten herausragenden Wert der menschlichen Person herleiten, sondern aus ihrer notwendigen Funktion im Zusammenleben; schließlich ist Achtung eine notwendige Bedingung für die Entwicklung menschenwürdiger Verhältnisse überhaupt, für ein Zusammenleben, das für die Beteiligten sinnvoll und wertvoll sein kann. Ich gehe also davon aus, dass ein Anspruch auf Achtung zur sozialen Lebensform einer jeden Person im Unterschied zum menschlichen Naturzustand gehört. Das schließt jedoch nicht aus, dass dieser Anspruch in verschiedenen kulturellen Kontexten auch unterschiedliche Formen annehmen kann. (Genauso wenig wird mit dieser

7 Vgl. Bernd Ladwig, »Ist ›Menschenwürde‹ ein Grundbegriff der Moral gleicher Achtung? Mit einem Ausblick auf Fragen des Embryonenschutzes«, in: *Menschenwürde. Annäherung an einen Begriff*, hg. v. Ralf Stoecker, Schriftenreihe der Wittgenstein-Gesellschaft, Bd. 32, Wien 2003, S. 35-61.

Annahme bestritten, dass es faktisch menschliche Verhältnisse gibt, auch innerhalb sehr kultivierter Gemeinschaften, die nicht als Verhältnisse zwischen Personen, sondern weitgehend als solche zwischen Menschen im Naturzustand zu beschreiben wären.) Die Frage lautet also, inwieweit sich allgemein sagen lässt, worin die Achtung besteht, worauf sie sich richtet, und inwieweit hier der Einbezug speziellerer kultureller Kontexte erforderlich wird.

Dabei möchte ich Achtung im Sinne der angemessenen Berücksichtigung dessen, worauf jede Person unabhängig von ihren speziellen Leistungen Anspruch hat, von der Hochschätzung oder Bewunderung unterscheiden, die sich auf spezielle individuelle Fertigkeiten und Tugenden der Person bezieht.[8] Wenn man diese Unterscheidung nicht mit der Ablehnung *jeder* differenzierenden Form der Achtung gleichsetzt, kann sie zunächst als ein dünner Begriff der Achtung dienen, der sich auf das bezieht, was einer Person *als Mensch* und *als Rollenträgerin* zukommt. Einer Person die Art von Rücksicht zuteil werden zu lassen, die erforderlich ist, damit sie ihr Leben als wertvoll empfinden und Sinnperspektiven entwickeln kann, würde allerdings mehr verlangen als bloß Rücksicht auf ihre Rechte zu nehmen. Achtung in diesem umfassenderen Sinne richtet sich auf die Individualität und Unvertretbarkeit einer Person überhaupt.[9] Im Rahmen dieser Untersuchung werde ich mich jedoch auf die Frage beschränken, auf welche Achtung Personen in ihrem sozialen Kontext unabhängig von ihrer individuellen Persönlichkeit ein Anrecht haben.

8 Zu dieser Unterscheidung vgl. Stephen L. Darwall, »Two Kinds of Respect«, in: ders., *Dignity, Character and Self-Respect*, New York, London 1995, S. 181-198.

9 Vgl. zu dieser Thematik besonders Wingert, *Gemeinsinn und Moral*, insbesondere Teil II. In vielen Gesellschaften kann es für eine Person eine unerträgliche Demütigung bedeuten, wenn sie nicht als individuelle Persönlichkeit wahrgenommen wird, auch wenn dabei keine einklagbaren Rechte verletzt werden. Diese Thematik wird in der gegenwärtigen Literatur meist mehr unter dem Stichwort Anerkennung als Achtung diskutiert, es gehört aber auch zur Achtung. Zur Anerkennung vgl. Axel Honneth, *Kampf um Anerkennung*, Frankfurt/M. 1994, S. 212.

2. Zurückhaltung und Fürsorge als Formen der Achtung

Wenn man Achtung nicht im Ausgang von einem metaphysischen Begriff der Person versteht, sondern mit Blick auf wirkliche Unterschiede zwischen Kulturen, dann fällt auf, dass sie je nach Kontext sogar entgegengesetzte Verhaltensweisen erfordern kann: einerseits den Verzicht darauf, sich in gewisse Belange einzumischen, andererseits die positive Pflicht, die Wohlfahrt oder Entwicklung einer Person aktiv zu fördern.

Diese Unterschiede werden auch in den modernen Gesellschaftstheorien reflektiert. Im Kontext einer liberalen politischen Theorie beispielsweise, wo die Freiheit des Individuums, seine Rechte und seine Interessen grundlegende Werte darstellen, wird die Achtung verlangen, die Rechte und individuellen Interessen der Person nicht zu verletzen, aber gewiss nicht mit einer Verpflichtung verbunden sein, aktiv ihre Wohlfahrt zu fördern. Aus dem »liberalen« Bild von Personen als einzelnen Individuen, die für sich selbst sorgen können, über je eigene Ziele verfügen und sich zu begrenzten Zwecken zu Gemeinschaften zusammenschließen, ergibt sich kein Grund, diesen Individuen ein Recht auf Unterstützung durch andere einzuräumen. Man hat jedoch jeden Grund, ihnen *Abwehrrechte* gegen die Übergriffe anderer Individuen und gegen staatliche Einmischung zuzusprechen: *negative* Rechte, in der privaten Sphäre, im eigenen Tun und Lassen nicht behindert, gestört oder genötigt zu werden. Im Kontext von Sozialphilosophien in der Tradition Hegels hingegen, die davon ausgehen, dass die menschlichen Fähigkeiten sich überhaupt erst in der kultivierten Zusammenarbeit aller entwickeln können, hat man allen Grund, Personen auch *positive* Rechte zuzusprechen: berechtigte Ansprüche auf das Maß an Unterstützung durch andere, das zur Ausbildung der eigenen Fähigkeiten und sinnvoller Lebensziele erforderlich ist. Entsprechend wäre auch die angemessene Rücksicht gegenüber Personen in einem solchen Kontext auf das Ziel der persönlichen und gemeinschaftlichen Entwicklung kultivierter sittlicher Verhältnisse zu beziehen.

Da mit *negativen* und *positiven* Rechten verschiedene Formen von Achtung verbunden sind, werde ich im Folgenden auch verschiedene Begriffe verwenden und die Rücksicht auf negative

Rechte als *Zurückhaltung* beziehungsweise *zurückhaltenden Respekt*, die Rücksicht auf positive Rechte hingegen als *Fürsorge* bezeichnen. Zurückhaltung und Fürsorge sind beides unverzichtbare Formen der Achtung, die jedoch in den verschiedenen kulturellen Kontexten unterschiedlich geschätzt und gewichtet werden. Zwar kann es immer wieder Gründe geben, diese faktischen Unterschiede in den Vorstellungen von Achtung unter universalen Gesichtspunkten (wie denen der Menschenrechte) zu kritisieren. Da es jedoch nicht umgekehrt die Möglichkeit gibt, die Art von Achtung, die wir im Zusammenleben brauchen, allein aus allgemeinen kulturübergreifenden Erwägungen (etwa Kants Begriff des Vernunftwesens) herzuleiten, muss auch normative Kritik auf die realen Kontexte Bezug nehmen, aus denen die Formen der Achtung ihren Sinn beziehen.

Die Kontextabhängigkeit der in einer konkreten Situation geltenden Ansprüche auf Achtung wird von Moralphilosophen, die moralische Verpflichtungen als universale Prinzipien denken, zuweilen unterschätzt. So scheint es zunächst unstrittig, dass in einer Situation, in der ein Mensch in Gefahr ist und der Hilfe bedarf, ein jeder, der helfen könnte, allein durch den Umstand seiner Notlage auch dazu verpflichtet sei.[10] Weniger klar ist, wie weit dieser Anspruch reicht. Blickt man über den Rand der eigenen kulturellen Selbstverständlichkeiten, dann erscheint es durchaus möglich, dass eine solche Hilfeleistung die Gebote des zurückhaltenden Respekts verletzt. Fürsorge kann in einem Kontext, in dem der zurückhaltende Respekt vor der Eigenverantwortung des anderen gewisse soziale Beziehungen bestimmt, als Mangel an Respekt empfunden werden, umgekehrt werden gewisse Formen des zurückhaltenden Respekts im Kontext »fürsorglicher« Ethiken unmoralisch erscheinen. Es gibt daher kein in allen kulturellen Kontexten mit Blick auf alle Situationen (die durch dieselben nichtmoralischen Merkmale charakterisiert sind) geltendes Tötungsverbot oder Hilfegebot und auch keine hinreichende *normative* Grundlage, die faktische Unterschiedlichkeit in der relativen Gewichtung von Respekts- und Fürsorgepflichten durch einen übergreifenden einheitlichen Anspruch auf Achtung zu kritisieren.

In manchen Gesellschaften verbietet es der Respekt, auf die

10 Peter Schaber, »Die andere Moral des ethischen Subjektivisten«, in: *Grundlagen der Ethik, Normativität und Objektivität*, hg. v. Peter Schaber, Rafael Hüntelmann, Frankfurt/M. 2003, S. 9-24

Schwäche von Personen zu reagieren, die in gewissen Beziehungen zu einem stehen. Beispielsweise nehmen junge Fulbe-Frauen, wie die Ethnologin Elisabeth Boesen berichtet, einen leidenden Zustand der Schwiegermutter nicht wahr und wenden sogar den Blick ab, wenn sie zusammenbricht. (Gegenüber der eigenen Mutter hingegen ist fürsorgliches Verhalten möglich und üblich, da sich niemand schämt, vor der eigenen Tochter hilflos zu erscheinen.) Angehörigen einer christlich geprägten Kultur mag dieses Verhalten grausam erscheinen, obwohl beispielsweise auch eine junge Frau in einer europäischen Straßenbahn nicht sicher sein kann, ob es dem gebrechlichen älteren Herrn, dem sie ihren Platz anbieten möchte, nicht demütigend erscheinen könnte, öffentlich auf seine Schwäche aufmerksam gemacht zu werden. Das Verhalten der jungen Fulbe drückt jedoch (nicht im Sinne der psychischen Motive, sondern der sozialen Symbolik) keineswegs Gleichgültigkeit und Mitleidlosigkeit, sondern Respekt aus; sie weigert sich, den Schwächezustand ihrer Schwiegermutter überhaupt zur Kenntnis zu nehmen, weil es für jene demütigend wäre.[11] Eine dem christlichen Gebot entsprechende Fürsorge, wie wir sie aus der Geschichte vom barmherzigen Samariter kennen, kann in einer den Respekt betonenden Kultur als entwürdigend empfunden werden.

Vergleichbare Differenzen findet man auch zwischen dem kontinentalen und dem angelsächsischen Recht. So wird das Unterlassen einer Hilfeleistung, die dem potenziellen Helfer zumutbar gewesen wäre, in Portugal seit der Mitte des neunzehnten Jahrhunderts unter Strafe gestellt.[12] Bis zur Mitte des zwanzigsten Jahrhunderts hatten fünfzehn europäische Staaten entsprechende Pflichten in das Strafrecht aufgenommen. Im Gegensatz hierzu gibt es in den englischsprachigen Ländern (Großbritannien, Australien, USA, Kanada) bis heute weder eine zivilrechtliche noch eine strafrechtliche Verantwortung für unterlassene Hilfeleistung. (Ausnahmen sind spezielle Verhältnisse wie das eines bezahlten Leibwächters zu seinem Klienten.) Auch hier tritt die im Gleichnis vom barmherzigen Samariter tradierte moralische Aufwertung der selbstlosen Für-

11 Vgl. Elisabeth Boesen, *Scham und Schönheit*, S. 129.

12 Mit Blick auf die Rechtspraxis in den angelsächsischen Ländern und Kontinentaleuropa folge ich hier Joel Feinberg, »Moral and Legal Responsibility of the Bad Samaritan«, in: *The Spectrum of Responsibility*, hg. v. Peter A. French, New York 1991, S. 149.

sorge vor dem Ideal der zu respektierenden Selbstverantwortung zurück: Wie bei den südindischen Waldbewohnern, denen wir uns im nächsten Abschnitt zuwenden, hat im angelsächsischen Kontext jeder das Recht, in Ruhe gelassen und nicht aktiv geschädigt zu werden, aber kein Recht auf Hilfe in Not, auch wenn dazu nur minimale Anstrengungen nötig wären.[13]

3. Symmetrischer Respekt als Lebensform: Fallbeispiel I

Ein realistischer Eindruck von den verschiedenen Formen der Achtung lässt sich am besten durch einen Vergleich wirklicher Fälle gewinnen. Ich werde mich im Folgenden auf die kulturwissenschaftlichen Interpretationen zweier extrem unterschiedlicher Lebensformen und Weltbilder stützen. Sie dienen nicht nur der Konstruktion dünner Begriffe des zurückhaltenden Respekts und der Fürsorge, sondern können durch den Einbezug sozialer, wirtschaftlicher und religiöser Rahmenbedingungen auch eine Ahnung von den jeweiligen dichten Bedeutungen von Achtung vermitteln. Einer dieser Kontexte – die Lebensform der Palyians – erinnert insofern an ein liberales Ideal (oder karikiert es), als Achtung nahezu ausschließlich im Sinne persönlicher Zurückhaltung verstanden wird. Im anderen Kontext wird unter Achtung eine Fürsorge begriffen, mit der man sich auch für die Fürsorge bedankt, die einem selbst zuteil geworden ist.

Die Idee, Personen seien einzelne Individuen, die in dem, worauf es ankommt, von anderen Personen unabhängig und für sich selbst verantwortlich seien, ist als Weltanschauung nicht nur im modernen Europa und Nordamerika verbreitet, wie oft behauptet

13 Zur Frage des moralischen Bewusstseins vgl. Feinbergs Auseinandersetzung mit Murphy und anderen zeitgenössischen Positionen in: Feinberg, »Moral and Legal Responsibility of the Bad Samaritan«, 150 f. Das bedeutet nicht, dass in angelsächsischen Ländern insgesamt die Selbstverantwortung höher bewertet würde als in Europa; im Verbraucherschutz beispielsweise scheint das amerikanische Recht von einem unselbständigeren Konsumenten auszugehen als das europäische. Eine Reihe von Fällen schildern George W. Jarecke und Nancy K. Plant, *Confounded Expectation. The Law's Struggle with Personal Responsibility*, Illinois 2000.

wird.[14] Sie tritt, abhängig von der Wirtschaftsform, in manchen kulturellen Umgebungen in viel extremerer Form auf, besonders in Jäger-Sammler-Gesellschaften, die sich bei allen regionalen Verschiedenheiten durch gewisse charakteristische Strukturen von den meisten sesshaften Gesellschaften unterscheiden. So findet die Jagd gewöhnlich in relativ kleinen Gruppen statt. Wer jede Person, mit der er zusammentreffen könnte, persönlich kennt, weiß auch aus eigener Erfahrung, was von ihr zu erwarten ist, und kann sein eigenes Verhalten entsprechend ausrichten. Ein Zusammenleben ist daher in solchen Kontexten auf einer sehr viel geringeren Grundlage von Regeln und Normen möglich als in sesshaften Gesellschaften größeren Umfangs.[15] Zugleich gibt es eine Möglichkeit zur Konfliktlösung, die zu einem gewissen Grad auch in modernen Industriegesellschaften gegeben, in sesshaften Ackerbaugesellschaften aber nahezu ausgeschlossen ist: die Möglichkeit, die Gruppe zu verlassen und sich einer anderen anzuschließen. Das kann zu einer starken sozialen Fluktuation in den Gruppen und einer entsprechenden Schwächung der sozialen Bindungen führen. Verglichen mit Ackerbaugesellschaften ist die Bedeutung der Verwandtschaft ohnehin gering: Denn da Jäger- und Sammlergruppen nicht mehr besitzen, als sie herumtragen können, wird auch wenig vererbt. Daher sind Brautpreiszahlungen eher unüblich. Aus diesen Gründen erscheinen Familiengründungen als eine rein individuelle Angelegenheit, die keine Mithilfe der Verwandtschaft erfordert.

In solchen Gesellschaften findet sich nicht selten eine Weltanschauung, die man als »atomaren Individualismus« bezeichnen könnte. Eine Person zu sein ist kaum damit verbunden, für andere Verantwortung zu übernehmen (mit Ausnahme von Kindern), verlangt aber eine Eigenverantwortung für das eigene Leben und Überleben, die von anderen unbedingt respektiert werden muss.

14 Auch heute wird die durchaus falsifizierbare Idee, »ein unabhängiges, selbstsuffizientes Selbst« sei eine europäische Erfindung, in manchen wissenschaftlichen Kontexten noch wie eine unbezweifelte Gewissheit betrachtet. Vgl. Sigrid Brandt, »Person und Autonomie«, in: *Die autonome Person – eine europäische Erfindung?*, hg. v. Klaus-Peter Köpping, Michael Welker u. a., München 2002, S. 281.

15 Zum Vergleich von Jäger-Sammler-Gesellschaften mit Ackerbauern siehe Simon Roberts, *Order and Dispute*, insbesondere S. 31. Fallbeispiele sind auch enthalten in E. Adamson Hoebel, *Das Recht der Naturvölker*, und, darauf aufbauend, in Uwe Wesel, *Frühformen des Rechts in vorstaatlichen Gesellschaften*, Frankfurt 1985.

Ein solches Selbstverständnis könnte sich schwerlich in Gesellschaften entwickeln, in denen die Möglichkeiten der Einzelnen durch ihre Positionen in einem komplexen Verwandtschaftssystem bestimmt werden und wo sie zum wirtschaftlichen Überleben und bei der Gründung einer Familie immer von der Unterstützung durch andere abhängig bleiben. Jäger und Sammler hingegen sind nur bei der Treibjagd auf Zusammenarbeit angewiesen. Das Personideal eines autarken und selbstverantwortlichen Individuums spiegelt hier eine weitgehende reale wirtschaftliche Autarkie und Eigenorganisation des Lebens wieder.

Auf das Ethos solcher Jäger-Sammler-Gruppen passt Nietzsches Forderung, die Leidenden nicht zu beschämen: »Denn dass ich den Leidenden leidend sah, dessen schämte ich mich um seiner Scham willen; und als ich ihm half, da verging ich mich hart an seinem Stolze.«[16] Aufgrund ihres Selbstverständnisses als autarker und autonomer Individuen haben Erwachsene nicht nur kein positives Recht auf Unterstützung durch andere; es würde zu einer für alle Seiten peinlichen Angelegenheit werden, andere Personen zu unterstützen, weil man diese in eine beschämende Situation bringen würde. Das führt zu einer wesentlich verminderten Disposition zur Hilfbereitschaft.[17] Bei einigen Inuit-Gruppen war es sogar Praxis, diejenigen zu töten, die sich nicht selbst versorgen können. Auf solche Tötungen sind die moralischen Maßstäbe des Christentums nicht anwendbar, weil es in diesem Kontext nicht möglich ist, ein abhängiges Leben als wertvolles Leben zu betrachten. Sie werden nach den kulturellen Normen nicht als »Morde aus niederen Motiven« interpretiert; im kulturellen Selbstverständnis erscheinen sie vielmehr als ein Liebesdienst gegenüber den Betroffenen, da ein abhängiges, nichtautarkes Leben für einen Erwachsenen würdelos und beschämend sein muss.[18]

16 Friedrich Nietzsche, *Also sprach Zarathustra*, »Von den Mitleidigen«, in: ders., *Kritische Studienausgabe*, hg. v. Giorgio Colli, Mazzino Montinari, Bd. 4, Berlin, New York 1999, S. 113.

17 Vgl. die Beispiele bei Peter M. Gardner, »Symmetric Respect and Memorate Knowledge: The Structure and Ecology of Individualistic Culture«, in: *Southwestern Journal of Anthropology* 22 (1966), S. 389-415, S. 401.

18 Die Schwierigkeit, aus christlicher Sicht Praktiken wie die Tötung der Gebrechlichen zu »verstehen«, wird erhellend diskutiert bei Karl Duncker, »Ethical Relativity (An Enquiry into the Psychology of Ethics)«, in: *Mind* XLVIII (1939), S. 39-57.

Die ökonomischen Voraussetzungen für die Entwicklung eines starken Autarkieideals und die damit verbundene Ablehnung sozialer Fürsorge sind in reinen Sammler-Gesellschaften noch stärker gegeben, die nicht einmal auf die Kooperation bei der Jagd angewiesen sind. Ich möchte in diesem Zusammenhang das Beispiel einer südindischen Sammler-Gesellschaft, die Palyians, anführen, die eine besonders extreme Form zurückhaltenden Respekts kultiviert, die nur ein Minimum an gesellschaftlicher Interaktion erlaubt. Der Ethnologe Peter Gardner, auf dessen Darstellung ich mich hier stütze, hat ihn als »symmetrischen Respekt« (im Kontrast zu dem asymmetrischen Respekt in nichtegalitären Gesellschaften) bezeichnet.

Symmetrischer Respekt erfordert die Vermeidung nicht nur von Aggression, sondern auch von Abhängigkeit, die als Zumutung, als Verletzung der Rechte anderer empfunden wird.[19] Fürsorge ist daher unter Palyians kaum möglich.[20] Darüber hinaus verlangt der symmetrische Respekt, Vorwürfe und Ratschläge möglichst ganz zu unterlassen. Jede Kontaktaufnahme, Nachfrage, Aufforderung, etc. könnte potenziell als respektlose Aufdringlichkeit wahrgenommen werden. Auf gar keinen Fall darf ein Kommentar autoritäre Töne annehmen, was einen Übergriff auf die andere Person bedeuten würde. So mag es zwar auch für einen Palyian richtig sein, bei einem Streit einzugreifen. Er darf in einem solchen Fall jedoch nicht moralisieren, sondern sollte sich darauf beschränken, die Parteien zu beruhigen und abzulenken. Umgekehrt wird von einer Person, die sich respektlos benommen hat, keine Entschuldigung erwartet. Sie darf aber auch keine aufdrängen. Sie verlässt den Ort, bis die Angelegenheit vergessen oder zumindest die Gefühle abgekühlt sind. Ein im Sinne der Palyians vernünftiges Verhalten, das den Rechten und Interessen aller Personen Rechnung trägt, besteht hier nicht im Reden und Verhandeln, nicht in der Suche nach ei-

19 Gardner, »Symmetric Respect and Memorate Knowledge«, S. 396 f.

20 Dass diese negative Einstellung gegenüber der Fürsorge durch das moralische Ideal des Respekts bedingt ist und nicht etwa durch genetische Prädispositionen oder die Umweltbedingungen, zeigt das Verhalten gegenüber Kindern, die noch nicht als autarke Personen gelten: Den kleinen Kindern wird große Wärme und Aufmerksamkeit geschenkt, und auf das Geschrei eines Babies oder Kleinkindes nicht unverzüglich zu reagieren scheint nahezu undenkbar. Erst wenn die Kinder älter werden, wird ihnen durch demonstrativ gleichgültiges Verhalten allmählich der erwünschte Respekt anerzogen.

ner gerechten Lösung und gerechten Bestrafung eines »Übeltäters«, sondern in der Fähigkeit, auf solche Reaktionen zu verzichten. Es ist daher kein Zufall, dass die Palyians über keine Ideale der »vernünftigen« oder gar »moralisch vorbildlichen« Person zu verfügen scheinen, da deren äußere Erscheinungsform nur im Nichtstun und Schweigen bestehen könnte: einer Haltung, in der es unmöglich ist, die Rechte anderer zu verletzen.[21]

4. Vertikale Solidarität in Altägypten: Fallbeispiel II

Die Palyians repräsentieren den extremen Fall einer radikal individualistischen Kultur, in der Normen weitgehend die Gestalt von negativen Rechten von Individuen tragen. Das bedeutet natürlich nicht, dass die Palyians keine Pflichten kennen – den negativen Rechten anderer entsprechen Verpflichtungen, gewisse Übergriffe zu unterlassen. Es ist jedoch kaum möglich, Pflichten oder positive Rechte einzuklagen, ohne sich damit respektlos gegenüber den

21 Da das Ideal des »symmetrischen Respekts« die Kommunikation sehr einschränkt, wirkt es sich vermutlich auch auf die kognitiven Fähigkeiten der Palyians aus. Nach Gardners Interpretation behindert es die Entwicklung der Fähigkeit zur begrifflichen Weltstrukturierung. Die Palyians orientieren sich in ihrem Verhalten viel weniger an traditionellen Regeln des sozialen Umgangs und abstrakten Taxinomien der Gegenstände als die Mitglieder anderer Gesellschaften. Sie lassen sich eher von einem idiosynkratischen, aus eigenen Erfahrungen herrührenden Wissen von der Natur und der Gesellschaft leiten, das Gardner *memorate knowledge* nennt. (Vgl. »Symmetric Respect and Memorate Knowledge«, S. 390.) So hatte er beobachtet, dass die Paliyans keine Lieder, Gebete oder Rituale wiederholen können, sondern jeweils eine eigene Version anfertigen. Und auch wenn sie sich sprachlicher Verallgemeinerungen bedienen, geben ihre Aussagen nur das wieder, was in ihrer unmittelbaren Erfahrungswelt passiert ist. Ähnliches gilt von den Taxinomien, die Gardner zufolge nur in ganz rudimentärer Form existieren, während verschiedene Individuen eigene Begriffe verwendeten. (Als er mehrere Personen nach dem Namen einer Pflanze fragte, schlug jeder einen anderen, aber keinesfalls synonymen Begriff vor.) Die Herausbildung solcher stark idiosynkratischer Formen des Wissens geschieht gewöhnlich nur in Kontexten, wo die Familie oder Gruppe keine ausreichenden kognitiven Orientierungen vorgibt, was hier auf die durch den Respekt gebotene geringe Kommunikation zurückführbar ist. Zur Frage, inwieweit dieser Fall verallgemeinerbar ist, vgl. Brian Morris, *Western Conceptions of the Individual*, Oxford 1991, Kap. 6, Abschn. 5, insbes. S. 266.

negativen Rechten der Individuen zu verhalten. Eine solche ethisch motivierte Ablehnung von Fürsorge ist aber auch dem modernen Denken nicht vollkommen fremd. Nietzsche ist nicht der Einzige, der die traditionelle christliche Hochschätzung von Fürsorge und Mitleid, unter deren Gesichtspunkt die respektvolle Zurückhaltung als Egoismus und Gleichgültigkeit erscheint, als schamlose Selbsttäuschung über die eigenen Dominanzwünsche interpretiert hat.

Als Nietzsche seinem Zarathustra die Worte in den Mund legte: »Wahrlich, ich mag sie nicht, die Barmherzigen, die selig sind in ihrem Mitleiden; zu sehr gebricht es ihnen an Scham«,[22] hatte er vielleicht die Machtverhältnisse im Sinn, die durch Fürsorge etabliert oder reproduziert werden und oft ihr verstecktes Motiv darstellen. Denn Fürsorge erweitert den Bereich unserer Sorge und entsprechend unseres Handelns um den einer anderen Person. Sie besteht darin, dass man sich für andere Personen mitverantwortlich fühlt und entsprechend für sie mithandelt, indem man etwas für sie tut oder Einfluss auf ihr Handeln nimmt. Fürsorge setzt daher eine gewisse Asymmetrie in der sozialen Beziehung, eine Differenz an Handlungsfähigkeit voraus. Die Form des Respekts, die dieser asymmetrischen Fürsorgerelation entspricht, ist der Respekt, den die sozial schwächere der stärkeren Person entgegenbringt: ein Respekt, der sich auf besondere Verdienste oder Fähigkeiten bezieht.

Fürsorge muss jedoch nicht notwendig eine einseitige Form der Selbstverwirklichung des Gebers sein, die den Empfänger Würde kostet. Im Kontext einer Weltanschauung, in der niemand als autark betrachtet wird, sondern *alle* als abhängig, kann Fürsorge auch vom Geber als ein Akt der Dankbarkeit für selbst durch andere empfangene Wohltaten angesehen werden und somit als ein Element in einer Kette des Gebens und Nehmens, in der niemand nur Empfänger oder nur Geber ist. In diesem Fall werden in einem Akt der Fürsorge die Personalität sowohl des Gebers wie des Empfangenden wechselseitig anerkannt; in einem solchen Kontext würde der Respekt vor der Eigenverantwortung des anderen tendenziell als Egoismus und Verweigerung von Hilfeleistung erscheinen. Die mangelnde Bereitschaft zur helfenden Intervention

22 Friedrich Nietzsche, *Also sprach Zarathustra*, »Von den Mitleidigen«, in: ders., *Kritische Studienausgabe*, hg. v. Giorgio Colli, Mazzino Montinari, Bd. 4, Berlin, New York 1999, S. 113.

würde hier nicht Respekt vor der Eigenverantwortung des anderen ausdrücken, sondern eine sittenwidrige Weigerung, seine Pflichten im Rahmen eines Systems zu erfüllen, in dem jeder abhängig von der Unterstützung anderer ist.

Das den Idealen der Selbstgenügsamkeit bei den Palyians entgegengesetzte Verhaltensideal wäre das einer Person, die allen gegenüber zur *anteilnehmenden Fürsorge*, *Kommunikation* und *Hilfeleistung* verpflichtet ist. Der Gedanke einer Pflicht zur Hilfeleistung und Unterstützung ist in vielen Gesellschaften verbreitet, bezieht sich oft aber nur auf die Familienmitglieder. Damit wird die Solidarität innerhalb von Verwandtschaftsgruppen aufrechterhalten, die gegenüber einer potenziell feindlichen Außenwelt nichtverwandter Gruppen aufeinander angewiesen sind.[23] Nach altägyptischer Vorstellung ist es hingegen der Staat, der die Einzelnen vor der Gewalt der Mächtigen schützt.[24] Auf dieses Modell möchte ich im Folgenden näher eingehen, da es in ebenso idealtypischer Weise für ein Primat der Achtung als Fürsorge steht, wie die Sitten der Palyians für ein Primat des zurückhaltenden Respekts.

Das Ideal des Staates wird im alten Ägypten durch die Göttin Ma'at verkörpert.[25] Der Ägyptologe Jan Assman, auf dessen Interpretation ich mich hier vorrangig stütze, hat dafür die Begriffe der »vertikalen Solidarität« und der »konnektiven Gerechtigkeit« eingeführt.[26] Vertikale Solidarität findet im Rahmen einer hierarchischen Ordnung statt, die alle Menschen umfasst. Sie schützt vor Chaos und Ausbeutung. Gerechtigkeit im Sinne der Ma'at setzt also ein grundlegend anderes Weltbild voraus als das der Palyians. Hier dominiert nicht die Vorstellung von wirtschaftlich autarken und in ihren Fähigkeiten relativ gleichartigen Wesen ohne Interesse, über andere zu herrschen, sondern vielmehr der Gedanke eines Ungleichgewichts der Kräfte, das ohne Regulierung in Chaos und Gewalt ausartet. Entsprechend kann die Überlebens- und Hand-

23 Vgl. hierzu Hoebel, *Das Recht der Naturvölker*, insbesondere das Beispiel der Ifugao, S. 129 ff.

24 Jan Assmann, *Ma'at. Gerechtigkeit und Unsterblichkeit im alten Ägypten*, München 1990, S. 238 ff., S. 245.

25 Vgl. Jean Yoyotte, »Le jugement des morts dans l'Egypte ancienne«, in: *Le jugement des morts*, Sources Orientales IV, Paris 1961, S. 21.

26 Ma'at steht etymologisch mit »richten« oder »Richtungssinn« in Verbindung. Ihr Gegenteil wäre also Orientierungslosigkeit. Vgl. hierzu Assman, *Ma'at*, S. 14.

lungsfähigkeit der Einzelnen nur dadurch gesichert werden, dass jeder in einen Handlungszusammenhang eingebunden wird, in dem die Starken die Schwachen nicht misshandeln und ausbeuten, sondern schützen.[27] Erst die Fürsorge der einen für die anderen schafft die Bedingungen für Selbstverantwortung: Denn erst durch das Vertrauen auf eine solche Solidarität, welche die Angst vor Gewalt nimmt, sind auch die Schwachen imstande, ihr Leben zu organisieren. Ma'at gilt daher als soziales Lebensprinzip schlechthin – als »Atemluft«.[28] Sie ist die allumfassende Form der wechselseitigen sozialen Achtung, die den Personen überhaupt ein eigenes Leben ermöglicht. Zugleich verleiht sie allem Handeln Dauer, denn in dem Maße, in dem ein der Ma'at gemäßes Handeln in einen übergreifenden Handlungszusammenhang eingebunden ist, unterliegt es nicht der Unbeständigkeit des sofort Vergänglichen.[29]

Wie sehr hier das Prinzip des zurückhaltenden Respekts vor dem der aktiven Fürsorge zurücktritt, illustriert die Klage des Oasenmanns (ein Text aus dem Mittleren Reich, der die Grundprinzipien der Ma'at im Zusammenhang einer Rechtsbeschwerde erläutert):

Der Oasenmann ist durch Gewalt und Rechtsbeugung all seiner Habe beraubt worden und klagt vor dem Hofmeister des Königs. Da er seine Beschwerde in ungewöhnlich schönen und gewählten Worten vorbringt, berichtet der Hofmeister dem König von dem Fall, der ihn bittet, den Kläger doch noch eine Weile hinzuhalten, um ihm noch mehr erbauliche Reden zu entlocken. Da der Beamte dem Kläger aber nicht den wahren Grund seiner Hinhaltetaktik mitteilen kann, muss dieser den Eindruck gewinnen, der Beamte sei untätig. Das führt dazu, dass er nunmehr heftige Vorwürfe gegen den Beamten selbst richtet.[30]

Weder der Inhalt noch die Form dieser Vorwürfe wären in azephalen Gesellschaften wie bei den Palyians, wo symmetrischer Respekt gepflegt wird, denkbar, aber auch nicht in Stammesgesellschaften, wo man zur moralischen und rechtlichen Unterstützung ausschließlich gegenüber Verwandten verpflichtet ist. Denn die Vorwürfe drehen sich alle um den Tatbestand *schuldhafter Nichtintervention*. Sie besagen, dass derjenige, der an verantwortlicher Stelle

27 Assmann, *Ma'at*, S. 245.
28 Assmann, *Ma'at*, S. 16.
29 Vgl. Assmann, *Ma'at*, S. 16.
30 Assmann, *Ma'at*, S. 57 ff.

gegen das Unrecht nicht einschreitet, an ihm mitschuldig wird.[31] Nicht nur durch falsches Handeln, sondern durch Unterlassen, durch Nichthandeln vergeht man sich im eigentlichen Sinne an der Ma'at.

Der Grund für das Schuldhafte der Nichtintervention liegt nach Assmann in der ägyptischen Handlungstheorie, die sich signifikant von den individualistischen modernen Handlungstheorien unterscheidet. Dieser Handlungstheorie zufolge ist nämlich alles Handeln »kommunikativ verzahnt«: Es »ist entweder Antwort oder erfordert eine Antwort«.[32] Im Kontrast zu dem (auf weitgehender ökonomischer Autarkie aufbauendem) Menschenbild in Gesellschaften wie der der Palyians kann nach ägyptischer Vorstellung niemand allein existieren und handeln – Handeln bedeutet immer für andere zu handeln.

Diese Vorstellung von der Verzahnung des Handelns erstreckt sich als Norm auf alles Handeln und schließt dabei vergangene und zukünftige Geschlechter ein. Ein Nichthandeln betrifft daher nicht nur denjenigen, dem nicht geantwortet wird, sondern wirkt sich potenziell auf die gesamte Kette des Füreinanderhandelns aus. Denn wenn man nicht mehr damit rechnen kann, dass andere für einen handeln werden, wenn man für sie handelt, entfällt die Motivation zum solidarischen Handeln überhaupt. Das hätte nach ägyptischer Vorstellung zur Folge, dass die Welt zum allgemeinen Kampfplatz wird. Eine verantwortliche Person handelt daher nicht nur in Rücksicht auf Einzelne, sondern zur Aufrechterhaltung der gesamten Ordnung, der Tätigkeit aller. In den Worten des Oasenmanns:

Ein guter Charakter kehrt zurück an seine Stelle von gestern,
denn es ist befohlen: Handle für den, der handelt,
um zu veranlassen, daß er tätig bleibt.
Das heißt, ihm danken für das, was er getan hat.[33]

Den hier zum Ausdruck kommenden Gerechtigkeitsvorstellungen liegt ein sozialer Personbegriff zugrunde, den Jan Assmann auch als »konstellativen« Personbegriff bezeichnet hat: das Wesen einer Person liegt in den Beziehungen zu anderen Personen.[34] Auch ein

31 Assmann, *Ma'at*, S. 60.

32 Assmann, *Ma'at*, S. 61.

33 Assmann, *Ma'at*, S. 62.

34 Vgl. Assmann, *Ma'at*, S. 160. Dies gilt auch für die Götter: »Als handelnde Per-

Weiterleben nach dem Tode wurde im Alten Reich als ein Weiterleben in den sozialen Beziehungen gedacht. Die Weiterexistenz der Person basierte auf der Solidarität, Dankbarkeit und Gerechtigkeit, die sie anderen gegenüber in ihrem sozialen Verhalten gezeigt hatte. Je mehr die Person in den sozialen Zusammenhang des *Füreinanderhandelns* eingebunden war, so Assmann, desto sicherer konnte sie sich sein, auch nach dem Tod im sozialen Gedächtnis weiterzuleben und in Gestalt des Grabmonuments präsent zu bleiben, da die auf Erinnerung gründende Achtung der nachfolgenden Generationen vor der Schändung des Monuments schützte.[35]

5. Personalität und Gedächtnis

Die Rücksicht auf andere, die in der ägyptischen Verpflichtung zur Rückkehr an die »Stelle von gestern« zu Ausdruck kommt, setzt ein gutes Gedächtnis voraus. Bevor ich abschließend auf das Thema der verschiedenen Bedeutungen von Achtung zurückkomme, möchte ich kurz auf diese Fähigkeit eingehen, da ihre Bedeutung für die Konstitution von moralischen Personen in verschiedenen kulturellen Kontexten nicht nur unterschiedlich interpretiert, sondern sie selbst auch sehr unterschiedlich ausgebildet wird. Der altägyptische Kontext macht dies besonders deutlich.

Wie sich in der Rede des Oasenmanns zeigt, geht es im ägyptischen Kontext nicht um eine private Erinnerung, die von außen unzugänglich ist, sondern um eine auch öffentliche Beziehung zur Vergangenheit, die als aktives Handeln erscheint, mit der die Person auf das Handeln anderer antwortet. Wer sich aus dieser kommunikativen Verzahnung des Handelns löst, löst sich dadurch aus der vertikalen und horizontalen Solidarität und wird zu einer Unperson: »Es gibt kein Gestern für den Trägen, es gibt keinen Freund für den, der für die Ma'at taub ist«, argumentiert der Oasenmann. Der nichthandelnde »Träge« hat keine Erinnerung, da er sich der Verpflichtungen nicht bewusst ist, die durch die vergangenen Handlungen anderer der Gegenwart auferlegt sind.

Dieses Gedächtnis ist nicht mit der individuellen Fähigkeit des

son kann man z.B. Horus nicht ohne Bezugnahme auf Osiris, Isis und Seth denken.« (Ebd.)

35 Vgl. Assmann, *Ma'at*, S. 106.

Menschen zu verwechseln, vergangene Erlebnisse mehr oder weniger genau in den Sinn zu rufen. Es besteht im Ernstnehmen der durch diese Vergangenheit bedingten Verpflichtungen und wird durch die richtige soziale Einstellung, nämlich die Anerkennung der vergangenen Handlungen anderer gewonnen. In den Worten dcs Oascnmanns:

Verhülle dein Angesicht nicht gegenüber dem, den du gekannt hast,
sei nicht blind gegenüber dem, auf den du geblickt hast,
stoße nicht zurück den, der sich bittend an dich wendet,
sondern laß ab von diesem Zögern (»Trägheit«),
deinen Ausspruch hören zu lassen,
Handle für den, der für dich handelt![36]

Wie gesagt, erscheint die ethische Verpflichtung, die Handlungen anderer zu erinnern, der Ethik des Oasenmanns zufolge auch als eine konstitutive Bedingung der eigenen Identität als Person. Dies gilt nicht nur für das Weiterleben nach dem Tode, sondern auch für die Identität der Person in diesem Leben: Da Erinnern stets ein Bewusstsein vergangener Handlungen ist, welche die eigene Person mit anderen Personen verbinden, hat der »Träge«, der die Handlungen anderer und die daraus hervorgehenden Verpflichtungen nicht erinnert, auch keinen Bezug zur Vergangenheit und Zukunft, sondern »lebt verantwortungslos im fortwandernden Heute«.[37] Sein Leben hat keine Kontinuität, weil sich erst durch das Eingebundensein in den kommunikativen Zusammenhang des Füreinanderhandelns langfristige Motivationen ausbilden können. Wer keinen Bezug zu Vergangenheit und Zukunft hat, ist den flüchtigen Impulsen der Gegenwart ausgesetzt und kann gar nicht so etwas wie ein reflexives Selbst entwickeln, ein Bewusstsein davon, dass *er selbst* dieses und jenes erlebt und getan hat; auch der Bezug auf ein Selbst basiert auf der Rücksicht auf die Verpflichtungen gegenüber anderen.

Diese hohe Bewertung des Gedächtnisses ist untrennbar mit einer Auffassung von Gerechtigkeit verbunden, die sich nicht in allen Gesellschaftsformen entwickeln könnte, wie ein Vergleich mit Sammler-Gesellschaften wie den Palyians zeigt. Die Gegenüberstellung dieser extrem verschiedenen Lebensformen zeigt, in

36 Assmann, *Ma'at*, S 63 f.
37 Assmann, *Ma'at*, S. 61.

welchem Ausmaß sich die relative normative Gewichtung von (zurückhaltendem) Respekt und Fürsorge in einer Gesellschaft nicht nur auf die Lebensbedingungen auswirkt, sondern auch auf die Entwicklung der individuellen Persönlichkeit und ihre Fähigkeit zur symbolischen Repräsentation der Welt. So gebietet die (mit wirtschaftlicher und sozialer Autarkie der Individuen verbundene) Betonung der Eigenverantwortung in Jäger-Sammler-Gemeinschaften schnelle Beruhigung nach Konflikten und fördert damit eine psychische Struktur, für welche eine Hochschätzung des Gedächtnisses disfunktional wäre. Ein Gedächtnis, das Kränkungen aufbewahrt, kann nur unerwünscht sein, wo Respekt zwar den Personen, aber nicht den Normen als solchen entgegengebracht wird und Vergessen eine der einfachsten und häufig praktizierten Methoden darstellt, Konflikte zwischen Personen zu lösen; umgekehrt gibt es in einer solchen Kultur aber auch keinen guten Grund, die fürsorglichen Handlungen anderer dankbar im Gedächtnis zu bewahren. Und in der Tat könnten die empirischen Forschungen über die Palyians, über verschiedene Inuit-Gruppen und die Mbuti (Regenwaldbewohner) die Vermutung nahelegen, dass in nichtstaatlichen und wenig strukturierten Gesellschaften auch schneller vergessen wird.[38]

6. Achtung als differenzierendes Verhalten: Fallbeispiel III

Kommen wir auf die eingangs erwähnte moderne Vorstellung zurück, dass Achtung eigentlich »gleiche Achtung« gegenüber allen Menschen bedeute. Die Formulierung eines gleichen Maßes an Achtung allen gegenüber ist mehrdeutig. Ist der Anspruch gemeint, als gleichermaßen wertvoll behandelt zu werden, wie jeder andere? Oder ist es der Anspruch, gleich behandelt zu werden? Kant, Raz und andere Philosophen scheinen den Gedanken lediglich in dem Sinne verstehen zu wollen, dass es nicht von unserer Einschätzung des tatsächlichen, erfahrbaren Werts einer individuellen Person (ihrer moralischen oder sonstigen Leistungen) abhängt, ob ihr

38 Vgl. zum Vergessen als Konfliktlösung bei den Inuit und den Mbuti auch Wesel, *Frühformen des Rechts*, S. 160 f.

Achtung gebührt;[39] nach Kant bezieht sich die Achtung allein auf die Fähigkeit eines jeden Menschen, aus moralischen Gründen zu handeln, auch wenn er diese Fähigkeit noch gar nicht realisiert hat.

Der Gedanke gleicher Achtung ist ungleich populärer geworden als die feinen modalen Unterscheidungen der Philosophen. Meist wird der Gedanke der Gleichheit im Gegensatz zur politischen und sozialen Ungleichheit verstanden, suggeriert also eine Gleichbehandlung im Sinne der Nichtberücksichtigung von gegebenen Unterschieden (des Geschlechts, des sozialen Status, des Alters etc.). Entsprechend kann jede Ungleichbehandlung von Personen potenziell als Verletzung ihrer Würde erscheinen. Ich möchte dies an einem ethnologischen Beispiel erläutern, das ähnlich wie die Interpretation der japanischen Schamkultur durch Ruth Benedict auf dem Vergleich fremder Praktiken mit einer konventionellen und abstrakten Interpretation der eigenen Praktiken aufbaut.

Die schwedische Ethnologin Anita Jakobson-Widding hat den Begriff der Achtung (*Tsika*) bei den Manyika in Zimbabwe untersucht und mit ihrem eigenen – beziehungsweise mit dem, was sie für ihren eigenen hält – verglichen.[40] Ihre Darstellung kann daher nicht nur einen interessanten Einblick in unterschiedliche kulturelle Gewichtungen geschlechtsspezifischer Ehrvorstellungen vermitteln, sondern auch dazu dienen, ein verbreitetes Missverständnis bei der Interpretation und Anwendung des modernen Gedankens gleicher Achtung zu verdeutlichen. Jakobson-Widding beschreibt den Unterschied zwischen dem praktischen Verständnis der Achtung bei den Manyika und dem ihrer eigenen Kultur als Unterschied zwischen einem rein sozialen Ehrbegriff, der auf Ungleichheit basiert, und einem Begriff der Menschenwürde, der die Würde einer Person an ihre Gleichbehandlung bindet.[41] Die Manyika identifizieren nach ihrer Beschreibung die Person mit ihren geschlechtsspezifischen institutionellen Rollen. Achtung ist mit hierarchisch geordneten sozialen Kategorien verbunden und bringt

39 Vgl. Raz, *Value, Respect and Attachment*, S. 121.

40 Anita Jakobson-Widding, »I lied, I farted, I stole. Dignity and Morality in African Discourses on Personhood«, in: *The Ethnography of Moralities*, hg. v. Signe Howell, London, New York 1997, S. 48-71.

41 Zum Unterschied von Ehre und Würde vgl. auch Peter Berger, »On the Obsolescence of the Concept of Honour«, in: *Liberalism and its Critics*, hg. v. Michael Sandel, New York 1984, S. 149-158.

nicht die Gleichheit, sondern die Verschiedenheit von Personen zum Ausdruck:

Tsika, die Auffassung der Manyika von Achtung,

> betrifft die Verpflichtung, andere Personen in ihrer Eigenschaft als soziale Personen zu achten, und nicht in ihrer Eigenschaft als Individuen. Es handelt sich um einen Code hierarchisch geordneter sozialer Kategorien, der verlangt, die Unterschiede zwischen verschiedenen Arten von Menschen zu berücksichtigen. Wer diese Unterschiede nicht berücksichtigt, bringt nicht nur die soziale Ordnung durcheinander. Er demütigt die Menschen und beraubt sie ihrer Würde.[42]

Wie Jakobson-Widding beschreibt, muss Achtung nach dem Tsika-Code Männern gegenüber ganz anders ausgedrückt werden als gegenüber Frauen. Frauen gegenüber bezeugt man Achtung durch Geschenke; sie illustriert dies mit dem Beispiel einer verärgerten Manyika-Frau, die vergeblich auf ein Geschenk durch einen weißen Farmer wartete, das Achtung gegenüber ihr *als einer Frau in einer relativ hohen sozialen Position* bezeugt hätte. Männern gegenüber würden Geschenke hingegen einen Mangel an Achtung erkennen lassen.

Jakobson-Widding vergleicht nun dieses nach Geschlecht und sozialer Position differenzierende Know-how respektvollen Verhaltens mit ihrem eigenen »Skript«, das auf der Gleichheit aller Menschen basiere; darin läge ihr Sinn für Würde.[43] In diesem Zusammenhang beschreibt sie einen Vorfall, bei dem sie sich selbst respektlos behandelt gefühlt hatte: Der weiße Vermieter einer Hütte, Mitglied einer missionierenden religiösen Gruppe, hatte ihr Mietgesuch mit der Begründung abgelehnt, die Hütte sei nur für Personen zu mieten, »die für Gott arbeiteten«. Sie habe dieses Verhalten als respektlos empfunden, weil dadurch ihre Erwartung, »von anderen als ein gleiches menschliches Wesen behandelt zu werden«,[44] enttäuscht worden sei.

Auch wenn Jakobson-Widding recht haben mag mit ihrer Beobachtung, dass dem Gedanken der Gleichheit im modernen europäischen »Skript« – was immer das sein mag – ein moralischer und politischer Wert zukommt, den er bei den Manyika in dieser

42 Jakobson-Widding, »I lied, I farted, I stole«, S. 67. (Übers. M.-S. L.)

43 Jakobson-Widding, »I lied I farted, I stole«, S. 68.

44 Ebd. (Übers. M.-S. L.)

Form nicht hat, so greift diese Erklärung jedoch zu kurz, weil der Gedanke einer jeder Person gleichermaßen gebührenden Achtung noch keine Handlungsregeln abgibt wie Tsika. Es ist daher nicht ohne weitere Informationen möglich, daraus eine bestimmte normative Verhaltenserwartung im Einzelfall abzuleiten. Andernfalls müsste jede Art von Ungleichbehandlung ein Verstoß gegen den Anspruch auf Achtung sein. Die Lebensformen hochindustrieller moderner Gesellschaften, die diese Leitidee pflegen, sind jedoch viel komplexer. Sie verlangen neben gleichförmigen Formen der Achtung ebenfalls differenzierende Formen.

Man könnte das Beispiel der Bewerberin um eine Miethütte mit einem Beispiel Lloyd Weinrebs vergleichen: dem Beispiel eines unbegabten, aber leidenschaftlichen Baseball-Fans, der eines Tages bei den berühmten Red Sox aufkreuzt und verlangt, in die Mannschaft aufgenommen zu werden. Sein egalitäres Argument lautet, dass er nicht weniger ein Recht darauf habe, aufgenommen zu werden, als der gegenwärtige Star der Mannschaft. Warum sollte eine hervorragende Koordination von Auge und Arm so viel mehr zählen als seine unermüdliche Bereitschaft, dem Sport Opfer zu bringen und ihm alles unterzuordnen?[45]

Was zeigt dieses Argument über die Grundlagen von Achtung und Fairness? Hätte der getreue Fan Grund, sich angesichts der Ablehnung in seiner Menschenwürde verletzt zu fühlen? In welcher Hinsicht unterscheidet sich sein Fall – wenn überhaupt – von dem der Ethnologin? Ob beide Personen Grund haben, sich in ihrer Würde verletzt zu fühlen, hängt davon ab, ob sie *unfair* behandelt wurden. Das aber lässt sich nicht unabhängig davon feststellen, wie die Institution verstanden wird, um die es geht, und wie sie funktioniert. Die Ungleichbehandlung von Personen erscheint auch im modernen Leben nur mit Blick auf *solche* Merkmale erniedrigend, die zu berücksichtigen in *diesen* Kontexten unfair, da sachlich nicht gerechtfertigt erscheint. Insoweit aus dem Gebot gleicher Achtung wirklich Verhaltens- und Entscheidungsnormen folgen, handelt es sich vor allem um ein Gebot der Objektivität und Unparteilichkeit.[46] Verstehen wir den Profisport so, wie ihn der Manager und wohl die meisten Leser verstehen, dann liegt im Falle des jungen

45 Vgl. Lloyd Weinreb, *Oedipus at Fenway Park. What Rights Are and Why There Are Any,* Harvard 1994, Kap. 4, insbes. S. 72.

46 Diese Auffassung vertritt Frankfurt, »Equality and Respect«, S. 132.

Mannes keine Verletzung seiner Menschenwürde vor; dass er nicht berücksichtigt wird, liegt daran, dass er nicht über die speziellen Eigenschaften verfügt, über die ein Baseball-Profi (nach dieser Auffassung vom Sport) verfügen muss. Stellen wir uns jedoch vor, der junge Mann käme aus einem fernen Land, wo es keinen Profisport gibt, sondern Sport allein dem Spaß, der physischen Übung und vor allem dem Herstellen von Kontakten zwischen den Bewohnern eines Viertels dient. Müsste einem jungen Mann aus diesem Land, der die Red Sox als den Verein seines Stadtteils wahrnimmt, das Verhalten des Managers dann nicht zu Recht (unter Voraussetzung seiner Vorstellung vom Sport, die ja vielleicht auch die vernünftigere ist) als erniedrigend erscheinen, da es keinen guten sachlichen Grund zu geben scheint, ihm andere Bewerber vorzuziehen?

Insoweit die Ethnologin Grund hat, die Missachtung ihres Menschenrechts auf gleiche Achtung zu beklagen, müsste sie sich also darauf berufen, dass sie keinen *sachlichen* Zusammenhang zwischen Vermietung und Religionszugehörigkeit erkennen kann, da es in ihrem Land nicht erlaubt ist, mangelnde Religionszugehörigkeit als Ablehnung eines Mietgesuchs anzuführen. Aber auch in modernen westlichen Staaten gelten Ablehnungen von Mietanträgen im Fall des Nichtvorhandenseins einer festen Anstellung, eines geringen Einkommens, eines unerwünschten Haustiers oder einer Tätigkeit als Musiker als durchaus zulässig. Und wenn der Vermieter sich selbst als Missionar versteht, der alles – auch seine Vermietung – in den Dienst seiner religiösen Projekte stellt, gibt es umgekehrt aus seiner Sicht auch einen objektiven Grund für die Ungleichbehandlung religiöser und nichtreligiöser Bewerber.

Während die Frage, ob ein Verhalten respektlos ist oder nicht, in diesem Fall davon abhängt, welchen Gesichtspunkten man Vorrang einräumt, kann die Frage in anderen Fällen nur mit Blick auf die natürlichen Fähigkeiten oder Unfähigkeiten von Menschen beantwortet werden, beispielsweise im Falle von kleinen Kindern, geistig Kranken, Senilen etc. Wenn der Gedanke gleicher Achtung als Anweisung zu undifferenziertem Verhalten verstanden würde, würde er es nicht erlauben, solche Menschen anders zu behandeln als erwachsene, voll zurechnungsfähige Personen. Sie zu achten verlangt mehr an Fürsorge, als wir für andere Menschen aufwenden wollen und (aus Gründen des Respekts) dürfen. Sie »gleich« zu behandeln, kann daher nicht im Sinne von *gleichförmig* verstanden werden, sondern nur im Sinne von *gleichwertig*. Was dies aber im Einzelfall bedeuten könnte, welches Verhalten erlaubt, welches auszuschließen wäre, ist aus der Idee gleicher Achtung selbst nicht abzuleiten, dazu ist sie zu abstrakt.

Anders als es die Beschreibung der Ethnologin suggeriert, schließen sich das Ideal gleicher Achtung und eine nach Status und Eigenschaften differenzierende Achtung also nicht grundsätzlich aus, noch wäre die Realisierung der ersten ohne die zweite möglich. Dass dieser falsche Anschein entsteht, verdeckt die Bedeutung, die rollen- und geschlechtsspezifische Achtung auch in nichttraditionellen Gesellschaften hat. Auch bei einer Ethnologin aus einem modernen westlichen Land ist es durchaus denkbar, dass sie sich durch das Verhalten des Vermieters nicht anders als die Manyika-Frau als Frau oder Statusträgerin (*Ethnologin*) missachtet gefühlt haben könnte. Achtung im Sinne einer Beachtung spezieller Rechte, die auf Ungleichheit basieren, ist auch in unser soziales Leben eingebaut und verlangt oft ein Verhalten, das nach Geschlecht, Alter, sozialer Rolle, Mitgliedschaft in derselben Vereinigung, Grad an intimer Bekanntschaft etc. differenziert. Die detaillierte Beschreibung des letzten Ehekrachs mag im Gespräch mit einer intimen Freundin Vertrauen beweisen, könnte aber im rein beruflichen Kontakt mit einer älteren Person eine respektlose Zumutung darstellen. In vielen Kreisen gilt es als respektvoll, wenn Männer Frauen in den Mantel helfen, und nicht als Unterstellung physischer Behinderung, wogegen das umgekehrte Verhalten als potenziell respektlos wahrgenommen werden könnte, da der Betroffene dadurch als gebrechlich oder alt hingestellt würde. Amtsträger haben ein gewisses Anrecht auf Respekt, unabhängig davon, ob sie als Individuen wirklich respektabel sind oder dafür gehalten werden. Entsprechend werden Respektlosigkeiten wie die Beleidigung von Richtern oder »Widerstand gegen die Staatsgewalt« besonders geahndet. Wenn Europäer und Europäerinnen aufhören würden, solche Unterschiede zu berücksichtigen, würden sie nicht anders als die Manyika »die soziale Ordnung durcheinanderbringen« und die betroffenen »Würdenträger« persönlich »verletzen und ihrer Auffassung von Würde berauben«.

Kommen wir zum Schluss zu der ursprünglichen Frage nach der Universalität beziehungsweise Kontextabhängigkeit von Achtung zurück. Wie sich zeigte, kann die Pflicht, Personen zu achten, weder in unserer Kultur noch universal allein im Sinne einer Pflicht zur Gleichbehandlung verstanden werden. Der moderne normative Begriff von Achtung, der sich auf die universale Gleichwertigkeit aller Menschen bezieht und eine Quelle wichtiger universaler moralischer Leitideen ist, muss durch ein differenzierendes Verständnis von Achtung ergänzt werden, das verschiedene kulturelle Kontexte überbrückt: im Sinne von Fürsorge, von zurückhaltendem Respekt, aber auch von nach Rollen und Funktionen differenzierender Achtung.

VII Verantwortung im Kontext

1. Die Verantwortung der individuellen Täterin und des kollektiven Sündenbocks

Ebenso grundlegend für das menschliche Zusammenleben wie die Achtung ist die Aufteilung von Verantwortung: Personen sind für gewisse (kulturell definierte) Dinge, zu denen soziale Rollen, ihre Körperbewegungen und deren Folgen, aber auch Unterlassungen gehören können, gegenüber anderen verantwortlich. Daraus ergeben sich eine Reihe von Fragen. Was bedeutet es überhaupt, »sich zu verantworten«? Hat der Begriff Verantwortung *eine* grundlegende Bedeutung oder mehrere? Setzt er ein bestimmtes Menschenbild voraus, oder erklären sich seine Bedeutungen aus den sozialen Bedürfnissen? Sind die Praktiken und Auffassungen der Verantwortung in den verschiedenen Kulturen vergleichbar?

Hier scheint eine ähnliche Vorgehensweise erforderlich wie bei der Achtung. Wenn man nicht allein von dem modernen Ideal gleicher Achtung ausgeht, sondern von der Frage, welche moralischen Forderungen mit der Achtung verbunden sind, die die wechselseitige Wahrnehmung in bestimmten kulturellen Umgebungen bestimmen, dann stellt sich heraus, dass sie weder eine einheitliche theoretische Grundlage in einem universal gültigen Menschenbild hat noch eine einheitliche praktische Bedeutung. Deswegen müssen wir jedoch nicht bei der Trivialität stehenbleiben, dass alles kulturell und moralisch »relativ« ist. Denn wie gezeigt wurde, verfügen wir durchaus über ein dünnes Verständnis von Achtung, das sich auf unser Wissen um die Angewiesenheit auf Haltungen des zurückhaltenden Respekts, der Fürsorge, der Rücksicht auf soziale Rollen und Identitäten und auf das Recht stützt, nicht gedemütigt zu werden, so dass uns auch kulturelle Kontexte zugänglich sind, wo Achtung scheinbar »ganz anders« (aber eben doch nicht *ganz* anders) verstanden wird als in modernen westlichen Gesellschaften. Im Folgenden möchte ich untersuchen, ob es sich mit der Verantwortung ähnlich verhält.

Beginnen wir mit der Frage, was Verantwortung in modernen Kontexten bedeutet. »Bedeutet« darf hier freilich, genauso wenig wie bei der Erörterung der moralischen Verantwortung, mit den dominanten philosophischen und juristischen *Interpretationen* dessen gleichgesetzt werden, was Verantwortung im Kern ausmacht. Was etwas bedeutet, zeigt sich auch in der Praxis, die eventuell philosophisch weniger reflektierten Maßstäben und Regeln folgt.

Geht man von der oben genannten relationalen Struktur der Verantwortung aus, dann fällt auf, dass sich die Aufmerksamkeit im vorherrschenden modernen Verständnis auf die Beziehung zwischen der Person und ihrer Handlung konzentriert und dabei die Instanzen ausblendet, die von diesem Tun betroffen sind und gegenüber denen sich die Person zu verantworten hat. Das hängt damit zusammen, dass die Zurechenbarkeit von Handlungen als ein wesentliches Merkmal von Personen begriffen wird: »Person ist dasjenige Subjekt, dessen Handlungen einer Zurechnung fähig sind«,[1] definiert Kant die Person. Zurechnungsfähigkeit beruht nach diesem Verständnis auf Handlungsfähigkeit und ist auf unseren freien Entschluss zurückzuführen.[2] Betrachtet man Verantwortung allein unter diesem Gesichtspunkt, dann scheint es sich um etwas zu handeln, was allein aus der Psyche und der Kausalität des Individuums erklärbar ist. Sie ist keine Last, die uns von der Gesellschaft zugeteilt wird, sondern beruht allein auf eigener aktiver Täterschaft.[3] Diesen Eindruck vermitteln auch die im heute geltenden Strafrecht zentralen Begriffe der Tat, des Täters oder der Täterschaft. Ihre grundlegende Rolle suggeriert, es ginge bei der Verantwortung nur um die Vergeltung vorwerfbaren vorsätzlichen Tuns.[4]

Diesem Selbstverständnis, das von den sozialen Bezügen der Verantwortung absieht, kommt im modernen Bewusstsein ein be-

1 Kant, *Die Metaphysik der Sitten,* AB 22, S. 223. Vgl. auch die Definition Lockes: »Person [...] is a Forensick Term appropriating Actions and their Merit.« (Locke, *An Essay Concerning Human Understanding*, Buch II, Kap. XXVII, § 26, S. 346.)

2 Das moderne Rechtswesen, so ist beispielsweise in einem philosophischen Lexikon zu lesen, führt die »Zurechnungsfähigkeit einer Tat zum *freien Entschluss* eines Täters zurück.« *Europäische Enzyklopädie zu Philosophie und Wissenschaften*, Bd. 4, hg. v. Hans Jörg Sandkühler u. a., Hamburg 1990. (Hervorhebung M.-S. L.)

3 Gottfried Seebaß spricht von Zurechnung »im prägnanten Sinn«; vgl. Gottfried Seebaß, »Handlungstheoretische Aspekte der Fahrlässigkeit«, in: ders., *Handlung und Freiheit,* Tübingen 2006, S. 36.

4 Vgl. hierzu Ernst-Joachim Lampe, »Verantwortung und Verantwortlichkeit im Strafrecht«, in: *Verantwortlichkeit und Recht,* hg. v. Ernst-Joachim Lampe, Opladen 1989, S. 266.

sonderer Wert zu. Entsprechend neigt man dazu, andere Verantwortungsbegriffe und -praktiken im Lichte moderner Fortschrittsmythen als Ausdruck eines Bewusstseinszustands zu betrachten, der der eigentlichen und wahren Verantwortung – das heißt unseren modernen Vorstellungen individueller Täterschaft – näher oder ferner ist. Nach diesen Fortschrittsmodellen hat sich ein ursprünglich rein kausales und soziales Verständnis von Verantwortung allmählich zum Bewusstsein der Täterschaft des Individuums entwickelt, von dem man annimmt, dass es in den sogenannten archaischen und »primitiven« Gesellschaften noch unbekannt war.[5] Die einen gehen davon aus, dass in den »unaufgeklärten« und »unzivilisierten« Gesellschaften Menschen allein mit Blick auf den bewirkten Schaden für ihre Handlungen verantwortlich gemacht wurden, ohne Rücksicht auf die persönliche Schuld des Täters; in diesen Gesellschaften hat es demnach nur eine Art kollektivistisches Zivilrecht gegeben.[6] Nach einer anderen, von Émile Durkheim vertretenen Version hingegen soll »das primitive Recht« vor allem ein Strafrecht gewesen sein, mit dem *kollektiven Zweck*, die Gemeinschaft durch Bestrafung vor den Folgen eines Tabubruchs zu reinigen.[7] Auch wenn man sich hinsichtlich der Frage nicht einig ist, was eigentlich das primitive Recht ausmacht, kommen diese Modelle doch in dem Gedanken überein, erst im heutigen Recht würde der Gerechtigkeit – zumindest mit Blick auf die einzelne Person – Genüge getan. Dass »primitive« oder »archaische« Kulturen weniger Rücksicht auf individuelles Verschulden nehmen, erscheint im Lichte moderner Vorstellungen von Verantwortung ungerecht gegenüber dem Individuum, sowohl als einzelnem Täter als auch als einem Mitglied der kollektiv haftenden Gruppe, da kollektive Haftung auch die »Unschuldigen« trifft.[8]

5 Vgl. hierzu die Darstellung zur *Responsabilité* in der *Encyclopédie Philosophique Universelle II. Les Notions Philosophiques 2.2*, hg. v. Sylvain Auroux, Paris 1990, S. 2250.

6 Zu diesen Vorstellungen vgl. Peter Stein, John Shand, *Legal Values in Western Society*, Edinburgh 1974, S. 121 ff. Vgl. auch Frederic William Maitland, »The Early History of Malice Aforethought«, in: ders., *Collected Papers*, Cambridge 1911 (1. Aufl. 1883).

7 Vgl. hierzu die klassische Arbeit von Émile Durkheim, *De la division du travail social*, Paris 1973, Kap. 2. Diese Auffassung wird auch heute noch vertreten in der *Encyclopédie Philosophique Universelle II. Les Notions Philosophiques 2.2*, S. 2250.

8 Zu diesen Sichtweisen, wie sie beispielsweise von Roscoe Pound in seinen Stu-

Solche Fortschrittsgeschichten, nach denen sich der Mensch vom schuldlos leidenden »Primitiven«, der schwer an der ihm sozial auferlegten Verantwortung trägt, zur modernen selbstverantwortlichen Person entwickelt hat, können die Begriffe und Funktionen von Verantwortungszuschreibungen jedoch nur begrenzt verständlich machen, sowohl was moderne als auch nichtmoderne Gesellschaften angeht. Sie übernehmen vielmehr die Funktion eines klassischen Mythos, die Komplexität der Wirklichkeit zu reduzieren, indem sie Verantwortung auf ein einfaches Prinzip zurückführen und den damit verbundenen Praktiken und Institutionen Sinn und Wert verleihen. Dabei gehen sie nach demselben Schema vor wie die mythische Herleitung von Mann und Frau aus dem Mann: Mann und Frau sind verschieden, aber wenn die Frau nach dem Ursprungsmythos aus dem Mann hergeleitet wird (weil sie Adams Rippe entstammt), geht es letztlich doch um den Mann, ist es der Mann, der sowohl die Einheit als auch die Verschiedenheit repräsentiert (so wie der Ausdruck *man* im Englischen, *l'homme* im Französischen für beides steht). Auf vergleichbare Weise repräsentiert die individuelle Täterschaft, die im modernen Strafrecht in der Tat eine dominante Rolle spielt, sowohl die einheitliche Bedeutung verschiedener Komponenten der Verantwortung als auch eine dieser Komponenten.

Solche mythischen Herleitungen verflechten auf eine schwer durchschaubare Weise Wahrheit und Illusion. Insoweit sie Ideen in den Vordergrund rücken, die sowohl die Interpretation als auch die Gestaltung der sozialen Welt und ihrer Rechtsinstitutionen prägen, ist an ihnen viel Wahres; sie wirken wie selbsterfüllende Prophezeiungen. Insoweit sie sich aber auf eine soziale Wirklichkeit beziehen, in der wir auf komplexere Maßstäbe als individuelle Täterschaft angewiesen sind, erzeugen sie aber auch Illusionen. Denn wie sollte ein Sozialsystem funktionieren können, das Zurechnung auf reale Täterschaft im Sinne aktiven vorsätzlichen Handelns reduzierte? In diesem Fall wären die Opfer unbeabsichtigt zugefügter Verletzungen und Schädigungen die Leidtragenden: Sie hätten schuldlos die Verantwortung für all das zu tragen, was nicht einem Täter

dien zur Rechtsentwicklung eingenommen werden, vgl. Sally Falk Moore, »Legal Liability and Evolutionary Interpretation: Some Aspects of Strict Liability, Self-Help and Collective Responsibility«, in: *The Allocation of Responsibility*, hg. v. Max Gluckman, Manchester 1972, S. 52 ff.

als frei gewollte Handlung zuzurechnen wäre. Der Gedanke freier bewusster Täterschaft bietet keine Lösung für die soziale Aufgabe, Schäden und Verletzungen zwischen Personen zu regeln. Bei problematischen Fällen – und die meisten Fälle sind mehr oder weniger problematisch – trifft die Frage, wer wie viel Verantwortung zu übernehmen hat, auf konfligierende Interessen und Gesichtspunkte der Gerechtigkeit.[9] Es gibt keinen zwingenden Grund, Verantwortung auf der Grundlage individueller Täterschaft allgemein für gerechter zu halten als eine Zurechnung auf bloß kausaler Grundlage oder eine kollektive Zurechnung; es kommt vielmehr darauf an, um welche Probleme es geht und wie sie auf der Basis der jeweils gegebenen sozialen Verhältnisse und Institutionen überhaupt gelöst werden können. Einerseits tragen wir auch Verantwortung für Schäden und Verletzungen, die wir anderen ungewollt zufügen; nicht weil die soziale Wirklichkeit hinter der wahren Gerechtigkeit hinterherhinkt, sondern weil wir dies aus gutem Grund als gerecht empfinden. Die Zurechnung von Schäden und Risiken muss anderen Maßstäben folgen als denen der Vergeltung von Handlungen und ihrem Verdienst. (Philosophen, die Zurechnung im »prägnanten Sinne« mit Täterschaft gleichsetzen, müssen daher einen zweiten Begriff der Zurechnung einführen, der die wirkliche Zurechnung betrifft, den Begriff einer »normativen« Zurechnung.[10] Das entspricht der wirklichen Frau, die wir als verschieden vom Mann kennen, im Unterschied zur mythischen Frau, die eigentlich ein vom Mann abstammender Mensch ist.)

Auch wenn der Ausdruck Verantwortung sowohl kausale Urheberschaft und Täterschaft als auch Haftbarkeit, Strafbarkeit und moralische Vorwerfbarkeit umfasst, besteht zwischen diesen beiden Seiten *kein notwendiger* Zusammenhang. Man kann etwas verursachen und sogar gezielt verursachen, ohne dafür haftbar oder strafbar zu sein. Und umgekehrt kann man für Dinge haften und in manchen Fällen sogar bestraft werden, die man nicht selbst verursacht hat. Verantwortung im Sinne von Haftbarkeit und Strafbarkeit hat ihre Grundlage in sozialen Zwecken und Regelungen. Dies ist so selbstverständlich, dass es in vielen Fällen nicht thematisch wird. Zum Beispiel hat es oft den Anschein, als folge Verantwortung aus

9 Zu diesem Konflikt von Gesichtspunkten vgl. Joel Feinberg, *Doing and Deserving. Essays in the Theory of Responsibility*, Princeton, New Jersey 1970, Kapitel 2.

10 Vgl. Seebaß, »Handlungstheoretische Aspekte der Fahrlässigkeit«, S. 37.

der Täterschaft selbst, etwa im Falle einer Tötung: dass Müller verantwortlich für den Tod von Meier ist (dass er ihm persönlich zuzurechnen ist und er dafür zur Rechenschaft gezogen werden kann), scheint notwendig daraus zu folgen, dass Müller Meier getötet hat. Dass wir jemanden, der eine andere Person erschießt, dafür verantwortlich machen, setzt jedoch voraus, dass er ein Gesetz gebrochen hat, zu dessen Einhaltung er als Staatsbürger verpflichtet war; falls er *als Soldat* im Einsatz tötete, hat hingegen keine Normverletzung stattgefunden, es sei denn, es handelte sich um eine illegale Aktion.

Bedeutet dies, dass die Verantwortung der einzelnen Person durch die sozialen Kategorien auferlegt wird, in denen ihr Tun und Lassen jeweils betrachtet wird? Tatsächlich hat der französische Soziologe Paul Fauconnet die Auffassung vertreten, die Zurechnungsfähigkeit sei *ganz* von der Handlungsfähigkeit des Einzelnen abzukoppeln, und zwar unabhängig vom Rechtssystem. Sie folge allein sozialen Zwecken: »Nicht weil es Verantwortliche gibt, gibt es die Verantwortlichkeit. Die Verantwortlichkeit existiert schon vorher, in frei schwebendem Zustand, und sie fixiert sich dann auf diese oder jene Subjekte.«[11] Für die Frage, wem Straftaten zuzurechnen sind, ist es nach Fauconnet ursprünglich nicht entscheidend, welchen kausalen Anteil die Person daran hat, oder ob sie vorsätzlich gehandelt hat. Es geht vielmehr um die Selektion eines tauglichen Zeichens oder Bildes zur Repräsentation der im Verbrechen verletzten Gefühle. Fauconnet bestreitet nicht, dass der Täter eine hervorragende Rolle im modernen Strafrecht spielt, aber er führt dies nicht auf die reale Rolle des Täters zurück, sondern darauf, dass dieser die Vorstellung des Verbrechers besonders bildhaft *repräsentieren* kann.

Was immer man von Fauconnets Ansatz halten mag: Er zeigt, dass man Verantwortung nicht selbstverständlich aus handlungstheoretischer Perspektive betrachten muss, und er lenkt die Aufmerksamkeit auf die Tatsache, dass Verantwortung gewöhnlich nicht nur eine Angelegenheit zwischen Schädiger und Geschädigtem ist, sondern die Gemeinschaft und ihre Symbolik involviert. Dies ist in besonderem Maße der Fall, wenn die Gemeinschaft staatlich organisiert ist und über ein Strafrecht verfügt, das für sie symbolische

11 Paul Fauconnet, »Warum es die Institution ›Verantwortlichkeit‹ gibt«, in: *Seminar Abweichendes Verhalten II. Die gesellschaftliche Reaktion auf Kriminalität*, hg. v. Klaus Lüderssen und Fritz Sack, Frankfurt/M. 1975, S. 308.

Aufgaben übernehmen kann. Letztlich greift diese Theorie jedoch in ihrem Anspruch, *den* allgemeinen Sinn, Zweck und Maßstab der Verantwortung angeben zu können, viel zu kurz, nicht anders als ihr Gegenpart, die Theorie der Verantwortung als Täterschaft. Das zeigt sich auch an den Beispielen, mit denen Fauconnet seine Theorie belegt.[12] Auch wenn er zu Recht darauf hinweist, dass Kausalität oder gar Täterschaft im Sinne von bewusstem Vorsatz nicht immer eine Voraussetzung von Verantwortung ist und dass es in der Rechtsgeschichte auch immer wieder rein symbolisch motivierte Zurechnungen gab, kann man sich doch schwerlich vorstellen, dass eine Zurechnung, die als rein symbolisch eingeschätzt wird (das heißt, ohne dass sich die symbolische Funktion auf eine reale kausale oder andere Verbindung zur Tat stützt, wie im Falle des zufälligen Sündenbocks), irgendwo als gerecht empfunden wird. Verantwortungszuschreibungen, sofern sie als gerecht empfunden werden, setzen nicht immer natürliche Kausalität oder Täterschaft voraus, aber sie schweben auch nicht frei über den Personen. Sie sind zumindest irgendwie in den Aufgaben und Pflichten verankert, die unsere soziale Identität ausmachen.

Die mit der Zurechnung von Handlungen verbundenen moralischen und rechtlichen Formen der Verantwortung sind ein *sekundäres* Phänomen, das unsere sozialen Identitäten zur Grundlage hat: die *primäre* Ebene des Verantwortung-*für*-etwas-Tragens. Moralische Vorwerfbarkeit, Strafbarkeit, Haftbarkeit kommen erst in *Reaktion* auf Schäden, Normverletzungen und andere Formen des Versagens in den Blick.[13] Im primären Sinne bedeutet Verantwortung eine mehr oder weniger selbständige (Mit-)Organisation von Lebensbereichen, was je nach Art der Aufgabe mit gewissen Verpflichtungen verbunden ist und Kompetenz, Sorgfalt und Aufmerksamkeit verlangt. Verantwortung im primären Sinne kann

12 Fauconnets Annahme ergibt sich aus der durkheimschen Überzeugung, dass eine jede Gesellschaft essenziell darauf angewiesen ist, ein gemeinsames Glaubenssystem aufrechtzuerhalten, und auch das Strafrecht diesem wichtigsten Zweck dient. Vgl. Fauconnet, »Warum es die Institution ›Verantwortlichkeit‹ gibt«, S. 294.

13 Vgl. Otfried Höffes Unterscheidung zwischen der »Primärverantwortung«, der Aufgabenverantwortung, und der »Sekundärverantwortung«, der Rechenschaftspflicht. Otfried Höffe, »Schulden die Menschen einander Verantwortung? Skizze einer fundamentalethischen Legitimation«, in: *Verantwortlichkeit und Recht*, hg. v. Ernst-Joachim Lampe, Opladen 1989, S. 16 f.

sich auf einen sehr speziellen Bereich beziehen, den man allein organisiert, wie die Verantwortung des Kapitäns für sein Schiff oder die eines Kochs für das Essen, oder auf einen sehr weitreichenden, auf den man nur im Zusammenhang mit anderen Einfluss hat wie die (Mit-)Verantwortung einer Staatsbürgerin für die Demokratie, deren man sich während der meisten Zeit, wenn nicht gerade Wahlen anstehen oder sich systemgefährdende politische Entwicklungen andeuten, kaum bewusst ist. In diesem Sinne sind wir in einer Vielzahl von Rollen unterschiedlicher Allgemeinheit verantwortlich für die aktive Erledigung bestimmter Aufgaben, die Gestaltung und Reproduktion von Lebensbereichen und den Schutz von Personen: als mündige Staatbürgerinnen, als Verkehrsteilnehmerinnen, als Väter, als Mütter eines Kindes von 2 ½ Jahren etc. Diese Rollen sind mit gewissen Rechten und Pflichten verbunden – Geboten, Verboten oder Erlaubnissen des Handelns, die von der Art der Rolle und der darin involvierten Personen abhängen; schon der Vater eines fünfjährigen Kindes kann andere Dinge tun oder erlauben, hat nicht dieselben Pflichten wie der eines zweijährigen.

Verantwortung im sekundären moralischen und rechtlichen Sinne hat also einerseits ihre Grundlage in unserer sozialen Identität: Sie setzt voraus, dass wir in bestimmten speziellen oder allgemeinen Rollen gehandelt haben. Erst wenn in diesem Verantwortungsbereich etwas Unerwünschtes passiert, stellt sich die Frage, wem – und nach welchen Maßstäben – der Vorgang und seine moralischen und rechtlichen *Folgen* zuzurechnen sind.

2. Die Elemente der Verantwortung

Im Ausgang von den reichhaltigen und vielfältigen Bedeutungen, die Verantwortung in einem modernen Kontext annimmt, möchte ich im Folgenden Elemente unterscheiden, die zum Gesamtphänomen der primären und sekundären Verantwortung gehören und die nach Anlass mehr oder weniger relevant werden. Anschließend werde ich der Frage nachgehen, inwieweit diese Elemente auch in anderen kulturellen Kontexten präsent sind, und somit zwar keinen einfachen universalen Begriff der Verantwortung, aber doch eine gewisse Vergleichbarkeit von Verantwortungspraktiken und -vorstellungen in verschiedenen sozialen und kulturellen Umgebungen aufzeigen. Dabei gehe ich von einem Fall aus – dem berühmten Fall des betrunkenen Kapitäns –, den der Rechtsphilosoph Herbert L. A. Hart konstruiert hat:

Als Kapitän war Mr. Smith (wie wir ihn hier nennen wollen) für die Sicherheit der Passagiere und der Besatzung *verantwortlich* [im Sinne von *Aufgaben- und Rollenverantwortung*]. Auf seiner letzten Fahrt soff er jeden Abend und war *verantwortlich* für den Untergang des Schiffes und aller darauf befindlichen Personen [im Sinne *normativer Zurechenbarkeit/Liability*]. Einige munkelten, er sei verrückt, aber die Ärzte beurteilten ihn als voll *verantwortungsfähig* [im Sinne der *Zurechnungs- und Schuldfähigkeit*]. Während der ganzen Reise hatte er sich *unverantwortlich* benommen [im Sinne der moralischen und rechtlichen *Bewertung* seines Verhaltens], und viele Vorfälle in seiner Laufbahn zeigen an, dass er ein *unverantwortlicher* Mensch ist [im Sinne der moralischen Einschätzung seiner Persönlichkeit]. Er selbst blieb stets bei seiner Behauptung, die ungewöhnlich starken Winterstürme seien *verantwortlich* für den Untergang des Schiffes gewesen [im Sinne *kausaler Verantwortung*], aber in den anschließenden Rechtsprozessen wurde er strafrechtlich für seine Fahrlässigkeit *zur Verantwortung gezogen* [*strafrechtliche Schuld*] und zivilrechtlich für den Verlust von Menschenleben und Eigentum *verantwortlich gemacht* [zivilrechtliche *Haftbarkeit*]. Er lebt immer noch und ist moralisch *verantwortlich* für den Tod vieler Frauen und Kinder.[14]

Das Wort Verantwortung und seine Formen werden hier offenkundig in verschiedenen Bedeutungen verwendet. Es handelt sich aber nicht um bloße Homonyme wie Tau (Seil, Niederschlag) ohne Bedeutungszusammenhang. Die aufgeführten Verwendungen des Verantwortungsbegriffs sind weder synonym noch homonym: Sie stehen für spezielle, aber in ihrer Funktion und Bedeutung aufeinander bezogene Elemente eines Gesamtzusammenhangs der Verantwortung.

Im Sinne der im letzten Abschnitt angesprochenen Primärverantwortung hat Mr. Smith in seiner Rolle als Kapitän gewisse Pflichten, die das Schiff, die Mannschaft und die Ladung betreffen. Die Aussage, er habe sich »unverantwortlich« verhalten, bewertet die Weise, wie er diese Pflichten erfüllt beziehungsweise nicht erfüllt. Eine »verantwortliche« Person ist sich bewusst, welches Maß

14 H. L. A. Hart, »Postscript: Responsibility and Retribution«, in: ders., *Punishment and Responsibility. Essays in the Philosophy of Law*, Oxford 1968, S. 211 (Hervorhebung M.-S. L.).

an Sorgfalt und Aufmerksamkeit in ihrem Verantwortungsbereich sachlich erforderlich ist, und verhält sich entsprechend.

Eine Grundlage der rechtlichen und moralischen Verantwortung ergibt sich aus unserer Fähigkeit, in diesen Rollen etwas *zu bewirken* (oder es zu lassen): Wenn der Koch, der Kapitän oder die mündige Staatsbürgerin etwas herbeiführen, was nicht sein darf, oder es in ihrem Verantwortungsbereich geschehen lassen, bekommen die prospektiven Verhaltensregeln, Normen und Pflichten auch eine retrospektive Funktion. Aus ihnen können sich Delikts- oder Rechtfertigungstatbestände ergeben. Verantwortung in diesem Sinne der persönlichen Zurechenbarkeit eines Geschehens (*liability*) ist nicht mit kausaler Verantwortung zu verwechseln, setzt aber oft kausale Verantwortung voraus. Kausale Verantwortung im Sinne von natürlicher Verursachung – wie wenn es heißt, »der verregnete Sommer ist verantwortlich für die geringere Qualität dieses Weinjahrgangs« – wird auch Wesen und Ereignissen zugeschrieben, die nicht haftbar gemacht werden können. Der Ausdruck hebt dann einen kausalen Faktor hervor, der unter dem jeweiligen Gesichtspunkt als die interessanteste, auffälligste oder wichtigste Ursache eines Geschehens betrachtet wird. Wenn die Annahme einer Kausalrelation zur Begründung einer moralischen oder rechtlichen Verantwortungszuschreibung dient, liegt aber oft gar keine echte Kausalrelation vor; vielmehr wird die kontrafaktische Kausalrelation konstruiert, dass ein unerwünschtes Ereignis nicht eingetreten wäre, wenn X es verhindert hätte. Mr. Smith ist in unserem Fall nicht in dem Sinne kausal verantwortlich, dass er aktiv etwas getan hätte, was zum Untergang des Schiffs führte. Es wird ihm nicht vorgehalten, dass er in trunkenem Jähzorn mit der Axt ein Loch in die Außenwand geschlagen hätte. Vielmehr wird ihm zugerechnet, dass er in Ausübung seiner Rolle als Kapitän etwas *unterlassen* hat, das den Tod der Besatzung und Passagiere verhindert hätte – in Seenot nüchtern zu bleiben und bei klarem Verstand rechtzeitig die unter den Umständen erforderlichen Kommandos zu erteilen, wie die Geschwindigkeit zu drosseln, den Kurs zu ändern, die Rettungsboote bereitzumachen, Schwimmwesten auszuteilen etc. Nur aufgrund seiner Rollenverantwortung als Kapitän ist sein trunkener Zustand, der dies unmöglich machte, die moralisch und juristisch maßgebliche Ursache der Schiffskatastrophe. Das wäre er nicht, wenn Mr. Smith sich lediglich in der Rolle eines Passagiers betrunken hätte. Hätte Mr. Smith mit der erforderlichen Nüchternheit, Sorgfalt und Genauigkeit die einem Kapitän zufallenden Aufgaben wahrgenommen, dann hätte ihm der Verlust des Schiffes ebenfalls nicht zugerechnet werden können. In diesem Fall wären die Winterstürme (im kausalen Sinne) maßgeblich verantwortlich gewesen.

Wenn unbestreitbar eine Pflichtverletzung vorliegt, stellt sich anschließend die Frage: Ist der Verantwortungsträger überhaupt verantwortungsfähig, ist er generell und in der Situation im Vollbesitz seiner geistigen Kräfte gewesen?[15] Da die Verantwortungsfähigkeit zu den normativen Eigenschaften von Personen gehört, die sie sich wechselseitig unterstellen müssen, wenn sie kooperieren, muss diese Fähigkeit im Normalfall nicht positiv nachgewiesen werden; sie kann jedoch im Ausnahmefall abgesprochen werden, wenn spezielle Indizien dagegensprechen. Ab welchem Alter Menschen generell Verantwortungsfähigkeit zugesprochen wird, wird durch Konventionen und Rechtsnormen im Rahmen der jeweiligen Weltanschauung festgelegt. Ein 15-Jähriger kann in Europa nicht für einen Mord verantwortlich sein, weil Kinder dort nicht als zurechnungsfähige Personen im rechtlichen Sinne gelten. Wenn es sich hingegen um einen Jugendlichen in Kalifornien handelt, kann er auf Antrag des Staatsanwalts nach Erwachsenenrecht verurteilt werden. Ein tibetanisches Kind von acht Jahren wäre nach buddhistischem Recht verantwortlich; wenn es jünger ist, würde die Handlung hingegen dem *karmischen* Hintergrund des Opfers zugerechnet werden. In diesem Fall wäre das Opfer (die karmische Geschichte, die sein Tun und Lassen motiviert) für die Handlung verantwortlich und das Kind lediglich ein unschuldiges Werkzeug im Dienste dieser Geschichte.[16]

Darüber hinaus wäre zu fragen, ob dem Verantwortlichen – dem Kapitän – sein Verhalten als Schuld zuzurechnen ist: Handelte er freiwillig, oder wurde er durch die Umstände oder andere

15 Im kontinentalen Recht ist es üblich, zwischen *Zurechnungsfähigkeit* und *Schuldfähigkeit* zu unterscheiden, während das englische Recht beide Bedingungen unter dem Titel *mens rea* zusammenfasst. Zu den zwei Ebenen der strafrechtlichen Zurechnung vgl. Joachim Hruschka, »Verhaltensregeln als Zurechnungsregeln«, in: *Rechtstheorie* 22 (1991), S. 452, S. 455.

16 Hier folge ich Rebekka Redwood French, *The Golden Yoke. The Legal Cosmology of Buddhist Tibet*, S. 162.

Personen gezwungen (was in diesem Falle klar zu verneinen ist)? In dem Falle, dass es sich nicht – wie hier – um eine vorwerfbare Unterlassung, sondern um eine aktive Tat handelt, stellt sich darüber hinaus die Frage nach dem Vorsatz und der Bewertung der Motive.

Kurz, der Begriff Verantwortung umfasst nicht eine, sondern viele Bedeutungen, die jedoch als abhängig voneinander zu verstehen sind und zusammen das Gesamtphänomen der Verantwortung bilden. Im Ausgang von Harts Fall wären folgende Aspekte und Elemente zu unterscheiden: a. Aufgaben- und Rollenverantwortung, b. kausale Verantwortung, c. Pflichten und Verbote, d. Regeln der Zurechnung, e. soziale Verantwortungsfähigkeit (Mündigkeit), f. individuelle Verantwortungsfähigkeit (Geisteszustand), g. Freiwilligkeit (Zwanglosigkeit, Kenntnis der Tatsachen und Regeln), h. Bewertung der moralischen und sozialen Qualität des Verhaltens, der Absichten und der Motive, i. Bewertung der Person, j. Rechenschaft gegenüber den Betroffenen und den spezifischen Rechtsinstanzen.

Wenn man von diesen Unterscheidungen ausgeht, dann wäre die Frage, ob es einen grundlegenden Begriff der Verantwortung gibt, der auf alle Kulturen anwendbar wäre, oder ob die modernen Vorstellungen und Praktiken von Verantwortung vielmehr »grundlegend verschieden«[17] von »früheren« oder »primitiveren« Formen sind, wie oft behauptet wird, neu zu formulieren. Sind die Elemente der Verantwortung – oder eine Auswahl von ihnen – auf eine allgemeinverbindliche Weise aufeinander bezogen, die dann nur in speziellen Zusammenhängen durch Details ergänzt werden muss? Oder ergibt sich die Art der Beziehung und der Gewichtung dieser Elemente aus ihren ethischen und rechtlichen Umwelten?

3. Die moderne Aufspaltung von Recht und Moral

Die Antwort auf die Frage, wie grundlegend sich die modernen Auffassungen von Verantwortung von denen anderer Gesellschaftsformen unterscheiden, hängt davon ab, wie man das »grundlegend« versteht. Betrachtet man die konkreten Unterschiede vor allem unter Fortschrittsgesichtspunkten, etwa als eine Entwicklung

17 Vgl. die *Encyclopédie Philosophique Universelle II. Les Notions Philosophiques 2.2*, S. 2250.

hin zu einem Bewusstsein der Individualität und persönlichen Autonomie oder auch als Entwicklung hin zu einer höheren, nämlich unparteilichen oder überparteilichen Gestalt der Gerechtigkeit, der Justitia, dann sieht es ganz so aus, als sei das moderne Recht nicht nur »grundlegend verschieden«, sondern besser und gerechter. Fortschrittsmodelle dieser Art können jedoch den kontextualen Maßtäben und Funktionen der Verantwortungspraktiken nicht angemessen Rechnung tragen. In den anschließenden Kapiteln werde ich auch andere Maßstäbe der Gerechtigkeit berücksichtigen, in deren Licht das moderne Rechtssystem durchaus nicht generell gerechter als andere erscheint.

Neben den bewusstseinstheoretischen Fortschrittsgeschichten von der kollektiven zur individuellen Verantwortung haben vor allem die modernen Staatstheorien von Hobbes und Locke heutige Vorstellungen vom Unterschied »moderner« und »vormoderner« Verantwortungspraktiken geprägt, insbesondere die Vorstellung, dass ein *Recht*, das diesen Namen verdient, nur in einem Staatswesen möglich ist. Sie ist wesentlich von der modernen Erfahrung des Bürgerkriegs geprägt, die in Hobbes' berühmte Beschreibung des Naturzustands als eines rechtlosen und elenden Zustands des Krieges aller gegen alle einging, aber auch in Lockes differenziertere Darstellung. Auch wenn man davon ausgehen kann, so Locke, dass Menschen im vorstaatlichen Zustand über quasi natürliche Rechte verfügen, können sie sich dieser Rechte nicht erfreuen und nie sicher sein, da sie ständig den Übergriffen anderer ausgesetzt sind.[18] Im Naturzustand herrscht nach dieser Logik eine Selbstjustiz, die zwangsläufig in einen Dauerzustand der Blutfehde übergeht, der tendenziell alle Parteien auszulöschen droht. Es liegt daher im Interesse aller, diese verhängnisvolle Lage zu beenden, was nur durch das Gewaltmonopol des Staates möglich ist, der die Privatrache unter Strafandrohung stellt und selbst die Ahndung von Übergriffen übernimmt.

Daran ist insofern etwas empirischWahres, als es Gesellschaften ohne staatliche Ordnung in der Tat schwerer fällt, die Selbstjustiz zu kontrollieren und insgesamt mehr Menschen durch Gewalt umkommen als in Staatssystemen. Gleichwohl präsentieren diese

18 Vgl. John Locke, *An Essay Concerning the true Original, Extent and End of Civil Government*, Kap. 9, §123, in: ders., *Two Treatises on Government*, Cambridge 1960.

Staatstheorien, wie es ihre Funktion ist, die Differenz zwischen vorstaatlichen und staatlichen Gesellschaften sehr einseitig. Mit Blick auf die Geschichte lässt sich schwerlich behaupten, Staaten seien aus dem Bedürfnis nach einer geregelten sittlichen Ordnung entstanden, in der die Opfer von Übergriffen darauf zählen können, dass die Täter sich für ihr Tun zu verantworten haben. Ebenso wenig gibt es einen zwingenden Grund, Recht von vorherein mit dem modernen staatlichen Recht gleichzusetzen.

Im Folgenden möchte ich die Differenz zwischen dem Verständnis von Verantwortung in den heutigen westlich geprägten Gesellschaften und dem, was uns mit anderen Gesellschaften verbindet, vor allem unter genealogischen und funktionalen Gesichtspunkten untersuchen. Unter diesen Gesichtspunkten erklären sich die Besonderheiten moderner westlicher Auffassungen von Verantwortung einerseits aus der modernen Aufspaltung von Recht und Moral, andererseits aus der christlichen Tradition und der Tradition der Aufklärung, die das individualistische Verständnis von Verantwortung geprägt haben.

Die Besonderheit des modernen Rechts liegt vor allem in der institutionellen Abkoppelung der *Rechtsfragen* von den *Fragen der Gerechtigkeit*. Für die Mitglieder moderner westlicher Gesellschaften ist es selbstverständlich, zwischen Recht und Gerechtigkeit zu unterscheiden. Eine solche Unterscheidung würde dagegen in vielen traditionellen Gesellschaften, besonders den staatenlosen, widersprüchlich und unverständlich erscheinen. Noch für Aristoteles, der Gerechtigkeit als Tugend verstand, war klar, »dass alles, was den Gesetzen entspricht, in gewisser Weise gerecht ist«.[19] Damit meinte er sowohl Bestimmungen, die von Natur aus gelten, als auch Recht im rein positiven Sinne.[20] Gerechtigkeit schloss Gesetzlichkeit ein; gerecht ist der, der sich gesetzeskonform verhält und nicht mehr haben will, als ihm im Verhältnis zu anderen zusteht.

Mit Blick auf die Anliegen der Gerechtigkeit weist das moderne Recht jedoch ganz andere Möglichkeiten, aber auch ganz andere Beschränkungen auf als beispielsweise das Rechtswesen in nichtstaatlichen Gesellschaften. Während sich Fragen der Gerechtigkeit in traditionellen Gesellschaften meist darauf konzentrieren, ob ein

19 Aristoteles, *Nikomachische Ethik,* 1129b, S. 10 ff.

20 Zur Unterscheidung zwischen Naturrecht und positivem Recht vgl. Aristoteles, *Nikomachische Ethik,* 1134b, S. 17.

sozialer Konflikt auf einer gemeinsamen normativen Grundlage und auf eine Weise gelöst wird, die den Betroffenen gerecht wird, bezieht sich das moderne Recht nur noch indirekt und vermittelt auf die normativen Erwartungen der Gesellschaftsmitglieder. Zwar gehört es zur Gesellschaft und steht in normativer Hinsicht mit ihr in intensiven Wechselwirkungen. Im Unterschied zum Rechtswesen in traditionellen nichtstaatlichen Gesellschaften stellt es jedoch innerhalb der Gesellschaft ein eigenes System dar. Niklas Luhmann beschreibt es sogar als ein autopoetisches System, das als Institution der Rechtsprechung sowohl von der politischen Macht als auch von den sozialen Parteien abgekoppelt ist.[21] Einerseits sprechen nicht die Betroffenen selbst, ihre Familienoberhäupter oder Vermittler Recht, sondern professionell ausgebildete Richter. Andererseits werden nicht die gewöhnlichen Maßstäbe der Moral und sozialen Gerechtigkeit angewendet, sondern spezielle Rechtskategorien. Man subsumiert einen komplexen Fall unter einen rechtlichen Gesichtspunkt (etwa den Straftatbestand räuberischer Erpressung), durch den er gegenüber anderen Fällen abgrenzbar und vergleichbar wird.[22] Dadurch verwandelt sich der Gedanke der Gerechtigkeit in den der Rechtsförmigkeit; die Gerechtigkeit gilt vor allem dann als bedroht, wenn es so aussieht, als nähmen äußere (wirtschaftliche, politische) Interessen Einfluss auf Rechtsentscheidungen. Das System schützt sich gegen diese Bedrohung dadurch, dass die richterlichen Entscheidungen durch jeweils übergeordnete Gerichte auf ihre Rechtsförmigkeit überprüft werden können, was dem Spielraum einzelner Rechtsentscheidungen (und auch dem Anreiz, einzelne Richter zu bestechen) Grenzen setzt. Die Abkoppelung des Rechts aus der Gesellschaft durch Professonalisierung und Rechtsförmigkeit ist somit keine bloße Äußerlichkeit. Sie gehört selbst zu den Bedingungen der Rechtsgeltung, was sich daran zeigt, dass das Rechtswesen als korrupt gilt, sobald sie in Zweifel gezogen wird

Die Verwandlung der Gerechtigkeit in Rechtsförmigkeit hat freilich nicht dazu geführt, dass alle anderen Gesichtspunkte der Gerechtigkeit in Vergessenheit geraten wären. Sowohl die Gesetz-

21 Vgl. Niklas Luhmann, *Ausdifferenzierung des Rechts. Beiträge zur Rechtssoziologie und Rechtstheorie*, Frankfurt a. M. 1981; ders., *Das Recht der Gesellschaft*, Frankfurt/M. 1997.

22 Vgl. Luhmann, *Das Recht der Gesellschaft*, S. 227.

gebung als auch die Rechtsprechung orientieren sich an Gesichtspunkten der Gerechtigkeit, sind dabei jedoch an die Grenzen des Rechts gebunden. So ist die Rechtsprechung zu einer gleichen Behandlung von (nach den Rechtskategorien) gleichen Fällen verpflichtet, auch wenn sich diese Fälle eklatant unter Gesichtspunkten sozialer Gerechtigkeit unterscheiden. Das kann unter Umständen bedeuten, dass Gerichte im sozialen Sinne ungerecht entscheiden und beispielsweise Hausbesitzern, die zum Zwecke der Grundstücksspekulation Mietshäuser leer stehen lassen, Recht geben müssen; ähnliches gilt für die Einordnung individueller Schicksale in Straftatbestände. Zwar haben die Gerichte hier einen gewissen Spielraum. Verantwortungsfragen, die sich aus sozialen Konflikten ergeben, können aber nicht auf die Weise behandelt werden, wie sie sich den Betroffenen darstellen, sondern nur zerlegt und einsortiert in Rechtstatbestände. Hat eine Schlägerei stattgefunden, wird sie nicht als Gesamtereignis untersucht, um die angemessenen Reaktionen ausfindig zu machen – Entschädigungen, Wiedergutmachungen, Entschuldigungen etc. – mit dem Ziel, die gesellschaftlichen Beziehungen wieder ins Lot zu bringen und allen Beteiligten und Betroffenen gerecht zu werden. Stattdessen werden einzelne zivile oder strafrechtliche Anklagen erhoben, die einzelne Täterschaften betreffen; und dabei geht es nicht um die Frage, wer sich in welchem Maße unangemessen verhalten hat, sondern um die Anwendung der Rechtsmaßstäbe. In modernen Kontexten ist daher die Frage, ob das Recht eigentlich gerecht ist, alles andere als sinnlos. Letztlich geht es um die Frage, ob das Rechtssystem als solches die Tugend der Gerechtigkeit verkörpert, was nicht nur die Haltung der Richter, sondern vor allem auch die Qualität der gesetzlichen Grundlagen und Verfahrensweisen betrifft. Niklas Luhmann beschreibt dies als das Problem der »adäquaten Komplexität des konsistenten Entscheidens«.[23] So kann man sich fragen, ob bestimmte Rechtsregeln oder Verfahrensweisen überhaupt etwas Sinnvolles zur Lösung gesellschaftlicher Probleme beitragen oder ob sie gar Lösungen verhindern und Folgeprobleme erzeugen.

Zu einem gewissen Teil kann die Diskrepanz zwischen Rechtsgrundlage und den Anforderungen der Gerechtigkeit durch eine entsprechende Nutzung der Rechtsspielräume durch die Richter

23 Luhmann, *Das Recht der Gesellschaft*, S. 225.

ausgefüllt werden. Zu einem anderen Teil ist die Überbrückung eklatanter Missverhältnisse zwischen dem, was die Gerechtigkeit nach Auffassung der Gesellschaftsmitglieder fordert, und dem, was das Recht leistet, nach gewissen Zeiträumen über Neuerungen in der Gesetzgebung möglich. Die gesellschaftlichen Ansprüche an Gerechtigkeit müssen das moderne Rechtssystem jedoch grundsätzlich überfordern, weil die sozialen Konflikte, so wie sie erlebt werden, stets komplexer sind als das, was sich in den Rechtsinstitutionen als Rechtsfall behandeln lässt.[24]

Da diese strukturelle Inadäquatheit des Rechts je nach lokalen Gegebenheiten von größerem Nachteil erscheinen kann als die mangelnde Unparteilichkeit und Rechtsicherheit in vorstaatlichen Rechtssystemen, spricht wenig für die Annahme einer quasi natürlichen Entwicklung vorstaatlicher Rechtsformen hin zum staatlichen Recht. Auch die von den Kolonialmächten erzwungene – beziehungsweise in der Rechtsnutzung oft verweigerte – Transformation afrikanischer Rechtsformen in ein staatliches Rechtssystem wurde von den Betroffenen in der Regel nicht als eine Höherentwicklung hin zu mehr Gerechtigkeit empfunden. Das liegt vor allem daran, dass die rechtliche Wahrnehmung und Beurteilung von Konflikten oder Normverletzungen ihre Übersetzung in Rechtskategorien erfordert, die einer speziellen Rechtslogik folgen. Daher kann sie nicht ohne tiefe Brüche an die gegebenen Vorstellungen und Gepflogenheiten einer gerechten Konfliktlösung anschließen. Das Gerechtigkeitsverständnis, das im modernen Recht realisiert wird, folgt einer »strikt zweiwertigen Codierung«, wie Niklas Luhmann es genannt hat: »[D]as Recht des einen ist das Unrecht des anderen.«[25] Wenn man unter den Zielen des Rechts jedoch die Konfliktlösung und Entschädigung der Opfer beziehungsweise die Wiederherstellung ihrer Würde versteht, erscheint das moderne staatliche Recht eher als disfunktional: Erstens werden die direkt und indirekt betroffenen Opfer weitgehend von der Rechtsdurchsetzung ausgeschlossen,[26] und zweitens dient das Recht nicht mehr

24 Zum Missverhältnis zwischen der gesellschaftlich geforderten Komplexität des Rechtssystems und der im System tragbaren, adäquaten, entscheidungsmöglichen Komplexität vgl. Luhmann, *Ausdifferenzierung des Rechts,* S. 391.

25 Luhmann, *Das Recht der Gesellschaft*, S. 168.

26 Zu diesen Gesichtspunkt des Opferausschlusses vgl. Klaus Günther, »Die symbolisch-expressive Bedeutung der Strafe. Eine neue Straftheorie jenseits von Ver-

der Wiederherstellung funktionierender Beziehungen zwischen den betroffenen Menschen, sondern Selbsterhaltungsinteressen des Staatswesens, die sich auf diffuse Weise mit Moral verbinden. Betrachtet man es unter diesen Gesichtspunkten, erscheint also nicht das vorstaatliche Recht als irregulär. Vielmehr erscheint das moderne Recht auf der Grundlage des römischen als ein Sonderfall, insofern es in seiner Struktur und Verfahrensweise Unabhängigkeit gegenüber dem ursprünglichen Rechtsziel der Konfliktlösung erlangt hat (und, wie gesagt, auch nicht mehr als Ausdruck der intersubjektiv verankerten Auffassungen von Gerechtigkeit verstehbar ist).

In modernen Staaten befördert die strukturelle Inadäquatheit des Rechts die Aufspaltung der Verantwortung in einen Bereich der »bloß« rechtlichen Verantwortung und die Idee einer eigentlichen oder wirklichen Verantwortung. Wie es der amerikanische Rechtsphilosoph Joel Feinberg einmal ausgedrückt hat, haben wir auch »nach der Entscheidung der rechtlichen Verantwortung oft das hartnäckige Gefühl, dass immer noch eine Frage – obgleich keine rechtliche Frage – ungeklärt ist: ist der Angeklagte *wirklich* verantwortlich (im Unterschied zu ›rechtlich verantwortlich‹)« für die Untat und ihre Folgen?[27] Diese Frage kann viele Gestalten annehmen: Sind die wahren Verantwortlichen nicht eigentlich ganz andere Personen, die nicht rechtlich belangbar sind? Oder ist es nicht eigentlich das Milieu oder die fatale soziale Lage des Angeklagten, die letztlich für die schreckliche Tat verantwortlich sind?

Feinberg denkt hier nicht in erster Linie an einen Justizirrtum, der auf einen Fehler im Rechtsverfahren, beispielsweise auf falsche Zeugenaussagen, zurückgeht. Er meint eine Frage, die uns aufgrund der für uns selbstverständlichen Differenz von Recht und Gerechtigkeit *grundsätzlich sinnvoll* vorkommt, auch wenn gar kein Zweifel an der Beweisaufnahme, der korrekten Erfassung der Handlung als Straftatbestand und an der Rechtmäßigkeit der Schuldzurechnung besteht.

Wenn wir zwischen »bloß« rechtlicher und eigentlicher oder »wahrer« Verantwortung unterscheiden, spielen freilich auch Gesichtspunkte hinein, die auf Denkweisen im Zusammenhang der

geltung und Prävention?«, in: *Festschrift für Klaus Lüderssen*, hg. v. Cornelius Prittwitz u. a., Baden-Baden 2002, S. 212.

27 Joel Feinberg, *Doing and Deserving. Essays in the Theory of Responsibility*, S. 30. (Übers. M.-S. L.)

außerweltlichen Moral des Christentums zurückgehen. Während sich das Recht im modernen Staat allein aus dem Gesetzgebungsverfahren legitimiert, assoziiert man die Moral mit einem natürlicheren Bereich. Man verbindet damit die Vorstellung, sie müsse den sozialen Praktiken irgendwie vorausliegen und intuitiv zugänglich sein, auf eine Weise, die nicht erst sozial erlernt werden muss; die Moral müsse höher sein als das Recht, sie müsse Standards für die kritische Beurteilung konventioneller und rechtlicher Standards vorgeben.

Diese Vorstellung von Moral passt nicht auf die Moral des Alltagslebens, die weitgehend konventionelle Standards enthält; sie richtet sich am Gedanken eines Naturrechts oder eines von Gott erlassenen Rechts aus, das dem Gewissen zugänglich ist. »Wahre« moralische Verantwortung fällt nicht mit einer nach konventionellen Kriterien vollzogenen Verantwortungszuschreibung in der sozialen Welt zusammen, weil es sich um das Ideal einer Zuschreibung auf der Grundlage absolut allgemeingültiger Normen unter idealen epistemischen Bedingungen handelt. Sie liefe auf so etwas wie einen Eintrag in einem idealen Buch der Verdienste hinaus, in dem die guten und schlechten Entscheidungen des Individuums verzeichnet wären. Eine moralisch verantwortliche Person zu sein würde unter dem Gesichtspunkt wahrer moralischer Verantwortung bedeuten, ein solches Buch der Verdienste zu führen.[28]

Da diese wahre moralische Verantwortung unabhängig von weltlichen Zwecken und Anliegen ist, wird sie als eine *Tatsache* gedacht, nicht als ein Ergebnis von Entscheidungen. Der wahre moralische Richter – zu dem uns allerdings die Voraussetzungen fehlen – würde die Schuld *am* Individuum entdecken, anstatt sie, wie im Recht, nach Regeln zu *entscheiden*. Eigentlich ist der Gedanke wahrer moralischer Verantwortung daher gar nicht auf die Person als Sozialwesen anwendbar, weil er sich auf ein außerweltliches Individuum bezieht. In seinem Lichte entpuppt sich die soziale Welt als eine Welt des Scheins, deren Verantwortungszuschreibungen auf unreine und unvollkommene Weise an der Idee wahrer Verantwortung partizipieren. Diese Vorstellung, die in bestimmten religiösen Kontexten präzisiert werden kann, ist nicht mit den moralischen Gesichtspunkten zu verwechseln, die wir bei unseren

28 Zu diesen Vorstellungen vgl. Michael J. Zimmermann, *An Essay on Moral Responsibility*, Totowa 1988, S. 38.

alltäglichen Problemen und moralischen Kollisionen im wirklichen Leben einnehmen. Wie im fünften Kapitel an einigen Beispielen illustriert wurde, ähnelt die moralische Verantwortung, die wir einander im Alltagsleben zuschreiben, in vielen Hinsichten mehr dem Recht – auch der Haftung für nichtgewollte Schäden –, als wir im Lichte der Idee wahrer moralischer Verantwortung zu denken gewohnt sind. Diese Ähnlichkeit zeigt sich allerdings weniger mit Blick auf die speziellen Grundlagen und Verfahrensweisen des modernen Rechtssystems, sondern wird vor allem deutlich, wenn man das Rechtsverständnis vorstaatlicher Gesellschaften betrachtet.[29]

4. Haftungspraktiken aus kulturanthropologischer Perspektive

Da es keinen Grund gibt, dem modernen Recht mit Blick auf Fragen der Gerechtigkeit generell Vorrang vor dem Recht in nichtstaatlichen Gesellschaften einzuräumen oder es gar als das eigentliche und einzige Recht zu verstehen, werde ich im Folgenden »Recht« als Sammelbegriff für verschiedene Rechtskontexte verwenden. Das bedeutet nicht Zusammenhangslosigkeit. Vielmehr gehe ich davon aus, dass die realen Formen sekundärer Verantwortung in den verschiedenen Kontexten, so wie sie von der Rechtstheorie und der Rechtsethnologie beschrieben werden, als unterschiedliche Selektionen, Gewichtungen und Interpretationen der allgemeinen Elemente von Verantwortung rekonstruiert werden können.[30]

In diesem Zusammenhang ist es nicht sinnvoll, von der verbreiteten, an Kant angelehnten Unterscheidung zwischen einer rein innerlichen Moral und einem äußerlichen Recht auszugehen. Sie ist weder gedanklich noch mit Blick auf die erforderlichen institutionellen Voraussetzungen auf alle Gesellschaftstypen anwendbar.

29 Parallelen zwischen Recht und Moral hat Peter Cane auch mit Blick auf das moderne Zivilrecht herausgearbeitet; vgl. Peter Cane, *Responsibility in Law and Morality*, Oxford 2002.

30 Der Gedanke, dass verschiedene Verantwortungsbegriffe als unterschiedliche Konstellationen und Gewichtungen allgemeiner Elemente beschrieben werden können, geht auf Bernard Williams' Vergleich von antiken und modernen Vorstellungen von Verantwortung zurück. Vgl. hierzu Williams, *Shame and Necessity*, S. 55.

Wenn man davon ausgeht, dass einerseits jede Moral eine intersubjektive Grundlage hat und (im Unterschied zu rein subjektiven Vorstellungen vom Guten und Wahren) auch notwendig auf eine intersubjektive Form der Vernunft bezogen bleibt, und andererseits Recht als Verfahren der gerechten Konfliktlösung denkt, das eventuell auch von den Betroffenen nach Regeln durchgeführt werden kann, gibt es keinen Grund, »Moral« und »Recht« als getrennte Bereiche zu begreifen. Unter dem »Recht« im weiten Sinne werde ich im Folgenden vielmehr alle sozialen Formen der Regelung von Konflikten und Problemen verstehen, die im Unterschied zur spontanen Verständigung unter den direkt Betroffenen weitere Personen involvieren, die mindestens Autorität als Vermittler genießen, dabei objektiven Maßstäben der Gerechtigkeit verpflichtet sind und gewissen festgelegten Verfahrensordnungen folgen. Das ist ein sehr weiter Rechtsbegriff, der auch vorstaatliche Gesellschaften einschließt, in denen die Rechtsvermittler über keine Zwangsmittel verfügen, sondern auf Autorität, sozialen Einfluss und Überredungskunst angewiesen sind.[31]

Dabei stütze ich mich auf Ergebnisse der weitgehend partikularen und lokalen ethnologischen Forschung, die in der zweiten Hälfte des zwanzigsten Jahrhunderts an die Stelle der großen Fortschrittstheorien der Rechts- und Moralentwicklung getreten ist.[32] Die Verfeinerung der ethnologischen Wahrnehmung hat dazu geführt, dass die Formen sekundärer Verantwortung heute ver-

31 Bis heute gibt es keine Einigung in der Frage, was Recht ist. Wenn ich von Recht im weiteren Sinne spreche, folge ich der verbreiteten Unterscheidung zwischen *Recht im engeren Sinne*, das eine zentrale und gegenüber den Parteien neutrale Autorität voraussetzt, die Recht erlässt, Urteile spricht und sie zwangsweise durchsetzt, und *einem Recht im weiteren Sinne*, das alle Traditionen und Institutionen bezeichnet, die nach geteilten Gerechtigkeitsmaßstäben Konflikte beilegen. Einen Überblick über unterschiedliche Rechtsauffassungen gibt Uwe Wesel in *Frühformen des Rechts in vorstaatlichen Gesellschaften*, S. 52-68. Er tendiert dazu, den Bereich der »wichtigeren« Fälle von Normverstössen gegenüber geduldeten oder schwächer sanktionierten Typen als Rechtsbereich vom Bereich der Moral zu unterscheiden. Vgl. insbesondere ebd., S. 224 ff.

32 Übergreifende Darstellungen, die sowohl wirtschaftliche als auch ökologische, politische und religiöse Faktoren berücksichtigen, sind selten geworden; eine Ausnahme stellt Wolfgang Fikentschers Versuch dar, Kulturdifferenzen als verschiedenen Weisen zu deuten, mit den Risiken des Lebens zurechtzukommen; vgl. Wolfgang Fikentscher, *Methoden des Rechts in vergleichender Darstellung*, Bd. 1. *Frühe und religiöse Rechte*, Tübingen 1975.

schiedenen normativen Kontexten und sozialen Interaktions- und Rechtsformen zugeordnet und nicht mehr wie noch im frühen zwanzigsten Jahrhundert als Bewusstseinsstufen eines menschlichen Geistes gedeutet werden.[33] Mittlerweile verzichtet man weitgehend auf Versuche, verschiedene Rechtskontexte hierarchisch zu ordnen, wie es in den siebziger Jahren noch der Rechtsanthropologe Leopold Pospisil versucht hatte;[34] es scheinen sich eher *horizontale* Paradigmen durchzusetzen, was die Aufgabe erleichtert, Übergänge zwischen verschiedenen ethischen Systemen zu erkennen.[35] Wenn man institutionalisierte Reaktionen auf Schäden oder Verletzungen von Personen und Normen in verschiedenen kulturellen Kontexten vergleicht, zeigt sich, dass die Frage, was eigentlich zu verantworten ist (um was für einen Tatbestand es geht und was die Rechtsfolgen sind), gar nicht unabhängig von der Frage beantwortet werden kann, wer der Geschädigte oder Verletzte ist und gegenüber wem sich das Zurechnungssubjekt zu verantworten hat. Je nachdem treten auch unterschiedliche Bezugspunkte der Zurechnung in den Vordergrund, mit anderen Reaktionen (Haftung, Strafbarkeit). So werden Gewaltverbrechen in staatlich organisierten Gemeinschaften nicht nur als eine *Verletzung der individuellen Person*, sondern als eine *Verletzung der Gemeinschaft* betrachtet. Entsprechend gelten sie in Europa als »Kapitalverbrechen« und werden vom Staat verfolgt, unabhängig von den Interessen der Opfer. In nichtstaat-

33 Vgl. hierzu insbesondere Max Gluckman, *The Judicial Process among the Barotse of Northern Rhodesia*, Manchester 1955; ders., *The Ideas in Barotse Jurisprudence*, New Haven, London 1965, sowie ders., »Reasonableness and Responsibility in the Law of Segmentary Societies«, in: *African Law: Adaption and Development*, hg. v. Hilda Kuper, Leo Kuper, Berkeley 1965; *The Allocation of Responsibility*, hg. v. Max Gluckman, Manchester 1972; außerdem Sally Falk Moore, *Law as Process. An Anthropological Approach*, London 1978; dies., »Legal Liability and Evolutionary Interpretation: Some Aspects of Strict Liability, Self-help and Collective Responsibility«, in: *The Allocation of Responsibility*, hg. v. Max Gluckman, Manchester 1972; und Laurel Rose, »Contextual and Structurel Models of Strict Liability and Collective Responsibility in Non-literate Societies«, in: *Verantwortlichkeit und Recht*, hg. v. Ernst-Joachim Lampe, Opladen 1989.

34 Vgl. Leopold Pospisil, *Anthropology of Law. A Comparative Theory*, New York 1971, insbesondere Kap. 4.

35 Vgl. die Einschätzung dieser Entwicklung bei Ernst-Joachim Lampe, »Entwicklungslinien in der rechtsanthropologischen Forschung«, in: *Praktische Vernunft und Theorien der Gerechtigkeit*, hg. v. Werner Maihofer, Gerhard Sprenger, Stuttgart 1992, S. 134 f.

lichen Gesellschaften (Jäger-Sammler-Gesellschaften oder segmentären[36] Gesellschaften) werden sie aber nur als eine *Verletzung der Person* angesehen und können daher abhängig von der Beziehung zwischen Täter und Opfer sowie den Interessen der Gruppe des Opfers unterschiedliche Rechtsfolgen haben.[37] In Jäger-Sammler-Gesellschaften, wo die Familienbande schwach sind, kann die Angelegenheit oft dadurch abgeschlossen werden, dass der Täter die Gruppe verlässt. In segmentären Gesellschaften ist das Delikt selbst in hohem Maße abhängig von der Beziehung zwischen Täter und Opfer, und die Sanktion ist meist verhandelbar. So kann Entschädigung als Alternative zur Tötung eines Mitglieds der Täterfamilie ausgehandelt werden.[38]

Auf solche Unterschiede gegenüber modernen Rechtspraktiken hat sich die besonders in den französischen Kulturwissenschaften verbreitete Überzeugung gestützt, in den sogenannten »frühen« Gesellschaften sei die Person nur Trägerin sozialer Beziehungen gewesen, sie habe nicht als individuelle Person, sondern im Geiste der Gruppe gedacht. Es gibt jedoch keinen Grund, aus solchen Praktiken zu folgern, die Mitglieder dieser Gesellschaften hätten sich nicht als individuelle Personen wahrgenommen, die aufgrund eigener Wertvorstellungen und Interessen handeln. Die Unterschiedlichkeit der Rechtsinstitutionen und Formen der Zurechnung, Haftung und Sanktionierung in modernen Gesellschaften im Vergleich zu nichtstaatlichen Gesellschaften ergeben sich vor allem

36 Unter *segmentären* Gesellschaften versteht man Gesellschaften, die weder aus quasi autarken Individuen bestehen, die nur zu gewissen Anlässen zusammenarbeiten wie in vielen Jäger-Sammler-Gemeinschaften, noch eine übergreifende staatliche Einheit haben, sondern sich aus *Segmenten* (Familien, Clans und anderen Gruppen) zusammensetzen.

37 Zur Bedeutung von Normverstößen als Verletzungen der Person, nicht der Gemeinschaft, in azephalen Gemeinschaften vgl. Wesel, *Frühformen des Rechts,* S. 344.

38 Klaus-Friedrich Koch interpretiert Kollektivhaftung daher vor allem unter dem Gesichtspunkt der Konfliktlösung: Wo kollektive Blutrache geübt wird, gefährdet der Einzelne mit jedem Übergriff (oder auch einer Racheaktion) nicht nur sich selbst, sondern auch seine Verwandtschaft. Wenn man andererseits über Möglichkeiten der Verhandlung und Vermittlung verfügt und materielle Kompensation möglich ist, dann erleichtert kollektive Haftbarkeit eine Einigung, weil die erforderliche Kompensation anteilig von den Mitgliedern einer Gruppe aufgebracht werden kann. Vgl. Klaus-Friedrich Koch, »Liability and Social Structure«, in: *Toward a General Theory of Social Control*, hg. v. Donald Black, New York 1984, S. 100 f.

aus der Rolle des Staates, der einerseits die früheren Funktionen und die Macht von Clans und Familien übernommen und transformiert hat, andererseits mit einem spezialisierten Rechtssystem arbeitet, das neue Funktionen übernimmt und andere Maßstäbe der Zurechnung verwendet. Während ein modernes Rechtssystem wie das deutsche im Falle einer Gewalttat zur Strafverfolgung der einzelnen Täterin *verpflichtet* ist, sind in einer nicht staatlich organisierten Gesellschaft nur einzelne Personen betroffen; persönliche Verbindungen und Abhängigkeiten innerhalb der Gruppe können daher viel eher eine Strafverfolgung verhindern. Die Macht, die der moderne Staat gegenüber gesellschaftlichen Gruppen, Familien und Individuen ausübt, wäre in einer solchen Gesellschaft undenkbar; entsprechend hat sich dort aber auch kein Bewusstsein spezieller Schutzrechte von Individuen herausgebildet. Während das Individuum in nichtstaatlichen Gesellschaften durch seine Familie einen gewissen Schutz gegenüber dem Straf- und Rachebedürfnis anderer Instanzen genießt, muss es im modernen Staat durch Gesetze und Verfahrensvorschriften vor unfairer Strafverfolgung geschützt werden.

Aus dem Umstand, dass in nichtstaatlichen Gesellschaften kollektive Haftung praktiziert wird, folgt ebenso wenig, dass den Mitgliedern dieser Gesellschaften individuelle moralische Verantwortung unbekannt wäre, wie dies aus dem Umstand zu folgern wäre, dass Schadenersatzforderungen bei Flugzeugabstürzen sich in modernen Gesellschaften an Versicherungsgesellschaften oder Staaten richten. Um spezielle Typen von Kollektivhaftungspraktiken zu erklären, ist weder die Annahme eines Kollektivbewusstseins erforderlich, noch lassen sie sich generell als frühere Stadien einer Entwicklung von Verantwortungspraktiken einordnen. (In Jäger-Sammler-Gesellschaften beispielsweise ist Kollektivhaftung selten.) Wenn man von den speziellen weltanschaulichen Hintergründen absieht, kann man sie einerseits mit Blick auf wirtschaftliche Faktoren, andererseits mit Blick auf ihre Eignung als Mittel der Konfliktlösung und der Wiederherstellung vorheriger Verhältnisse erklären. In Gesellschaften, in denen kein staatliches Rentensystem oder Versicherungssystem die Individuen bei *wirtschaftlichen* Katastrophen schützt, sind die Einzelnen für ihre Wohlfahrt meist unmittelbar von dem Familienverband abhängig.[39] Nur er kann

39 Eine Ausnahme, die sich auch in den Verantwortungsauffassungen und den Respektsbeziehungen zwischen Personen spiegelt, stellen die in Kapitel 6 erwähnten

den *wirtschaftlichen Verantwortungsträger* abgeben, an den sich Schadenersatzforderungen ebenso wie Brautgeldforderungen etc. zu richten haben.[40] Wenn in einer traditionellen Stammesgesellschaft von Ackerbauern oder Viehzüchtern jemand getötet wird, stellt sich die Frage, wer dafür verantwortlich ist, aus der Perspektive der Angehörigen daher als Frage nach der Instanz, von der realistischerweise *Entschädigung* verlangt werden kann. Entsprechend tritt ein *Kollektiv* – meist eine größere Verwandtschaftsgruppe – als Zurechnungsträgerin in den Vordergrund. Dass Tötungen durch solche Entschädigungen gesühnt werden können, schließt jedoch ebenso wenig persönliche moralische Reaktionen wie moralische Vorwürfe, Täterbedauern, Scham etc. aus, wie eine moralische und strafrechtliche Verurteilung in einem modernen Staat Schadensersatzforderungen der Angehörigen ausschließen würde. Bei der Bemessung der Entschädigung spielt meistens auch die Frage des Vorsatzes eine Rolle. Hierfür existieren gewöhnlich Regeln; absichtliche Tötungen haben sehr oft höhere Entschädigungsforderungen zur Folge.

Während es zwischen den Gruppen von Täter und Opfer vor allem um Entschädigung geht, stellt sich die Verantwortungsfrage innerhalb der Tätergruppe anders. So war es in verwandtschaftlich organisierten Gesellschaften nicht ganz unüblich, Personen zu verstoßen oder gar hinzurichten, die ihre Verwandten durch unüberlegtes oder gezieltes Verhalten Entschädigungsforderungen oder der Gefahr der Blutrache aussetzen.[41] Wenn ein Verhalten mit

Jäger-Sammler-Gesellschaften dar, die mitunter im ökonomischen Überfluss leben und wo die einzelnen Personen wirtschaftlich oft nahezu autark sind.

40 Das gilt freilich nicht ausnahmslos: Nach Paul Bohannan übt die Lineage der *Tiv* Druck auf Mitglieder aus, die für Tötungen oder andere Gewaltdelikte verantwortlich sind, Kompensation zu leisten, aber sie übernimmt eher selten kollektive Haftung. Vgl. Paul Bohannan, *Justice and Judgement among the Tiv*, Oxford 1957.

41 Hier folge ich Sally F. Moore, »Legal Liability and Evolutionary Interpretation«, S. 87ff. Allerdings wird ein Verhalten, das zu Reparationsforderungen oder zu Blutrache führt, nicht in allen Kulturen automatisch als verwerflich beziehungsweise als Schädigung der Gruppe angesehen, da Wertgesichtspunkte die Erwägung sozialer und ökonomischer Schäden überwiegen können. Im Kontext eines Kriegerethos wie bei den Papuas beispielsweise führt es nicht dazu, dass der Täter von seiner Gruppe als Übeltäter wahrgenommen wird, weil durch den Übergriff – obgleich er auch dort sehr schädliche Folgen für die Gruppe hat – ihre kriegerische Ehre behauptet wird.

schädlichen Folgen für die Gemeinschaft auf eine mehr oder weniger *konstante Eigenschaft* oder *Einstellung* der individuellen Person zurückzuführen ist, kann das ein Grund sein, sie zu verstoßen. So war es bei einigen Völkern wie den afrikanischen *Ashanti* üblich, zur Verhinderung von Blutrache diejenigen aus der Gruppe zu verbannen, die schwerere Delikte oder gar eine Tötungshandlung begangen hatten.[42] Eine Verbannung kann aber auch zum Zweck der Verhinderung weiterer Untaten geschehen, wenn man nämlich das unvernünftige Treiben der Person auf eine ungünstige charakterliche Verfassung zurückführt, so dass diese als potenzielle Erzeugerin weiterer schädlicher Handlungen angesehen wird. Das setzt meistens voraus, dass der Betreffende die unerwünschten Handlungen wiederholt.[43] Solche Formen sekundärer Verantwortung sind nicht als Strafen zu verstehen. Bei der Verbannung handelt es sich, analog zur Sicherheitsverwahrung im modernen Strafrecht, eher um Gefahrenabwehr. Sie erklärt sich aus dem Interesse einer jeden Gemeinschaft, zu verhindern, dass potenziell gefährliche Mitglieder, welche die von ihnen ausgehende Gefahr nicht kontrollieren können, auf unberechenbare Weise das Wohlergehen aller gefährden.

Kommen wir zum Thema Entschädigung zurück. Auch das moderne Zivilrecht hat die Hauptfunktion, denen, die Schaden erlitten haben, Kompensation zu leisten. Es folgt jedoch seinem Selbstverständnis nach der zweiwertigen Codierung des Rechts, wonach nur der zur Verantwortung gezogen werden kann, der Unrecht getan hat (gegen Recht verstoßen hat). Es hat also nicht nur eine Verursachung, sondern ein vermeidbares Fehlverhalten des Täters zur Grundlage.[44] Diese zweiwertige Codierung des Rechts ist mit Blick auf das Ziel der gerechten Verteilung von Risiken und Lasten und für die Konfliktschlichtung disfunktional; um dafür zu sorgen, dass für die Schäden nicht allein die Opfer aufkommen müssen, müsste es nach der zweiwertigen Logik alle potenziell schädigenden

42 Vgl. Hoebel, *Das Recht der Naturvölker*, S. 275.

43 So war es unter traditionell lebenden Inuit offenbar eher üblich, gelegentliche Tabu-Brüche schnell zu vergessen; die häufige Wiederholung jedoch wurde der individuellen Person zugerechnet und konnte zum Ausschluss aus der Gruppe oder zur Tötung führen. Vgl. Simon Roberts, *Order and Dispute*, Oxford 1979, S. 95.

44 Zu dieser Zweischneidigkeit vgl. Stein, Shand, *Legal Values in Western Society*, S. 125.

Handlungen unter Verbot stellen, was weder realistisch noch wünschenswert ist.[45] Tatsächlich werden jedoch im modernen Recht wie überall Menschen auch für Schäden haftbar gemacht, die durch andere oder durch ihr Eigentum verursacht werden, ohne dass sie dies wissen oder verhindern konnten.[46] Das angelsächsische Recht sieht für bestimmte Fälle bis heute Haftung auch ohne subjektives Verschulden vor (*strict liability*). Im deutschen bürgerlichen Gesetzbuch (§ 823 BGB) gilt zwar, dass ein Schadensverursacher nur dann haftet, wenn er den Schaden vorsätzlich oder zumindest fahrlässig verschuldet hat. Aber auch hier kommt es nicht entscheidend darauf an, ob sich der Schadensverursacher überhaupt im psychologischen Sinne einer von ihm ausgehenden Gefahr und der für seine Tätigkeit erforderlichen Sorgfalt bewusst war. Zugerechnet wird eher nach einem typisierten Maßstab: dem Maßstab, »was von einem durchschnittlichen Anforderungen entsprechenden Angehörigen des jeweiligen Verkehrskreises in der jeweiligen Situation erwartet werden konnte«.[47]

Zudem kennt auch die deutsche Rechtsprechung seit dem neunzehnten Jahrhundert ein Haftungsprinzip, die sogenannte *Gefährdungshaftung*, wonach ein Erzeuger oder Halter gefährlicher Dinge auch dann haftet, wenn die entsprechende Produktion oder Haltung erlaubt ist und ihm kein persönliches Verschulden durch Vorsatz oder subjektive Fahrlässigkeit vorzuwerfen ist.[48] Die Gefährdungshaftung hat sich mit dem Bewusstsein der Gefährlichkeit neuer Technologien entwickelt, nach dem Bau der Eisenbahn im späten neunzehnten Jahrhundert; sie begann mit dem Preußischen Eisenbahngesetz vom 3. 11. 1838, das erstmals der Eisenbahngesellschaft eine unbegrenzte Haftpflicht auferlegte, die auch unver-

45 Vgl. Luhmann, *Das Recht der Gesellschaft*, S. 171.

46 Vgl. hierzu Hart, »Postscript: Responsibility and Retribution«, S. 218.

47 Susanne Hehl, *Das Verhältnis von Verschuldens- und Gefährdungshaftung*, Regensburg 1999, S. 16. Hehl weist darauf hin, dass besondere Kenntnisse des Täters allerdings zu seinen Lasten berücksichtigt werden können.

48 Die Gefährdungshaftung hat sich in Deutschland weitgehend außerhalb der allgemeinen Verschuldenshaftung des BGB entwickelt und befindet sich noch im Zustand »starker spezialgesetzlicher Zersplitterung«. (Hehl, *Das Verhältnis von Verschuldens- und Gefährdungshaftung*, S. 1.) Bisher gibt es noch keine Generalklausel dafür. In der Praxis läuft das darauf hinaus, dass die Hersteller von Industrieerzeugnissen ohne Verschulden haften, so die abschließende Bewertung von Uwe Wesel, *Fast alles, was Recht ist*, Frankfurt 1991, S. 134 f.

schuldete Schäden umfasste.[49] Historisch scheint die Bedeutung der Gefährdungshaftung also in direkter Korrelation zu dem Gefahrenbewusstsein einer Gesellschaft zu stehen: Je gefährlicher das Leben erscheint, desto strenger werden auch die Vorschriften der Gefährdungshaftung.[50]

Die rechtliche Basis der Gefährdungshaftung wurde durch eine Ausdehnung der Fahrlässigkeitshaftung geschaffen. Fahrlässig handelt, wer die im Verkehr erforderliche Sorgfalt außer Acht lässt, wobei die Anforderungen an die im Verkehr erforderliche Sorgfalt mit der Gefahr steigen. Welches Maß an Sorgfalt erforderlich gewesen wäre, wird erst im Nachhinein im Ausgang von dem eventuell ganz unerwarteten Schadensereignis festgestellt, nicht im Ausgang von dem, was der Schadensverursacher subjektiv erwarten konnte. Da die Ursachen der mangelnden Aufklärung in seinen Bereich fallen, muss er auch die Risiken hierfür übernehmen.[51]

Die Gefährdungshaftung unterwandert zweifellos das Verschuldensprinzip, jedoch aus gutem Grund.[52] Sie dient dazu, die Inadäquatheit des Rechts ein Stück weit zu mindern, nämlich einer sozialen Ungerechtigkeit und Gefährdung entgegenzuwirken, die in der strikten Anwendung des Verschuldensprinzips läge: einer ungerechten Verteilung von Risiken zwischen potenziellen Schadensverursachern und potenziellen Schadensopfern. Wenn eine Schadensverursacherin nur dann haften müsste, wenn ihr ein persönliches Verschulden nachgewiesen werden könnte, hätte das unschuldige Opfer die Beweislast und oft den Schaden zu tragen. Schon das wäre ungerecht. Es wäre aber auch mit Blick auf potenzielle weitere Opfer ungerecht, denn die potenzielle Täterin hätte im Falle einer schweren oder unmöglichen Beweisbarkeit von Vorsatz oder Fahrlässigkeit keinen rechtlichen Anreiz, Gefahren zu vermeiden. Dann würde die Last allein bei den Opfern gefährlicher Technolo-

49 Zu dieser Entwicklung in Preußen vgl. die Studie von Michael R. Will, *Quellen erhöhter Gefahr*, München 1980.

50 Vgl. Wesel, *Fast alles, was Recht ist*, S. 128.

51 Vgl. Wesel, *Fast alles, was Recht ist*, 133.

52 In der Rechtsliteratur wird kontrovers diskutiert, ob die Gefährdungshaftung mittlerweile die Grenzen des Verschuldensprinzips überschritten habe oder immer noch auf der Basis der Fahrlässigkeitsunterstellung zu rechtfertigen ist. Eine ausführliche Untersuchung der theoretischen Streitfragen und juristischen Stellungnahmen am Beispiel der bisherigen Rechtsfälle führt Susanne Hehl in *Das Verhältnis von Verschuldens- und Gefährdungshaftung* durch.

gien liegen. Unter diesem Gesichtspunkt erscheint es nur fair, den Anteil, den eine Person an den Belastungen durch Unerwartetes zu tragen hat, entsprechend ihrem Anteil am Kausalgeschehen zu bemessen. Die Gefährdungshaftung dient hier vor allem einer Verteilung von Risiken zwischen potenziellen Schadensverursachern und potenziellen Opfern nach den Kriterien einer *verteilenden Gerechtigkeit*, die berücksichtigt, dass der Nutznießer und Verursacher einer Gefahr auch mehr Risiko tragen sollte als der unbeteiligt Betroffene. Die Frage, ob eine Verantwortungszuschreibung gerecht ist, kann daher mit Blick auf diese Art von Problemen in *keiner* Gesellschaft mit der Frage gleichgesetzt werden, ob die Verantwortungsträgerin daran »schuld« im Sinne eines persönlichen Fehlverhaltens war. Haftung ohne persönliches Verschulden ist unter dem Gesichtspunkt einer gerechten Verteilung von Lasten und Risiken nicht ungerecht.

5. Tabu und Sünde

Neben Formen der Verantwortung wie der kollektiven und individuellen Haftung, die sich mit ihren Funktionen für die soziale Kooperation erklären lassen, haben sich Praktiken entwickelt, die auf spezielle Theorien zurückgehen, auf Vorstellungen von der Natur der (nichtmenschlichen) Wirklichkeit. Neben Handlungen, welche die Rechte und Interessen von Personen verletzen und die daher nach Maßstäben sozialer Gerechtigkeit verantwortet werden müssen, kennen viele Kulturen Handlungen, die ein *Malum in se* darstellen – sie sind nicht nur mit Blick auf gewisse Menschen und Beziehungen übel, nicht nur verboten, sondern schlechthin übel, mitunter nicht einmal aussprechbar. Dazu gehören *Tabus*. Tabus haben oft keine bekannte oder erschließbare soziale Funktion. Sie sind auch nicht mit Maßstäben der Gerechtigkeit und Vernünftigkeit messbar, sondern der *Reinheit*: Tabu ist, was als unrein gilt, wobei seine Unreinheit auf den übergreift, der damit in Berührung kommt. Daher rufen Tabubrüche andere moralische Reaktionen als Empörung oder Groll hervor: Reaktionen wie Abwendung, Abscheu, Entsetzen oder Grauen.

Für die Sanktionierung von Tabubrüchen sind Menschen nicht zuständig; Katastrophen infolge von Tabubrüchen – wie die

Krankheiten, die in der Ödipus-Tragödie über Theben hereinbrechen – werden nichtmenschlichen Kräften oder Wesen zugeschrieben. Dies haben Tabuverletzungen mit einem anderen Typus von Normverletzungen gemein, die ebenfalls ein *Malum in se* darstellen und (mit einem Begriff aus den abrahamitischen Religionen) als *Sünden* bezeichnet werden. Eine Sünde ist keine Pflichtverletzung oder Rechtsverletzung gegenüber anderen Personen, sondern eine Verletzung göttlicher Gebote. Im Unterschied zu einem profanen Vergehen oder Verbrechen zieht sie daher eine *»übernatürliche«* – das heißt übermenschliche – Sanktion nach sich. Da auch Sünden nicht nur ein unvernünftiges, unsoziales, rechtswidriges oder unmoralisches Verhalten anzeigen, sondern eine Unreinheit der Person, können sie ähnliche Reaktionen hervorrufen wie Tabus. Sie sind jedoch im Unterschied zu Tabuverletzungen in der Regel auf die Unreinheit beziehungsweise Schlechtigkeit einzelner Personen zurückzuführen. Die durch eine Tabuverletzung ausgelöste *Verunreinigung* hingegen erscheint in manchen Kontexten eher als eine Verunreinigung der Gemeinschaft, die zwar kausal durch das Handeln Einzelner ausgelöst worden sein mag, aber mehr über die Gemeinschaft aussagt als über die einzelne Person.

Tabus beziehen sich nicht selten auf andere Arten von Gegenständen als moralische Verbote. So rufen Tötungen in Jäger-Sammler-Gemeinschaften eher selten die Art von Empörung oder gar Entsetzen hervor wie in modernen westlichen Staaten, wo sie nicht nur als Vergehen gegen einzelne Personen, sondern als Sünden und Verbrechen betrachtet werden.[53] Das liegt daran, dass die Religion in Jäger-Sammler-Gemeinschaften auf einen anderen Bereich bezogen ist als den der zwischenmenschlichen Beziehungen. Von religiöser Bedeutung sind beispielsweise bei den Inuit weniger die Beziehungen zwischen menschlichen Personen als vielmehr die Beziehungen menschlicher Personen zu nichtmenschlichen Wesen außerhalb der Gesellschaft, die personal oder nichtpersonal vorgestellt werden. Im Kontext solcher Naturreligionen betrifft nur der Bruch religiöser Tabus die Gemeinschaft als solche; Vergehen an anderen Menschen werden jedoch nicht als Brüche religiöser Tabus angesehen. So wurde bei den Inuit eine Tötung nur gelegentlich zur Angelegenheit der Gruppe, wenn man nämlich von dem Täter

53 Vgl. Wesel, *Frühformen des Rechts*, S. 181.

eine Gefährdung des öffentlichen Friedens befürchtete; aber dann zielten die Reaktionen nur auf Sicherung der Gruppe, nicht auf die Bestrafung des Täters.[54] Ganz anders verhielt es sich aber bei Delikten wie der Vermischung von Rentier- und Seehundfleisch und anderen Brüchen religiöser Tabus, wodurch die Gemeinschaft als solche gefährdet wird. Jeder Verstoß gegen ein solches Tabu (von denen es viele gab) galt als Sünde.[55] Die von der jüdisch-christlichen Religion durch Gebote Gottes geschützten Güter Leben, Eigentum und Ehe standen in nichtstaatlichen Gesellschaften wie denen der Inuit nicht unter dem Schutz der Götter, sondern nur des vergleichsweise schwachen Rechts.[56]

6. Die Verinnerlichung der Verantwortung: Das Beispiel der Ashanti

Eine »Verinnerlichung« der Verantwortung, wie sie das christliche und moderne Verständnis von moralischer Schuld prägt, ist weder allein aus der menschlichen Kooperation als solcher noch aus Theorien über die Wirklichkeit erklärbar. Sie setzt voraus, dass begriffliche Neuerungen nicht nur auf gewisse Aspekte der sichtbaren und nichtsichtbaren Wirklichkeit aufmerksam machen, sondern *kreativ* werden, das heißt eine neue psychisch erfahrbare Dimension der Wirklichkeit erzeugen.[57] Die begrifflichen Neuerungen, die solche Prozesse einleiten können, sind nicht zufällig meist im Zusammenhang der Staatenentwicklung entstanden.

Ein Unrecht, das in der Verletzung einer Norm als solcher (und nicht in der Verletzung oder Schädigung von Personen oder Gruppen) besteht, setzt eine über Verwandtschaftskategorien hinausgehende Organisation voraus. Rechte und Pflichten bekommen erst durch die Ablösung der Gemeinschaft von der Summe ihrer

54 Zu Beispielen vgl. Wesel, *Frühformen des Rechts*, S. 130 ff.

55 Da solche Sünden nicht gerade selten waren, muss man in diesen Gruppen wohl mit einem konstant schlechten Gewissen gelebt haben. Vgl. hierzu Hoebel, *Das Recht der Naturvölker*, S. 93.

56 Hier folge ich Wesel, *Frühformen des Rechts*, S. 183. Vgl. dazu auch Hoebel, *Das Recht der Naturvölker*, S. 323 ff.

57 Zur Kreativität gedanklicher Neuerungen vgl. Nietzsche, *Zur Genealogie der Moral*, Erste Abhandlung; vgl. auch Geuss, *Philosophy and Real Politics*, S. 44 f.

Mitglieder eine allgemeine und potenziell sakrale Bedeutung. Nur unter dieser Voraussetzung wird es denkbar, dass eine Pflichtverletzung auch geahndet werden müsste, wenn niemand darunter leidet oder das Opfer selbst kein entsprechendes Recht geltend macht. Zugleich wird die Person im Verhältnis zur übergreifenden Gemeinschaft zu einer Trägerin von allgemeinen Rechten und Pflichten:[58] Rechte und Pflichten ergeben sich dann nicht mehr ausschließlich aus der jeweiligen sozialen Konstellation, sondern werden durch ein Rechtssystem festgelegt, das gegenüber der Gesellschaft durch eigene Rechtsnormen und ein hierarchisches System von Rechtsinstanzen Selbstständigkeit gewinnt. So erscheint das Unrecht als Rechtsbruch, nicht als Verletzung der Rechte Einzelner.

Um den neuen Staat mit *Autorität* auszustatten, werden oft die religiösen Kategorien und Instanzen auf die gemeinschaftlichen Institutionen und Gesetze übertragen. Zugleich bekommen Verletzungen und Schädigungen von Personen eine neue Bedeutung. Sie sind nicht mehr nur Verletzungen und Schädigungen *von Personen*, sondern primär von staatlichen Gesetzen, das heißt von einer *höheren Autorität*. Das kann einerseits dazu führen, dass vormals »bloße« Vergehen gegen Menschen jetzt als Tabubrüche und Sünden betrachtet werden. Geht man davon aus, dass sie übernatürliche Sanktionen für die Gemeinschaft nach sich ziehen werden, dann kann die Bestrafung des Täters die Funktion eines Reinigungsrituals bekommen. Andererseits kann eine ganz neue Dimension der Innerlichkeit entstehen, denn da es sich jetzt nicht mehr um Verletzungen von einzelnen Menschen, sondern um Akte handelt, die sich gegen die Gemeinschaft als solche richten, entsteht die Möglichkeit böser Handlungen: Handlungen, die nicht einen speziellen weltlichen Zweck verfolgen, sondern sich gegen das Gute, das heißt die Gemeinschaft richten. Eine solche begriffliche Neuerung, die zur *vollständigen* Transformation von Schädigungen beziehungsweise Verletzungen von Personen zu Kapitalverbrechen geführt und in diesem Zusammenhang eine neue Dimension der Innerlichkeit erzeugt hat, hat der Rechtsethnologe Adamson Hoebel am historischen Fall der afrikanischen Ashanti rekonstruiert.

Die Ashanti, ursprünglich ein lockerer Zusammenschluss von Sippen an der Goldküste Afrikas, hatten sich im frühen achtzehn-

58 Vgl. Wolfgang Fikentscher, *Methoden des Rechts in vergleichender Darstellung*, Bd. 1, S. 125.

ten Jahrhundert zu einem Stammesstaat mit monarchistischer Spitze entwickelt.[59] Da die neue zentrale Herrschergewalt gegenüber den vormals autonomen Segmenten religiös legitimiert werden musste, änderte sich auch das Rechtsverständnis. Aus dem Gedanken eines Vergehens gegenüber Personen wurden jetzt Sünden, die als *oman akyiwadie*, das heißt »vom Stamm verabscheut«, galten.[60] Das bedeutete, dass solche Delikte auch von den religiös verehrten und nach wie vor mächtigen Vorfahren verabscheut wurden.

Man glaubte,

> dass durch verbrecherische Handlungen die Beziehungen des Gemeinwesens der Ashanti mit den Vorfahren des Häuptlings beeinträchtigt würden, die im Verlauf der Konsolidierung des Staates der Ashanti zu den Vorfahren des gesamten Stammes geworden waren. Nahm man an, dass eine bestimmte Handlung bei den Geistern der Vorfahren des Stammes Anstoß errege, so nahm man gleichzeitig an, dass sie sich nachteilig auswirke. Wenn solche Handlungen nicht namens des Stammes vom Häuptling bestraft würden, so würden die überirdischen Geister der Dahingegangenen ihrerseits den Stamm für seine Nachlässigkeit und für seine Missachtung des Rechts, das sie gesetzt hatten, bestrafen.[61]

Das führte dazu, dass nunmehr nicht nur schwerere Delikte, sondern *alle* Angelegenheiten, die vorher durch Verhandlung zwischen den Parteien geregelt wurden, zu Kapitalverbrechen werden konnten. Dies geschah, indem sich beispielsweise ein Gläubiger im Falle nicht eintreibbarer Schulden direkt an den König beziehungsweise den hierfür zuständigen Schatzmeister wendete. Wenn diesem nicht bezahlt wurde, wurde der Schuldner verflucht und des Hasses gegen den König bezichtigt.[62] So wurden Schulden, Schadensfälle und kleine Vergehen in Kapitalverbrechen transformiert und eine

59 Vgl. Hoebel, *Das Recht der Naturvölker*, S. 316.

60 Hoebel *Das Recht der Naturvölker*, S. 290.

61 Hoebel *Das Recht der Naturvölker*, S. 290f. Hoebel zufolge rechtfertigte die Religion ein System von Strafgesetzen, das dann zunehmend der Bereicherung des Königs und seines Beamtenapparats diente.

62 Vgl. Hoebel, *Das Recht der Naturvölker*, S. 289. Dies war ein Verbrechen, auf das die Todesstrafe stand. Die Todesstrafe konnte allerdings vom König gegen ein hohes Lösegeld erlassen werden, was dazu führte, dass das Recht seine frühere Funktion im demokratischen System, Streitigkeiten zu schlichten, nicht mehr erfüllte, sondern umgekehrt ein Anreiz für die Rechtsvertreter geschaffen wurde, Streitigkeiten zu fördern.

diesen entsprechende verbrecherische Gesinnung konstruiert: Hass gegen den König, gegen die Vorfahren und den Stamm.

Dieser Fall ist möglicherweise einmalig, da der Wandel von einer nichtstaatlichen zu einer staatlichen Gesellschaft gewöhnlich nicht zur *vollständigen* Verwandlung der sozialen Verantwortungskategorien in Kategorien der Sünde führt.[63] Sünde in diesem starken Sinne bezeichnet nicht nur den Verstoß gegen ein göttliches Gebot, sondern darüber hinaus eine innere Abwendung von den Göttern oder den religiös legitimierten Instanzen. Die Verwandlung einer rein sozial verstandenen Übeltat in eine solche Sünde wird daher erst durch die Konstruktion und Zurechnung einer schlechten inneren Einstellung möglich. Hier geht es nicht nur um eine neue Interpretation. Eine solche Neuinterpretation von Vergehen kann nur funktionieren, wenn sie auch soziopsychologisch kreativ wird und die entsprechende psychologische Tiefendimension im Selbstverständnis der Personen verankert wird, in der Gesinnung der Person gegenüber der Gemeinschaft, dem König und den Vorfahren. Diese psychologische Dimension ist neu.

Es sind vor allem zwei Abstraktionen von den gesellschaftlichen Beziehungen, durch die diese Neuschöpfung bedingt ist: Einerseits muss das normative Element aus seinem sozialen Kontext abstrahiert und ihm gegenüber verselbständigt werden – als göttliches Gebot, Gebot des Königs oder Gebot der Vernunft –, andererseits muss die hierfür relevante Disposition der Person von der *wechselnden* Haltung, die sie gegenüber bestimmten Personen einnimmt, abgelöst und auf eine nicht von der momentanen Situation abhängige *moralische Grunddisposition* der Person als solcher zurückgeführt werden, die als Herz, Charakter, Wille oder Seele dann Konstanz gegenüber den wechselnden sozialen Situationen repräsentiert.

Diese moralische Dimension vertieft sich im Kontext von Erlösungsreligionen: Da sich dort der Schwerpunkt ganz vom Handeln auf den Zustand des Herzens verschiebt, wird im Kontext von Erlösungsreligionen von der Person nicht nur erwartet, die eigenen Handlungen mittels eines bestimmten Kategoriensystems von Schuld, Sünde, Unreinheit, potenzieller Erlösung oder Ver-

63 Die hier geschilderten Institutionen der Ashanti betreffen ihre Rechtsform im späten neunzehnten Jahrhundert. Hoebel stützt sich bei seiner Rekonstruktion vor allem auf die Forschungsergebnisse von R. S. Rattray.

dammnis zu bewerten, sondern schon Handlungsintentionen und Gedanken zu überwachen, ein *Gewissen* auszubilden. Die geistigen oder emotionalen Zustände, die zu bestimmten unreinen oder reinen Handlungen führen, gelten dann als grundlegender und letztlich wichtiger als die daraus resultierenden Handlungen selbst.[64] Entsprechend löst sich der Gedanke moralischer Verantwortung von der sozialen Verpflichtung zur symbolischen und materiellen Kompensation von Verletzungen und Schädigungen und wird zur Diagnose einer je individuellen *Unreinheit*, die das Individuum an den unerlösten Zustand bindet, von dem es sich aber auch prinzipiell befreien und dadurch in den erlösten Zustand gelangen kann.

7. Wahre moralische Verantwortung

In einigen Religionen hat sich der Gedanke der Sünde und die mit ihm verbundene moralische Tiefendimension der konstanten Einstellungen mit dem Gedanken einer nur aus der Perspektive Gottes erkennbaren eigentlichen und wahren moralischen Verantwortung verbunden. Die Vorstellung, es sei sinnvoll, faktische Verantwortungszuschreibungen von der wahren Verantwortung zu unterscheiden, ist allerdings nicht nur in religiösen Kontexten anzutreffen und auch nicht immer an eine positive Vorstellung von der objektiven Messbarkeit dieser wahren Verantwortung gebunden.

Der europäische Gedanke wahrer moralischer Verantwortung hat eine lange Geschichte, die vermutlich mit der altägyptischen Vorstellung vom Jenseitsgericht beginnt, vor dem sich die Person nach dem Tode unter idealen epistemischen Bedingungen zu verantworten hat. Eine sehr alte Version des Gedankens einer *objektiven Berechnung der moralischen Leistung* aus einer Perspektive jenseits des Sozialen hat sich schon im Zusammenhang des ägyptischen Osiriskults entwickelt, in einem religiösen Kontext, der gewisse Ähnlichkeiten zu späteren christlichen Vorstellungen vom Jüngsten Gericht seit dem 13. Jahrhundert aufweist, jedoch noch nicht den Gedanken der Erlösung von der Sünde enthält. Die Berechnung des moralischen Verdienstes wurde von einem Toten-

64 Vgl. hierzu die komparative Definition des Ethnologen Robert A. Paul, »Act and Intention in Sherpa Culture and Society«, in: *Other Intentions. Cultural Contexts and the Attribution of Inner States*, hg. v. Lawrence Rosen, Santa Fe 1997, S. 44.

gericht vorgenommen, das den objektiven Wert der *gesamten* Lebensführung beurteilt.[65] Dies geschah durch die Anwendung eines vollkommen unparteiischen Maßes, der Waage der Wahrheitsgöttin, welche die exakte Differenz zwischen der Lebensführung und dem Ideal der Ma'at feststellte:

> Während der Tote seine Unschuldsbeteuerungen vortrug, lag das Herz auf der Waage und wurde gegen eine Figur der Wahrheitsgöttin abgewogen. Es handelte sich um eine Art Lügendetektor: bei jeder Lüge würde die Waagschale mit dem Herzen sinken. Würde das Herz am Ende zu schwer befunden, würde ein Monstrum es verschlingen. Der Mensch würde als Person verschwinden, was andererseits noch einmal deutlich macht, dass er günstigenfalls als Person erhalten bleibt.[66]

65 Zum Totengericht vgl. Joachim Spiegel, *Die Idee vom Totengericht in der ägyptischen Religion*, Glückstadt 1976, S. 18. Die Frage der Ähnlichkeit ägyptischer und christlicher Vorstellungen vom Jenseitsgericht ist umstritten, zumal ihre Beantwortung davon abhängt, welche Aspekte man für die wichtigsten hält. Der Ägyptologe Jean Yoyotte sieht keinen grundlegenden Unterschied; vgl. Jean Yoyotte, »Le jugement des morts dans l'Egypte ancienne«, in: *Le jugement des morts*, Sources Orientales IV, Paris 1961, S. 26. Joachim Spiegel macht jedoch darauf aufmerksam, dass ein entscheidender Unterschied vor allem im Fehlen des *Erlösungsgedankens* bei den Ägyptern liegt. Die Weltordnung werde dort absolut gesetzt, und jede Handlung bekomme ihren Sinn in dieser Weltordnung. Ein »Akt der Buße seitens des Menschen oder der Gnade seitens des Gottes, der sie aufhöbe, würde eine Zerstörung dieses Sinns bedeuten.« (Spiegel, *Die Idee vom Totengericht,* S. 78.) Daher sei das »Grundwesen« des Totengerichts das Gleiche wie die Ausstattung der Gräber: Keine Entscheidung gegenüber dem Einzelnen, durch die er zum Freund oder Feind Gottes erklärt wird (wie im Jüngsten Gericht der christlichen Vorstellung). An die Stelle der *materiellen Lebenskonservierung* im Grabe sei also eine *geistige Lebenskonservierung* getreten. Der Sinn des Totengerichts sei nicht dynamisch, sondern statisch. Dementsprechend gebe es keine Scheidung in zwei Lager von Sündern und Gerechten, »sondern die Feststellung der Jenseitsstellung bewegt sich zwischen der untersten Grenze einer Vernichtung des völlig Bösen und der obersten einer Vergöttlichung des völlig Guten ohne irgendwelchen Absatz.« (Ebd.)

66 Jan Assmann, *Ägypten. Eine Sinngeschichte*, Darmstadt 1996, S. 182.

8. Personalität und Verantwortung aus der Perspektive des Jenseitsgerichts

Transformationen der Verantwortung wie die in den letzten beiden Abschnitten beschriebenen, durch die eine neue psychische Dimension geschaffen wird, bringen entsprechende Wandlungen des Personbegriffs mit sich. Wenn sich der Maßstab der Verantwortung von den sozialen Beziehungen ablöst, emanzipiert sich auch das Selbstverständnis von Personen von der Sozialperson. Besonders deutlich tritt dies im Zusammenhang des Gedankens einer objektiven Berechenbarkeit der moralischen Güte hervor, der gegen Ende des alten ägyptischen Reiches mit dem Osiris-Kult aufkam. Er war ausdrücklich mit der religiösen Vorstellung von einer Weiterexistenz nach dem Tode verbunden:[67] Dies geschah erstens, indem der Gedanke eines jenseitigen Lebens als *Ba*, das im Alten Reich zunächst nur dem göttlichen Pharao zugesprochen worden war, sich demokratisierte. Die Vorstellung »einer unsterblichen Seele, die aus eigener Kraft, nach Maßgabe ihres Wissens und ihrer Tugend, den Übergang in eine jenseitige Welt zu bestehen vermag«[68] und sich in einen »lebendigen Gott« verwandelt, wurde nun unverändert auch auf gewöhnliche Menschen angewendet. Zweitens bekam der Gedanke der Unsterblichkeit hierdurch eine neue Bedeutung: Unsterblichkeit bedeutete jetzt (auch) die *Verwandlung* in eine neue Seinsform.[69]

Gerechtfertigt wurde diese Verwandlung durch die moralische Prüfung durch das Totengericht in seiner klassischen, durch das Totenbuch bekannten Form.[70] Diese Prüfung bezog sich weniger auf

67 Nach Joachim Spiegel wurde die jenseitige Existenz jetzt nicht mehr nach dem Maßstab diesseitiger Wertvorstellungen vorgestellt, sondern in einer »absoluten Idee der Gerechtigkeit begründet.« Vgl. Spiegel, *Die Idee vom Totengericht* S. 15.

68 Assmann, *Ma'at,* S. 114.

69 Zu dieser Entwicklung vgl. Spiegel, *Die Idee vom Totengericht*, S. 16, insbesondere Anmerkung 2.

70 Vorbild dafür war ursprünglich der mythische Prozess, den Osiris nach seinem Tod gegen seinen Mörder Seth führt. »Osiris, der im Leben unterlegen war, wird im Jenseits entschädigt durch den Spruch eines ordentlichen Gerichts, und zwar nicht wegen seiner Macht, sondern wegen seiner *Gerechtigkeit.*« Spiegel, *Die Idee vom Totengericht*, S. 43. (Hervorhebung M-S. L.) Die Idee der Unsterblichkeit wird also untrennbar mit einer Vorstellung von Gerechtigkeit verbunden, die unabhängig von allen irdischen Machtverhältnissen ist: Indem Osiris gegen sei-

rechtliche Verfehlungen als auf moralische Verdienste oder Mängel an Mitmenschlichkeit wie Hartherzigkeit, Habgier etc. Der Gedanke einer Weiterexistenz nach dem Tode auf der Grundlage der Prüfung durch das Totengericht war also nicht mit einer Veränderung moralischer Maßstäbe verbunden.[71] Jedoch emanzipierte sich der Gedanke der Schuld von der sozialen Konstellation der Parteien, da es vor dem Totengericht im Unterschied zu einem irdischen Gericht[72] keine Kläger mehr und *keine streitenden Parteien* gibt: »Das Tribunal, vor dem der Tote sich zu verantworten hatte, tagte ständig, und jeder Tote hatte vor ihm zu erscheinen, ganz unabhängig von der Frage, ob Anklagen vorlagen oder nicht.«[73]

Während die persönliche Schuld, das Gedächtnis, das Bewusstsein und die Weiterexistenz eines Menschen im Alten Reich direkt abhängig von seinen sozialen Bezügen erschienen (vgl. Kapitel 6), erhielten sie durch den Gedanken einer Existenz als *Ba* nun einen Bezugspunkt außerhalb der sozialen Welt. So entstand die Hoffnung auf eine Existenz nach dem Tode, die einerseits vollkommener als die irdische, andererseits im vollen Sinne eine Weiterexistenz der eigenen Person ist, da sie über das *Gedächtnis* Kontinuität mit der irdischen Existenz bewahrt: Die Person behält das Bewusstsein ihres Erdendaseins und ihre moralische Verantwortlichkeit.[74] Darin liegt ihre Identität.

Der Gedanke einer Weiterexistenz über das soziale Leben hinaus, die erst das eigentliche und vollkommene Leben darstellt, wirkt sich aber auch auf das Selbstverständnis der Person in die-

nen Mörder recht erhält, überwindet er den Tod. »Hier liegt der Ursprung der Idee einer Auferstehung durch Rechtfertigung.« Assmann, *Ma'at*, S. 127. Der gewöhnliche Sterbliche hofft nun, »nach dem Tod in gleicher Weise gerechtfertigt Osiris nachfolgen und in die Unsterblichkeit des Osiris eingehen zu können.« (Assmann, *Ägypten. Eine Sinngeschichte*, S. 180.)

71 Vgl. hierzu Assmann, *Ägypten. Eine Sinngeschichte*, S. 193.

72 Freilich gibt es schon lange vor der Entwicklung der Vorstellung eines allgemeinen Totengerichts die Vorstellung eines Jenseitsgerichts, das quasi als Appellationsgericht nach dem Vorbild eines irdischen Gerichtshofs vorgestellt wurde; dort konnte der Tote klagen, musste sich aber eventuell auch gegen die Anklagen seiner Mitmenschen, der Toten und Götter verteidigen. Vgl. hierzu besonders die ausführlichen Darstellungen von Rechtsstreiten zwischen Lebenden und Toten bei Reinhard Grieshammer, *Das Jenseitsgericht in den Sargtexten*, Wiesbaden 1970, Kap. 1.

73 Jan Assmann, *Ägypten. Eine Sinngeschichte*, S. 182.

74 Assmann, *Ma'at*, S. 125.

sem Leben aus. Auch hier entsteht durch die gedankliche Neuerung eine neue Realität. Sie ändert zwar nichts daran, dass eine jede Person in sozialen Zusammenhängen lebt und die begrifflichen Grundlagen ihres Selbstverständnisses – ob es nun ein soziales oder ein nichtsoziales ist – ihrer sozialen Umwelt verdankt. Im Kontext einer Jenseitsreligion kann sie jedoch darüber hinaus ein Verständnis ihrer selbst als ein vom Sozialen unabhängiges Wesen ausbilden, bezieht sich also auf zwei verschiedene, sich überlagernde Weisen auf sich selbst. Einerseits erlebt sie sich als die empirische Person, die in einem sozialen Kontext gewisse Rollen ausübt und sich gegenüber anderen zu verantworten hat; andererseits versteht sie sich als ein davon unabhängiges nichtsoziales moralisches Wesen, das Maßstäben folgt, die Vorrang vor den sozialen Anliegen haben.[75] Und wenn dieses Selbstverständnis ihr Denken und Handeln prägt und die soziale Welt verändert, wird es zu einer neuen Realität.

Wenn die Identifikation mit dem nichtsozialen Selbst dazu führt, dass die Erfordernisse des sozialen Lebens und die eigene Verankerung in ihm unterschätzt wird, kann diese neue Dimension aber auch eine Quelle von Missverständnissen werden. So liegt auch Lockes Überlegungen zur Identität der Person der Gedanke wahrer moralischer Verantwortung zugrunde, den Locke mit der Vorstellung vom Gericht nach dem Tode in Verbindung bringt.[76] Wie Philip Aries berichtet, hatte sich schon im 13. Jahrhundert der Gedanke eines Gerichts, das nach dem Tode über die Person Recht spricht, gegen die früheren Vorstellungen von der Apokalypse durchgesetzt: »Jeder Augenblick des Lebens wird eines fernen Tages in feierlicher Sitzung gewogen werden, im Beisein aller Mächte des Himmels und der Hölle.«[77]

Erst vor diesem Hintergrund wird Lockes exklusive Herleitung personaler Identität und Verantwortung aus dem Selbstbewusstsein und der Erinnerung verständlich, denn vor das Jüngste Gericht tritt

75 Zu dieser zweifachen Identität vgl. auch Dumont, *Individualismus*, S. 34.

76 Locke hatte schon im ersten Buch seines *Essay* die Frage der Identität einer Person nach ihrem Tode aufgeworfen, die sich, wie er schreibt, einem jedem stellen muss, der »with a little Attention, reflects on the Resurrection, and considers, that divine Justice shall bring to Judgement, at the last Day, the very same Persons, to be happy or miserable in the other, who did well or ill in this life«. Locke, *An Essay Concerning Human Understanding*, Buch 1, Kap. 4, § 5, S. 86.

77 Philippe Ariès, *Geschichte des Todes*, München 1997, S. 132.

die Person weder körperlich (im Sinne des vergänglichen Körpers) noch mit ihren (ebenfalls vergänglichen) sozialen Beziehungen. Vor dem Jüngsten Gerichts zählen andere Zurechnungsmaßtäbe als bei der gerechten Aufteilung von Verantwortlichkeiten in weltlichen Kontexten. Entsprechend vertrat Locke die Auffassung, dass Handlungen, die sich eine Person nicht als ihre eigenen zurechnet (beispielsweise weil sie sich aufgrund einer nachträglichen Trunkenheit nicht daran erinnern kann), auch dann nicht ihre eigenen sein können, wenn sie von der Person zweifelsfrei (im kausalen Sinne) ausgeführt wurden. Diese Theorie der Verantwortung ist im modernen Rechtswesen nahezu wirkungslos geblieben, da sie auf rechtliche Verantwortung schwerlich anwendbar ist – schließlich muss ein weltliches Gericht die Innenperspektive mit den Perspektiven anderer vermitteln oder diesen zumindest Rechnung tragen können.[78] Gleichwohl überlagert die damit verbundene Vorstellung, Verantwortung im eigentlichen Sinne sei die Verantwortung, die die Person sich selbst zuschreibt – eine Vorstellung, die Locke nicht erfunden, sondern der christlichen Theologie entlehnt hat –, das Verständnis moralischer Verantwortung bis heute.

9. Zusammenfassung

Um den modernen Ideenkomplex der Verantwortung, wonach Verantwortung im eigentlichen Sinne aus freien Entscheidungen von Individuen herzuleiten ist, ranken sich viele Fortschrittsmythen, welche verschiedene Verantwortungsformen als Stadien in der Entwicklung eines zunehmenden Bewusstseins individueller Verantwortung interpretieren. Verantwortung ist jedoch ein soziales Phänomen, das auch in Gesellschaftstypen, die ein individualistisches Selbstverständnis pflegen, *nicht* auf Fragen individueller Täterschaft reduziert werden kann. Weder ein Verantwortungsmodell, das Zurechnungsfähigkeit mit Handlungsfähigkeit gleichsetzt, noch ein Modell, das sich allein auf die soziale Nützlichkeit gewis-

78 Schon Leibniz wies darauf hin, das Zeugnis anderer könne durchaus meine Gedächtnislücken ausfüllen, und man könne »mich sogar aufgrund dieses Zeugnisses bestrafen«, wenn ich aufgrund einer Krankheit meine Taten vergessen hätte. Gottfried Wilhelm Leibniz, *Die philosophischen Schriften*, Bd. 5, hg. v. C. J. Gerhardt, Hildesheim, New York 1978, S. 223.

ser Straftatbestände und Zurechnungskriterien bezieht, kann daher ein realistisches Bild vermitteln, was Verantwortung für die Personen in irgendeiner Epoche oder Gesellschaft bedeutet. Ebenso wenig findet sich so etwas wie »der« primitive Verantwortungsbegriff, der allein die äußere Handlung betrifft und von grundlegend anderer Art als der »aufgeklärte« wäre. Was wir heute unter Verantwortung verstehen, ist kein einfaches, sondern ein komplexes Phänomen, das sich in eine Reihe von Elementen und Bedeutungen zerlegen lässt. Die meisten davon kommen – in unterschiedlichen Gewichtungen und Interpretationen – universal vor und ergeben sich aus den Erfordernissen der menschlichen Kooperation als solcher, einige erfordern spezielle kulturelle Umwelten, manche sind mit der Schaffung neuer psychischer Dimensionen und einer Transformation im Selbstverständnis von Personen verbunden. Auf diesen Elementen gründet unser dünnes Verständnis von Verantwortungspraktiken in anderen kulturellen Kontexten.

Dabei zeigte sich, dass es allein schon aus Gründen der Gerechtigkeit keinen allgemeinverbindlichen Begriff der Verantwortung im Sinne einer *fixen Beziehung* zwischen diesen Elementen und Aspekten geben kann. Die wechselseitige Abhängigkeit, Gewichtung und Interpretation dieser Elemente ist erst mit Blick auf spezielle soziale, politische und religiöse Kontexte erschließbar. So gehören moralische Reaktionen ebenso wie kollektive Haftungspraktiken zu den universalen Gestalten der Verantwortung. Hingegen setzen Vorstellungen von Tabu, Sünde sowie der Gedanke wahrer moralischer Verantwortung speziellere soziale und religiöse Kontexte voraus. Erscheinungsformen und religiöse Interpretationen der Verantwortung variieren freilich nicht nur zwischen Gesellschaften und Kulturen, sondern auch innerhalb kultureller Gemeinschaften, die Probleme aufwerfen, bei denen der Perspektive von Täter, Opfer und normativer Gemeinschaft als ganzer jeweils unterschiedliche Relevanz zukommen. Wie die Elemente jeweils gruppiert und gegeneinander gewichtet werden, hängt davon ab, (a) *wer* verletzt oder geschädigt werden kann (eine Person, die Gemeinschaft oder weitere Instanzen) (b) unter welche Kategorie der Tatbestand fällt und wovon dies abhängt, (c) wem er jeweils zugerechnet wird (dem Individuum, der Familie, dem Clan, einer Versicherungsgesellschaft etc.), (d) nach welchen Kriterien zugerechnet wird (Kausalität, Rollenverantwortung, Vorsatz) (e) gegenüber welcher Instanz

Rechenschaft abzulegen ist (dem Opfer, seiner Familie, dem Staat, einer religiösen Instanz), (f) welche Art von Reaktion angebracht erscheint (Rückzug aus den sozialen Beziehungen, Tadel, Strafe, Entschädigung, Reinigung vom Tabubruch etc.), (g) wer reagiert beziehungsweise die Art der Reaktion entscheidet und vollstreckt (ein Mitglied der Opferfamilie, andere Mitglieder der Gesellschaft, Vertreter des Staates, religiöse Instanzen). Die Frage, welche dieser Gesichtspunkte jeweils relevant und wie sie zu gewichten sind, berührt verschiedene Kriterien der Gerechtigkeit, die nicht ohne weiteres aufeinander reduziert werden können. Die einseitige moderne Assoziation von Verantwortung mit vorsätzlicher Täterschaft, die sich im Schuldprinzip ausdrückt, verdeckt, dass Zuschreibungen sich nicht nur an dem Kriterium vorsätzlicher Täterschaft orientieren dürfen, weil es auch um gerechte Verteilungen von Lasten und Risiken geht. Neben Gesichtspunkten retributiver Gerechtigkeit müssen daher auch Gesichtspunkte der Verteilungsgerechtigkeit berücksichtigt werden. (Ein weiterer Gesichtspunkt ist der einer versöhnenden Gerechtigkeit, auf den ich im nächsten Kapitel kurz eingehen werde.)

VIII Recht und Gerechtigkeit

1. Soziale Vernunft, Recht, Gerechtigkeit

Die Fähigkeit einer Person, zwischen Gut und Schlecht zu unterscheiden, wurde im zweiten Kapitel auf ein Selbstverständnis zurückgeführt, das ihrem Leben Wert verleiht und ihm normative Maßstäbe der Beurteilung an die Hand gibt. Sich als einen Koch, einen Athleten oder eine Rechtsanwältin zu verstehen, ist mit Maßstäben der guten beziehungsweise schlechten Realisierung der entsprechenden Tätigkeiten verbunden. Diese Unterscheidung zwischen »gut« und »schlecht« bedarf einer Präzisierung. Was in der Ausübung einer sozialen Rolle als »gut« gilt, ist zwar in den meisten Fällen nicht nur »subjektiv« gut, sondern entspricht auch oft *intersubjektiv* verankerten Normen: Wer gut kocht, bereitet damit zugleich den Gästen ein gutes Essen. Der gute Taschendieb ist für die von seiner Perfektion Betroffenen jedoch weniger gut, sie werden sein Verhalten unter einem anderen Gesichtspunkt bewerten als er und es als schlecht betrachten. Die Maßstäbe, die sich aus der Identifikation mit Idealen ergeben, fallen nicht notwendig mit den Ansprüchen der sozialen Vernunft und Gerechtigkeit zusammen, die sich aus dem Wert eines guten Zusammenlebens ergeben, das meist auch Voraussetzung der Verfolgung individueller Ziele ist. Gesichtspunkte der sozialen Vernunft und Gerechtigkeit können daher eine Quelle der Kritik nicht nur individueller Interessen, sondern auch individueller Ideale sein. Während sich aus der Identifikation mit Idealen (wenn es verbrecherische Ideale sind) auch Gründe zu Handlungen ergeben können, welche die Rechte und Interessen anderer Personen verletzen, ist unter den Gesichtspunkten der sozialen Vernunft und Gerechtigkeit nur das geboten oder erlaubt, was die Anliegen anderer Personen und gemeinsamer Institutionen angemessen berücksichtigt. Unter ihren Gesichtspunkten stellt sich die Frage, was man mit Rücksicht auf die Mitmenschen und die Grundlagen einer lebenswerten Gemeinschaft tun oder lassen muss, und nicht, was auf der Grundlage des eigenen Selbstverständnisses reizvoll und zweckmäßig zu tun wäre. Dass Sie täglich mehrere Stunden üben wollen, um ein wirklich guter Geigenspieler zu werden, wird Sie als sozial vernünftigen Menschen nicht davon abhalten, die Bitte Ihres von Kopfschmerzen geplagten Nachbars um ein paar Stunden Ruhe zu erfüllen. Unter sozialer Vernunft verstehe ich die Bereitschaft, das Wohl der anderen und der Gemeinschaft angemessen zu berücksichtigen und hierfür im Konfliktfall auch eigene Interessen zurückzustellen, ohne dass man dabei unbedingt auf feste Standards der »Angemessenheit« angewiesen ist. Was aber verlangt die Gerechtigkeit? Bezieht man die Frage nicht auf das Ideal einer vollkommen gerechten Gesellschaft, sondern auf das, was Menschen in verschiedenen kulturellen Kontexten *wirklich* unter Gerechtigkeit verstehen, dann ist die klassische Formel *suum cuique* – jedem das, was ihm zusteht – wohl unüberbietbar als Ausdruck eines kulturübergreifenden gemeinsamen Nenners. Der Vorteil dieser Formel liegt darin, dass sie etwas anzeigt, was verschiedenen Vorstellungen gemeinsam ist, aber der näheren Bestimmung bedarf: Denn was es konkret heißt, einer Person zu geben, was ihr zusteht, lässt sich nur mit Blick auf die Rechte dieser Person verstehen, und diese sind in dem Menschenbild und den sozialen Kategorien des jeweiligen Kontextes verankert. Es hängt beispielsweise davon ab, ob es sich um einen Angehörigen einer höheren oder niedrigeren Kaste handelt, um einen Mann oder eine Frau, um einen Geistlichen oder einen Laien etc.[1] In diesem Sinne ist Gerechtigkeit *kulturell relativ*.

Aus der kulturellen Relativität jeder dichten Bedeutung von Gerechtigkeit folgt jedoch nicht, dass das, was sich Menschen in kulturellen Kontexten wie dem indischen Kastensystem, einer modernen kapitalistischen Gesellschaft oder dem der Manyika jeweils unter Gerechtigkeit vorstellen, nicht wiederum unter Gesichtspunkten der Gerechtigkeit kritisiert werden könnte. Es bedeutet nur, dass die Gesichtspunkte einer solchen Kritik den Menschen in dieser Kultur zugänglich sein müssen, wenn es Kritik unter Gesichtspunkten der Gerechtigkeit ist. Die kulturelle Relativität der Gesichtspunkte der Gerechtigkeit ist nicht mit der Unterstellung von Homogenität, Konfliktfreiheit und Abgeschottetheit gegenüber Neuerungen zu verwechseln. Zwar hat es in der Tradition von Herder bis in die Kulturanthropologie des zwanzigsten Jahrhunderts eine starke Neigung gegeben, Gesellschaften als »Individuen« zu denken, die »mehr oder weniger konsistenten Denk- und

1 Zu dieser Abhängigkeit der Gerechtigkeit von sozialen Bedeutungen vgl. Michael Walzer, *Spheres of Justice. A Defense of Pluralism and Equality*, Basic Books 1983, S. 312-316.

Handlungsmustern folgen«.[2] Das ist jedoch nicht nur offenkundig unrealistisch mit Blick auf moderne kapitalistische Industriegesellschaften mit ihren komplexen religiösen und moralischen Traditionen und ihrer globalen Vernetzung; es trifft auch auf traditionelle Gesellschaften nicht zu. So folgen Männer und Frauen in traditionellen Kulturen weder denselben Denk- und Handlungsmustern, noch bilden ihre verschiedenen Auffassungen eine prästabilierte Harmonie; und sogar in den wenigen Gesellschaften, die quasi von Außeneinflüssen abgeschlossen sind, muss ein Individuum für wesentlich mehr normative Vorstellungen und Praktiken Verständnis aufbringen als für diejenigen, die für sein eigenes Selbstverständnis verbindlich und vorrangig sind. Gerechtigkeit ist auch in traditionellen Gesellschaften kein Ausdruck eines identischen Gemeinschaftsgeistes, sondern oft erst Ergebnis von Auseinandersetzungen, in denen nicht nur verschiedene Interessen zum Ausdruck kommen, sondern auch unterschiedliche Ideen und Auffassungen von dem relativen Gewicht normativer Ansprüche. Zudem bedeutet das faktische Zusammenleben von Menschen in einer Region noch nicht, dass sie zu einer Wertegemeinschaft gehören. Es gibt keinen Grund anzunehmen, dass Sklaven die Weise, wie sie von ihren Besitzern wahrgenommen werden, notwendig internalisieren; vielleicht leben sie auch in einer anderen sozialen Welt und betrachten die soziale Welt ihrer Eigentümer als einen mehr oder weniger bedrohlichen Naturzustand.[3]

Zudem sind die faktischen Sitten und Institutionen nicht ohne weiteres mit dem gleichzusetzen, was auf dem geistigen Nährboden einer Kultur an Vorstellungen und Einsichten über grundlegende Fragen der Gerechtigkeit gedacht wird oder gedacht werden könnte. So mag die moralische Legitimation der Sklavenhaltung durch Aristoteles zwar den Eindruck hervorrufen, ein damaliger Athener hätte aufgrund seiner kulturellen Prägung das moralisch Verwerfliche der Sklaverei wohl gar nicht sehen können. Aus dem Faktum, dass Sklaven gehalten wurden, folgt jedoch noch nicht, dass die Sklavenhalter dies zwangsläufig auch als gerecht betrachteten und aufgrund einer Art kultureller Determination außerstande gewesen wären, daran zu zweifeln. Es ist durchaus denkbar, dass sie, wie wir

2 Ruth Benedict, *Patterns of Culture*, Boston 1934, S. 46.

3 Zum Verhältnis zwischen Sklaven und Sklavenhaltern vgl. Walzer, *Spheres of Justice*, S. 250, Anm.

auch, unter Umständen gelebt haben, die ihnen zumindest teilweise als ungerecht und schlecht erschienen, ohne dass sie jedoch wussten, wie sie es hätten besser machen können, ohne auf Dinge zu verzichten, die ihnen unverzichtbar schienen. Ökonomische Gründe, Machtinteressen, Mangel an politischer Phantasie und vieles andere führen dazu, dass Fragen der Gerechtigkeit vernachlässigt oder mittels intellektueller Rationalisierungen entschärft werden, falls man sich nicht ohnehin bewusst mit der Ungerechtigkeit arrangiert – warum sollte dies weniger für das antike Athen als für die amerikanischen Südstaaten im neunzehnten Jahrhundert gelten? So wie sich im Falle der Südstaaten allein aus den christlichen Grundüberzeugungen genügend Gründe gegen die Sklaverei entwickeln ließen, so hätte auch im antiken Athen – einer Kultur, die großen Wert auf Freiheit und Selbständigkeit legte – die Sklaverei von Kriegsgefangenen als ein moralisches Übel wahrgenommen werden können. Anders als in den Südstaaten betrachtete man die Sklaven immerhin als ebenbürtige Menschen, die sich nur darin von einem selbst unterschieden, dass sie im Krieg Unglück gehabt hatten.[4] Dass es im antiken Athen unter Sklavenhaltern keine Reformbewegung gegen die Sklaverei gegeben hat, beweist nicht, dass das moralische Übel der Sklaverei gar nicht wahrgenommen werden konnte, sondern nur, dass man solche Gedanken, wenn sie denn aufkamen, nicht sehr weit verfolgte und sie ohne Konsequenzen für das Handeln blieben. Dafür gab es einen starken Grund: den Glauben an die ökonomische Unverzichtbarkeit der Sklaverei.

Im Folgenden möchte ich jedoch die Thematik der internen normativen Komplexität und Widersprüchlichkeit in den Gerechtigkeitsauffassungen einer Kultur ausklammern und mich auf die elementarere Frage nach den kulturellen Voraussetzungen und Unterschieden in den Auffassungen und Praktiken der Gerechtigkeit konzentrieren.

Die moderne Philosophie hat vor allem zwei Strategien verfolgt, um die Perspektive der einzelnen Person mit den Anliegen der Gerechtigkeit in Einklang zu bringen. Einerseits wurde die Frage nach der Gerechtigkeit als Frage nach der Verfassung einer vollkommen

4 Bernard Williams hat in seiner Analyse der Athener Vorstellungen und Praktiken gezeigt, dass die Sklaverei nach den gegebenen moralischen Kategorien durchaus hätte verdammt werden können. Vgl. Williams, *Ethics and the Limits of Philosophy*, S. 164.

gerechten Gemeinschaft verstanden, in der die Individuen keinen guten Grund mehr haben, sich über ihr Leben zu beklagen.[5] Andererseits wurde der Gesichtspunkt der sozialen Gerechtigkeit als der eigentlich *moralische* betrachtet.[6] Demnach beruht die Moral auf allgemein gültigen Normen, die der Einzelne als vernünftiges Wesen erkennen kann. Auf dieser normativen Grundlage übernimmt er die Rolle eines Richters seiner selbst, der die von seinem Gewissen beobachteten Diskrepanzen zwischen diesen für alle verbindlichen Normen und dem eigenem Verhalten prüft und beurteilt.[7] So werden die Anliegen sozialer Gerechtigkeit zu einer ganz persönlichen Angelegenheit – jedenfalls theoretisch.

Diese stark idealisierten Modelle eignen sich jedoch wenig, um die Zusammenhänge und Abweichungen zwischen verschiedenen kulturellen Vorstellungen und Praktiken der Erzeugung von Gerechtigkeit zu verstehen. Gerechtigkeit im wirklichen Leben hat starke kulturelle und institutionelle Wurzeln. Die Bereitschaft des einzelnen Individuums, soziale Perspektiven einzunehmen und sein eigenes Handeln in ihrem Lichte zu betrachten, ergibt sich meist nicht allein aus einer freien Betätigung des Vernunftvermögens, sondern setzt institutionell oder traditionell verankerte Verfahrensweisen voraus, diese Perspektiven und die ihnen zugrunde liegenden Normen zu explizieren und durchzusetzen. Rechtsinstitutionen oder -traditionen sind erforderlich, da Personen – auch moderne und aufgeklärte – das eigene Handeln oft nicht unter den Gesichtspunkten erleben, von denen die anderen besonders betroffen sind; aus subjektiver Perspektive sind es eher die anderen, die an einem Konflikt schuld sind.[8] Was das eigene Verhalten für

5 Vgl. paradigmatisch Rawls, *A Theory of Justice,* und die Kritik an diesem Ansatz von Cavell, *Cities of Words*, S. 164-189.

6 Die einklagbare Gültigkeit moralischer Gebote ist auch in modernen Gesellschaften an die Voraussetzung gebunden, dass sie allgemein für unverzichtbare Bestandteile der gemeinsamen Lebensform gehalten werden; natürlich können auch weitergehende Ansprüche aus einer höheren religiösen Perspektive legitimiert sein, sie müssen jedoch von solchen Normen der Gerechtigkeit und Fairness unterschieden werden, die intersubjektiv einklagbar sind. Zur Unterscheidung intersubjektiv einklagbarer Normen von superogatorischen Ansprüchen vgl. Habermas, *Erläuterungen zur Diskursethik*, S. 136.

7 Zum Begriff der Moral vgl. Wingert, *Gemeinsinn und Moral*, S. 13.

8 Niklas Luhmann gibt in seinem Aufsatz »Erleben und Handeln« plastische Beispiele für die oft krassen Unterschiede zwischen der Wahrnehmung des eigenen

die anderen bedeutet und inwieweit es Standards der Gerechtigkeit und Fairness verletzt, muss daher erst in einem für alle Beteiligten einsehbaren und verbindlichen Sinne konstruiert werden, was eine Vermittlung der Perspektiven erfordert.

In vielen traditionellen Gesellschaften wird das Rechtswesen als eine solche Instanz der Vermittlung betrachtet, durch die das individuelle Bewusstsein sozusagen zur sozialen Vernunft kommt. Das geschieht, indem die Rechtsprechung die für den jeweiligen Fall einschlägigen normativen Standards expliziert und sie den Betroffenen ins Bewusstsein ruft. So wird in traditionellen afrikanischen Rechtsinstitutionen oft erst im Rechtsprozess ermittelt und ausgehandelt, wer welchen Anteil am Konflikt und welche Ansprüche hat. Dies geschieht nicht wie im modernen Recht dadurch, dass der Konflikt in das Handeln einer Täterpartei und das Erleiden einer Opferpartei zerlegt und festgestellt wird, dass das Tun oder Lassen des Angeklagten in einem speziell rechtlichen Sinne »unrecht« ist. Es geht vielmehr darum, dass alle Beteiligten den eigenen Anteil am Konflikt anerkennen und Verantwortung für einen Teil der Lösung übernehmen.

Die Explikation und Bewusstmachung normativer Standards gehört freilich auch zum Selbstverständnis moderner Rechtsvertreter, nicht nur mit Blick auf die rechtlichen Tatbestände, sondern auch mit dem Ziel, moralische Schuld ins Bewusstsein zu rufen. So wird im Strafrecht ein moralischer Schuldvorwurf erhoben, mit dem Anspruch, an das Gewissen des Täters anzuknüpfen. Der Strafrechtler Arthur Kaufmann nannte das Strafrechtsurteil durch den Richter sogar ein stellvertretendes Gewissensurteil, Fritjof Haft beschrieb es weniger autoritär als einen *Schulddialog* zwischen dem Angeklagten und den Richtern.[9] Auch wenn diese Ansprüche die erheblichen Unterschiede zwischen der rechtlich konstruierten Schuld und der Schuld im Sinne der Alltagsmoral außer Acht lassen, illustrieren sie, dass jedes Rechtswesen zu seiner Legitimation darauf angewiesen ist, die Ansprüche der sozialen Vernunft auf nachvollziehbare und glaubhafte Weise verkörpern zu können; auch das moderne

Anteils am Geschehen und der Wahrnehmung der anderen. Vgl. »Erleben und Handeln«, in: *Handlungstheorien Interdisziplinär II. Handlungserklärungen und philosophische Handlungsinterpretationen*, Erster Halbband, hg. v. Hans Lenk, München 1978, S. 243.

9 Vgl. hierzu Fritjof Haft, *Der Schulddialog*, Freiburg, München 1978.

Rechtsverfahren – zumindest das Strafverfahren – muss noch als ein Ritual begreifbar sein, in dem gemeinschaftliche Normen und Regeln verdeutlicht und wieder allgemein in das Bewusstsein gehoben werden, die durch das rücksichtslose Verhalten Einzelner in Frage gestellt wurden. Das mag eine idealisierende Beschreibung sein, doch es geht hier auch nicht um eine Bestandsaufnahme wirklicher Rechtsprozesse, sondern um Recht im normativen Sinne, um das, was die Menschen in ihrem jeweiligen kulturellen Kontext vom Recht erwarten. Das schließt nicht aus, dass Machtverhältnisse, persönliche Interessen und andere der sozialen Vernunft fremde Gesichtspunkte in die wirkliche Rechtsprechung hineinspielen, ganz abgesehen von den speziellen systemischen Bedingungen des modernen Rechts. Rechtsverfahren laufen nicht immer vernünftig ab (auch nach den Maßstäben der betreffenden Gemeinschaft) und erzeugen mitunter mehr Konflikte, als sie lösen. Gleichwohl unterscheidet sich Recht als institutionelle Weise der (mehr oder weniger gelingenden) Einlösung der normativen Erwartung einer gerechten Konfliktlösung von bloßer Gewalt oder Überredung.

Nun können in diesem Rahmen nicht ganze Rechtssysteme verglichen werden. Ich werde mich daher darauf beschränken, zunächst zu skizzieren, was für ein Perspektivenwechsel mit der modernen Emanzipation des Gedankens eines Rechts von übergreifenden Maßstäben der Gerechtigkeit verbunden ist, und anschließend an Einzelbeispielen zeigen, was eine vernünftige Vermittlung zwischen der Einzelperson und der Gemeinschaft in sozialen Kontexten bedeuten kann, in denen eine Abspaltung des Rechts vom Gedanken der Gerechtigkeit nicht stattgefunden hat.

2. Kontexte von Rechten und Pflichten

Unter Gerechtigkeit ist unter anderem die Bereitschaft zu verstehen, die Rechte anderer nicht zu verletzen und die eigenen Verpflichtungen ihnen gegenüber zu erfüllen. Während Pflichten als universales Phänomen angesehen werden, wird jedoch immer wieder die Auffassung vertreten, Rechte seien ein speziell neuzeitliches Phänomen.[10] Das trifft auch zweifellos auf den dichten und sehr

10 Vgl. Geuss, *Philosophy and Real Politics*, S. 60-68.

speziellen Begriff eines individuellen Rechts zu, der sich in der europäischen Tradition entwickelt hat. Der Begriff eines Rechts hat jedoch nicht nur diese eine spezielle Bedeutung. Versteht man ihn in weiten Sinne als Sammelbegriff für so verschiedene Rechtsfaktoren wie Ermächtigungen, Immunitäten, Ansprüche, Freiheitsrechte etc., dann ist er auf alle Gesellschaftstypen anwendbar. Wer beispielsweise für eine andere Person eine Arbeit verrichtet, erwirbt dadurch einen Anspruch auf Entgelt (der vertraglich oder anders geregelt ist); wer diese Arbeit organisiert, hat das Recht – im Sinne einer Ermächtigung –, den anderen Anordnungen zu erteilen; diese Person darf jedoch *nicht* alles verlangen, da auch die Arbeiter gewisse Rechte im Sinne von Immunitäten haben. Außerdem verfügen sie über Freiheitsrechte oder Privilegien (beispielsweise über den Bau ihrer Wohnung selbst zu bestimmen). So verstanden, handelt es sich bei Rechten nicht nur um schriftlich festgelegte und gerichtlich einklagbare Rechte, die durch spezielle Rechtsinstitutionen durchgesetzt werden. Rechte im Sinne der genannten Rechtsfaktoren werden auch durch nichtinstitutionalisierte Verhaltensweisen, Gefühle und Gefühlsäußerungen anerkannt, durch Verhaltensweisen wie Respektsbekundungen, Hilfeleistungen, moralische Gefühle wie Dankbarkeit, Scham, Schuld, Empörung etc. und gewisse konstante Einstellungen gegenüber Personen wie Zurückhaltung und Hilfsbereitschaft.

Betrachtet man Rechtsfaktoren wie *Ansprüche*, *Ermächtigungen*, *Freiheiten* und *Immunitäten* einzeln, dann lassen sich jeweils dünne Begriffe von Rechten aus ihnen gewinnen, die vermutlich in allen kulturellen Kontexten vorkommen. Das gilt jedoch nicht für ihre moderne Zusammenstellung unter *einen* Begriff des Rechts, der von dem einer Pflicht unterschieden wird. Alle Rechtsfaktoren sind auf Pflichten bezogen – sie implizieren gewöhnlich, dass andere eine Pflicht haben, etwas zu tun oder zu unterlassen. Insofern drücken Pflichten und Rechte zwei Seiten einer normativen Beziehung aus. Gleichwohl verkörpern die beiden Pole dieser Beziehung nicht denselben normativen Anspruch. Wer eine Pflicht hat, *sollte* etwas tun. Ein Recht zu haben, bedeutet hingegen nicht unbedingt, dass man es auch ausüben sollte. Es *darf nicht* von anderen aufgrund beliebiger Interessen ignoriert werden, sondern nur aufgrund besonderer Umstände, die das Recht außer Kraft setzen.

Aus dieser dünnen Beschreibung dessen, was es heißt, ein Recht zu haben, folgt nicht, dass Personen überall dieselben Rechte oder auch nur Rechte in demselben Sinne haben. Die Bedeutung und relative normative *Gewichtung* der Rechtsfaktoren kann je nach kulturellem Kontext stark variieren.[11] Das gilt auch für die relative Bedeutung von Rechten und Pflichten. Was vernünftig und gerecht ist, wird in manchen Kontexten eher in Bezug auf Rechte, in anderen eher in Bezug auf Pflichten formuliert. Wenn man die Kulturgeschichte betrachtet, scheint die normative Beziehung häufiger durch Ausdrücke des Sollens als des Dürfens bezeichnet zu werden. Das, was einem zusteht, fällt in vielen Gesellschaften unter denselben Begriff der Gerechtigkeit wie das, was man tun sollte. Darauf verweisen Begriffe, die wie der römische Begriff *ius* das bezeichnen, was gerecht ist, oder die wie *swanelo* im afrikanischen Barotse von einer Verbalform abgeleitet sind, die gewöhnlich als »Sollen« übersetzt wird.[12] Das deutet darauf hin, dass Rechte und Pflichten in vielen Kontexten nur verschiedene Gesichtspunkte des Gerechten betreffen und Pflichten insofern fundamentaler sind, als es keine Rechte ohne entsprechende Pflichten, aber sehr wohl Pflichten ohne entsprechende Rechte geben kann. Denn die Instanz, der gegenüber Pflichten und Rechte bestehen, kann auch unpersönlicher Art sein; Rechte und Pflichten können auch gegenüber der Gemeinschaft, der Natur, dem Kosmos oder Gott angenommen werden. Wenn solche höheren Instanzen mit einbezogen werden, hört die Komplementarität von Rechten und Pflichten auf. Aus Verpflichtungen gegenüber Gott ergeben sich nicht notwendig Rechte anderer Personen. Der Pflicht zur Gastfreundschaft beispielsweise entspricht nicht überall ein Recht des Gastes auf Bewirtung – es kann sich auch um eine Verpflichtung gegenüber einer göttlichen Instanz handeln, an der der Gast quasi als Nutznießer teilhat,[13] so wie die Teilnehmer eines Opfers als Nutznießer die nicht geopferten Teile des Opfertieres verzehren.

11 Hier folge ich der immer noch maßgeblichen Analyse von Wesley N. Hohfeld, der Rechte in vier Kategorien auflöst, nämlich in *Privileges*, *Claims*, *Powers* and *Immunities*. Vgl. Wesley N. Hohfeld, *Fundamental Legal Conceptions as applied in Judicial Reasoning*, New Haven 1919.

12 Vgl. hierzu Gluckman, *The Ideas in Barotse Jurisprudence*, S. xxv.

13 So interpretieren Richard Shweder und Joan G. Miller beispielsweise die Gastfreundschaft bei den Oriya-Hindus; vgl. Miller, Shweder, »The Social Construction of the Person: How Is It Possible?«, S. 168.

Im Kontrast zu vielen traditionellen Kulturen, wo es mehr Pflichten gibt als entsprechende Rechte und auch Rechtsfaktoren eher in Gestalt von Pflichten ausgedrückt werden, hat sich der Gedanke eines Rechts im heutigen Europa von anderen normativen Gesichtspunkten emanzipiert. Dieses Rechtsverständnis ist durch einen grundlegenden Perspektivwechsel geprägt, der sich zwischen dem dreizehnten und dem siebzehnten Jahrhundert vollzogen hat. Recht im alten objektiven Sinne des griechischen *dikaion* und des römischen *ius* bedeutete nichts anderes als das, was *gerecht* ist. Wenn der römische Jurist Ulpian die Auffassung vertrat, Gerechtigkeit bedeute, jedem sein *ius* zu geben, dann bedeutete dies im konkreten Fall nicht unbedingt eine Erweiterung der individuellen Autonomie, sondern konnte sogar (je nach sozialer Kategorie, etwa im Falle eines Sklaven) auf etwas hinauslaufen, was die Freiheit der betreffenden Person einschränkt.[14] Auch bei Thomas bezog sich *ius* noch auf das, was insgesamt gerecht ist. Aber schon bei Johannes Gerson sowie den Kanonisten und Dekretisten im 12. und 13. Jahrhundert wurde *ius* als Fähigkeit oder Vermögen des Einzelnen ausgelegt,[15] und im siebzehnten Jahrhundert scheint diese Bedeutung schließlich das Primat gegenüber der alten bekommen zu haben. Suarez verstand unter *ius* ein moralisches Vermögen oder eine Vollmacht des einzelnen Menschen über das, was er besitzt beziehungsweise was ihm zusteht.[16] Grotius vertrat schließlich die Auffassung, menschliche Individuen hätten unabhängig von ihren Sozialbezügen und den positiven Gesetzen gewisse Rechte.

Durch diesen Bedeutungswandel wird der Begriff eines Rechts ambivalent. Er tritt in eine Spannung zu dem, wozu die Person unter einem übergreifenden normativen Gesichtspunkt verpflichtet ist, und steht somit für eine gewisse Entfremdung der einzelnen Person von den jeweiligen sozialen Maßstäben des Gerechten. Zwar verstanden auch Grotius, Locke und Pufendorf unter dem Recht des Einzelnen noch etwas, was ihm gerechterweise zu-

14 Vgl. John Finnis, *Natural Law and Natural Rights*, Oxford 1980, S. 209. So wäre es nach den Maßstäben des *ius* unangebracht gewesen, einen Sklaven wie einen Freien zu behandeln. (Vgl. Geuss, *Philosophy and Real Politics*, S. 74.)

15 Zu dieser frühen Entwicklung vgl. Theo Kobusch, *Die Entdeckung der Person. Metaphysik der Freiheit und modernes Menschenbild*, Freiburg 1993, S. 34 f.

16 Hier stütze ich mich auf Finnis, *Natural Law and Natural Rights*, S. 206.

kommt.[17] Gleichwohl liegt seine eigentliche Bedeutung nunmehr in dem, was jemand »hat«, und nicht mehr in dem, was in einem sozialen Zusammenhang *insgesamt* gerecht erscheint. Es wird ausschließlich auf den Nutznießer der gerechten Beziehung bezogen. Entsprechend driften Rechte und Pflichten auseinander. Rechte verkörpern im modernen Verständnis etwas den Individuen als Individuen (und nicht erst als potenziellen Verantwortungsträgerinnen) Zukommendes: einen der individuellen Person als solcher eigenen Möglichkeitsraum, in dem sie sich frei für oder gegen die Realisierung von Möglichkeiten entscheiden kann. Das schließt sogar einen Schutz des Individuums gegenüber normativen Erwägungen ein. Dass eine Person ein Recht hat, ist nach heutigem Verständnis ein hinreichender Grund, ihr zu erlauben, etwas zu tun, das man für falsch hält oder schlechte Folgen befürchten lässt.[18]

Diese moderne Vorstellung von Rechten der Individuen gegenüber der Gesellschaft gründet ursprünglich auf der Normativität einer Instanz jenseits der Gesellschaft (Gott). Sie konnte sich nur in einem Kontext entwickeln, wo die Eigenschaften der individuellen Person aus ihrer Beziehung zu Gott (der ihr Freiheit verliehen hat), nicht aus ihren sozialen Beziehungen hergeleitet werden. Rechte hat das Individuum in diesem Kontext ursprünglich aufgrund der Höherrangigkeit der göttlichen Normativität, an der es teilhat, gegenüber den »bloß« gesellschaftlichen Verpflichtungen. Es sind negative Rechte, nämlich spezielle Abwehrrechte (Freiheitsrechte, Bürgerrechte) von Individuen gegenüber dem Staat. Diese Rechte sind untrennbar mit der Vorstellung eines schutzbedürftigen individuellen Innenlebens und einer Privatsphäre verkoppelt, wo sich das religiöse Leben des Einzelnen entfalten kann; ein Leben, das nicht mit den gesellschaftlichen Rollen und Funktionen zusammenfällt und vor politischen Ansprüchen geschützt werden muss. Da gewisse Abwehrrechte im Unterschied zu gewöhnlichen Ansprüchen als absolut unverletzlich gelten, sind es vor allem diese Vorstellungen, die in den Rechtskulturen Nordamerikas und Europas mit der Idee eines »Rechts« schlechthin assoziiert werden.

17 Wurde die Beziehung zu Gott weggedacht, dann konnten die »Rechte« allerdings ganz ihren normativen Gehalt verlieren wie bei Hobbes, wo die Personen im Naturzustand zu allem »berechtigt« sind.

18 Zu dieser Abschottung gegenüber normativen Erwägungen vgl. Weinreb, *Oedipus at Fenway Park,* S. 3.

3. Ethische Systeme und die Rechtsfigur der vernünftigen Person

Wie wirken sich Veränderungen wie der im letzten Abschnitt thematisierte Wandel des Rechtsbegriffs auf die Maßstäbe von Vernünftigkeit und Gerechtigkeit aus? Ich möchte dieser Frage im Folgenden nicht historisch, sondern schematisch-vergleichend nachgehen, indem ich auf eine Unterscheidung zurückgreife, die Ronald Dworkin mit Blick auf Rechtfertigungsstrategien für verschiedene Typen von ethischen Theorien eingeführt hat. Dworkin unterscheidet zwischen Theorien, in denen Rechte und Pflichten letztlich mit Blick auf Ziele gerechtfertigt (oder relativiert) werden wie das Ziel der allgemeinen Wohlfahrt, solchen, für die gewisse Rechte, und solchen, für die gewisse Pflichten unhintergehbar und absolut sind.[19] Während *zielorientierte* Theorien von den Interessen einer Organisation ausgehen, stellen sowohl *an Rechten orientierte* als auch *an Pflichten orientierte* Theorien das Individuum und sein Verhalten ins Zentrum. Dessen Rechte und Pflichten, so Dworkin, sind jedoch in diesen beiden Theorietypen von *ungleichem Wert*, denn entweder leiten sich Rechte von Pflichten oder Pflichten von Rechten ab.[20] In an Pflichten orientierten Weltanschauungen wie der kantianischen Moralphilosophie besteht die Pflicht auch unabhängig von den Rechten anderer oder ihren Auswirkungen. An Rechten orientierte Theorien hingegen, so Dworkin, stellen den Menschen ins Zentrum, der von der Einhaltung der Regeln durch andere profitiert, nicht den, der tugendhaft ist, indem er selbst die Regeln einhält.[21] Die Verhaltensregeln erscheinen in solchen Theorien nur als Mittel für den Schutz der Individuen. Solange die Individuen einander nicht schädigen oder in ihren Rechten verletzen, ist es im Rahmen einer an Rechten orientierten Theorie ihr geschütztes Recht, zu tun, was sie wollen – mit einigen Einschränkungen. Und wenn sie für ihre Handlungen zur Verantwortung gezogen werden, können Unrecht und Schuld nicht allein »von außen« aus der Differenz zwischen individuellem Verhalten und Norm erschlossen werden, sondern verlangen, die Perspektive der je individuellen Person einzunehmen, ihre je besonderen Absichten und Vorstellungen zu

19 Ronald Dworkin, *Taking Rights Seriously*, Harvard 1977, S. 170 ff.

20 Dworkin, *Taking Rights Seriously*, S. 171.

21 Vgl. Dworkin, *Taking Rights Seriously*, S. 172.

berücksichtigen. Dies ist ihr Recht, das durch andere Ansprüche der Gerechtigkeit nicht außer Kraft gesetzt werden kann.

Im Folgenden möchte ich Dworkins Unterscheidung zwischen rechts- und pflichtorientierten Gesellschaften anwenden, um verschiedene Dimensionen der sozialen Vernunft auszuloten. Dabei orientiere ich mich weitgehend an der Rechtsfigur der *vernünftigen Person*, die sowohl in traditionellen als auch modernen Rechtssystemen vorkommt. Diese Rechtsfigur kann je nach Kontext mehrere Funktionen übernehmen. Als Standard im Gericht wird sie zur Klärung von Zurechnungsfragen eingesetzt, um eine Grenze zwischen dem zu ziehen, was eine Person zu verantworten hat, und dem, was auf das Konto des Zufalls geht. So werden beispielsweise die Verursacher eines Schadens, die es diesem Standard gemäß versäumt haben, ein vernünftiges Maß an Sorgfalt aufzuwenden, verantwortlich für die Folgen gemacht.[22] Worin ein vernünftiges Maß an Sorgfalt oder Rücksicht besteht, ist aber nicht generell festgelegt – die Figur der vernünftigen Person dient quasi als Aufforderung an das Gericht, den *Minimalstandard an sozialer Rücksicht* zu eruieren, der in dem jeweiligen kulturellen und sozialen Kontext von einer jeden Person in einer Situation eines bestimmten Typs erwartet werden kann. Mit Blick auf liberale westliche Gesellschaften wäre das ganz allgemein der Maßstab einer Person, die in der Verfolgung ihrer individuellen Ziele *angemessene Rücksicht auf die Interessen und Rechte anderer* nimmt.

Die Rechtsfigur der vernünftigen Person drückt also die normativen Erwartungen aus, die in einem bestimmten sozialen Kontext an die Vernünftigkeit individueller Personen gestellt werden (expressive Funktion der Explikation sozialer Normen). Darüber hinaus kann sie eingesetzt werden, um die wahren Absichten und Motive zu entdecken, die hinter dem Verhalten einer Person stehen (epistemische Funktion der Ermittlung der Tatsachen). Und schließlich dient sie dazu, den Uneinsichtigen die Differenz zwischen ihrem Handeln aus ihrer subjektiven Sicht und aus der Sicht der sozialen Vernunft vor Augen zu führen.

Aus verschiedenen Gründen ermöglicht diese Rechtsfigur freilich nur einen begrenzten Zugang zu der praktischen Dimension der sozialen Vernunft: Einerseits repräsentiert sie nur einen Teil-

22 Vgl. Arthur Ripstein, *Equality, Responsibility and the Law*, Oxford 1999, S. 10.

aspekt der für den jeweiligen Kontext charakteristischen dichten Auffassungen von Vernünftigkeit. Der Standard steht weder für das Optimum an Vernünftigkeit noch für das Ideal einer wahrhaft moralischen Person. Es handelt sich vielmehr um einen *Minimalstandard* akzeptablen Verhaltens. Andererseits hat sich die Rechtsfigur nur unter bestimmten rechtlichen und kulturellen Voraussetzungen entwickelt, erlaubt also keinen wirklich umfassenden Kulturvergleich.[23] Gleichwohl kann die Figur der vernünftigen Person dazu dienen, gewisse grundsätzlich mit der Vermittlung zwischen dem individuellen Bewusstsein und den Anliegen sozialer Gerechtigkeit verbundenen Probleme zu illustrieren.

Der Maßstab der *vernünftigen Person* ist leicht mit dem des *Durchschnittsmenschen* zu verwechseln, da er sich nicht nur auf intersubjektiv verankerte normative Erwartungen bezieht, sondern auch auf die mutmaßlichen Fähigkeiten, diese Erwartungen zu erfüllen; und um diesen zweiten Aspekt, das von den betreffenden Personen erwartbare Können, zu bestimmen, wird oft der *Durchschnittsmensch* eingesetzt. Zudem wird im angelsächsischen Recht die Verpflichtung zur Gleichheit vor dem Gesetz nicht selten so ausgelegt, dass die »vernünftige« Person mit den Eigenschaften einer durchschnittlichen Person auszustatten sei, was leicht dazu führen kann, dass beide Standards gleichgesetzt werden.[24] Die Figur der

23 Der Rechtsethnologe Max Gluckman, auf den ich mich im nächsten Abschnitt stütze, war freilich überzeugt gewesen, mit dem Standard der vernünftigen Person eine universelle Rechtsfigur entdeckt zu haben. Es gelang ihm jedoch nicht, eine dem Rechtswesen der afrikanischen Barotse und dem angelsächsischen Rechtswesen vergleichbare Verbindung von normativem Anspruch und stereotypem Maßstab als ausdrückliche Rechtsfigur universal nachzuweisen. Das liegt wohl einerseits daran, dass der normative Gehalt des Maßstabs nicht in allen Rechtssystemen stereotyp konstruiert werden muss. Er setzt andererseits auch eine *Beurteilungsperspektive jenseits der beteiligten Parteien* voraus, für die es nicht in allen Gesellschaftsformen eine geeignete Grundlage gibt: Die Zuschreibung von Handlungen und Unterlassungen wird nicht aus der Perspektive von Täter und Opfer, aus der Perspektive der Parteien, sondern aus der Perspektive einer dritten Instanz, eines neutralen Gerichts getroffen. Die Rechtsfigur ist daher als expliziter Maßstab wohl nur in einem Staatswesen möglich und nicht in einer Gesellschaft, die aus unabhängigen Clans besteht. In einem buddhistischen Kontext, wo die Zurechnungsfähigkeit an die karmische Geschichte gebunden wird, würde sie wiederum als zu oberflächlich betrachtet werden (vgl. das Beispiel in Kapitel 5).

24 Zu diesem Verwechslungsproblem vgl. Mayo Moran, *Rethinking the Reasona-*

vernünftigen Person bezieht sich jedoch weder auf die typische Person noch auf die statistische Durchschnittsperson. Ihr normativer Gehalt ist unabhängig von der Figur des Durchschnittsmenschen. Die Figur verleiht vielmehr den jeweiligen *normativen* Vorstellungen von einem gerechten und angemessenen sozialen Zusammenleben Ausdruck.[25]

4. Zurechnung in einem pflichtorientierten System: Der Fall des vermeintlichen Inzests

Betrachten wir einen Rechtsfall, der von den Barotse im früheren Nordrhodesien berichtet wird, einer als Königreich organisierten Gesellschaft, deren damaliges Rechtswesen aber viele Merkmale mit staatenlosen Gesellschaften teilte:[26]

Nach Auffassung der Barotse, so berichtet der Jurist und Ethnologe Max Gluckman, führt das unbeaufsichtigte Zusammensein von Personen verschiedenen Geschlechts aller Wahrscheinlichkeit nach zum Geschlechtsverkehr. Dieser ist zwischen Geschwistern verboten. Nun geschah es aber, dass sich ein junger Mann mit seiner Schwester in einer Hütte bei geschlossener Tür aufhielt. Die Verwandtschaft verklagte ihn daraufhin wegen Inzests und verlang-

ble Person. An Egalitarian Reconstruction of the Objective Standard, Oxford 2003, S. 13.

25 Zu dieser Figur vgl. Ripstein, *Equality, Responsibility and the Law*, S. 7 f.

26 Das Beispiel entstammt den Fallstudien des Juristen und Ethnologen Max Gluckman von 1940-1947. Bei den Barotse wurde zur Zeit von Gluckmans Forschungen ein Teil der Rechtstreitigkeiten ähnlich wie in staatenlosen Gesellschaften auf lokaler Ebene durch direkte Verhandlung zwischen den Betroffenen und ihren Verwandten erledigt, ein anderer Teil durch Hinzuziehung politischer Autoritäten (Ortsvorsteher). Darüber hinaus bestand jedoch die Möglichkeit einer Klage vor dem Gericht des Königs. Der Prozess fand in einer der Hauptstädte im Gebäude des Gerichtshofs (*Kuta)* statt, wo 3 jeweils auf unterschiedliche Rechtsbereiche spezialisierte, hierarchisch geordnete Gruppen von Räten (*ndunas*) Recht sprachen. Da die Betroffenen nicht direkt verhandelten, fiel es dem Gericht als neutraler Instanz zu, zu einem Vergleich zu kommen: und hierbei verwendete es allgemeine Maßstäbe von Rechten und Pflichten. Das bedeutete zunächst, den Tatbestand zu rekonstruieren und die Berechtigung der Vorwürfe zu überprüfen. Zur komplexen politischen Organisation der Lozi, die über mehrere Könige und Hauptstädte verfügen, vgl. Gluckman, *The Ideas in Barotse Jurisprudence*, S. 7 ff.

te zur Sühne ein Opfertier. Er beteuerte, dass er nichts Unrechtes getan habe und appellierte an den zuständigen Richter Solami. Solami antwortete: »Ich bin mir sicher, dass du mit deiner Schwester nichts Unrechtes getan hast, aber du darfst dich nicht allein mit ihr in einer geschlossenen Hütte aufhalten. Du musst das Tier opfern.«[27]

Dieser Fall illustriert auf mustergültige Weise ein charakteristisches Merkmal einer an Pflichten orientierten Gesellschaft:[28] Wer eine allgemeine Verhaltensnorm (unbeaufsichtigte Zweisamkeit mit Personen, die sexuell tabu sind, ist zu vermeiden) verletzt hat, kann dafür zur Verantwortung gezogen werden, wobei es nicht darauf ankommt, ob ein Vorsatz vorlag. Was das Delikt angeht, so wird die Person von dem Gericht nicht mit Blick auf ihre subjektiven Handlungsintentionen und -interpretationen berücksichtigt, sondern nur als Trägerin eines bestimmten *allgemeinen* Handlungstyps. Im Lichte evolutionärer Rechtstheorien wie der hegelschen erscheint dies als eine noch unentwickelte oder »abstrakte« Rechtsauffassung: »Die Besonderheit des Willens ist [...] in der abstrakten Persönlichkeit als solcher noch nicht enthalten. Sie ist daher zwar vorhanden, aber als von der Persönlichkeit, der Bestimmung der Freiheit, noch verschieden, Begierde, Bedürfnis, Triebe, zufälliges Belieben usf.«[29]

An Hegels Formel von der »abstrakten Persönlichkeit« ist mit Blick auf Rechtssysteme wie das der Barotse zweifellos etwas Wahres. Denn im Vergleich zum modernen Recht nimmt dieses Rechtssystem offenkundig wenig Rücksicht auf das subjektive Bewusstsein. Der »Tatbestand« setzt nicht wie im modernen Strafrecht[30] die Ermittlung eines rechtsrelevanten *Geisteszustands* wie Vorsatz, Fahrlässigkeit etc. voraus.[31] Vielmehr versteht man die äußere

27 Vgl. Gluckman, *The Judicial Process*, S. 154. (Übers. M.-S. L.)

28 Generell legen die Barotse bei Beziehungen zwischen Verwandten mehr Nachdruck auf Pflichten als auf Rechte. Gluckman erklärt sich dies als eine Bedingung des einvernehmlichen Zusammenlebens, vgl. Gluckman, *The Judicial Process*, S. 29.

29 Hegel, *Grundlinien der Philosophie des Rechts*, § 37, S. 96.

30 Mit Ausnahmen wie der *strict liability* im amerikanischen Recht.

31 Das bedeutet nicht, dass Deliktstypen, die sich auf Geisteszustände beziehen, unbekannt wären. Im traditionellen afrikanischen Recht kommen auch Deliktstypen vor, die *ausschließlich* in einem Geisteszustand ohne jede Handlung bestehen wie im Falle einer Hexerei, die auf *unbewusste* Schadenswünsche zu-

Handlung im Lichte der traditionellen normativen Erwartungen, die sich an die jeweiligen sozialen Beziehungen (Bruder – Schwester) richten. Entsprechend wird auch das, was von einer vernünftigen Person erwartet werden kann, mit Blick auf ihre soziale Rolle oder ihre Geschlechtsrolle konstruiert.

Wie wir noch im nächsten Abschnitt sehen werden, bedeutet das jedoch nicht, dass die individuelle Situation der Betroffenen keine Rolle spielte. Die Rechtspraxis solcher Gesellschaften berücksichtigt sogar ungleich stärker als die Rechtspraxis von rechtsorientierten Kulturen wie der europäisch-amerikanischen die besondere Lage und die besonderen Bedürfnisse der betroffenen Individuen. Dies hängt damit zusammen, dass es in traditionellen, an Pflichten orientierten Gesellschaften das wichtigste Rechtsziel ist, einen langfristig tragfähigen, auf die Normen gestützten *Konsens* unter den betroffenen Parteien zu erzielen. In nichtstaatlichen Gesellschaften wie etwa der der Arusha (ich werde in Abschnitt 6 noch genauer auf sie zu sprechen kommen) erscheint dieses Ziel sogar als letzter Legitimationsgrund, vor dem die Rechte, aber auch die allgemeinen Verpflichtungen der Beteiligten zurückzutreten haben.

Diese ausdrückliche und zentrale juristische Berücksichtigung der individuellen Situation und der individuellen Handlungsgründe der Betroffenen schließt jedoch nicht ein, von deren subjektiver Interpretation ihrer Situation und ihrer Absichten auszugehen, wie es ein modernes Gericht in einem viel stärkeren Maße tun würde. Was die am Prozess Beteiligten meinen, zu meinen glauben oder zu meinen vorgeben, ist nicht das maßgebliche Kriterium, um einzuschätzen, was sie tatsächlich taten und beabsichtigten. Wenn Gluckmans Interpretation der dem Barotse-Recht zugrunde liegenden Weltanschauung zutrifft, geht das Gericht vielmehr davon aus, dass der Maßstab der vernünftigen Person an die *im Tun sich manifestierende* Bereitschaft einer Person gebunden ist, ihre *Pflichten zu erfüllen*, unabhängig davon, was sie selbst für ihre Einstellung und Absicht hält. Behauptet die Person – wie im oben genannten Fall –, arglos und in bester Absicht gehandelt zu haben, dient die Leitfrage, wie sich in der fraglichen Situation eine vernünftige Person dem Herkommen gemäß benommen haben würde, zur Ermittlung der

rückgeführt wird. Auch ein Hexer ist nach dem Maßstab der »vernünftigen« Person schuldig, wenn er Geisteszustände duldet oder nährt, die in Verbindung mit einer ererbten Hexerfähigkeit andere zu schädigen geeignet sind.

wahren Tatsachen,[32] ob sie nun der Person selbst bekannt sind (diese also lügt) oder unbekannt (diese sich also selbst etwas vormacht).

Wie ist das vorzustellen? Das Gericht geht hierbei von allgemein geteilten Annahmen über den gewöhnlichen Gang der Dinge, die Natur der Menschen, die Beziehungen zwischen Verwandten, die Träger bestimmter sozialer Rollen etc. aus. Es sind Annahmen, an denen niemand ernsthaft zweifelt, teils, weil sie empirisch bestätigt sind, teils, weil sie das Denken und damit auch die Praxis beherrschen (wie gewisse Vorstellungen von der Natur der Geschlechter).[33] Unter Voraussetzung solcher Annahmen ist es ihm möglich, den Maßstab der vernünftigen Person als Werkzeug der Ermittlung einzusetzen und Schlussfolgerungen über die mutmaßlichen Absichten und Handlungen von Personen zu ziehen.

Gluckman berichtet unter anderem über ein Verfahren, in dem ein Angehöriger des Volks der Mbunda einen von seinen (Gluckmans) Angestellten – ebenfalls einen Mbunda – des Ehebruchs angeklagt hatte. Dieser bestritt jedoch den Vorwurf, und das einzige Beweismittel bestand darin, dass der Angeklagte seiner Frau eine Matte und einen Korb mit Nahrungsmitteln geschenkt hatte. Vor dem Hintergrund der allgemein geteilten Annahmen über die Beziehungen zwischen den Geschlechtern ließ sich dies als ein klares Indiz deuten, dass etwas Unangemessenes vorlag, denn man war sich einig, dass ein vernünftiger Mann keine Frau beschenkt, die für ihn »zugänglich« (das heißt nicht aufgrund von Blutsverwandtschaft tabu) ist. Dadurch würde er ja Verdacht erregen. Der Angeklagte konnte nun aber einwenden, dass es sich bei der fraglichen Frau um die Tochter seines Onkels von der mütterlichen Seite her handelte, weswegen sie nach den Sitten der Barotse, unter denen sie zu diesem Zeitpunkt lebten, als seine »Schwester« galt; sie wäre für ihn also tabu gewesen, woraus folgte, dass er das Recht hatte, ihr Geschenke zu machen. Gegen diesen Einwand führte der Richter an, dass er im Falle eines Barotse gelten würde, in seinem Fall jedoch nicht:

32 Die wichtigste Waffe der Anklage bei der Untersuchung des Wahrheitsgehalts von Behauptungen besteht nach Gluckman darin, solche Abweichungen von gewöhnlichen Verhaltensweisen und Normen festzustellen. Vgl. Gluckman, *The Judicial Process*, S. 82.

33 Zu der Rolle solcher Annahmen für die Erkenntnis vgl. auch Ludwig Wittgenstein, *Über Gewißheit*, Werkausgabe Bd. 8, Frankfurt/M. 1984, § 96, 94.

> Wärst du ein Barotse, dann wäre sie wirklich deine Schwester, obgleich auch ein Barotse seine Schwester in Gegenwart anderer beschenkt. Aber wir wissen, dass ihr Mbunda die Tochter eures Mutterbruders nicht Schwester nennt und dass ihr sie heiraten könnt. Wenn du sie als Verwandte beschenkt hättest, dann hättest du ihr die Geschenke über ihren Ehemann geben sollen [...]. Du gabst ihr die Geschenke jedoch heimlich; somit gabst du sie ihr als Geliebter. Du wirst ihm Entschädigung zahlen.[34]

Gluckman zufolge war diese Art der Argumentation, bei der der Maßstab der vernünftigen Person in Verbindung mit Stereotypen eingesetzt wird, um die Tatsachen zu ermitteln, in der Regel außerordentlich erfolgreich. Auch in diesem Fall habe der Beklagte ihm gegenüber später eingeräumt, dass die Folgerung des Gerichts den Tatsachen entsprochen hätte.

Auch die Norm, dass ein »vernünftiger« Bruder – um auf das andere Beispiel zurückzukommen – sich nicht mit seiner Schwester in einer Hütte aufhalten darf, beruht auf der allgemeinen empirischen Annahme, dass zwei Personen verschiedenen Geschlechts normalerweise Geschlechtsverkehr haben werden, wenn sie unbeobachtet sind. Nicht dass es für die Barotse undenkbar wäre, dass ein Mann sich auch ohne solche Absichten mit seiner Schwester alleine in einer Hütte aufhalten könnte. Aber erstens wäre das die Ausnahme von der Regel, die nicht ohne weiteres glaubhaft ist, und zweitens würde ein »vernünftiger« Mann, eben weil er weiß, dass die auf dem Hintergrund des Weltbildes konstruierte empirische *Wahrscheinlichkeit* gegen ihn spricht und er daher Misstrauen erregen würde, von entsprechenden Handlungen Abstand nehmen. Hier wird der Maßstab der vernünftigen Person angewendet, um dem Einzelnen vor Augen zu führen, wie sein Handeln zwangsläufig *in den Augen der anderen* wirken muss, und ihm gleichzeitig seine Pflicht ins Bewusstsein zu rufen, soziale Konflikte zu vermeiden.

Folgt man dem verbreiteten Fortschrittsmythos der moralischen Entwicklung, dann erscheinen solche Verantwortungszuschreibungen als ein in modernen Gesellschaften längst überwundenes Stadium in der Entwicklung des menschlichen Verantwortungsbewusstseins, das bei den Barotse eben noch nicht zum Bewusstsein der eigentlichen Verantwortung gelangt ist: der individuellen Schuld, die Vorsatz erfordert. »Das Recht des Willens aber ist, in

34 Gluckman, *The Judicial Process*, S. 135.

seiner Tat nur dies als seine *Handlung* anzuerkennen und nur an dem *schuld* zu haben, was er von ihren Voraussetzungen in seinem Zwecke weiß, was davon in seinem *Vorsatze* lag«, beschreibt Hegel das moderne Schuldprinzip.[35] Hier äußert sich das Ideal wahrer moralischer Verantwortung, das jedoch auch mit Blick auf das moderne Recht nicht ohne weiteres mit Verantwortung gleichzusetzen ist. Zwar liegt der Schwerpunkt des modernen Strafrechts aus gutem Grund auf Vorsatztaten. Der Rechtsgüterschutz kann es jedoch auch im modernen Recht erforderlich machen, die subjektive Perspektive auszuklammern und normative Standards zugrunde zu legen. Mit Blick auf die (implizite und explizite) Verwendung normativer Maßstäbe wie der Figur der vernünftigen Person gibt es durchaus Überschneidungen zwischen dem modernen Recht und den oben beschriebenen Rechtspraktiken. Betrachten wir dazu folgenden deutschen Strafrechtsfall im Rahmen einer sogenannten *Garantenbeziehung*:

In der Nacht vom 4. zum 5. Dezember 1953 sucht K. einen Bereitschaftsarzt auf und bittet ihn, zu seiner Frau zu kommen. Sie habe starke Schmerzen in der rechten Leibseite, Brechreiz, Durchfall und eine Untertemperatur von 34,1. In dem Glauben, es handle sich um einen einfachen Magen- und Darmkatarrh, lehnt der Arzt es ab, den erbetenen Hausbesuch zu machen. Er rät dem K., Beruhigungsmittel zu geben und Umschläge zu machen. K. macht die Umschläge. Sie helfen nicht. Er sucht dann einen anderen Arzt auf, der jedoch ebenfalls nicht kommt, sondern auf die Verpflichtung des Bereitschaftsarztes verweist. Frau K. stirbt um 9.15. Durch eine Obduktion wird festgestellt, dass sie nach Platzen einer Eileiterschwangerschaft innerlich verblutet ist. Da ein rechtzeitiger Besuch den Tod hätte verhindern können, verurteilt der Bundesgerichtshof den Arzt wegen fahrlässiger Tötung durch Unterlassen.[36]

Hier hat das Gericht weder unterstellt, dass der Angeklagte den Tod »wollte«, noch, dass er sich tatsächlich der Gefahren bewusst war und sie also bewusst in Kauf nahm. Der vom Schuldprinzip verlangte Zusammenhang zwischen Unterlassung und Wollen reduziert sich hier auf die Unterstellung einer *Wissensmöglichkeit*: Das Gericht war überzeugt, dass der Angeklagte um die Risiken seines Verhaltens *hätte wissen können*. Ob er dies wirklich hätte wissen

35 Hegel, *Philosophie des Rechts*, § 117, S. 217.

36 Nach Claus Roxin, *Höchstrichterliche Rechtsprechung zum Allgemeinen Teil des Strafrechts*, München 1998, S. 135.

können, wird jedoch nicht historisch-biographisch mit Blick auf den mutmaßlichen individuellen Geisteszustand ermittelt, sondern kann nach der Vorstellung der Juristen aus den allgemeinen ärztlichen Berufspflichten gefolgert werden. Dieser Zusammenhang wird von den Juristen in der Regel funktional begründet, wie der Kommentar des Strafjuristen Claus Roxin zeigt:

> Der Strafkammer ist […] beizupflichten, dass der Bereitschaftsarzt eine strafrechtlich geschützte Rechtspflicht […] gegenüber der Bevölkerung hat, in dringenden Erkrankungsfällen einzugreifen. Das ergibt sich, wie das […] Urteil treffend darlegt, aus dem Wesen des Bereitschaftsdienstes und dem überragenden Interesse der Bevölkerung, nicht zuletzt der Ärzteschaft selbst, an seiner geordneten Durchführung. […] Dem Recht des Bereitschaftsarztes, erbetene Besuche als überflüssig abzulehnen, sind aber durch die Natur der Sache verhältnismäßig enge Grenzen gesetzt. Sie ergeben sich daraus, dass zuverlässige Ferndiagnosen nur selten möglich sind […].[37]

Wie das Beispiel zeigt, baut die Zurechnung einer solchen Unterlassung auch hier, neben dem notwendigen Nachweis der Kausalität im Sinne der Conditio-sine-qua-non-Formel, auf einer Reihe von normativen Erwartungen in Verbindung mit allgemeinen empirischen Annahmen auf: in diesem Fall auf dem Glauben an die Legitimität der betroffenen normativen Erwartungen (das starke öffentliche Interesse an der geordneten Durchführung des ärztlichen Bereitschaftsdienstes), auf der Annahme, dass es einer Person *als Arzt* (als Träger gewisser normativer staatlich geprüfter Fähigkeiten) durchaus möglich sein muss, diesen Erwartungen unter den gegebenen Bedingungen nachzukommen, auf dem Glauben, dass Ferndiagnosen selten möglich sind etc. Der Angeklagte wurde nicht deshalb schuldig gesprochen, weil das Gericht glaubte, dass sich das Individuum in dieser Situation tatsächlich der Gefahren bewusst war, sondern weil es überzeugt war, von den Angehörigen des ärztlichen Berufstandes ein solches Gefahrenbewusstsein erwarten zu dürfen. *Als* Bereitschaftsarzt, so die Einschätzung, darf er sich nicht auf die Möglichkeit verlassen, dass ein medizinisch inkompetenter Laie eine harmlose Erkrankung übertreibt, sondern muss das Vorliegen einer schwereren Erkrankung in Erwägung ziehen und entsprechend handeln.

37 Roxin *Höchstrichterliche Rechtsprechung zum Allgemeinen Teil des Strafrechts*, S. 135 ff.

5. Das Recht als Transformationsverfahren von individuellen Konfliktgeschichten in vernünftige Verhältnisse

Im letzten Abschnitt wurde gezeigt, dass es bei allen Differenzen durchaus Überschneidungen zwischen modernen Zurechnungspraktiken und Praktiken wie der stereotypisierten Verwendung der Figur der »vernünftigen« Person bei den Barotse gibt, die Aspekte des modernen Lebens betreffen, welche im Lichte des dominanten modernen Verständnisses von Schuld in den Hintergrund geraten. Ich möchte nun zu den grundlegenden Unterschieden zwischen dem modernen Recht und solchen Rechtssystemen zurückkommen. Der eine ergibt sich daraus, dass das Barotse-Recht generell vom subjektiven Bewusstsein der Individuen abstrahiert und sich ausschließlich an allgemeinen Verhaltensnormen orientiert. Ein anderer liegt umgekehrt in der ausdrücklichen Berücksichtigung der je individuellen Konfliktlage und Lebenssituation. Denn in pflichtorientierten Rechtssystemen wie dem der Barotse erscheint die Person keinesfalls nur als abstrakte Rollenträgerin. Sie wird durchaus als konkretes Individuum mit einer bestimmten Lebensgeschichte und einer je eigenen Sicht der Dinge wahrgenommen. Die Individualität zu berücksichtigen bedeutet hier jedoch – anders als im modernen Recht – weder, die individuellen Rechte als unverletzbar zu betrachten, noch, das subjektive Bewusstsein zugrunde zu legen. Es geht vielmehr darum, eine sozial verträgliche Lösung für ihre je besonderen Lebensprobleme und berechtigten Anliegen zu finden.

Das Recht zielt daher nicht primär auf die Ahndung der Verletzung *einzelner* rechtlich verankerter Ansprüche oder Normen. Da das Ziel des Rechtsverfahrens die (Wieder-)Herstellung einer vernünftigen Form des sozialen Zusammenlebens ist, werden auch nicht nur die für die Klage relevanten Handlungen der beschuldigten Personen untersucht. Die Richter berücksichtigen *alle* Erklärungen, Vorwürfe und Klagen, welche die Beteiligten während des Prozesses vorbringen. Darüber hinaus sind die Gerichte oder – im Falle staatenloser Gesellschaften – die von Fall zu Fall zusammengerufenen Vermittlungsinstanzen bemüht, die Entwicklung der sozialen Beziehungen und die individuellen Eigenarten der Betroffenen zu rekonstruieren, die bis zur Anklage geführt haben.

So berichtet Gluckman von einem Prozess, den ein Ortsvorsteher gegen seine Schwestern, die in anderen Dörfern lebten, wegen rechtswidriger Nutzung von Grundstücken und Fischereianlagen angestrengt hatte. Ein modernes Zivilgericht hätte ihm auf der Basis des positiven Rechts vermutlich recht gegeben. Denn als Träger des Titels seines Vaters besaß er unbestreitbar das *Recht*, über das Erbe des Vaters zu verfügen. Darüber hinaus existierte ein Gesetz, wonach Grundstücke nur von Ortsansässigen genutzt werden dürfen.

Das Gericht der Barotse verhandelt jedoch nicht einzelne Rechtsansprüche, sondern die Ungerechtigkeiten, aus denen sich Konflikte ergeben haben. Nicht selten wird das Verhalten aller Parteien über längere Zeiträume ermittelt, um die Ursachen des Konflikts zu klären. Der Maßstab der »vernünftigen« Person dient dazu einzuschätzen, welche Partei sich wann unangemessen verhalten und dadurch die familiären Beziehungen geschädigt hat. Da das Verhalten des Klägers ebenso überprüft wird wie das der Beklagten, kann aus einem Kläger durchaus ein Beklagter werden. Im Falle des Ortsvorstehers war dies so: Das Gericht kam zu dem Schluss, dass es vor allem der Kläger selbst war, der sich bei verschiedenen Anlässen, die mit dem direkten Fall gar nicht in Verbindung standen, unvernünftig – das heißt in diesem Kontext: unangemessen, unfreundlich – gegenüber seinen Schwestern verhalten hatte. So wendete sich das Verfahren gegen den Kläger. Sein Verhalten wurde als ungerecht beurteilt.

Im Unterschied zum modernen Recht beginnt der wichtigste und schwierigste Teil solcher Prozesse aber überhaupt erst in Anschluss an die Einschätzung, wer sich in welchem Maße ungerecht verhalten hat. Jetzt geht es darum, eine Lösung zu finden, die allen Parteien gerecht wird. In dieser Hinsicht werden die Personen vom Gericht durchaus nicht mehr, wie Hegel es beschreibt, als »abstrakte Personen« im Sinne von Trägerinnen formeller Rechte und Pflichten wahrgenommen. Wie Gluckman hervorhebt, geht es dem Gericht vielmehr um die »individuelle Person mit einem bestimmten Charakter und einer bestimmten Geschichte, die bestimmte Positionen in der Gesellschaft innehat, durch die sie mit einer Reihe von anderen Individuen in Verbindung steht, und die sich diesen Menschen gegenüber moralisch oder unmoralisch verhalten hat.«[38] Erst wenn die je individuellen Gründe der Konflikte hinreichend beleuchtet worden sind, kann das Gericht die Möglichkeiten für ihre gerechte Lösung ausloten. Dabei geht es nicht nur darum, die einklagbaren Rechte und Pflichten der Betroffenen zu berücksichtigen. Es muss eine Lösung der Probleme *dieser* Familie gefunden werden, mit dem Ziel, ihren sozialen Frieden und das weitere Zusammenleben zu sichern. Im Falle des Ortsvorstehers erwies sich dies als eine besonders schwierige Kunst, weil er formal im Recht war und sich nicht durch die moralischen Vorhaltungen der Richter beeindrucken ließ. Letztlich wurde das Problem durch politischen Druck gelöst: Das Gericht drohte dem Kläger an, ihn in Anbetracht seines dem Amte unangemessenen Verhaltens als Ortsvorsteher abzusetzen. So zwang man ihn, die Klage gegen seine Schwestern zurückzunehmen und sie wieder in das Dorf zu integrieren.

Zusammenfassend wäre mit Blick auf den Unterschied zum modernen Recht festzustellen, dass die Aufgabe der Richter in pflichtorientierten Gesellschaften von der Art der Barotse nicht darin besteht, zu einer rechtsförmigen Entscheidung zu kommen, die entweder der einen oder der anderen Partei recht gibt. Sie verlangt, auf der Grundlage der allgemeinen Normen eine Lösung zu finden, die dem Rechtsziel der Konfliktlösung und somit auch den Beziehungen zwischen den individuellen Personen gerecht wird. Da das Gericht hier an übergreifenden Gesichtspunkten der Gerechtigkeit ausgerichtet ist, kann es grundsätzlich die Rechte von Individuen (wie das Eigentum des Ortsvorstehers) anerkennen, ohne damit auch ihre Einforderung für gerechtfertigt zu erklären.

Da die Realisierung des formellen Rechts nicht den Zweck, sondern nur den methodischen Rahmen vorgibt, um auf eine je individuelle Problemlage zu reagieren, können im Rahmen eines Prozesses sogar die Rollen von Beschwerdeführer und Angeklagtem vertauscht werden. Gluckman berichtet vom Fall eines Lehrers, der einen Zivilprozess gegen Nachbarn anstrengte, deren Ziegen in den Schulgarten eindrangen.[39] Im Verlauf des Verfahrens verwandelte sich der Prozess in einen Strafprozess gegen den Lehrer, als die Hin-

38 Gluckman, *The Judicial Process*, S. 198. (Übers. M.-S. L.)
39 Vgl. Gluckman, *The Judicial Process*, S. 71 f.

tergründe und sozialen Probleme deutlich wurden, die durch sein chronisch streitsüchtiges Verhalten entstanden waren.

Moderne Rechtssysteme hingegen verfügen nicht über die Fähigkeit, soziale Konflikte durch Aufklärung der relativen Anteile verschiedener Parteien an Konfliktgeschichten zu lösen, noch können sie in annähernd vergleichbarem Maße die Lebenslage und die Bedürfnisse der betroffenen Individuen berücksichtigen. Dass die komplexen Rechtsverfahren traditioneller afrikanischer Gerichte den Zweck verfolgen, die Beteiligten zur Vernunft zu bringen und soziale Gerechtigkeit herzustellen, ist für ein modernes Rechtsverständnis nicht ohne weiteres nachvollziehbar. So konnte die britische Kolonialmacht dem afrikanischen Rechtswesen kaum einen Sinn abgewinnen. Die dem Anschein nach plan- und ziellose Anhörung vermeintlich irrelevanter Details bei der Untersuchung der je individuellen Konfliktanlässe war ein ständiger Anlass für Konflikte mit den »Eingeborenen«, und die Briten übten starken Druck auf die Gerichte aus, sich auf die Anklagepunkte zu beschränken. Dies führte zu Gluckmans Zeiten dazu, dass im offiziellen Protokoll der ersten Befragungen nur noch Fragen gestellt wurden, welche direkt die Anklage betrafen, während der Gerichtshof anschließend nach wie vor dazu überging, die Gesamtgeschichte des Konflikts und der beteiligten Individuen zu rekonstruieren.

Umgekehrt muss den Afrikanern die Vorstellung der Kolonialmacht, ein Gericht habe nur die Verletzung von Gesetzen zu untersuchen und sich darüber hinaus nicht um die Hintergründe der jeweiligen Konflikte zu kümmern, äußerst bizarr erschienen sein; denn wie konnte auf diese Weise eine gerechte Lösung gefunden werden?

6. Wie ein Ochse zum Kalb wird: Vernunft und Gerechtigkeit in einem konsensorientierten Kontext

In nichtstaatlichen Gesellschaften, in denen Konflikte nicht durch unabhängige Gerichte, sondern durch die Parteien beziehungsweise ihre Familien verhandelt werden, ist die soziale Vernunft sehr viel flexibler als in staatlichen Rechtsystemen. Sie tritt nicht in der statischen Form festgelegter Gesetze und Regeln auf, unter die der Einzelfall dann subsumiert wird, sondern muss – freilich auf der

Grundlage von Traditionen – in jedem Konfliktfall neu gestaltet werden. Auch die Rechte und Pflichten, die von jeweiligen Konflikten betroffen sind, stellen in solchen Gesellschaften flexible Größen dar, die zwischen den betroffenen Parteien ebenfalls in neuen Variationen ausgehandelt werden können, wenn dies dem übergreifenden Ziel der Konfliktlösung dient. Ich möchte dieses dem modernen Rechtsystem entgegengesetzte Extrem eines aus der momentanen Beziehung zwischen den individuellen Parteien heraus geschaffenen Rechts durch ein Fallbeispiel aus einer Studie des Ethnologen Philip H. Gulliver über die *Arusha*, Ackerbauern im nördlichen Tansania, verdeutlichen.

In dieser Ethnie werden Streitigkeiten nicht von einem professionellen Gericht, sondern von einem so genannten *Moot*, einer speziell für diesen Anlass zusammengesetzten Gruppe von Laien, verhandelt, dessen Mitglieder teils mit dem Beklagten, teils mit dem Kläger verwandtschaftlich verbunden sind. Das Fallbeispiel betrifft die Klage eines Vaters gegen seinen Schwiegersohn wegen einer nicht geleisteten Brautpreiszahlung. Es ging unter anderem um *Wakiteng*, ein ritueller Ausdruck für den vollen verwandtschaftlichen Status, der durch das Geschenk eines dicken Ochsen etabliert wird. Nach ausführlicher Erforschung der Hintergründe des Konflikts konnte die Partei des Schwiegersohns in den Verhandlungen geltend machen, dass der Beklagte der Forderung nicht ohne weiteres nachkommen konnte, da er eine Reihe anderer finanzieller Verpflichtungen eingegangen war, die er in der gegenwärtigen Situation nicht zurückstellen konnte. Daraufhin auf seiner Zahlungsforderung zu beharren hätte den Kläger ins Unrecht gesetzt. Rein theoretisch hätte dieser nun um einer sozial verträglichen Lösung willen auf sein Recht verzichten und den Beklagten seiner Verpflichtung entbinden können. Dergleichen wäre in einer konsensorientierten Kultur jedoch keine passable Lösung, da dann eine der Parteien als Verlierer, die andere als Gewinner erscheinen würde. Die Auffassung der Arusha von einer befriedigenden rechtlichen Lösung ist ganz anderer Art. Sie besteht darin, die Normen so auszulegen, dass letztlich niemand im Nachteil oder im Unrecht erscheint. In diesem Fall lief das darauf hinaus, dass der Beklagte der baldigen Zahlung zustimmte, der Brautvater wiederum mit einer viel geringeren Leistung einverstanden war als üblich – aber nicht etwa, indem er sich bereit erklärte, auf den großen fetten

Ochsen zu verzichten. Das Problem wurde dadurch gelöst, dass ein Kalb (dem traditionellen Verständnis zuwider) als *Wakiteng* akzeptiert wurde.[40]

Derartige Lösungen werden von allen Betroffenen mit großer Euphorie gefeiert,[41] unabhängig davon, wer sich jeweils faktisch durchgesetzt hat. Die *Einigung* selbst, die sowohl eine Bereitschaft zur Zurücknahme der eigenen Interessen als auch eine gewisse Kreativität in der Entwicklung einer Ad-hoc-Lösung erfordert, die allen gerecht wird, da sie einerseits dem realen Möglichkeitesspielraum der Betroffenen pragmatisch Rechnung trägt, andererseits bei allen das Gesicht wahrt, ist die entscheidende Leistung, welche die Kompetenz der Beteiligten als vernünftige Personen demonstriert.[42] In Gesellschaften, wo bei Rechtsstreitigkeiten Vermittler hinzugezogen werden wie bei den Ndendeuli, bringt die erfolgreiche Tätigkeit als Vermittler daher oft das höchste Sozialprestige mit sich, das eine Person überhaupt erreichen kann.[43]

Ein solches Verfahren ist überhaupt nur in nichtstaatlichen Gesellschaften möglich, wo es keine Möglichkeit gibt, an eine höhere Instanz zu appellieren wie in einem hierarchisch angeordneten Rechtswesen. Entsprechend unterscheiden sich aber auch die Bedeutungen von »Recht« beziehungsweise »Gerechtigkeit«. Unter dem Recht, das ein *Moot* verkörpert, ist nicht mehr zu verstehen,

40 Die Komplexität des Falles, zu der noch mehr rituelle Tiergeschenke gehörten, wurde hier zur leichteren Verständlichkeit reduziert. Vgl. den ausführlichen Bericht bei Philipp H. Gulliver, *Social Control in an African Society. A Study of the Arusha: Acricultural Masai of Northern Tanganyika*, London 1963, S. 252.

41 Zur Feier der Einigung vgl. Gulliver, *Social Control in an African Society*, S. 240 f.

42 Wer hingegen gar nicht zu solchen Kompromissen fähig ist und auf seinem »Recht« besteht, wird zum sozialen Außenseiter. Gulliver berichtet vom Fall eines Diebes und schlechten Ehemanns bei den staatenlosen *Ndendeuli* in Nordtansania, mit dem man aufgrund seines notorischen Querulantentums und seiner Uneinsichtigkeit zu keiner funktionierenden Einigung kommen konnte, und der nach einer Weile durch Übereinkommen der betroffenen Parteien aus dem überlebensnotwendigen System wechselseitiger Kooperation und Hilfe beim Ackerbau ausgeschlossen wurde. Vgl. Philipp H. Gulliver, *Neighbours and Networks. The Idiom of Kinship in Social Action among the Ndendeuli of Tanzania*, Los Angeles 1971, S. 138 ff.

43 Nach Gulliver kann dies mitunter dazu führen, dass der Ausgang eines Prozesses weniger durch die betroffenen Parteien als durch den Ehrgeiz und die Machtinteressen der Vermittler bestimmt wird. Vgl. Gulliver, *Neighbours and Networks*, S. 179 f.

als dass es sich um festgelegte und von allen anerkannte Prozeduren der Konfliktlösung handelt, die nach traditionellen Regeln ablaufen und dem Ausdruck eines gemeinsamen Willens dienen. Die Idee einer Gerechtigkeit, welche die gleiche Behandlung gleicher Fälle verlangt und es somit erlaubt, die Gerechtigkeit einer faktischen rechtlichen Einigung in Frage zu stellen, ist in Rechtskontexten wie denen der Arusha hingegen unbekannt. Eine solche Gerechtigkeitsvorstellung kann sich nur dort entwickeln, wo die Rechtsentscheidung sich nicht an dem jeweiligen sozialen Anlass ausrichtet, sondern an den Normen eines Rechtssystems, und die Entscheidungen eines Gerichts durch eine höhere Instanz hinterfragt werden können.[44]

Eine vergleichbare Rechtssicherheit fehlt in nichtstaatlichen Gesellschaften, wo die rechtlichen Folgen von Normverletzungen je nach Anlass sehr unterschiedlich ausfallen können. Im Unterschied zu einem staatlichen Rechtswesen funktionieren solche Rechtssysteme nur über verwandtschaftliche Beziehungen oder Beziehungen zu Personen aus derselben Altersgruppe. Besonders benachteiligt sind daher Zugezogene und andere Personen, denen es nicht gelingt, für ihre Beschwerden eine Unterstützergruppe zu mobilisieren. Wer an einem Ort keine Unterstützer hat, kann auch nicht gegen Unrecht prozessieren, das ihm von Ortsansässigen geschehen ist. Niemand, der nicht in näheren Beziehungen zum Ankläger steht, würde gegen den Beklagten auftreten, auch wenn er von der Berechtigung der Anklage überzeugt wäre.[45] Dem Opfer bliebe nichts übrig, als die Verletzung seiner Rechte hinzunehmen.

Im Unterschied zu modernen Gesellschaften, wo das Recht von professionellen Juristen gesprochen wird, im Falle von Rechtsbeugung Revision droht und das Recht im Prinzip gegenüber jedem durchgesetzt werden kann, hängt die Durchsetzbarkeit einer Einigung und die Höhe einer Buße in vorstaatlichen Gesellschaften von der Nähe oder Ferne der Beziehungen zwischen den betroffenen Personen ab. Rechtsethnologen sprechen hier von dem Phänomen der *strukturellen Relativität*. Bei großer Nähe bringt oft schon die moralische Entrüstung und der moralische Druck, sich zu einigen, die Parteien zur Vernunft. Die Entschädigungen fallen dann aber sehr niedrig aus. Bei größerer Entfernung hingegen kann eine

44 Vgl. Gulliver, *Social Control in an African Society*, S. 242.
45 Vgl. Gulliver, *Social Control in an African Society*, S. 265.

Einigung meist nur durch Zwangsmittel und Drohungen erreicht werden. In dem eher seltenen Fall, dass dies gelingt, sind die Bußen jedoch wesentlich höher.[46]

Dass in solchen Gesellschaften der Gedanke einer unparteiischen neutralen Gerechtigkeit fehlt, hat aber auch Vorteile, wenn es um eine Konfliktlösung im Sinne der Betroffenen geht. So berichtet Gulliver von einem Prozess, den ein junger Mann gegen einen Cousin führte, dem er sein Vieh anvertraut hatte, woraufhin dieser ein Schaf gestohlen und den Diebstahl vertuscht hatte. Da beide Seiten nichtsdestotrotz ein starkes Interesse an der Aufrechterhaltung des Hüteabkommens hatten, gab sich der Kläger letztlich mit einer geringeren Entschädigung zufrieden, als er gegenüber einer ihm weniger verbundenen Person hätte durchsetzen können. In einem modernen Rechtssystem hingegen hätte der Cousin, neben einer zivilrechtlichen Entschädigungsklage, strafrechtlich wegen Diebstahls verurteilt werden müssen. In einem Kontext, wo die Betroffenen wechselseitig aufeinander angewiesen sind und wo daher die Schädigung des einen auch Nachteile für die anderen mit sich bringt, wäre eine solche Strafe nur disfunktional. Sie würde dem Kläger nichts nützen, aber Schwierigkeiten für den Beklagten und seine Familie verursachen.

Im Zusammenhang der »Modernisierung« des Rechtswesens bei den Arusha sind diese Nachteile des modernen hierarchisch geordneten Rechtssystems deutlich zutage getreten: während es ein ungleich höheres Maß an Rechtssicherheit und Gleichheit vor dem Recht bietet, ist es auf seiner Grundlage kaum mehr möglich, das Rechtsziel der Konfliktlösung zu realisieren. Gulliver erzählt vom Prozess eines Erben, der nach einem Streit seinen jüngeren Bruder von dem Land ausschließen will, das dieser lange kultiviert hat. Das staatliche Gericht, an das er sich gewandt hatte, gab ihm formell Recht, während ein lokaler *Moot* eine Lösung gesucht hätte, die für beide Seiten akzeptabel gewesen wäre.[47] Hierin liegt der grundlegende Unterschied zwischen einer Rechtslogik im Sinne der Arusha und dem modernen Rechtsverständnis. Für ein ethisches System von der Art der Arusha besteht die Verbindlichkeit einer Rechtsentscheidung gerade darin, dass sie »allen recht« ist. Was einer Partei nicht *recht* ist, kann nicht *Recht* sein. Recht ist ge-

46 Vgl. Wesel, *Frühformen des Rechts,* S. 340.

47 Vgl. Gulliver, *Social Control in an African Society,* S. 272.

nau die Auslegung der Rechte und Pflichten, die im Einzelfall von allen betroffenen Parteien geteilt wird, weil sie der individuellen Situation, den momentanen Machtverhältnissen und Interessen aller Parteien Rechnung trägt. Daher wird das Recht letztlich in jeder konkreten Situation erst *hergestellt*. Im modernen Recht hingegen ist »das Recht des einen [...] das Unrecht des anderen«, wie es Luhmann treffend formuliert hat.[48] Entweder hat der Erbe recht oder sein jüngerer Bruder.

Auf dieser Basis ist die zur Lösung sozialer Konflikte erforderliche Suche nach pragmatischen Lösungen nicht mehr möglich. Der entscheidende Unterschied liegt nicht in den Normen selbst, sondern ihrer *Festlegung* in einem hierarchisch geordneten Rechtsystem. Ein staatliches Gericht ist in seiner Flexibilität stark eingeschränkt, weil andernfalls Appellation und Revision vor der nächsten höheren Instanz droht. Es kann nicht einfach ein Kalb zum Ochsen ernennen, um Einigung zwischen den Parteien herzustellen. Es darf in Rechtsstreitigkeiten, in denen eine Entscheidung im Sinne des formalen Rechts zu sozialem Ungleichgewicht und Unfrieden führen kann, nicht das Recht »beugen«, um die Parteien zu versöhnen. Obgleich die Zentralregierung zur Zeit von Gullivers Untersuchungen schon neutrale Gerichtshöfe eingerichtet hatte, wurden diese von den Arusha daher auch selten genutzt, obgleich sich die dortigen Richter durchaus an den Normen der lokalen Rechtsprechung orientierten.

7. Kreativität im Recht

So ungewöhnlich die einwertige Rechtslogik der Arusha gegenüber der zweiwertigen Codierung des modernen Rechts erscheinen mag, so verdeutlichen ihre Rechtsinstitutionen doch andererseits etwas, was mehr oder weniger für alle Sozialsysteme gilt: Rechte und Pflichten sind auch in vielen modernen Kontexten zwischen den Parteien verhandelbar. Und es muss darüber hinaus in allen Gesellschaften normative Kontexte geben, wo die Wahrnehmung von Rechten und Pflichten einem *einwertigen* Code folgt. Die Verteilung von Pflichten und Rechten im Haushalt einer deutschen

48 Luhmann, *Das Recht der Gesellschaft*, S. 168.

Familie oder Wohngemeinschaft beispielsweise kann Gegenstand einer Dauerverhandlung sein, bei der die individuellen Kompetenzen der Betroffenen ebenso zählen wie Gesichtspunkte der ausgleichenden und distributiven Gerechtigkeit. Wenn sich in solchen Zusammenhängen Fragen der Verantwortung stellen, geht es nie nur um einzelne Rechte und Pflichten. Beschwerden können sich potenziell auf alle Aspekte der häuslichen Beziehungen erweitern, die mit normativen Erwartungen verbunden sind. Die Frage, ob eine Lösung von Konflikten im Sinne abstrakterer Gerechtigkeitsmaßstäbe gerecht ist, kann ganz hinter dem pragmatischen Ziel des jeweils erreichbaren Konsenses zurücktreten. Ob sich jemand wie eine »vernünftige« Person, wie ein »Ehemann« oder ein »Freund« verhalten hat, wird nicht an einem abstrakten Maßstab bemessen werden, sondern mit Blick auf seine jeweilige Situation, die Vorgeschichte und die erreichbaren Möglichkeiten.

Aber auch mit Blick auf die moderne Rechtsprechung ist die Praxis der Arusha, ihr Recht bei jedem Anlass zu einem gewissen Grad neu zu erfinden, nicht ganz so fremdartig, wie es beim bloßen Vergleich der Rechtsformen scheinen mag. Freilich neigt man dazu, sich das Recht aufgrund seiner Abkoppelung von den sozialen Parteien in modernen Gesellschaften ein wenig wie eine Maschine vorzustellen, deren Antriebsmechanismus das Gesetz ist, so als steckte es in den Paragraphen selbst und müsse von den Juristen nur herausgeholt werden. Jedoch beweist allein schon die Existenz von Juristen, wie der Strafrechtler Walter Grasnick eingewandt hat, dass dies so nicht stimmen kann: »Lesen können wir doch schließlich alle. Wozu bedarf es dann eigens der Juristen, um zu lesen, was im Gesetz steht? Die Antwort: Was dort geschrieben steht, genügt eben nicht, um zu wissen, wie ein Fall richtig zu entscheiden ist.«[49] Ein wenig mysteriös erscheint daher die Tätigkeit des Richters, wie vor hundert Jahren ein Jurist unter Pseudonym beschrieb:

Ein höherer Staatsbeamter mit akademischer Ausbildung, sitzt er, bewaffnet bloß mit einer Denkmaschine, freilich einer von der feinsten Art, in seiner Zelle. Ihr einziges Mobiliar ein grüner Tisch, auf dem das staatli-

49 Walter Grasnick, »Methodenlehre als Erfahrungswissenschaft«, in: *»Die Erfahrungen, die wir machen, sprechen gegen die Erfahrungen, die wir haben.« Über Formen der Erfahrung in den Wissenschaften*, hg. v. Michael Hampe, Maria-Sibylla Lotter, Berlin 2000, S. 129.

che Gesetzbuch vor ihm liegt. Man reicht ihm einen beliebigen Fall [...] und entsprechend seiner Pflicht ist er imstande, mit Hilfe rein logischer Operationen und einer nur ihm verständlichen Geheimtechnik, die vom Gesetzgeber vorherbestimmte Entscheidung im Gesetzbuch mit absoluter Exaktheit nachzuweisen.[50]

Da es jedoch eine solche Geheimtechnik nicht gibt, sind die richterlichen Entscheidungen auch in modernen Rechtssystemen nicht aus dem Gesetz als solchem ableitbar.

Dieses legt die Rahmenbedingungen der Entscheidung fest, aber determiniert sie nicht. Rechtssicherheit besteht darin, dass die Rechtsprechung diesen Rahmen nicht sprengt, aber sie bedeutet keineswegs eine Vorhersehbarkeit der Rechtsentscheidung. Grasnick verweist auf den § 226, Abs. 1, Nr. 3,[51] wonach ein Täter wegen schwerer Körperverletzung unter anderem dann zu bestrafen ist, wenn das »Opfer in erheblicher Weise dauernd entstellt« ist. Aber das Gesetz gibt nicht vor, was unter »erheblich« zu verstehen ist, noch kann es eine Regel mitliefern, aus der folgt, wann eine Entstellung »dauerhaft« ist. Ist das nicht der Fall, wenn »der Verlust mehrerer Schneidezähne durch eine perfekt sitzende Prothese ausgeglichen werden kann?« In einem solchen Fall hat der

50 Gnaeus Flavius, *Der Kampf um die Rechtswissenschaft*, Heidelberg 1909, S. 7; hier wiedergegeben nach Georg Haverkate, »Rechtsschöpfung«, in: *Kreativität*, hg. v. Rainer Holm-Hadulla, Heidelberg 2000, S. 329.

51 Hier handelt es sich um einen Paragraphen des deutschen Strafgesetzbuches zur fahrlässigen Körperverletzung. Schon was »Fahrlässigkeit« heißt, lässt aber einen weiten Interpretations- und Entscheidungsspielraum zu. Auch weitere Unterscheidungen wie die zwischen bewusster und unbewusster Fahrlässigkeit führen nicht zu eindeutigen Entscheidungen der Fälle. Beispielsweise lautet eine mögliche Definition der unbewussten Fahrlässigkeit, die Grasnick anführt: »Fahrlässig handelt, wer [...] die Sorgfalt außer Acht lässt, zu der er nach den Umständen und seinen persönlichen Verhältnissen verpflichtet und fähig ist, und deshalb die Tatbestandsverwirklichung nicht erkennt [...].« (Nach dem Strafrechtskommentar von Lackner und Kühl, zitiert nach Grasnick, »Methodenlehre als Erfahrungswissenschaft«, S. 129.) Solche Definitionen lassen unterschiedliche Ergebnisse in der Anwendung zu. »Nehmen wir an, ein Student des Bauwesens jobbt als Handlanger auf einer Baustelle, und gehen wir weiter davon aus, dass die von ihm und anderen Bauarbeitern hergestellte Betonmischung nicht tragfähig ist und dass er bei seiner Vorbildung dies hätte erkennen können, aber nicht erkannt hat. Darf man ihn dann gegebenenfalls wegen fahrlässiger Körperverletzung bestrafen, während alle anderen Arbeiter dagegen mangels Sonderwissens nicht bestraft werden können?« (Ebd.)

Bundesgerichtshof einmal eine schwere Körperverletzung bejaht, in einem anderen Falls verneint. In einem Strafrechtskommentar wird darüber diskutiert, »wie denn zu entscheiden sei, wenn der Schneidezahnlose das Tragen einer Prothese ablehnt? Soll es von dieser nachträglichen Weigerung abhängen, welche Straftat zuvor begangen wurde?«[52]

Mit Blick auf diesen Spielraum gilt für die Normen in westlichen Rechtssystemen dasselbe wie für *Wakiteng* bei den Arusha: Sie sind »selten ausreichend präzise, um im Konfliktfall allein die Entscheidung zu ermöglichen«.[53] Auch in der modernen kontinentalen Rechtsprechung geschieht daher Rechtsschöpfung.[54] Der Unterschied zu einem vorstaatlichen Rechtswesen von der Art der Arusha liegt darin, dass dort *Kreativität* – die Kunst, die Normen so auszulegen, dass alle Parteien zu einer Einigung kommen – *ausdrücklich* gefordert und am Rechtziel der Aussöhnung orientiert ist. Die Faktoren, die in einen modernen Rechtsschöpfungsprozess eingehen, sind hingegen vorgegeben, und sie ergeben sich, anders als bei den Arusha, aus einem vom gesellschaftlichen Prozess strukturell verschiedenen und abgekoppelten Kontext. Richter stützen sich auf Kommentare und Entscheidungen anderer Gerichte. Allerdings nehmen sie darüber hinaus bei den Auslegungen der Gesetze auch Interessenabwägungen vor,[55] und das Ergebnis dieser richterlichen Abwägung hat wiederum Rückwirkungen auf die Normen. Dies gilt nicht nur für das angelsächsische Recht, es trifft auch auf das kontinentale Recht in dem Maße zu, in dem Gesetzeskommentare und vergangene Entscheidungen Normen für zukünftige setzen. Das zeigt sich beispielsweise in zivilrechtlichen oder verfassungsrechtlichen Fällen, wenn verschiedene Rechtsprinzipien in Widerstreit geraten.

Dass Rechtsprechung in einem modernen Gericht nicht als Kunst der Rechtsschöpfung gilt, liegt weniger daran, dass sie dort nicht stattfände, als dass hier ein *Legitimationsproblem* entsteht:

52 Grasnick, »Methodenlehre als Erfahrungswissenschaft«, S. 130. Grasnick bezieht sich hier auf die Entscheidungen des Bundesgerichtshofes in Strafsachen 17, 161 und 24, 315ff. und den Strafrechtskommentar von Krey, *Strafrecht. Besonderer Teil*, Bd. 1, 11. Auflage, Stuttgart 1998, RN 259.

53 Wesel, *Frühformen des Rechts,* S. 333.

54 Vgl. Haverkate, »Rechtsschöpfung«, S. 332.

55 Vgl. Wesel, *Frühformen des Rechts*, S. 333 mit Literaturangaben.

Denn eine moderne Richterin ist nicht legitimiert, Recht zu schöpfen. Das ist nur der Gesetzgeber.[56] Ihre Rechtsschöpfung findet in einer legitimatorischen Grauzone statt.

56 Auf dieses Legitimationsproblem weist Haverkate in »Rechtsschöpfung« hin.

IX Zur Konstruktion von Verantwortung im Strafrecht

1. Die Ausschließung des Opfers

Gerechtigkeit, so wurde im letzten Kapitel an verschiedenen Beispielen deutlich, nimmt in den Rechtsverfahren nichtstaatlicher Gesellschaften eine andere Gestalt an als in staatlichen, und in traditionellen pflichtorientierten Gesellschaften eine andere als in modernen rechtorientierten. Nach dem in einem modernen Staat wie dem heutigen Deutschland vorherrschenden Verständnis hat das Strafrecht nicht primär die Aufgabe, Konflikte zu lösen, die Opfer von Übergriffen zu entschädigen und ihnen Genugtuung für erlittene Demütigungen zu verschaffen. Es soll vielmehr der Rechtsordnung durch eine *Bestrafung* des Täters Geltung verschaffen und darf nur in diesem Rahmen das Ziel der Gerechtigkeit verfolgen. Denn erst auf der Grundlage einer solchen Rechtsordnung, so die heute verbreitete Vorstellung, ist Gerechtigkeit möglich. Sie setzt voraus, dass die Gewalt auf einen Souverän übertragen und das Recht in die Hände unparteiischer Richter übergeben worden ist. Aus diesem Blickwinkel betrachtet, sieht es ganz so aus, als sei das moderne Strafrecht nicht nur anders als das vorstaatliche, sondern verdiene überhaupt erst den Namen Recht, weil es ein menschliches Bedürfnis nach (unparteiisch verstandener) Gerechtigkeit einlösen kann, das in anderen Rechtsformen unerfüllbar ist. Nichtstaatliches Recht hingegen erscheint aus dieser von Hobbes geprägten Perspektive als ein hölzernes Eisen, als ein bloßer Schein von Recht, der in Wahrheit einen Naturzustand des Krieges aller gegen alle verdeckt, in dem es unmöglich ist, Konflikte anders als durch Gewalt zu lösen, weil jeder Richter in eigener Sache ist und daher nicht die Möglichkeit hat, den Fall unparteiisch zu betrachten und zu lösen. Entsprechend erscheinen Verhandlungen zwischen den betroffenen Gruppen wie bei den Arusha nicht als Weisen der Erzeugung von Gerechtigkeit, sondern als rhetorisch verschleierte Formen der Durchsetzung der Interessen der jeweils stärkeren Partei.

Auch wenn in die öffentliche Wahrnehmung der Schuldfrage

bei Strafrechtsprozessen noch viel von dem Ressentiment potenzieller Opfer eingehen mag, hat sich der strafrechtliche Schuldbegriff abgelöst von dem Gedanken einer *Verschuldung gegenüber* einer bestimmten Person, die vor allem die Haftung für unzumutbare physische und psychische Auswirkungen des eigenen Tuns und Lassens auf andere betrifft. *Erstens* geht es jetzt nicht mehr um einen Konflikt *zwischen* mehreren Parteien, sondern die Handlung einer Partei in der Rolle des Rechtsbrechers. *Zweitens* wird diese Handlung nicht primär als Vergehen an anderen Personen betrachtet, sondern als Verstoß gegen die Rechtordnung. Und *drittens* geht es nicht mehr um den »Erfolg« der Handlung, ihre Auswirkung auf andere, sondern um den Rechtsverstoß als solchen. Denn im Unterschied zu früheren staatlichen Rechtsformen leitet das moderne Strafrecht die Legitimität der Bestrafung aus einer subjektiv verstandenen persönlichen Schuld des Täters her. So wird aus einem früheren »Erfolgsstrafrecht« ein »Schuldstrafrecht« und aus der Verantwortung von Tätern gegenüber den Opfern die Zurechnung einer Straftat zum Täter. Gerechtigkeit bedeutet im modernen Strafrecht die gerechte Bestrafung einer persönlichen Schuld. Legt man diesen Maßstab der Gerechtigkeit an Haftungspraktiken in traditionellen vorstaatlichen Gesellschaften an, dann erscheinen diese ungerecht, weil dort Menschen auch ohne persönliches Verschulden zur Verantwortung gezogen werden.

Geht man hingegen von einem gesellschaftlich verankerten Verständnis von Gerechtigkeit aus, wie es den Rechtsformen der Barotse und besonders der Arusha zugrunde liegt, dann kann man die Entwicklung auch ganz anders beschreiben, nämlich als einen Prozess, in dem der Staat die sozialen Konflikte in Privates und Rechtsrelevantes aufteilt und sich Letzteres aneignet, es dabei aber so rekonstruiert, dass das Recht die im letzten Kapitel erörterte Funktion der Lösung von Konflikten zwischen den Parteien und der Wiederherstellung lebenswerter Verhältnisse gar nicht mehr erfüllen kann. Es löst sich auf in einzelne Rechtsbereiche wie das zivilrechtliche Schadensrecht und das Strafrecht. Hier übernimmt es auch partielle Funktionen für die einzelnen Parteien. Da Betrug, Gewalttaten und andere schwerwiegende Verletzungen von Personen jetzt als strafrechtliche Delikte behandelt werden, führt die Verstaatlichung jedoch dazu, dass gerade die Opfer von Gewalt, Betrug und Demütigungen weitgehend von der Rechtsdurchsetzung ausgeschlossen werden.[1] Obgleich sie auf zivilrechtlichem Wege Entschädigung fordern können, bietet ihnen ein Strafrechtsverfahren kaum eine Möglichkeit, den Täter direkt zu konfrontieren[2] und Genugtuung für die mit Gewaltdelikten häufig verbundene Demütigung zu bekommen.[3] Ihr Bedürfnis nach Genugtuung ist zu etwas Privatem geworden, das aus dem eigentlichen Rechtskonflikt herausgehalten werden muss. Im modernen Strafverfahren richtet sich die Aufmerksamkeit ganz auf den Täter; das Opfer spielt nur noch indirekt eine Rolle zur Bestimmung der Tat und ihrer Auswirkungen.

Kurz, je nachdem, welchen Maßstab der Gerechtigkeit man an das moderne Strafrecht anlegt, scheint es von seinen Voraussetzungen her mehr oder weniger Gerechtigkeit bieten zu können als die im letzten Kapitel erörterten holistisch angelegten Rechtsverfahren. Dass hier verschiedene Maßstäbe der Gerechtigkeit relevant sind, zeigt sich jedoch nicht allein aus der Außenperspektive des Rechtsvergleichs. Obgleich das moderne Strafrecht ein eigenes System in der Gesellschaft darstellt und eigenen Regeln folgt, ist es nicht von der Gesellschaft und den unterschiedlichen Ansprüchen auf Gerechtigkeit abgelöst, die sich aus der Sicht der (potenziellen) Opfer und der (potenziellen) Täter stellen. Auch das moderne Strafrecht kann sich nicht der Forderung entziehen, (in einem nicht nur rechtspositivistischen Sinne) Gerechtigkeit zu schaffen.[4] Das

1 Zu dieser Entwicklung vgl. Klaus Günther, »Die symbolisch-expressive Bedeutung der Strafe. Eine neue Straftheorie jenseits von Vergeltung und Prävention?«, in: *Festschrift für Klaus Lüderssen*, hg. v. Cornelius Prittwitz u. a., Baden-Baden 2002, S. 212.

2 Die zunehmende Kritik an der mangelnden Berücksichtigung der Opfer im Strafrechtsverfahren hat neuerdings die Frage aufgeworfen, ob die Strafe (neben der Maßregel) auch durch eine Wiedergutmachung ergänzt oder ersetzt werden könnte (Täter-Opfer-Ausgleich). In einzelnen Rechtsbereichen ist dies in Grenzen schon möglich. Zum deutschen Strafrecht vgl. Claus Roxin, *Strafrecht. Allgemeiner Teil, Bd. 1. Grundlagen. Aufbau der Verbrechenslehre*, München 1997, S. 67 f. Zu einer Rekonstruktion der Strafe als Retribution auf der Grundlage einer Rekonstruktion des Verbrechens als Verbrechen gegen das Opfer vgl., Randy E. Barnett, »Restitution. A New Paradigm of Criminal Justice«, in: *Crime and Punishment. Philosophic Explorations*, hg. v. Michael J. Gorr, Boston, London 1995, S. 392. Vgl. auch die Überlegungen von Margaret R. Holmgren im selben Band (S. 402-407).

3 Vgl. die kritische Rekonstruktion dieser Opferposition bei Günther, »Die symbolisch-expressive Bedeutung der Strafe«, S. 212. ff.

4 Nach dem Verständnis vieler Juristen zielt auch das moderne Recht, wenn auch

wirft die Frage auf, in welcher Form solche normativen sozialen Erwartungen auch Eingang in die Bemessung strafrechtlicher Verantwortung finden und inwieweit es hier – bei aller Verschiedenheit – Schnittpunkte mit anderen Rechtsformen gibt.

2. Das Schuldprinzip

Ob jemand im Sinne des heutigen deutschen Rechts eine Straftat begangen hat, ergibt sich daraus, ob sein Verhalten die gesetzlich festgelegten Kriterien eines Straftatbestandes erfüllt, rechtswidrig[5] und schuldhaft ist. Was ist Schuld?

Betrachten wir noch einmal die bereits zitierte Definition der strafrechtlichen Schuld, die der Große Strafsenat des Deutschen Bundesgerichtshofs in Strafsachen in den fünfziger Jahren gegeben hat:

> Schuld ist Vorwerfbarkeit. Mit dem Unwerturteil der Schuld wird dem Täter vorgeworfen, dass er sich nicht rechtmäßig verhalten, dass er sich für das Unrecht entschieden hat, obwohl er sich rechtmäßig verhalten, sich für das Recht hätte entscheiden können. Der innere Grund des Schuldvorwurfes liegt darin, dass der Mensch auf freie, verantwortliche sittliche Selbstbestimmung angelegt und deshalb befähigt ist, sich für das Recht und gegen das Unrecht zu entscheiden.[6]

Zwar werden die metaphysischen Gedankengänge des Gerichts bezüglich der Anlage des Menschen zur Selbstbestimmung heute wohl nicht mehr geistiges Gemeingut aller Juristen sein. Gleichwohl sind sich diese weitgehend einig, dass strafrechtliche Verantwortung Schuld im Sinne von *Vorwerfbarkeit* einschließt. Vorwerfbarkeit wiederum impliziert, dass sich jemand hätte anders entscheiden können. Damit aber wird nach verbreiteter Auffassung nicht nur Handlungs-, sondern auch Willensfreiheit unterstellt. Was ist hierunter zu verstehen?

im positiven Rahmen, auf Gerechtigkeit im vorjuristischen Sinne; Josef Esser räumt diesem Ziel sogar Primat ein. Vgl. Josef Esser, *Vorverständnis und Methodenwahl in der Rechtsfindung*, S. 113.

5 Das heißt nicht gerechtfertigt, beispielsweise durch Notwehr.

6 Zitiert nach Ulrich Pothast, *Die Unzulänglichkeit der Freiheitsbeweise*, Frankfurt/M. 1987, S. 322.

Wenn man einmal von den vielen auch unter Juristen umstrittenen metaphysischen Modellen der Willensfreiheit absieht und sich auf einen Minimalkonsens konzentriert, dann wäre darunter zumindest eine geistige Verfassung zu verstehen, zu der das *Wissen* um die Rechtsnorm gehört. Wenn jemand *weiß*, dass etwas verboten ist, hat er damit auch einen Grund, es nicht zu tun, so dass seine Tat als Entscheidung gegen das Recht rekonstruiert werden kann.[7] Folgt daraus, dass er für das, aber auch nur für das verantwortlich ist, wofür er sich bei Abwägung der Gründe entschieden hat, die für und gegen Recht und Unrecht sprechen? Wenn Letzteres der Fall wäre, dann dürfte ein Täter nur für das strafrechtlich verurteilt werden, was als eine eigene aktive Entscheidung zum Unrecht rekonstruiert werden kann. Er dürfte dann eigentlich nur für seine Absichten, aber nicht für die nie voll kontrollierbare Ausführung dieser Absichten und ihre von den Umständen abhängigen Folgen strafrechtlich zur Verantwortung gezogen werden.

Das wäre insofern durchaus konsequent, als die Besonderheit des modernen Strafrechts gegenüber Rechtsformen wie den im letzten Kapitel erörterten ja gerade darin liegt, dass es nicht die Wiedergutmachung von Verletzungen und Schädigungen für die Opfer regelt, sondern schuldhafte Verstöße gegen die Rechtsordnung bestraft. Wenn das wirklich allein seine Funktion wäre, könnte es sich – theoretisch – auf das Geistige beschränken. Das ist aber offenkundig nicht der Fall. Die Straftatbestände, die die Rechtsordnung auflistet, umfassen nicht nur innere Entscheidungen zum Unrecht (und diese überhaupt nur, insofern sie schon eine physische Gestalt als Versuch annehmen), sondern vor allem Handlungen mitsamt äußerer Wirkungen. So zählt bei vielen Delikten auch der Versuch. Aber wer erfolglos versucht, jemanden zu töten, wird anders bestraft als der erfolgreiche Mörder, selbst wenn es nicht an seiner Absicht, sondern an seiner mangelnden Treffsicherheit oder einem (dem Hersteller anzulastenden) Versagen der Schusswaffe lag. Strafrechtliche Verantwortung erstreckt sich ebenfalls auf so genannte *Erfolgsdelikte* wie Totschlag, schwere Körperverletzung

7 Vgl. Hruschka, »Verhaltensregeln als Zurechnungsregeln« S. 255. Einen Überblick über die moderne Entwicklung der Zurechnungskriterien bietet Joachim Hruschka, »Zurechnung seit Pufendorf. Insbesondere die Unterscheidungen des 18. Jahrhunderts« in: *Zurechnung als Operationalisierung von Verantwortung*, hg. v. Matthias Kaufmann, Joachim Renzikowski, Frankfurt/M. 2004, S. 17-28.

etc., die stark von zufälligen äußeren Faktoren wie dem Niveau der medizinischen Versorgung, der Kompetenz der behandelnden Ärzte etc. abhängen.[8] Auch ein »Begehen durch Unterlassen« (StGB § 13) ist kein typischer Kandidat für eine schuldhafte Entscheidung zum Unrecht, selbst wenn dem Betreffenden vorgeworfen werden kann, dass er sich hätte anders verhalten können; es setzt aber nicht voraus, dass er sich bewusst für die Auswirkungen der Unterlassung entschieden hat. Zudem misst das Strafrecht dem, was sich der Angeklagte vorstellte und was er wollte, nicht immer dieselbe Relevanz bei und ergänzt beziehungsweise ersetzt es je nach Delikt durch normative Gesichtspunkte. So kann im Falle einer fahrlässigen Tötung durch Unterlassen im Rahmen einer Garantenstellung auch ohne Vorsatz und Wissen zugerechnet werden. Wenn eine Tötung jedoch als Mord eingeschätzt wird, ist nicht nur der Nachweis von Wissen und Vorsatz erforderlich; es wird eine qualitative Einschätzung und moralische Bewertung weiterer psychischer Gegebenheiten vorgenommen (*niedere Motive*). Mit Blick auf die Grundlagen der Zurechnung und Strafbemessung stellt das Strafrecht bei verschiedenen Delikten also alles andere als ein konsistentes, einheitlich strukturiertes Gebilde dar. Allein das zeigt an, dass sich strafrechtliche Verantwortung nicht nur an der subjektiven Schuld bemisst, sondern weitere Gesichtspunkte einfließen.

Was sind das für Gesichtspunkte? Wenn man einmal von der Verschiedenheit der Delikttypen absieht, tritt vor allem ein Aspekt hervor, bei dem sich alle strafrechtlichen Schulen einig zu sein scheinen: Als Ganzes betrachtet, verfolgt das Strafrecht das öffentliche Ziel der sogenannten *Generalprävention*, der öffentlichen Demonstration geltenden Rechts und der Abschreckung möglicher Nachahmungstäter.[9] Sein Ziel ist nicht primär die Ahndung individueller Vergehen, sondern der Schutz der Rechtsordnung. Daraus lässt sich auch ein Grund herleiten, die Auswirkungen des Handelns – Juristen sprechen wertneutral vom »Erfolg« – bei der Einschätzung des Delikttyps mit einzubeziehen. Denn nicht anders als im Falle des jungen Mannes auf der Palme, dessen Vergehen

8 Zur strafrechtlichen Verantwortung für Handlungsfolgen, die jenseits des intendier- und steuerbaren Verhaltens liegen, vgl. Reinhold Zippelius, »Varianten und Gründe rechtlicher Verantwortlichkeit«, in: *Verantwortlichkeit und Recht*, hg. v. Ernst-Joachim Lampe, Opladen 1989, S. 259.

9 Vgl. Roxin, *Strafrecht*, S. 54.

erst dann die normative Ordnung wirklich herausforderte, als es öffentlich gemacht wurde, stellen auch in einer modernen Gesellschaft nicht die psychischen Vorgänge in einem Individuum, sondern erst seine öffentlich (durch die Auswirkungen) demonstrierte Normverletzung eine Herausforderung der Rechtsordnung dar. Auf ein fahrlässiges Verhalten im Straßenverkehr mit Todesfolge reagiert die Öffentlichkeit anders als auf die »bloße« Trunkenheit am Steuer. Andererseits ergibt sich aus der Aufgabe des Schutzes der Rechtsordnung auch ein Grund, sich vor allem auf Vorsatztaten zu konzentrieren, denn nur durch vorsätzliches Fehlverhalten wird die Rechtsordnung direkt herausgefordert.

Allein schon diese Überlegungen zeigen, dass in die strafrechtliche Zurechnung sowohl soziale und normative als auch Gesichtspunkte der Subjektivität des Täters eingehen, die keine prästabilierte Harmonie bilden. Das Ziel der Generalprävention und das Schuldprinzip verfolgen unterschiedliche Interessen, denn im öffentlichen Interesse abschreckend für Nachahmungstäter kann auch die Bestrafung einer Handlung sein, an der der Täter nicht subjektiv schuld ist (etwa im Falle einer gefährlichen, aber durch die Verantwortlichen unvorhergesehenen Umweltverschmutzung). Umgekehrt kann jemand an etwas schuld sein, ohne dass ein öffentliches Interesse besteht, generell von solchen Handlungen abzuschrecken oder sie überhaupt zum Gegenstand des Strafrechts zu machen. Für den darin angelegten latenten Konflikt hat Günther Jakobs die Formel gefunden:

> Ohne Beachtung des Schuldprinzips ist Strafe illegitim; aber begrenzt das Schuldprinzip den Einsatz zwecktauglicher Mittel in nennenswertem Maß, hat es also Bedeutung und ist nicht ein leerer Begriff, so droht die Strafe zur Zweckerreichung untauglich und *deshalb* illegitim zu werden. Mit anderen Worten, die zwecktaugliche Strafe ohne Begrenzung durch das Schuldprinzip behandelt den zu Bestrafenden als Sache, aber die mehr als marginal durch Schuld begrenzte Strafe verliert ihre Zwecktauglichkeit.[10]

Gerade wegen dieser Spannung können Präventionsinteresse und Schuldprinzip einander aber auch sinnvoll ergänzen. Man kann sie – freilich nicht gänzlich – verschiedenen institutionell getrennten Ebenen zuordnen und das Schuldprinzip als eine durch das

10 Günther Jakobs, *Das Schuldprinzip* 1993, Opladen, S. 8.

Präventionsinteresse selbst notwendig gewordene Einschränkung interpretieren. Steht der Gesetzgeber vor der Frage, welche Handlungen und Unterlassungen unter Strafe zu stellen sind, dann orientiert er sich nicht an Gesichtspunkten der Vergeltung individuellen Unrechts, sondern ausschließlich an denen des Gemeinwohls (Prävention). Fragt sich ein Gericht hingegen, ob eine Person sich einer Straftat schuldig gemacht hat, dann darf es nicht nur berücksichtigen, ob die von einer entsprechenden Zurechnung und Bestrafung ausgehende Abschreckungswirkung dem Gemeinwohl dienlich wäre, sondern muss die Frage klären, ob die Person tatsächlich schuldhaft gehandelt hat.[11] Wenn man das Schuldprinzip so interpretiert – das heißt *nicht* als Forderung nach Vergeltung individuellen Unrechts[12] –, dann übernimmt es die Funktion eines *Schutzprinzips*. Es hat die Aufgabe, den Täter vor einer übermäßigen Bestrafung aufgrund von gesellschaftlichen Präventionsinteressen zu schützen.[13] Der Angeklagte darf nicht dazu benutzt werden, öffentlich vor der Missachtung des Gesetzes abzuschrecken, sondern nur für sein persönliches Verschulden verurteilt werden, also mit Blick darauf, dass er sich auch hätte anders verhalten können. So wird die Tat entschuldigt im Falle eines Irrtums über die Tatumstände (§ 16), bei einem unvermeidbaren Verbotsirrtum (§ 7), bei Kindern (§ 19) und im Falle gewisser seelischer Störungen (§ 20).[14]

11 Zur Unterscheidung dieser Perspektiven vgl. John Rawls, »Two Concepts of Rules«, in: *Philosophy of Punishment*, hg. v. Robert M. Baird, Stuart E., Rosenbaum, New York 1988, S. 39.

12 Heute wird das Schuldprinzip kaum noch als positive sittliche Forderung verstanden, die verlangt, den Täter beim Vorliegen von Schuld im Sinne eines Straftatbestands zu bestrafen. So sieht der 1974 neu geschaffene § 153a der Strafprozessordnung »vor, dass ein Strafverfahren mit Zustimmung aller Beteiligten eingestellt werden kann, wenn bei geringer Schuld bestimmte Auflagen oder Weisungen geeignet erscheinen, das öffentliche Interesse an der Strafverfolgung zu beseitigen.« (Detlev Kraus, *Schuld im Strafrecht. Zurechnung der Tat oder Abrechnung mit dem Täter?*, Berlin 1992, S. 16.) Kraus weist zu Recht darauf hin, dass diese Praxis mit einem klassischen Schuldverständnis wie dem kantischen unvereinbar ist, wonach Gerechtigkeit nicht für einen Preis weggegeben werden darf.

13 Vgl. hierzu Roxin, *Strafrecht*, S. 59.

14 Unter diesen Gesichtspunkten betrachtet, scheinen sich die allgemeinen Bedingungen der Schuld im strafrechtlichen Sinne weitgehend mit den klassischen negativen aristotelischen Kriterien der Freiwilligkeit (*hekousion*) zu decken, dass die Person nämlich *weder von außen gezwungen* wurde noch in völliger *Unkennt-*

Der Schutz von solchen Tätern erscheint in einer Gesellschaftsform, in der die Individuen nicht auf den Schutz von Familien oder Clans rechnen können, sondern relativ machtlos und vereinzelt dem Staat gegenüberstehen, sinnvoll und nötig. So gesehen, hat das Schuldprinzip die Funktion übernommen, eine Bedrohung auszugleichen, die von den Präventionsaufgaben des Strafrechts selbst ausgeht.

3. Die moralischen Aspekte der Schuld

Obgleich das Schuldprinzip seine Schutzfunktion auch unabhängig von seiner Assoziation mit moralischer Vorwerfbarkeit ausüben könnte, wird es eng damit assoziiert.[15] Zwar stellt das Strafrecht ein eigenes System der Sanktionierung auf der Grundlage eigener Normen dar, deren Auswahl anderen Gesichtspunkten folgt als die Alltagsmoral. Aber auch das moderne Strafrecht reagiert weniger auf die Gefährdung als die *Missachtung* der legitimen Rechte und Interessen von Personen. Da die Aufrechterhaltung der sozialen Ordnung mit ihren zentralen Rechtsgütern auf der wechselseitigen Rücksicht ihrer Mitglieder aufbaut, gelten in erster Linie Handlungen als Bedrohung, die eine bewusste Missachtung von Personen zum Ausdruck bringen.[16] Entsprechend liegt der Schwerpunkt auf Vorsatztaten. Auch wenn der durch Vorsatztäter angerichtete Schaden oft viel geringer ist als in manchen Fällen ungewollter und nicht erkannter Schädigungen, demonstrieren Vorsatztaten eine Geringschätzung der Rechte von Personen und der Rechtsordnung überhaupt und stellen sie somit direkt in Frage.

Solche Missachtungen sind auch nicht in eine zukünftig zu befürchtende Gefährdung oder Schädigung anderer Personen oder

nis der Situation gehandelt hat. Vgl. hierzu Georg Mohr, »Präsuppositionen strafrechtlicher Zurechnung im demokratischen Rechtsstaat«, in: *Zurechnung als Operationalisierung von Verantwortung*, hg. v. Matthias Kaufmann, Joachim Renzikowski, Frankfurt a. M 2004, S. 239.

15 Vgl. Roxin, *Strafrecht*, S. 58.

16 Günther Jakobs, »Kommentar: Rechtfertigung und Entschuldigung bei Befreiung aus besonderen Notlagen (Notwehr, Notstand, Pflichtenkollision)«, in: *Rechtfertigung und Entschuldigung*, hg. v. Albin Eser, Haruo Nishihara, Freiburg 1995, S. 143.

Dinge übersetzbar. Ein Mörder, der seine Frau in einer sehr speziellen Beziehungskonstellation aus Eifersucht umgebracht hat, ist mit Blick auf die zukünftig von ihm ausgehende Gefahr vermutlich harmloser als ein Autofahrer, der aus Hektik an einer Baustelle einen Unfall mit fünf Toten verursacht hat. Auch ein Dauerbetrüger erscheint mit Blick auf die Auswirkungen seines Treibens schwerlich gefährlicher als ein unfähiger Bauunternehmer, der in einem Erdbebengebiet schlecht gebaut hat, mit der Folge von unzähligen Toten und Verletzten.[17] »Hätten wir es mit gefährlichen Tieren zu tun: die eine Art fällt heimlich ab und zu einen Menschen tötend an, die andere schleudert Tag für Tag auf Gehwegen und Straßen offen die Menschen mit tödlichen Verletzungen zu Boden – wir hätten keinen Zweifel, die zweite Art als die gefährlichere zu bezeichnen«,[18] so Eberhard Schmidhäuser. Gleichwohl reagiert das Strafrecht viel milder auf die fahrlässige Tötung im Straßenverkehr als auf Mord und Todschlag. Es erfasst zwar gemeingefährliches Verhalten, bemisst aber bei der Festlegung der Schwere des Delikts und der jeweiligen Schuld nicht den Grad an Gefährlichkeit.[19]

In der Verurteilung solcher Handlungen überlappen sich Strafrecht und Moral. Nicht wenige Strafrechtler interpretieren die Zurechnung daher als eine moralische Zurechnung, mit dem kleinen Unterschied, dass die Stimme des Gewissens vom Richter übernommen wird.[20] So hat Arthur Kaufmann die Auffassung vertreten, die strafrechtliche Schuld sei im Kern eine sittliche Schuld und müsse daher auch vom Gewissen erkennbar und verurteilbar sein.[21] Der Richter fälle ein »stellvertretendes Gewissensurteil«.[22]

So unzeitgemäß solche Formulierungen heute auch klingen

17 Hier greife ich einige Beispiele von Eberhard Schmidhäuser, *Vom Sinn der Strafe*, Göttingen 1963, S. 58, auf.

18 Eberhard Schmidhäuser, *Vom Sinn der Strafe*, S. 58.

19 Allerdings sieht das Strafrecht die Möglichkeit der Sicherungsverwahrung vor. Diese ist jedoch unabhängig von der Schuld.

20 Das ist freilich nicht unumstritten. So hat H. L. A. Hart die Auffassung vertreten, das Strafrecht lege nicht viel anders als das Zivilrecht einfach den Preis für bestimmte Handlungen fest, die man wählen oder nicht wählen kann. Vgl. H.L.A. Hart, *Punishment and Responsibility. Essays in the Philosophy of Law*, Oxford 1968, S. 44 f.

21 Arthur Kaufmann, *Das Gewissen und das Problem der Rechtsgeltung*, Karlsruhe 1990, S. 22.

22 Kaufmann, *Das Gewissen und das Problem der Rechtsgeltung*, S. 23.

(ganz abgesehen von dem hölzernen Eisen eines stellvertretenden Gewissensurteils), so ist an ihnen doch unbestreitbar etwas Wahres, denn selbst wenn das Recht in der Gesellschaft ein eigenes System mit eigenen Normen und Verfahren ihre Durchsetzung bildet, muss es sich mit den lebensweltlichen Anliegen der Gerechtigkeit zumindest an irgendeiner Stelle überschneiden oder in sie übersetzbar sein.[23] Gegen eine Verschmelzung von Strafrecht und Moral spricht allerdings, dass das Strafrecht öffentliche systemstabilisierende Aufgaben verfolgt, weshalb es stets möglich ist, dass rechtliche Normen mit moralischen kollidieren können. Umgekehrt werden die strafrechtlichen Normen jedoch nicht allein schon aufgrund ihres verfassungskonformen Zustandekommens akzeptiert. Sie müssen den Mitgliedern des Staatswesens auch vernünftig erscheinen, was bedeutet, dass sie nicht mit gemeinsamen ethischen Intuitionen kollidieren sollten.[24] Ihre Legitimität beruht zu einem beträchtlichen Teil darauf, dass sie sowohl in konservativer als auch reformerischer Hinsicht Gesichtspunkte der sozialen Vernunft verkörpern. Einerseits entsprechen strafrechtliche Verbote weitgehend zentralen intersubjektiv verankerten Normen und werden daher als ein sie schützendes und verstärkendes Instrument ihrer Durchsetzung durch Zwang wahrgenommen. Andererseits werden Strafrechtsreformen auch in kritischer und reformorientierter Weise eingesetzt, um Unrechtsbewusstsein zu erzeugen oder zu verstärken (wenn beispielsweise Vergewaltigung in der Ehe strafrechtlich anderen Vergewaltigungen gleichgestellt wird). Daher gilt die *subjektive Nachvollziehbarkeit* sowohl der Gesetze als auch der Strafe gemeinhin als eine notwendige, die sozialen Bestrafungsinteressen begrenzende Bedingung des Strafrechts. Wie es der deutsche Strafjurist Eberhard Schmidhäuser ausgedrückt hat, darf zum Zwecke

23 Jürgen Habermas hat dies als die Durchlässigkeit der juristischen Entscheidungsverfahren für moralische Diskurse bezeichnet, durch die Legalität erst Legitimität erzeuge. Vgl. Jürgen Habermas, *Faktizität und Geltung. Beiträge zur Diskurstheorie des Rechts und des demokratischen Rechtsstaats*, Frankfurt/M. 1993, S. 565.

24 Legitimität in diesem stärkeren Sinne müssen nicht alle Strafrechtsnormen für Ausländer beanspruchen können, die sich im Staat aufhalten; in dem Maße, in dem sie von eigenen ethischen oder moralischen Gesichtspunkten abweichen, gelten sie nur im äußerlichen Sinne der legalen Sanktionsandrohung. Zur Frage, inwieweit der Staat »rechtsmoralisch« befugt ist, Fremde zu strafen, vgl. Otfried Höffe, *Gibt es ein interkulturelles Strafrecht? Ein philosophischer Versuch*, Frankfurt/M. 1999, S. 14.

der Generalprävention nur dann gestraft werden, »wenn die Strafe den Bestraften nicht als Zufall trifft, sondern wenn sie unter den gegebenen Umständen der Gesellschaft als gerecht einleuchtet und dem Bestraften selbst als verdient erscheinen kann. [...] Voraussetzung dafür aber ist, dass der Bestrafte an den Grundlagen der Ordnung des gesellschaftlichen Zusammenlebens selbst teilhat und sich gegen dieses eigene Teilhaben vergangen hat.«[25]

4. Die subjektive Interpretation: Mackies »geradlinige« Regel der Verantwortung

Nach verbreiteter Auffassung hat sich im modernen Schuldstrafrecht – im Vergleich zu einem früheren »Erfolgsstrafrecht« – der Gedanke einer realen individuellen Schuld gegen bloß äußerliche und soziale Maßstäbe der Verantwortung durchgesetzt. Was jemand beabsichtigt und getan hat, soll nicht aus dem *allgemeinen Handlungstyp* als solchen gefolgert werden. Schuld ergibt sich daraus, was sich das Individuum dabei tatsächlich vorgestellt hat. Ist die Schuld also rein subjektiv zu bestimmen? Nicht wenige Strafrechtler beziehen die Schuldzuschreibung auf »Tatsachen, die einen ontologisch subjektiven Modus der Existenz aufweisen [...]: die mentalen Vorstellungen, die propositionalen Einstellungen, die intentionalen Zustände des Angeklagten«.[26] Auf den ersten Blick leuchtet das ein. Handeln Menschen nicht auf der Basis ihrer subjektiven Vorstellungen, aufgrund dessen, wie sie die Situation einschätzen? Ist das nicht die Grundlage, auf der sie selbst entscheiden, ob eine Handlung richtig oder falsch ist? Würde man nicht das Schuldprinzip heimlich aufgeben, wenn man sich auf etwas anderes stützen würde?

Wenn die Schuld in subjektiven Tatsachen läge, dann bestünde der Strafprozess in der Erforschung dieser subjektiven Realität des Täters. Die Art der Tat selbst und ihre materiellen und symbolischen Auswirkungen für die betroffenen Personen und das Gemeinwesen dürften hierfür keine Rolle spielen. Dass dies aus normativen

25 Eberhard Schmidhäuser, *Strafrecht. Allgemeiner Teil*, Tübingen 1984, S. 187.

26 Björn Burkhardt, »First-Person Understanding of Action in Criminal Law«, in: *Voluntary Action. Brains, Minds and Sociality*, hg. v. Sabine Maassen, Wolfgang Prinz u. a., Oxford 2003, S. 241 (Übers. M.-S. L.).

und erkenntnistheoretischen Gründen nicht die Perspektive eines weltlichen Gerichts sein kann, möchte ich am Beispiel der wohl konsequentesten Formulierung dieser Interpretation zeigen, nämlich John Mackies »geradliniger Regel der Verantwortung«.

Nach dieser Regel erstreckt sich die Verantwortung auf den bewussten Vorsatz einschließlich der bewusst in Kauf genommenen Folgen: »[E]in Handelnder ist für alle seine intentionalen Handlungen verantwortlich, und nur für diese.«[27] Da Handlungen ebenso wie Unterlassungen beschreibungsabhängig sind, ist ein Mensch nach dieser geradlinigen Regel also genau dann für eine Handlung oder Unterlassung verantwortlich, wenn er zur Zeit der Handlung gewusst hat, dass auf sein Vorgehen eine *entsprechende Handlungsbeschreibung* zutrifft, und sich unter diesem Gesichtspunkt für die Handlung entschieden oder sie bewusst in Kauf genommen hat.[28]

Mackie versteht die »geradlinige« Regel sowohl normativ – als einen Maßstab der Gerechtigkeit einer Schuldzuschreibung – als auch deskriptiv im Sinne der Richtung, in die sich das moderne Strafrecht tatsächlich bewegt. Was ihre empirische Adäquatheit angeht, so kann er sich auf entsprechende Veränderungen im europäischen Recht des zwanzigsten Jahrhunderts berufen. Nach dem englischen *Criminal Justice Act* von 1967 beispielsweise wird nicht mehr unterstellt, dass *jedermann* die natürlichen und wahrscheinlichen Folgen seiner Handlungen auch voraussieht und beabsichtigt, sondern untersucht, ob das angeklagte Individuum tatsächlich den von ihm verursachten Schaden beabsichtigt hat. Ebenfalls dafür spricht, dass die Strafen für Vorsatztaten (auch in anderen europäischen Strafrechtsordnungen) in der Regel ungleich höher sind als die für Fahrlässigkeitstaten und dass bei vielen Delikten auch der Versuch unter Strafe steht. Bei der Festlegung des Delikts wiederum soll man sich in der Regel darauf stützen, welche Handlung der Angeklagte zu begehen glaubte. Ein Beispiel aus dem deutschen Strafrecht: Im (objektiven) Falle eines schweren Raubüberfalls auf einen Münzhändler war ein Täter aufgrund der gezielten Fehlinformation eines Mittäters davon ausgegangen, dass es sich um einen mit dem Raubopfer abgesprochenen Versicherungsbetrug handelte. Das deutsche Gericht ging bei seinem Urteil von dieser *subjektiven*

27 John L. Mackie, *Ethics. Inventing Right and Wrong,* Middlesex 1977, S. 208.

28 Mackie, *Ethics,* S. 204.

Interpretation aus und nicht von der *objektiven* Handlung (einem schweren Raub).[29] Freilich werden die subjektiven Vorstellungen der Beteiligten vom Tathergang gewöhnlich nur insoweit berücksichtigt, als sie dem objektiven Tathergang nicht widersprechen.[30]

Mackies Formel ist jedoch nicht auf den Bereich unbewusst fahrlässiger Handlungen und Unterlassungen anwendbar, den das Strafrecht ebenfalls schützen muss, wenn wichtige Rechtsgüter betroffen sind. Mit dem rein intentional verstandenen Schuldprinzip ist nicht erklärbar, warum Personen gerade deswegen zur Verantwortung gezogen werden, weil man davon ausgeht, dass bestimmte psychische Aktivitäten bei ihnen leider *nicht* stattgefunden *haben*, aber hätten stattfinden *sollen*: zum Beispiel dafür, dass sie als Fahrzeughalter oder Fahrer im Straßenverkehr zu wenig Sorgfalt und Aufmerksamkeit aufgewendet haben, ohne sich die Folgen bewusst zu machen.[31] Da in vielen Bereichen des modernen Lebens mangelnde Sorgfalt und Aufmerksamkeit für andere lebensgefährlich werden kann, muss das Strafrecht auch den erreichen können, bei dem es glaubhaft ist, dass er keinen Gedanken an die potenziellen Auswirkungen seines gefährlichen Tuns und Lassen für andere verschwendet hat; und solche Fahrlässigkeitsdelikte scheinen an Bedeutung eher zuzunehmen.[32] Die »schon zur Nichtvoraussicht der Schadensmöglichkeit führende Unaufmerksamkeit« kann sogar mitunter »schwerer wiegen als das Vertrauen auf den Nichteintritt des Erfolgs« heißt es in einem Strafrechtskommentar.[33] Nicht nur bewusste, auch unbewusste Fahrlässigkeit kann daher nach deutschem Recht strafbar sein, und ihr Strafmaß unterscheidet sich nicht wesentlich.

Neben dieser partiellen faktischen Inkongruenz zwischen der

29 Das Beispiel entlehne ich Roxin, *Höchstrichterliche Rechtsprechung,* S. 78.

30 Vgl. hierzu Claus Roxin, *Täterschaft und Tatherrschaft*, Berlin 1994, S. 103.

31 Zur Bedeutung des Geschehenlassens für Verantwortungszuschreibungen vgl. Ralf Stoecker, »Handlung und Verantwortung. Mackie's Rule Put Straight«, in: *Analyomen 2*, Bd. 3, hg. v. Georg Meggle, Julian Nida-Rümelin, Berlin, New York 1997, S. 359.

32 Zur zunehmenden Bedeutung der Fahrlässigkeitsdelikte und ihrem Verhältnis zu den Vorsatzdelikten vgl. auch Gottfried Seebaß, »Handlungstheoretische Aspekte der Fahrlässigkeit«, in: ders., *Handlung und Freiheit*, Tübingen 2006, S. 49-80.

33 *Strafgesetzbuch, Leipziger Kommentar*, Schoreder, § 16; hier zitiert nach Claus Roxin, *Strafrecht. Allgemeiner Teil, 3. Auflage, Bd. 1 Grundlagen der Verbrechenslehre*, München 1997, S. 941.

»geradlinigen« Regel und dem Strafrecht sprechen normative Gründe gegen ihre einheitliche Anwendbarkeit. Sie ergeben sich aus dem Zweck des Strafrechts: Es dient ja nicht primär dazu, individuelles Fehlverhalten zu ahnden, sondern – nach moderner Vorstellung – eine Rechtsordnung zu schützen, die allen ein Minimum an Freiheit und Sicherheit ermöglicht. Es ahndet daher *nur* solches Fehlverhalten, das diese Grundregeln gefährdet. Das ist, wie gesagt, bei Vorsatzdelikten ganz besonders der Fall, aber auch eine unbewusste Unterlassung kann eine Missachtung der strafrechtlich geschützten Rechte und Interessen anderer Personen darstellen. In gefährlichen Bereichen (wie dem Autoverkehr) sind die Beteiligten auf die aktive Rücksicht aller angewiesen. Hier sprechen sowohl erkenntnistheoretische als auch normative Gründe dagegen, bei der Konstruktion der persönlichen Schuld im Strafrecht allein die Intentionen der Täterin in Betracht zu ziehen, im Sinne der bewussten Absichten und der bewusst berücksichtigten potenziellen Folgen. Dies wird besonders deutlich bei Unterlassungsdelikten im Zusammenhang von Garantenbeziehungen wie dem im letzten Kapitel angeführten Fall des Bereitschaftsarztes.

Dass Mackies Regel auf solche Fälle nicht anwendbar ist, gesteht er selbst zu. Er erklärt sich die Differenz damit, dass es gesellschaftlich erforderlich erscheinen könne, andere Kriterien der rechtlichen Zurechnung anzuwenden. Obgleich Schuldzuschreibungen in solchen Fällen »ungerecht« seien, könnten sie mit ihrem gesellschaftlichen Nutzen »gerechtfertigt« werden: »*ungerechte* Strafen können nützlich sein, und umgekehrt können Strafen nutzlos sein, auch wenn sie nicht ungerecht sind.«[34]

Die Anwendung der geradlinigen Regel auf das Strafrecht hat somit zur Folge, dass eine Schuldzuschreibung auf der Grundlage mangelnder Sorgfalt, die dazu dient, unverzichtbare Standards der Sorgfalt in einem potenziell lebensgefährlichen Bereich aufrechtzuerhalten, mit Blick auf den Täter als ungerecht beurteilt werden muss, als eine ungerechte Härte, die ihm aus Nützlichkeitserwägungen von der Gesellschaft auferlegt wird.

Dieses verengte Verständnis von Gerechtigkeit ist charakteristisch für eine ethische Perspektive, die immer noch von der außerweltlichen Moral des Christentums geprägt ist. Als gerecht er-

34 Mackie, *Ethics*, S. 215. (Übers. M.-S. L.)

scheint die Perspektive, die ein Jüngstes Gericht einnehmen würde, das keine sozialen Rechtsgüter zu schützen und ins Bewusstsein zu rufen, sondern den moralischen Wert einer Person mit Blick auf ihre persönlichen Entscheidungen zum Guten oder Schlechten zu beurteilen hat. Geht es um den Schutz von Rechtsgütern, ist dies jedoch kein hinreichender Maßstab, da er die von der Sache her notwendigen und berechtigten normativen Erwartungen der Bürger bezüglich der im sozialen Verkehr erforderlichen Sorgfalt, Rücksicht und Aufmerksamkeit ausblendet. Gegen Mackie wäre also einzuwenden, dass hier nicht nur ein subjektiver Maßstab der Gerechtigkeit zählt, sondern auch ein normativer: die Legitimität von Schuldzuschreibungen kann nicht nur von dem *faktischen* Wissen und Wollen einer Person zum Tatzeitpunkt abhängen, sondern muss sich (je nach Anlass mehr oder weniger) auch auf berechtigte normative Erwartungen hinsichtlich dieses Wissens und Wollens stützen. Das Verhalten eines Bereitschaftsarztes (im Rahmen der Garantenstellung) an dem Maßstab zu messen, dass er mehr Sorgfalt und Aufmerksamkeit hätte aufbringen müssen, als er tatsächlich aufgebracht hat, kann nur dann ungerecht sein, wenn dieser Maßstab dem Arztberuf fremd oder nicht sachlich erforderlich wäre oder wenn er das dem Einzelnen Zumutbare übersteigen würde. Ich werde darauf zurückkommen.

Da das Strafrecht, indem es bestimmte Handlungen unter Strafe stellt, Lasten und Risiken zwischen potenziellen Tätern und potenziellen Opfern verteilt, müssen – so wäre gegen Mackie einzuwenden – auch Gesichtspunkte der verteilenden Gerechtigkeit berücksichtigt werden. Wenn die Frage nach der Gerechtigkeit einer Verantwortungszuschreibung gestellt wird, hat *Gerechtigkeit* nicht nur eine Bedeutung. So scheint es mit Blick auf die subjektive Verschuldung des Angeklagten ungerecht, ihm eine Handlung objektiv zuzurechnen, unter der er sich vielleicht etwas ganz anderes vorgestellt hat. Andererseits kann es unter dem Gesichtspunkt des Opferschutzes ungerecht und unverantwortlich erscheinen, Delikte mit einer gewissen Attraktivität für Nachahmungstäter ungeahndet zu lassen, weil dann die Risiken den aktuellen und potenziellen Opfern aufgebürdet würden. Ein solcher Konflikt kann beispielsweise bei Vergewaltigungsdelikten auftreten, wenn die Beschuldigten behaupten, sie wären angesichts mangelnder oder schwacher Gegenwehr davon ausgegangen, das Opfer sei mit dem

Geschlechtsverkehr einverstanden. In dem Maße, in dem das Gericht sich streng nach Mackie ausschließlich auf die (schwer überprüfbare) subjektive Sicht der Angeklagten stützen dürfte, würde die Abschreckungswirkung des Strafrechts in diesem Bereich stark vermindert werden, was eine erhöhte Gefahr für die potenziellen Opfer bedeutet; hier ist das Strafrecht in der schwierigen Situation, dass es, je mehr Respekt es bei der Schuldzurechnung den Rechten der mutmaßlichen Täter entgegenbringt, umso weniger die Rechte der potenziellen Opfer schützen kann.[35] Eine strafrechtliche Verurteilung oder Freisprechung ist kein innerer Vorgang, der allein die wahre moralische Schuld des Täters betrifft, sondern eine öffentliche Handlung von sowohl symbolischer als auch empirischer Aussagekraft. Auch wenn dadurch formal nicht in Frage gestellt wird, dass Vergewaltigung ein schweres Verbrechen ist, senkt die Möglichkeit, sich allein schon durch die Behauptung einer falschen Einschätzung der Lage der Schuld zu entziehen, die Abschreckungswirkung der Strafandrohung und setzt daher die potenziellen Opfer einer erhöhten Gefahr aus. Unter dem Gesichtspunkt einer gerechten Verteilung von Risiken erscheint es jedoch nicht zu rechtfertigen, den Täterschutz grundsätzlich wichtiger zu nehmen als den Opferschutz. Da für die Verfolgung der präventiven Zwecke des Strafrechts und somit des Opferschutzes nicht nur die

35 Ein solches Problem scheint sich in England im Anschluss an die Reform des Strafrechts von 1975 entwickelt zu haben; seitdem erlaubt die britische Rechtsprechung bei Vergewaltigungsanklagen den Freispruch, wenn der Beschuldigte behauptete, er habe geglaubt, das Opfer sei mit dem Geschlechtsverkehr einverstanden gewesen; und zwar auch dann, wenn ein solches Einverständnis nach den Umständen sehr unwahrscheinlich ist. Diese Reform führte nach einem Bericht der *NZZ* dazu, dass die Schuldspruchrate bei Vergewaltigungsprozessen von 33 auf 7 Prozent sank. Vgl. »Reform des britischen Sexualstrafrechts. Besserer Schutz von Kindern und Frauen – ein Weißbuch«, in: *Neue Zürcher Zeitung* vom 21. 11. 2002, S. 3. Eine solche Reform der Zurechnungskriterien hat nicht nur enorme Auswirkungen auf die Situation der aktuellen Täter, sondern auch der potenziellen Täter und potenziellen Opfer. Aus Mackies Perspektive erscheint sie gerecht, weil sie einen Gewalttätigen, der sich aufgrund eines Tatsachenirrtums seiner Gewalt nicht bewusst ist, entschuldigt (einmal angenommen, so etwas wäre im Falle der Vergewaltigung überhaupt möglich). Aus der Perspektive der Opfer und der potenziellen Opfer hingegen kann sie schwerlich als gerecht bezeichnet werden. Vgl. hierzu auch die Erörterung verschiedener Fälle im englischen Recht bei Anthony Kenny, *Freewill and Responsibility*, London, New York 1988, S. 62.

Strafbarkeit eines Delikts, sondern vor allem die Wahrscheinlichkeit einer Verurteilung eine Rolle spielt, ist es nicht nur »nützlich«, sondern auch »gerecht«, die Schutzrechte der Opfer nicht auszublenden, sondern gegenüber dem Täterschutz abzuwägen.

Das betrifft auch den Schuldmaßstab: Dass die Maßstäbe, nach denen die individuelle Schuld bemessen wird, nicht nur für die Täter, sondern auch für die Opfer Konsequenzen haben, und wir von jeder Person erwarten können, die nachvollziehbaren und berechtigten Interessen anderer in ihrem eigenen Handlungsentwurf zu berücksichtigen, spricht dagegen, Fragen der Gerechtigkeit bei der strafrechtlichen Zurechnung auf die korrekte Beurteilung des jeweils vorliegenden individuellen Unrechtsbewusstseins zu reduzieren. Wenn sich der Schuldmaßstab auf die psychischen Vorgänge beim individuellen Täter bezieht, hat das Opfer die Risiken zu tragen, wenn er sich hingegen auf das gewöhnlich Erwartbare bezieht, liegen die Risiken mehr beim Täter. In jedem Fall wird eine Verteilung von Lasten und Risiken unter den potenziell direkt betroffenen Parteien und der weiteren Gesellschaft vorgenommen.[36] Vergleichbare Probleme entstehen bei allen Delikten, bei denen es leicht möglich ist, Unwissen oder andere psychische Zustände vorzutäuschen, die als Entschuldigungsgründe zählen, oder wo es sehr schwer ist, das Gegenteil nachzuweisen. Aus diesem Grund gelten im amerikanischen Recht einige Delikte wie der Verkauf von Alkohol an Betrunkene, der Besitz eines gefälschten Passes oder der Verkauf von infizierter Milch als Delikte der »uneingeschränkten Haftbarkeit« (*strict liability*), bei denen es nicht notwendig ist, dem Angeklagten Intention oder auch nur Vermeidbarkeit nachzuweisen.[37]

Wenn die Schuld hingegen mit einer subjektiven Tatsache gleichgesetzt wird, kann man sie nur *entdecken* und nicht mit Blick auf verschiedene Ansprüche der Gerechtigkeit *entscheiden*; ent-

36 Günter Jakobs spricht in diesem Zusammenhang von einem *Aushandeln* der Schuld: »Zur Bestimmung der Schuld ist also auszuhandeln, wie viele soziale Zwänge dem von der Schuldzuschreibung betroffenen Täter aufgebürdet werden können und wie viele störende Eigenheiten des Täters vom Staat und von der Gesellschaft akzeptiert oder von Dritten – auch vom Opfer selbst – getragen werden müssen.« Günter Jakobs, *Strafrecht. Allgemeiner Teil*, Berlin, New York 1993, S. 482 f.

37 Zur »strict liability« vgl. Hart, *Punishment and Responsibility*, S. 20 f., S. 176-181.

sprechend verhindert es der Mythos von der realen individuellen Schuld, die relative Gewichtung der in die strafrechtliche Schuldzurechnung eingehenden Gesichtspunkte kritisch zu hinterfragen. Die Vorstellung, Schuld werde entdeckt und nicht entschieden, verschleiert die Entscheidungen, die in die Zurechnung eingehen – Entscheidungen, welche die relative Berücksichtigung der Situation des Täters, die Bewertung seiner Motive auf der Grundlage der sozialen Normen, die Berücksichtigung der Rechte und Interessen von Opfern, das Interesse am Schutz der Rechtsordnung und Ähnliches betreffen und die offengelegt werden müssen, wenn man sich fragt, inwiefern das moderne Strafrecht den Ansprüchen der Gerechtigkeit »gerecht« wird.

5. Eine wittgensteinsche Deutung: Die Rekonstruktion der psychischen Schuldfaktoren aus ihrer sozialen Umgebung

Gegen die Möglichkeit einer rein subjektiven Auslegung des Schuldprinzips sprechen auch erkenntnistheoretische Überlegungen. Nach Mackies geradliniger Regel müsste der Straftatbestand auf die Täterbeschreibung der Handlung beziehungsweise der ihr zugrunde liegenden Motive zurückgeführt werden. Das setzt aber voraus, dass der Täter eine klare Vorstellung davon hat, was er tun will, aufgrund dieser Vorstellung handelt und diese mentalen Tatsachen auch noch sprachlich artikulieren kann – vorausgesetzt, dass er es will. In vielen Fällen ist dies nicht realistisch, und oft ist es gar nicht möglich, die für den Straftatbestand relevanten Fakten zu ermitteln, ohne auf Stereotypen zurückzugreifen. In der Praxis unterscheidet sich eine moderne Ermittlung der strafrechtlich relevanten Tatsachen daher bei weitem nicht so stark von einem Vorgehen auf der Grundlage objektiver Zurechnungsmaßstäbe (wie bei den Barotse), wie es die verbreitete subjektive Interpretation strafrechtlicher Schuld vermuten ließe. So gilt es in der Strafrechtspraxis in vielen Fällen als durchaus legitim, Standards wie »das Wissen eines normalen erwachsenen Mitteleuropäers« einzusetzen, um strafrechtlich relevante Fragen wie die des Vorsatzes zu klären. Joachim Hruschka hat am Beispiel eines Angestellten im Waffengeschäft demonstriert, dass der Maßstab eines »normalen erwachsenen Mitteleuropäers« eingesetzt werden kann, um auf den *Vorsatz* des Täters zu schließen:

> Ein normaler erwachsener Mitteleuropäer [...] weiß in aller Regel, was ein Gewehr ist, wie man mit einem Gewehr umgeht, [...] und daß die Abgabe eines Schusses auf einen Dritten für diesen [...] lebensgefährlich ist. Daraus ist die Schlußfolgerung zu ziehen, daß auch der Angeklagte, der jede einzelne dieser Voraussetzungen erfüllt, um die Gefährlichkeit seines Handelns für die Körperintegrität oder gar für das Leben des Opfers gewußt hat.[38]

Ohnehin kann ein Gericht Behauptungen über »mentale« Phänomene wie Absicht, Wollen und Nichtwollen nicht nach dem kartesischen Erkenntnismodell als subjektive Ideen in einem Geist interpretieren, zu denen nur das »Ich« jeweils privilegierten Zugang hat, weil es dann gar keine Möglichkeit hätte, die Wahrheit oder Falschheit der Behauptungen zu überprüfen. Es wird sich an das erkenntnistheoretische *Know-how* halten, das wir im gewöhnlichen Leben anwenden und das wohl sehr viel mehr Ähnlichkeit mit einer wittgensteinschen als einer kartesischen Interpretation von Gefühlen hat. Wenn man, wie Walter Grasnick an einem Beispiel vorführt, das vom Gericht verwendete Erkenntnismodell im Rückgriff auf Wittgensteins Analysen der sozialen Umgebungen von Gefühlen rekonstruiert,[39] dann erweist sich die Einschätzung von Gefühlen nicht nur als eine empirische, sondern auch als eine »grammatische« Angelegenheit. Die Frage, ob jemand bestimmte mentale Zustände hatte oder nicht, richtet sich nämlich nicht primär auf private Tatsachen, die allein dem individuellen »Ich« zugänglich sind, sondern unterliegt gewissen Regeln des Sprachgebrauchs. Eine Behauptung kann als ein Zug in einem Sprachspiel verstanden werden, der korrekt oder inkorrekt sein kann wie der Zug in einem Schachspiel, wie Wittgenstein in seinen *Philosophischen Untersuchungen* an vielen Beispielen demonstriert. Ob jemand ein Gefühl *hat*, ist eine empirische Angelegenheit; aber ob

38 Joachim Hruschka, »Über Schwierigkeiten mit dem Beweis des Vorsatzes«, in: *Festschrift für Theodor Kleinknecht*, hg. v. Theodor Kleinknecht, Hans Kauffmann, München 1985, S. 192.

39 Bei der Anwendung von Wittgensteins Analyse der Gefühle auf die Gerichtpraxis stütze ich mich auf Walter Grasnick, »Der Strafprozeß als mentaler Diskurs und Sprachspiel«, in: *Juristen-Zeitung* 46 (1991), S. 287 f.

er es *haben kann* – das heißt, ob er sinnvollerweise behaupten kann, ein bestimmtes Gefühl zu haben, oder man dies sinnvollerweise über ihn behaupten kann –, hängt von der Art des Kontextes ab.

Dass wir das »Lächeln des Säuglings« nicht für »Verstellung« halten,[40] bedeutet nicht, dass wir einem Säugling mehr Ehrlichkeit zutrauen als anderen Menschen, sondern dass wir den Ausdruck Verstellung nur in einem Kontext verwenden, in dem auch von Absichten, Strategien, psychologischer Einschätzung etc. gesprochen werden kann und wir Personen als verantwortlich und verlässlich betrachten, was die Bedingung dafür ist, dass sie uns täuschen können. Wenn wir eine Äußerung wie »er hat es vorsätzlich getan« ernst nehmen (oder sie als Witz verstehen), setzen wir dabei ebenfalls implizit eine spezielle soziale Umgebung voraus.[41]

So geht auch ein Gericht vor, wenn es beispielsweise die Behauptung eines Angeklagten prüft, aus Angst um sein Leben – und nicht etwa aus Zorn oder gar Mordlust – auf tödliche Weise zugeschlagen zu haben. Hier stellt sich die Frage, ob der deutsche Strafrechtsparagraph 33 anwendbar ist, wonach ein Täter entschuldigt werden kann, wenn er die Grenzen der Notwehr *aus Verwirrung, Furcht oder Schrecken* überschreitet. Wenn »Furcht« als ein subjektiver Geisteszustand des Einzelnen betrachtet würde, könnte das Gericht die Wahrheit dieser Behauptung gar nicht überprüfen. Wie ein früherer Staatsanwalt es beschreibt, versucht ein Angeklagter jedoch gewöhnlich, das Gericht zu überzeugen, indem er die näheren *Umstände* der Tat schildert.[42] Und umgekehrt ermittelt das Gericht, ob er mit Recht von Furcht spricht, indem es durch genaues Erfragen der Tatumstände die vermeintliche »Umgebung« des Affekts, nämlich den Typ von Situation rekonstruiert, in der er aufgetreten sein soll. Handelt es sich um eine Situation von der Art, die sich als furchterregend beschreiben lässt, oder – so könnte man mit Wittgenstein sagen – begeht der Angeklagte mit seiner Behauptung einen grammatischen Fehler? Das aber bedeutet, dass in der

40 Ein Beispiel von Ludwig Wittgenstein, *Philosophische Untersuchungen*, Werkausgabe Bd. 1, Frankfurt/M. 1984, § 249, S. 358.

41 Zur Bedeutung von Ausdrücken in einer Umgebung vgl. Ludwig Wittgenstein, *Philosophische Untersuchungen*, § 583, S. 455.

42 Vgl. Grasnick, »Der Strafprozeß als mentaler Diskurs und Sprachspiel«, S. 292. Eine ganz ähnliche Beschreibung liefert der australische Jurist Peter Cane, *Responsibility in Law and Morality*, S. 48.

Strafrechtspraxis – im konkreten Prozess der Schuldermittlung – auch die strafrechtlich relevante Beschreibung der Handlung nicht mit beliebigen subjektiven Beschreibungen der angeklagten Person zusammenfallen kann, sondern normativen Standards der sozialen Nachvollziehbarkeit genügen muss.

6. Anders handeln können als Voraussetzung strafrechtlicher Schuld

Kommen wir zu dem Schuldvorwurf zurück, der nach allgemeiner Auffassung voraussetzt, dass der Täter *hätte anders handeln können*. Die Geister scheiden sich jedoch an der Frage, wie dieses Andershandelnkönnen zu verstehen ist. Einer weitverbreiteten Auffassung zufolge gründet es auf einer metaphysischen Fähigkeit zur freien Selbstbestimmung und muss im konkreten Einzelfall subjektiv verstanden werden:

> Die innere Berechtigung des Schuldvorwurfs liegt darin, dass der Mensch auf freie Selbstbestimmung angelegt und bei Anspannung seines »Rechtsgewissens« imstande ist, das rechtlich Verbotene zu vermeiden [...]. »Schuldhaftes Handeln« ist nur im Rahmen des konkret-individuellen Könnens möglich, setzt also die subjektive Vermeidbarkeit der Rechtspflichtverletzung voraus.[43]

Wenn das moderne Strafrecht das konkret-individuelle Können zu ermitteln hätte, müsste es jedoch die Perspektive eines Jüngsten Gerichts einnehmen. Es würde nicht mehr den Zweck verfolgen, die Gefahren abzuwenden, die dem Gemeinwesen und seinen Bürgern durch soziale Übergriffe und Normverletzungen Einzelner drohen, sondern es als seine Aufgabe betrachten, die Differenz zwischen der jeweiligen Mobilisierbarkeit des Rechtsgewissens und dem tatsächlichen Tun einzuschätzen. Hierfür haben die Strafrechtler Rainer Maurach und Heinz Zipf plädiert:

> Für die Begründung des Unwerturteils »schuld« entscheidet nur das eigene Können des Täters; strafrechtlich gesehen, begründet das höchste Glück der Persönlichkeit auch die von jeder Verallgemeinerung gelöste Individualverantwortung. Die Anforderungen an den Willensstarken und Klugen

43 Johannes Wessels, *Strafrecht. Allgemeiner Teil*, Heidelberg 1996, S. 109.

können mit Fug und Recht höher sein als diejenigen an den unter dem Durchschnitt des Könnens stehenden Rechtsgenossen. Nur unter diesen Voraussetzungen wäre der Satz gerechtfertigt, dass Strafe Schuld voraussetzt.[44]

Maurach und Zipf haben daher vorgeschlagen, die Zurechnung der Tat von der Zurechnung zur individuellen Schuld zu trennen:

Die Verletzung der Durchschnittsanforderungen begründet als erste Stufe der Zurechenbarkeit die *Tatverantwortung*; erst das Zurückbleiben hinter den dem konkreten Täter zumutbaren Ansprüchen löst, als zweite Stufe der Zurechenbarkeit, das Vorwurfsurteil *Schuld* aus [...] Erst in der zweiten Stufe, der individuellen Vorwerfbarkeit, wird auf die Persönlichkeit des Täters und seine speziellen Möglichkeiten abgestellt; hier geht es um die Fragestellung: Kann man dem *Täter die Tat nach seinen Möglichkeiten persönlich* vorwerfen?[45]

Ein solches je individuelles Vermögen kann jedoch aus praktischen Gründen nicht ermittelt werden. Wie sollte man ausfindig machen, ob es einer Täterin überhaupt in den Sinn hätte kommen können, oder gar, ob sie sich hätte überwinden können, die Tat *nicht* auszuführen? Und woran wäre zu bemessen, ob ein Angeklagter über eine durchschnittliche Willensstärke verfügt und übermäßig starken Impulsen erlegen ist oder seine außerordentlich starke Willenskraft auf schuldhafte Weise vergleichsweise schwachen Impulsen nachgegeben hat?[46]

Damit ist allerdings noch nicht die Frage beantwortet, ob es *gerecht* wäre, die je individuellen Möglichkeiten – und nicht das, was man von einem Durchschnittsmenschen erwarten kann – zur Grundlage strafrechtlicher Schuldzuschreibung zu nehmen. Ein Gedankenexperiment: Wir gehen davon aus, dass ein Durchschnittsmensch, der in finanziell begünstigten Verhältnissen lebt, in eine billigere Wohnung umziehen *kann*, wenn sich herausstellt, dass die Raten für seine Luxuswohnung durch sein sinkendes Einkommen nicht mehr gedeckt sind. Aber was folgt daraus für das Können eines konkreten Individuums, in Anbetracht seiner wirklichen psychischen Disposition? Kann beispielsweise ein Wallstreet-

44 Reinhart Maurach, Heinz Zipf, *Strafrecht. Allgemeiner Teil*, Heidelberg, Karlsruhe 1977, S. 445.

45 Maurach, Zipf, *Strafrecht*, S. 449.

46 Zu diesem Einwand vgl. Kenny, *Freewill and Responsibility*, S. 36 f.

broker, dessen Sozialleben vor allem im Konkurrenzkampf um sozialen Status besteht, dasselbe wie ein Paar, das nur noch Teilzeit arbeitet, um mehr Zeit für die Kinder zu haben, oder wie ein alleinstehender Lehrer, der sich zwei Jahre ohne Bezüge beurlauben lässt und von Erspartem lebt, um an einem literarischen Projekt tüfteln zu können?

Das ist nicht anzunehmen, denn derselbe Schritt (Umzug in eine bescheidenere Wohnung), der sich den einen als ein Mittel zur Verbesserung der Lebensverhältnisse oder zur Erfüllung eines langgehegten Traums darstellt, bedeutet für den anderen vielleicht nichts weniger als einen sozialen Selbstmord. »Es gab keine Möglichkeit«, stellt der Wallstreetbroker Sherman McCoy in Tom Wolfes Roman *Fegefeuer der Eitelkeiten* durchaus überzeugend fest, »die Wohnung zu verkaufen und in eine viel kleinere und bescheidenere umzuziehen – ein Ding der Unmöglichkeit! Es gab keinen Weg zurück! Wenn man einmal in einer 2,6-Millionen-Dollar-Wohnung in der Park Avenue gewohnt hatte, war es unmöglich, in einer Wohnung für $ 1 Million zu wohnen. Natürlich gab es keine Möglichkeit, das einer lebenden Seele zu erklären. Wenn man kein kompletter Idiot war, brachte man die Worte nicht einmal aus dem Mund. Trotzdem – *es war so! Es war eine Unmöglichkeit!«*[47]

Subjektiv gesehen sagt McCoy hier nichts als die reine Wahrheit. Wenn wir realistischerweise davon ausgehen müssen, dass die Vorstellung einer kleineren und bescheideneren Wohnung für ihn auf ein vollkommen sinn- und wertloses Dasein hinausläuft, dann können wir nicht ernsthaft behaupten, dass er sich, so wie er ist, zu einem solchen Schritt motivieren könnte. Nehmen wir nun einmal an, McCoy beginge (anders als im Roman) vorsätzlich eine Straftat, um an das Geld heranzukommen, das er zur Abzahlung seiner Luxuswohnung benötigt. Würden wir das Schuldprinzip wirklich individualistisch verstehen, dann müssten wir konsequenterweise auch eine Straftat entschuldigen, die sich aus der psychologischen Unfähigkeit ergibt, den Lebensstandard zu reduzieren. Offenbar legen wir aber doch andere Standards an, wenn wir uns fragen, was ein Individuum im *rechtlichen* Sinne kann oder nicht kann: Standards, deren sich McCoy durchaus bewusst ist. Denn wie er ja selbst sagt, käme niemand, der »kein kompletter Idiot« ist, auf die Idee sich in

47 Tom Wolfe, *Fegefeuer der Eitelkeiten*, München 1988, S. 180.

dieser Situation darauf zu berufen, was ihm *subjektiv* möglich ist – oder unmöglich. Und McCoy liefert uns auch einen Anhaltspunkt, warum dies kein Kriterium sein kann: Letztlich geht es darum, was man im jeweiligen Fall »einer lebenden Seele … erklären« kann.

Hier handelt es sich nicht um eine Frage der sprachlichen Vermittlungsfähigkeit. McCoy meint nicht, dass er niemandem seine Unfähigkeit klarmachen könnte – sie ist vollkommen nachvollziehbar –, sondern dass er sich damit nicht rechtfertigen oder entschuldigen könnte. Sein Gegenüber könnte versucht sein, (mit Aristoteles) zu sagen: umso schlimmer. Denn das, was McCoy – wenn wir uns an die Romanfigur halten – unfähig macht, bescheidener zu leben, ist weder eine Unkenntnis der Tatsachen noch der Normen, noch ein Notstand (im Sinne des Strafgesetzes). Es ist sein eigenes normatives Selbstverständnis, seine fast exklusive Identifikation mit einer Berufsrolle, die mit einem bestimmten Männlichkeitsstatus verbunden ist und alle anderen Werte dominiert. Die Identifikation mit Idealen oder Rollen kann ein Individuum unfähig machen, bestimmte Dinge zu tun oder zu lassen, oder es auch umgekehrt zu Dingen befähigen, die ein anderer nicht kann. Es ist auch zu einem hohen Maße eine Frage des normativen Selbstverständnisses, ob eine Person über die Freiheit verfügt, sich dem Druck der eigenen Neigungen oder der Umstände zu widersetzen. Schon die Tragödie *Antigone* von Sophokles hat dies am Beispiel der Schwestern Antigone und Ismene eindrucksvoll demonstriert. Beide haben einen nahezu identischen Bildungs- und Erfahrungshintergrund, leben in derselben Situation, fühlen sich aber nicht zu denselben Handlungen fähig. Als Antigone ihre Schwester um Mithilfe bittet, ihren Bruder trotz ausdrücklichen Verbots zu begraben, erklärt Ismene, sie *könne* als Frau *nicht* gegen Männer streiten:[48] Antigone wolle *Unmögliches*. Für Antigone hingegen ist dies nicht unmöglich, da weder ihr normatives Selbstverständnis und ihre Bindungen noch ihr Wunsch zu leben ihrem Handeln Grenzen setzen. Da Antigone sich im Unterschied zu Ismene mehr den schon verstorbenen Mitgliedern ihrer Familie als dem gegenwärtigen Staat und seinen Vertretern verbunden fühlt, *kann* sie in diesem Fall, was die physisch und kognitiv nicht unbedingt schwächere Ismene *nicht kann*. Umgekehrt hätte aber sie auch ihre eigene Weigerung, Kreons Ver-

48 Sophokles, *Antigone*, in: ders., *Tragödien*, Düsseldorf, Zürich 2002, S. 137 f.

boten zu gehorchen, glaubwürdig als ein Nicht-anders-Können beschreiben können – so wie sie fühlt und denkt, hätte sie sich schwerlich durchringen können, ihm zu gehorchen.

Dass wir Leute wie McCoy und Antigone auch dann zur Verantwortung ziehen würden, wenn wir nicht glauben, dass sie subjektiv fähig gewesen wären, anders zu handeln, lässt darauf schließen, dass das Können beziehungsweise Nichtkönnen, das bei Schuldzuschreibungen berücksichtigt wird, auch bei uns nicht psychologisch, sondern normativ verstanden wird. Wir akzeptieren nicht alle Arten des Nichtkönnens als Entschuldigung.

Wenn im strafrechtlichen Sinne gefragt wird, ob ein Individuum hätte anders handeln können, geht es daher nicht um das Nichtkönnen als solches, sondern um die Frage, ob es sich um ein Nichtkönnen handelt, für das wir als Vertreter des Gemeinwesens Verständnis aufbringen dürfen. Und das bedeutet, dass auch im modernen Recht die Rechtsperson bei der Schuldzuschreibung nicht nur als bloßes Individuum mit faktischen Fähigkeiten und Unfähigkeiten, Interessen und Zielen betrachtet wird, sondern ganz wesentlich auch unter dem Gesichtspunkt eines Sollens, das sich aus ihrer Mitgliedschaft in einem Gemeinwesen ergibt.

So ist zur Selbstverteidigung berechtigt, wer guten Grund zur Annahme hat, unmittelbar an Leib und Leben bedroht zu sein. Das bedeutet jedoch nicht, dass er anlässlich einer Provokation zu beliebigen Gegenmaßnahmen greifen dürfte; vielmehr muss er eine gewisse Verhältnismäßigkeit in der eigenen Reaktion einhalten und wirklich (subjektiv) von der Bedrohung überzeugt sein. Im nordamerikanischen Recht werden das normative und das subjektive Element in der Figur der »vernünftigen Überzeugung« zusammengefasst: Eine Person ist dann berechtigt, Gegengewalt anzuwenden, wenn »sie aus rationalem Grund (reasonably) annimmt, dass die andere Person eine lebensgefährliche physische Gewalt ausübt oder unmittelbar ausüben wird.«[49]

Im deutschen Strafrecht (§ 33) kann ein Täter, wie schon erwähnt, nach dem Wortlaut des Gesetzes auch entschuldigt (nicht gerechtfertigt) werden, wenn er die Grenzen der Notwehr ohne »rationalen Grund« überschreitet, allerdings nur, wenn dies *aus Verwirrung, Furcht oder Schrecken* geschieht. Der Grund für diese

49 *New York Penal Law*, hier wiedergegeben nach Ripstein, *Equality, Responsibility and the Law*, S. 191. (Übers. M.-S. L.)

Auflistung der Gefühle, die Grundlagen der Entschuldigung abgeben, ist aber schwerlich der, dass nur solche Gefühle – und nicht etwa Hass, Rachsucht oder Mordlust – den Betreffenden so überwältigen können, dass seine Gegenwehr unverhältnismäßig wird. Es geht hier offenkundig nicht nur um den faktischen Urteils- oder Kontrollverlust, sondern um die Frage, welche Gefühle als Motive noch sozial akzeptabel sind.[50]

Sehr viel expliziter als im deutschen Strafrecht kommt diese normative Bewertung der handlungsbedingenden Affekte bei der Verwendung der Rechtsfigur der vernünftigen Person im amerikanischen Rechtswesen zum Ausdruck, wie der folgende Fall zeigt: Ein Mann, der zufällig im Wald auf ein lesbisches Paar gestoßen war und die eine der Frauen erschossen, die andere schwer verletzt hatte, beantragte bei Gericht ein psychiatrisches Gutachten, das belegen sollte, das er aufgrund des Verhaltens seiner Mutter in seiner frühen Kindheit mit so extrem heftigen Affekten auf lesbische Sexualität reagierte, dass er sein Verhalten nicht mehr steuern konnte. Das Gericht von Pennsylvania lehnte diesen Antrag ab. Dies wurde nicht mit einem Zweifel an der behaupteten Heftigkeit des Hassaffekts begründet, sondern mit der Differenz des individuellen Affektzustands zu dem Zustand einer »vernünftigen« Person. Um eine Strafminderung zu erlangen, so das Gericht, hätte der Angeklagte zeigen müssen, dass seine Wut in Folge einer direkten Provokation entstand, dass die Reaktion der Provokation angemessen war und dass sein Affektzustand der einer »vernünftigen« Person« gewesen sei. Gegen Letzteres sprach der Umstand, dass er die Szene sofort hätte verlassen können, wie es nach Auffassung des Gerichts eine »vernünftige« Person getan hätte. Die Intensität des Aggressionsaffekts durfte nicht einmal als *potenzieller* Entschuldigungsgrund berücksichtigt werden, da dies nach Meinung des Gerichts bedeuten würde, den Täter für »bösartige Leidenschaften«, für mangelnde Selbstdisziplin und mangelnde Kultivierung seines Affektlebens zu belohnen.[51]

Das Gericht verwendet hier implizit eine aristotelische Figur,

50 Zu der sozialen Bewertung der Gefühle vgl. auch die Diskussion dieses Paragraphen bei Klaus Günther, »Voluntary Action and Criminal Responsibility«, S. 269.

51 Dieser Fall von 1990 wird hier wiedergegeben nach Martha Nussbaum, *Hiding from Humanity*, Princeton 2004, S. 127, S. 130.

die der *actio libera in causa* im deutschen Rechtswesen ähnelt und die Zurechnungsfähigkeit des Täters quasi in der Zeit zurückverlegt. Die Möglichkeit, dass der Täter im Moment der Tat aufgrund seiner Affektlage nicht hätte anders reagieren können, wird darauf zurückgeführt, dass er sich in seiner Lebensgeschichte nicht in dem Maße um Selbstkontrolle und Rücksicht bemüht hat, in dem es von einer vernünftigen Person erwartet werden muss. Wer dies vernachlässigt und dadurch für seine Mitmenschen zu einer unberechenbaren Gefahr wird, darf nach Auffassung des Gerichts nicht entschuldigt werden, weil dies dem Präventionszweck des Strafrechts zuwiderlaufen würde. Die sozialen Zwecke des Strafrechts führen also dazu, dass der Bezugspunkt des Schuldprinzips quasi *in der Zeit zurückverlegt* wird.

Vergleichbare Kriterien kommen auch im kontinentalen Strafrecht zur Anwendung. So scheint eine Zurückverlegung des Bezugspunktes der Freiwilligkeit insbesondere bei Fahrlässigkeitsdelikten aufgrund mangelnder Sorgfalt in hochgradig riskanten Bereichen angebracht: »Offensichtlich genügt das aktuelle Nichtkönnen des Handelnden zum Handlungszeitpunkt nicht, um ihn generell normativ freizustellen.«[52] Selbst wenn die Rechtsfigur der »vernünftigen« Person im deutschen Strafrecht nicht ausdrücklich eingesetzt wird, stellt sich auch hier die Frage, ob ein Individuum nachvollziehbare und sozial akzeptable Gründe geltend machen kann, warum es einen Rechtsbruch nicht vermeiden *konnte*. So führt Joachim Hruschka die Schuldzurechnung darauf zurück, dass »der Täter mit dem Bewußtsein der Rechtswidrigkeit seiner Tat ein Motiv dafür gehabt habe, die verbotene Handlung zu unterlassen beziehungsweise die gebotene Handlung vorzunehmen, und dass ihn von der Erfüllung seiner Pflicht kein Gegenmotiv abgehalten hat, *für das wir Verständnis aufbringen*«.[53] Umgekehrt begründet sich die Entschuldigung des in einer Notlage rechtswidrig handelnden Täters damit, »daß wir nicht sagen können, daß wir selbst in einer vergleichbaren Situation anders gehandelt hätten«.[54]

Kurz, die Anwendung des Schuldprinzips ist auch in der Moderne nicht anders als in der Antike und anderen Gesellschaften

52 Seebaß, »Handlungstheoretische Aspekte der Fahrlässigkeit«, S. 74.

53 Hruschka, »Verhaltensregeln als Zurechnungsregeln«, S. 455; (Hervorhebung M.-S. L.)

54 Hruschka, »Verhaltensregeln als Zurechnungsregeln«, S. 455.

nur auf einer normativen intersubjektiven Grundlage möglich; das Strafrecht darf Normentreue nicht mehr dort verlangen, wo sie das Zumutbare (Aristoteles sprach vom »Menschenmöglichen«) übersteigt. Übersetzt in gegenwärtige Maßstäbe heißt das: Das Strafrecht darf keine superogatorischen Ansprüche an den Einzelnen stellen, sondern nur verlangen, was in der Situation im Lichte gegenwärtiger Auffassungen noch zumutbar erscheint.[55]

Diese Überlegungen sprechen dafür, das Schuldprinzip und die damit verbundene Unterstellung eines Vermögens, anders handeln zu können, nicht auf ein reales psychologisches Vermögen von Personen zu beziehen, sondern als etwas zu begreifen, das der Staat mündigen Bürgern selbstverständlich *unterstellen* muss – ebenso wie sie es einander unterstellen –, es sei denn, es liegen spezielle Umstände vor, aufgrund deren Rechtstreue nicht mehr zumutbar ist (im Unterschied zum Fall McCoy). Unter dem der Schuld zugrunde liegenden Vermögen wäre somit – wie bei Aristoteles' Bestimmung der Freiwilligkeit – die Abwesenheit von schuldausschließenden Gründen zu verstehen. Dies eröffnet außerdem die Möglichkeit, das Vermögen *normativ* zu bestimmen: Denn wenn wir die jeweilige Freiheit negativ als ein Nichtvorliegen von Unfreiheit verstehen, dann bezieht sie sich auch auf *Standards* der Sorgfalt und des Nichtakzeptierbaren. Ob wir beispielsweise davon ausgehen, dass jemand fahrlässig gehandelt oder eine fahrlässige Unterlassung begangen hat, hängt – wie im Falle des Bereitschaftsarztes und des Mörders in Pennsylvania – davon ab, was wir meinen, von einer Person in einer bestimmten Rolle an Sorgfalt und Rücksicht erwarten zu dürfen.[56]

Aus dem Interesse, Täter vor einer unverhältnismäßig harten Strafe zu bewahren, und dem Interesse an Prävention und Rechtssicherheit, die je nach Delikttyp unterschiedlich gewichtet werden, ergeben sich gute Gründe, bei manchen Delikten eher individualisierende Zurechnungskriterien zu verwenden, bei anderen hingegen stärker an normativen Erwartungen ausgerichtete. Dabei können der Zweck des Strafrechts und das Schuldprinzip in Konflikt geraten. Man kann sich durchaus Fälle denken, wo es nicht mehr möglich scheint, Schuld auf das moralisch Zumutbare zu

55 Vgl. die Unterscheidung zwischen moralischen und superogatorischen Ansprüchen bei Habermas, *Erläuterungen zur Diskursethik*, S. 136.

56 Vgl. Aristoteles, *Nikomachische Ethik*, Drittes Buch, Erstes Kapitel, 1110a 1-9.

reduzieren. Es sind Grenzfälle denkbar, die mit Blick auf die persönliche Schuld (im Sinne moralischer Vorwerfbarkeit) hart, aber gleichwohl nicht vermeidbar erscheinen. Ein Beispiel von Günther Jakobs:

> Wenn ein Kaufmann einen drohenden Bankrott und damit die Vernichtung seines Lebenswerks in der begründeten Erwartung späterer Sanierung durch einen Kreditbetrug abwendet, scheidet Entschuldigung aus, weil die rechtliche Anerkennung der Zahlungsunfähigkeit als elementare Notlage relevante Teile der Rechtsordnung (mindestens der Eigentums- und Vermögensdelikte) [...] von strafrechtlicher Garantie ausnehmen würde.[57]

In einem solchen Fall gehen die moralische Beurteilung des Handelns und das öffentliche Interesse am Schutz der Rechtsordnung weit auseinander. Der spezielle Fall ist jedoch auch insofern interessant, als es in einem auch *moralischen* Sinne gerechtfertigt scheinen kann, den Kaufmann strafrechtlich zur Verantwortung zu ziehen, obwohl wir sein Verhalten mit einem gewissen Verständnis betrachten würden. Denn sowohl das allgemeine Rechtsgut der Rechtssicherheit als auch speziell die Sicherheit des Eigentums- und Vermögensrechts stehen in diesem Fall für genuine Interessen des Angeklagten als Staatsbürger und Kaufmann. Er hat in diesem Fall vielleicht psychologisch nicht anders handeln können, und er könnte sogar gute Gründe für sein Handeln angeben, aber er hat *selbst* – mit Blick auf seine Identität als Staatsbürger und Kaufmann – auch allen guten Grund, zu wollen, dass solche Handlungen strafrechtlich verfolgt werden.

Gegen die Überlegung, Schuld setze voraus, dass der Täter Grund hatte, die Tat zu unterlassen, liegt der Einwand nahe, dass es sich beim Strafrecht nicht um Naturrecht handelt, sondern um positiv gesetztes Recht, die Legitimität der Schuldzurechnung daher auch nicht davon abhängen kann, dass die Normen selbst von jeder Person als vernünftig oder gut bejaht werden.[58] Schließlich geht das Strafrecht auf den veränderlichen Willen des Gesetzgebers zurück. Es umfasst auch eine Reihe von Normen, die einem starken kulturellen Wandel unterliegen und weder interkulturell akzeptiert

57 Jakobs, *Strafrecht. Allgemeiner Teil*, S. 473.

58 Einen solchen Einwand formuliert Klaus Günther, *Schuld und kommunikative Freiheit. Studien zur personalen Zurechnung strafbaren Unrechts im demokratischen Rechtsstaat*, Frankfurt/M. 2005, S. 1.

werden (insbesonders im Hinblick auf die Sexualität, vor allem die Homosexualität, und auf die rechtliche Gleichstellung der Frau) noch zum Ethos aller Gruppen innerhalb einer Gesellschaft passen, die ja auch Migranten aus anderen Kulturen einschließen kann. So vertritt Klaus Günther die Auffassung, die Pflicht zur Rechtstreue verlange nicht, dass man die Rechtsnorm in sein eigenes normatives Selbstverständnis aufnimmt:

[Der Normdadressat] muss die Pflicht zur Normbefolgung nicht als Selbstbildung seines Willens interpretieren und die Norm nicht als moralische Person befolgen. Die Pflicht zur Befolgung von Rechtsnormen ist also weiter als die Pflicht zur Befolgung moralischer Normen – diese folgt unmittelbar aus der autonomen Zustimmung zur moralischen Norm, während jene sich auf das ganze, Autonomie prozedural ermöglichende Verfahren des legitimen Zustandekommens der Rechtsnorm bezieht und an die einzelne Zustimmung zu oder Ablehnung einer einzelnen Rechtsnorm nicht gebunden ist.[59]

Aber in welchem Sinne sind wir dann verpflichtet, die Gesetze zu achten? Ergibt sich die Pflicht zur Normtreue allein aus der verfahrensrechtlichen Legitimität der Rechtsnormen? Das kann nicht alles sein, wie ein Beispiel Joel Feinbergs illustriert: »Wenn das Gesetz alle rothaarigen Menschen ermächtigen würde, alle glatzköpfigen Braunhaarigen zu verhören und festzunehmen, dann wäre die rechtliche Autorität als solche moralisch illegitim und das Ermächtigungsgesetz ohne moralische Rechtfertigung.«[60] Das gilt unabhängig davon, ob es der Verfassung entspricht und verfahrensrechtlich einwandfrei erlassen wurde. Das Strafrecht kann seine Legitimität nicht *allein* daraus beziehen, dass es legal erzeugt wurde. Es muss sich darauf berufen können, dass zumindest der weitaus überwiegende Teil seiner Normen sich mit intersubjektiv verankerten moralischen Normen deckt und der Rest zumindest begründet erscheint. Es ist schwerlich ein Zufall, dass ein Kernbestandteil des Strafrechts aus Normen besteht, die in allen Kulturen in der einen oder anderen Interpretation gelten (wenn man die erwähnten Unterschiede zwischen vorstaatlichen und staatlichen Gesellschaften mit Blick auf die Auslegung der Normen als Vergehen gegen Personen oder als Vergehen gegen die Rechtsordnung berücksich-

59 Günther, *Schuld und kommunikative Freiheit*, S. 251.

60 Joel Feinberg, *Harm to Others. The Moral Limits of the Criminal Law*, New York 1984, S. 6 f.

tigt). Dazu gehören: das Verbot des Mordes, des Totschlags, der Vergewaltigung, der Körperverletzung, des Raubes, des Diebstahls (dessen Universalität durch die verschiedenen Eigentumsbegriffe modifiziert wird), des Betruges, der Verleumdung etc.

Kommen wir auf das Beispiel des Kaufmanns zurück, für dessen Verhalten man psychologisch und sogar (mit Blick auf seine Verantwortung für die Familie und andere betroffene Personen) moralisch ein gewisses Verständnis aufbringen kann, ohne dass deswegen eine strafrechtliche Verurteilung ungerecht wäre. Der Kaufmann wird nicht zum Opfer für die Aufrechterhaltung einer Rechtsordnung gemacht, die ihm normativ und mit Blick auf sein Eigeninteresse fremd wäre. Eine Verurteilung entspricht in diesem Fall dem vernünftigen Interesse auch des Betroffenen an der Erhaltung der Rechtsordnung, die seine berufliche Tätigkeit überhaupt erst ermöglicht, indem sie unter anderem verhindert, dass man im Geschäftsverkehrt mit einem Verhalten wie dem seinen rechnen muss. Wenn sein Verhalten nicht eindeutig moralisch vorwerfbar ist, dann läuft das Schuldprinzip jedoch in diesem Fall auf Haftbarkeit hinaus. Dafür hat Günther Jakobs die Form einer Parabel gewählt:

> In einigen aneinandergrenzenden Ländern, die durch souveräne Monarchen beherrscht werden, unternehmen die Grenzbewohner immer wieder Beutezüge in eines der Nachbarländer. Der Schaden für die Opfer ist jeweils größer als der Gewinn für die Täter. Die Monarchen einigen sich daher bei einem Treffen, diese Untaten strikt zu unterbinden. Zur Garantie des Versprechens einigen sie sich auf eine Buße: Falls doch noch Raubzüge stattfinden sollten, ist eine Buße in doppelter Schadenshöhe fällig. Nach dieser Einigung verbessert sich die Lage schlagartig; Beim nächsten Treffen sind daher nur wenige Bußen zu leisten. Einer aber will überhaupt nicht leisten; er trägt vor, trotz allergrößter Anstrengungen habe er nicht genug Geld aufgetrieben, um eine hinreichend große Polizeitruppe aufstellen zu können; es sei für ihn also schlechthin unmöglich gewesen, seine Grenzbewohner in Schach zu halten. Die anderen glauben das und schließen aus der – auf Finanzschwäche beruhenden – Unfähigkeit ihres Vetters zur effektiven Verwaltung seines Landes, es als Provinz zu behandeln und unter sich aufzuteilen. Angesichts einer solchen Möglichkeit zahlt der Monarch dann doch. Zwar meint sein Hofphilosoph, es sei ungerecht, Buße für ein unfreies Verhalten zahlen zu müssen, und unwürdig, einem solchen Zahlungsverlangen nachzukommen, jedoch der Monarch erwidert, seine *Freiheit zur Selbstverwaltung* rangiere vor solchen Überlegungen.[61]

61 Jakobs, *Das Schuldprinzip*, S. 34 f. (Hervorhebung M.-S. L.)

Wenn ich Günther Jakobs hier richtig verstehe, schlägt er vor, die persönliche Freiheit, auf der die strafrechtliche Verantwortung beruht, analog zur politischen Autonomie als Freiheit zur Selbstverwaltung zu verstehen. Das entspricht dem klassischen griechischen Kontext des Autonomiebegriffs, der sich auf die Eigenständigkeit der Städte im Bündnis mit Athen bezog, ihre innerstädtischen Angelegenheiten selbst zu regeln.[62] Analog kann man sich auch zurechnungsfähige Personen als Gebiete denken, die der Selbstverwaltung unterstehen. Das aber setzt voraus, dass sie bereit sind, für ihren Bereich Verantwortung zu übernehmen. Die Verantwortungsfähigkeit erfordert nun nicht, dass man alle Vorgänge im eigenen Gebiet, die rechtsrelevante Folgen haben könnten, wirklich vollständig unter Kontrolle hat. Sie verlangt jedoch, dass man bereit ist, für entsprechende Folgen zu haften.

Die Rechtsperson – das macht die Parabel gut deutlich – kann nicht *nur* als Normadressatin verstanden werden, sondern ist auch als Mitautorin und Nutznießerin des Rechtssystem angesprochen. Sie muss sowohl fähig sein, einzuschätzen, ob das eigene Handeln unter eine Rechtnorm fällt, als auch, ob diese Norm insgesamt ihre Berechtigung hat, ob sie wollen kann, dass sie gilt. Solange wir uns als Mitglieder einer Gemeinschaft verstehen, in der bestimmte Normen gelten, und wir diese Normen als gut oder zweckmäßig anerkennen, haben wir auch keinen Grund, eine regelgerechte Zuschreibung als ungerecht zu betrachten, wenn sie Vorgänge betrifft, die unserer eigenen Verwaltung unterstehen (vorausgesetzt, es liegen keine allgemein schuldausschließenden Gründe vor).[63] Im Einzelfall verlangt dies allerdings eine Vermittlung zwischen den verschiedenen Perspektiven einer Person: zwischen ihrem Interesse als eines in Schwierigkeiten verstrickten Individuums, das in subjektiver Hinsicht mehr oder weniger fähig gewesen sein mag, anders zu handeln, und ihrem vernünftigen Interesse am Schutz der Sicherheiten und Freiheiten, die ihr das Rechtssystem bietet. Wenn man diesen Spielraum zwischen der Zumutbarkeit von

62 Vgl. Jürgen v. Ungern-Sternberg, »Entstehung und Inhalt des Begriffs ›Autonomie‹ in der griechischen Antike«, in *Menschliche Autonomie*, Battegay und U. Rauchfleisch (Hg.), Göttingen 1990, S. 9-24.

63 Vgl. auch Michael Slote, »Moral Responsibility Without Free Will«, in: *Freedom and Moral Responsibility. General and Jewish Perspectives,* hg. v. Charles H. Manekin, Menachim M. Kellner, Maryland 1997, S. 75-84.

Rechtstreue, wie sie intuitiv erscheint und wie sie zum Schutze der Rechtssicherheit erforderlich ist, auslotet – und das heißt auch den Spielraum zwischen moralischer Vorwerfbarkeit und moralischer Haftbarkeit –, zeigt sich, dass Schuld nicht als schlichte Tatsache verstanden werden kann, die aus der Handlung selbst folgt. Sie ist Ergebnis einer *Konstruktion*, bei der je nach Delikt verschiedene Faktoren zu berücksichtigen und zu gewichten sind. Mit Blick auf die Bewusstmachung und Vermittlung der verschiedenen Gesichtspunkte, die in eine Schuldzurechnung durch das Gericht eingehen können, hat Fritjof Haft die strafrechtliche Schuld als Ergebnis eines Schulddialogs bezeichnet: Sie sei »nicht eine vom Täter bei Begehung der Tat geschaffene Realität, sondern [...] eine Wirklichkeit, die in einem Dialog zwischen dem Täter und dem, der ihn wegen seiner Tat schuldig spricht, konstituiert wird.«[64]

64 Fritjof Haft, *Der Schulddialog*, Freiburg, München 1978, S. 8.

X Schlussfolgerungen

Im Ausgang von der Frage, was eine moralische Person ausmacht, habe ich in dieser Arbeit versucht, verschiedene kulturelle Kontexte miteinander ins Gespräch zu bringen. Zu diesem Zweck wurden dünne Beschreibungen grundlegender Selbstverhältnisse und Beziehungen zwischen Personen entworfen, die Schnittpunkte zwischen verschiedenen intra- und interkulturellen moralischen Kontexten abgeben. Dabei hat sich gezeigt, dass die Auseinandersetzung mit vermeintlich unzeitgemäßen ethischen Systemen für die praktische Philosophie nicht nur allgemein »bildend« sein kann, sondern auch wichtige Gesichtspunkte zur kritischen Reflexion der eigenen Lebensform beisteuert. Der Umstand, dass scheinbar fremdartige und rückständige Praktiken uns einiges zu sagen haben, obgleich sie nicht zu den vertrauten Beschreibungen unserer Lebensform passen, kann auch darauf hindeuten, dass zwischen unseren theoretischen Beschreibungen und unseren Praktiken eine Lücke klafft. Darauf hat schon Wittgenstein in seiner Kritik an der ethnozentrischen Kulturanthropologie Frazers hingewiesen.[1] Der Kulturvergleich führt uns dann vor Augen, dass eingefahrene philosophische Denkwege etwa beim Thema moralische Verantwortung nicht die einzigen sind, um gewissen Fragen nachzugehen, und vertraute philosophische Verallgemeinerungen keine Denknotwendigkeiten darstellen.

Die Frage nach den Selbstbeziehungen und Beziehungen zu anderen, die eine Person vom Menschen im Naturzustand unterscheidet, führte von der Untersuchung der Quellen der Normativität zum Selbstbewusstsein, zu Rechten und Pflichten, den Formen des Respekts und der Verantwortung und schließlich zu verschiedenen kulturellen Gestalten und Auffassungen von Gerechtigkeit. Bei der Untersuchung wurde nicht nur berücksichtigt, dass moralische Ideen wie der Gedanke einer unparteiischen Gerechtigkeit spezielle soziale und institutionelle Kontexte zur Voraussetzung haben und in anderen quasi ohne Funktion sind. Es zeigte sich dabei auch,

1 Vgl. hierzu Wittgensteins Bemerkungen zu Frazer in »Remarks on Frazer's *Golden Bough*«, in: *Wittgenstein. Sources and Perspectives*, hg. v. C.G. Luckhardt, Sussex 1979, S. 63.

dass man einige moralische Phänomene und Praktiken unseres Alltagslebens leichter aus einer »unzeitgemäßen« als einer »zeitgemäßen« Perspektive verstehen kann. Während wir im Lichte moderner Ideen von moralischer Verantwortung dazu neigen, moralische Verantwortung mit Autorschaft gleichzusetzen, erweist sich unsere Lebenspraxis bei näherer Betrachtung als durchaus von normativen Erwartungen geprägt, die sich viel besser als moralische Haftung oder Täterbedauern beschreiben lassen: schuldfreie Aspekte moralischer Verantwortung, die in der Moralphilosophie – wenn man von Bernard Williams absieht – immer noch weitgehend ein Schattendasein führen.

Dabei wurden Fallbeispiele eingesetzt, um verschiedene Lebensformen und Sichtweisen miteinander ins Gespräch zu bringen. Solche Einzelbeispiele können nicht dazu dienen, allgemeine Thesen zu begründen. Ihre Funktion bestand vor allen darin, Vorurteile über die Differenz »moderner« und »traditioneller« oder »primitiver« Verantwortungsauffassungen zu entkräften, die mit dem unglücklichen Denkmodell eines Bewusstseinsfortschritts verbunden sind. Für sich betrachtet, dienen Einzelanalysen wie die Darstellung der Lebensform der Palyians dazu, mit modernen Mythen aufzuräumen wie der Vorstellung, die Mitglieder moderner arbeitsteiliger Gesellschaften führten ein autonomeres, selbstbestimmteres Leben als die in traditionellen Gesellschaften mit einfachen Wirtschaftsstrukturen. Setzt man ein solches Fallbeispiel darüber hinaus in Beziehung zu anderen Fallbeispielen (wie der altägyptischen Lebensform), dann treten sie als je einzigartige kulturelle Individuen in einen Kontrast, der ihre Besonderheiten und deren spezielle soziale und natürliche Umweltbedingungen umso deutlicher hervortreten lässt.

Das setzt freilich voraus, dass man die Kulturen nicht aus einer ethnozentrischen Perspektive betrachtet, die ein individualistisches Weltbild von vornherein als moralisch fortgeschrittener einstuft. Entsprechend wurden die Beziehungen zwischen Kontexten, in denen die Person wesentlich sozial gedacht wird (wie im alten Ägypten), und solchen, in denen sie als ein quasi autarkes, autonomes Individuum betrachtet wird, nicht als unterschiedliche Stufen des moralischen Bewusstseins rekonstruiert, sondern mit Blick auf unterschiedliche Gewichtungen und Interpretationen gewisser Beziehungen zwischen Personen, wie der des Respekts am Beispiel der

Palyians und der altägyptischen Ma'at-Ethik. Wenn man davon ausgeht, dass alle Personbegriffe eine ursprünglich sozial konstituierte Moral voraussetzen,[2] dann zeigt sich, dass beide Lebensformen (im Unterschied zu den abstrakt verstandenen Personbegriffen) sich keineswegs ausschließen, sondern überlappen, wobei die Art dieser Überlappung durch die jeweils dominanten Deutungen verborgen oder verzerrt sein kann.

Eine Arbeit wie diese wirft mehr Fragen auf, als sie beantwortet – darin besteht ihre Funktion. Einige davon mussten hier ausgeklammert werden: Was macht die moralische Vollkommenheit einer Person aus? Gibt es nur eine oder mehrere Dimensionen des Guten? Diesen Fragen nachzugehen würde verlangen, unterschiedliche Typen von moralischen Weltanschauungen wie beispielsweise die altägyptische Ethik der Ma'at, den Konfuzianismus, jüdische, hinduistische, buddhistische, christliche, islamische Ethiken und die ethischen Theorien der europäischen philosophischen Tradition in Beziehung zu setzen[3] und zu untersuchen, inwiefern sie jeweils Aspekte der Moral thematisieren, die auch im modernen Leben eine Rolle spielen. Mir scheint ein solches Projekt umso wichtiger, als die beiden dominanten modernen Moralkonzeptionen – die deontologische Ethik in der Tradition Kants und der Utilitarismus – ungeachtet ihrer unterschiedlichen Auffassungen vom moralisch Richtigen das moralisch relevante Wissen als ein rein intellektuelles auf der Grundlage allgemeiner Prinzipien verstehen und damit keine annähernd ausreichende Grundlage bieten, die Spannbreite unseres moralisches Lebens philosophisch zu reflektieren. Der gute Kantianer fragt sich: Kann ich wollen, dass die Maxime meiner Handlung zu einem allgemeinen Gesetz wird? Der gute Utilitarist fragt sich, ob und wie er mit seinem Tun und Lassen auf optimale Weise das Glück der meisten fördert. Ungeachtet der extremen Verschiedenheit ihrer Maßstäbe setzen beide eine unparteiliche

2 Im Falle individualistischer Personauffassungen wie bei den Palyians mag diese Sozialmoral aufgrund natürlicher und sozialer Gegebenheiten freilich schwach ausgeprägt sein, in den meisten individualistischen Kulturen wird sie aber von einer Moral gestützt, die auf einer weltanschaulichen Grundlage rekonstruiert wird.

3 Eine interkulturelle Zusammenstellung von ethischen Positionen, die allerdings aufgrund der enormen Textmasse (fast 4000 Seiten) nicht leicht einen Überblick verschaffen kann, nimmt Guido Rappe in seinen Schriften zur interkulturellen Ethik vor; vgl. Guido Rappe, *Interkulturelle Ethik*, Bd. 1-4. *Interkulturas. Schriftenreihe für Europäische Studien*, Berlin, Bochum u. a., 2003-2008.

und unpersönliche Perspektive voraust. Damit blenden sie Bereiche aus, die für uns im Alltags- und Berufsleben zentral sind, nämlich die moralische Dimension der Wahrnehmung, der Lebenserfahrung und der zwischenmenschlichen Gefühle, der persönlichen Beziehungen, aber auch der Verpflichtungen und Ideale, die mit sozialen Rollen und Berufen einhergehen und die sich allein im Ausgang von allgemeinen moralischen Prinzipien schwerlich erschließen lassen. Die Reflexion dieser moralischen Kompetenzen findet in den modernen säkularen Gesellschaften seit dem neunzehnten Jahrhundert, wenn überhaupt, dann eher in Literatur und Film als in der Philosophie statt. Infolgedessen hat sich die Auseinandersetzung mit unserem moralischen Lebens aufgespalten in die argumentativen Gebäude der philosophischen Ethik (und einer daran anschließenden Psychologie) auf der einen Seite, und auf der anderen Seite einen mysteriösen Bereich der moralischen Gefühle und Abgründe, der menschlichen Möglichkeiten, mit denen sich neben den Religionen vor allem die Literatur und Kunst befassen. Hieraus ergibt sich auch das moralische Motiv, sich mit fremden Kulturen zu befassen. Es ist gerade das Fremdartige an anderen Kulturen, wie wir bereits unter Verweis auf Wittgenstein bemerkt hatten, das uns etwas über eigene Möglichkeiten des Denkens und Lebens enthüllt, die durch die dominanten Modelle der Rationalität, mit denen wir unser Leben zu beschreiben gewohnt sind, in den Hintergrund treten.[4]

Da diese Aufgabe dadurch erschwert wird, dass wir auch andere Kulturen – wie Wittgenstein bei Frazer beklagte – im Lichte dieser Modelle betrachten, ist die Hinterfragung gängiger Interpretationen anderskultureller Ethiken auch eine wichtige Voraussetzung zum Verständnis der eigenen Kultur. Im Bereich der Ethik ist das auch heute noch einflussreiche Kohlberg-Modell der Moralentwicklung prototypisch für ein tief verankertes westliches Vorurteil, insofern es abstraktem Denken unabhängig vom Kontext einen

4 Vgl. hierzu Wittgensteins Bemerkungen zu Frazer, dem er vorhielt, dieses grundlegende Interesse am Fremden nicht zu begreifen und dieses stattdessen in Kategorien zu interpretieren, die der oberflächlichen Rationalitätsauffassung entstammen, deren Deutungshoheit wir durch unsere Auseinandersetzung mit anderen Kulturen und eine vertiefte Einsicht in andere Dimensionen des moralischen Lebens gerade in Frage stellen wollen. Vgl. Wittgenstein, »Remarks on Frazer's *Golden Bough*«, S. 63.

höheren moralischen Wert zuschreibt als einer konkreten und genauen Wahrnehmung von Situationen und Individuen – so als müsse das, was für die Mathematik und Logik gilt, auch für die moralischen Beziehungen gelten. Kohlberg versteht die Moralentwicklung bekanntlich als einen Prozess der Internalisierung und Anwendung von Normen und Regeln.[5] Dabei gelangt ein Individuum von einer sogenannten präkonventionellen Ebene, auf der es sozialen Regeln und Normen nur aus egozentrischen Gründen wie Angst vor Strafe oder Eigeninteresse folgt, über eine konventionelle Ebene, auf der es den Regeln, Erwartungen und Konventionen der Gesellschaft oder einer Autorität deshalb folgt, weil es die Regeln, Erwartungen und Konventionen der eigenen Gesellschaft sind, zu einer höchsten postkonventionellen Stufe, auf der es sich an allgemeinen moralischen Prinzipien orientiert und im Zweifelsfall den (allgemein begründeten) Rechten von Individuen Vorrang gegenüber sozialen Normen einräumt.

Dieses Modell ist als Modell der Moralentwicklung überhaupt nur nachvollziehbar, wenn man von der modernen philosophischen Vorstellung ausgeht, moralische Erkenntnis orientiere sich an allgemeinen und universalen Prinzipien (wie dem kategorischen Imperativ oder dem Nutzenprinzip). Nur aus der Gleichsetzung dieser Form der moralischen Erkenntnis mit dem moralischem Wissen schlechthin erklärt sich der Gedanke, die Qualität (höhere oder niedrigere Moralstufe) des moralischen Wissens sei an dem Grad an Abstraktionsfähigkeit abzulesen:

> Es besteht eine Parallelität zwischen der logischen Stufe eines Individuums und seiner Moralstufe. Eine Person, die nur konkret-operatorisch denkt, kann über die präkonventionellen Moralstufen nicht hinauskommen. Eine Person, deren Denken nur »knapp« formal-operatorisch ist, bleibt auf die konventionellen Moralstufen beschränkt.[6]

Die höchste Moralfähigkeit ist demnach die Fähigkeit zur formalen Abstraktion,[7] während die Tugenden einer Person, ihr liebevolles

5 Vgl. Lawrence Kohlberg, *Die Psychologie der Moralentwicklung*, Frankfurt/M. 1995, S. 7.

6 Kohlberg, *Psychologie der Moralentwicklung*, S. 124.

7 Kohlberg gestand allerdings zu, dass diese Fähigkeit nicht notwendig mit einem entsprechenden Handeln verbunden sein muss; sie sei jedoch eine notwendige Voraussetzung dafür.

oder liebloses, respektvolles oder respektloses Verhalten gegenüber ihren Mitmenschen, ihre Fähigkeit zur genauen Wahrnehmung anderer Individuen, nur vergleichsweise niedrige Stufen der Moral angehen. Auf den höheren Stufen sind nur die Art und der Abstraktionsgrad der von ihr benennbaren Gründe relevant, aus denen sie soziale Regeln akzeptiert oder nicht, sich entscheidet, ihnen zu folgen oder sie zu brechen. Geht man von diesem hierarchischen Modell der moralischen Fähigkeiten aus, dann wundert es wenig, dass Kohlbergs Befragungen von Jungen zwischen 10 und 21 Jahren aus Taiwan, Yukatan, der Türkei, den USA und weiteren Ländern zeigten, dass die höheren (postkonventionellen) moralischen Stufen bei »Stammesgruppen und bäuerlichen Dorfpopulationen« nicht angetroffen werden[8] und dass Carol Gilligans Befragungen von Mädchen und Frauen ebenfalls eine generelle moralische Minderwertigkeit von Frauen belegten, da diese ihre Entscheidungen sehr viel stärker mit den Erfordernissen sozialer Beziehungen und persönlicher Fürsorge als mit abstrakten Überlegungen zu allgemeinen Rechten und Pflichten begründeten.[9]

Da Kohlberg mit dem Parallelisieren von logischen Fähigkeiten und Moralbewusstsein zudem den Anspruch verbunden hatte, ein kulturübergreifendes Konzept von Moralität gefunden zu haben,[10] waren damit die Weichen nicht nur für die Beurteilung von Individuen, sondern auch von anderskulturellen Ethiken gestellt. Wenn man mit Kohlberg nach einer Entwicklungslogik des menschlichen Bewusstseins überhaupt fragt, dann – so Karl-Otto Apel – »erweist sich das Problem des Übergangs von der konventionellen (Binnenmoral der staatlichen Selbstbehauptungssysteme) zur postkonventionellen (universalistischen) Moral der Vernunftprinzipien und des persönlichen Gewissens als ein Problem, das in allen Hochkulturen seit dem Auftreten der Philosophie und der Weltreligionen sich stellt, also in Europa etwa seit dem Auftreten des Sokrates.«[11]

Demgegenüber stellt sich die Frage, ob nicht die einseitige Fixierung auf universalistische Begründungen in der Moralphilosophie dazu führt, dass in modernen westlichen Gesellschaften der wichtige Bereich der Kultivierung des moralischen Wahrnehmungsver-

8 Vgl. Kohlberg, *Psychologie der Moralentwicklung*, S. 31.

9 Vgl. Carol Gilligan, *In a Different Voice*, Cambridge 1982.

10 Vgl. Kohlberg, *Psychologie der Moralentwicklung*, S. 21.

11 Karl-Otto Apel, *Diskurs und Verantwortung*, Frankfurt 1988, S. 190.

mögens, der intersubjektiven Beziehungen und Rollen zu stark aus dem Blick gerät. Die entscheidenden Fragen, die sich hier sowohl mit Blick auf anderskulturelle Ethiken als auch mit Blick auf unsere eigene Lebensform stellen, lauten daher: Welche Dimensionen des Moralischen werden ausgeblendet, wenn man Moral als ein solches Stufenmodell der Perfektion rekonstruiert, dessen höchste Formen in einem Urteil auf der Grundlage unparteilicher allgemeiner Prinzipien besteht (und implizit in einer individualistischen Wertordnung)? Was hat das für Folgen für das Verständnis unseres moralischen Lebens? Und wie erscheinen anderskulturelle Ethiken im Lichte dieses Maßstabs?

Im Lichte des Kohlbergschemas erscheinen alle in dieser Arbeit erwähnten Ethiken defizitär – mit Ausnahme der beiden modernen Ethiken, der deontologischen Ethik in der Tradition Kants und dem Utilitarismus, an denen sich Kohlberg mit Blick auf die postkonventionelle Stufe unmittelbar orientiert hat. Allenfalls die Palyians wären aufgrund ihres starken Individualismus mögliche Kandidaten für die höchsten moralischen Stufen, weil für sie die Rechte eines Individuums Vorrang vor allen normativen Anliegen der sozialen Kooperation haben. Eine Ethik des altägyptischen Ma'at-Typs wäre allenfalls konventionell, und die im Buddhismus kultivierte aufmerksame und genaue Wahrnehmung des Einzelfalls könnte im Lichte des Schemas nur als ein »konkret-operatorisches« Denken auf der niedrigsten präkonventionellen Moralstufe eingeordnet werden. Die aristotelische Ethik wäre wohl sowohl den egozentrischen präkonventionellen als auch den konventionellen Ebenen zuzuordnen.

So entsteht der Anschein, als wären die von diesen Religionen und Ethiken geförderten Fähigkeiten wie die Aufmerksamkeit gegenüber Individuen, eine genaue Wahrnehmung von Situationen, Verantwortungsbewusstsein in den sozialen Rollen und die Kultivierung der sozialen Gefühle eher banale Kompetenzen, die – im Unterschied zu den auf den höchsten Ebenen erforderlichen intellektuellen Operationen – fast jeder im Verlauf seiner Sozialisationsgeschichte erwirbt. Das bringt eine Abwertung von Ethiken mit sich, die sich besonders der Ausbildung der Wahrnehmungsfähigkeit und Genauigkeit im zwischenmenschlichen Verhalten widmen. Dagegen wäre einzuwenden, dass jemand, der nicht über diese Fähigkeiten verfügt, auch dann nicht moralisch urteils- und handlungsfähig wäre, wenn er die für die höchsten Ebenen erforderlichen Abstraktionsschritte vollziehen könnte. Denn im wirklichen Leben steht uns kein Kohlberg-Fragebogen zur Verfügung, der die moralisch relevanten Aspekte einer Situation beschreibt. Wir müssen sie selbst wahrnehmen, in ihrer Relevanz einschätzen und beurteilen.[12] Daher ist die Ausbildung der Fähigkeit, Konkretes differenziert zu erfassen, von unverzichtbarer und in vielen Hinsichten primärer moralischer Bedeutung. Eine Person kann die Überzeugung hegen, anderen Menschen in Schwierigkeiten nach Möglichkeit helfen zu sollen (und dies auch auf postkonventionelle Weise formulieren), ohne je in eine solche Gelegenheit zu kommen, weil sie die psychische und soziale Lage ihrer Mitmenschen schlichtweg nicht wahrnimmt. Auch bei voller Entwicklung der logischen Fähigkeiten kann es ihr an der dafür erforderlichen Sensibilität, Lebenserfahrung und Empathie fehlen. Umgekehrt kann es mitunter gut sein, auf Dinge Rücksicht zu nehmen, die wir bei anderen wahrnehmen, aber nicht verallgemeinernd beschreiben und begründen können. Wer auf die Frage, warum er etwas Bestimmtes für eine Person tut (oder auch nicht), antwortet: »Ich kann es dir nicht erklären. Du würdest es verstehen, wenn du sie kennen würdest«, hat einen (vielleicht sehr guten) Grund, aber keinen, der sich auf ein allgemeingültiges Prinzip stützt oder auch nur öffentlich mitteilbar ist.[13] Umgekehrt kann ein moralisch motiviertes Handeln, das nicht aus der genauen Wahrnehmung der Situation und der betroffenen Individuen heraus geschieht, sondern nur auf einer prinzipiengeleiteten rationalen Überlegung gründet, sogar schädlich sein, auch wenn es durchaus gut gemeint ist. In buddhistischen Kulturen wird daher (wie oben am Beispiel des Vorstehers und des Mönches erläutert wurde) der Schwerpunkt auf die genaue Wahrnehmung und das genaue Verständnis des Einzelfalls gelegt.[14] Da Handlungen nichts Allgemeines sind, sondern konkrete Eingriffe in einer je besonderen Situation, ist es nur mit Blick auf die je einzigartigen Hintergründe möglich, sich richtig zu verhalten (das heißt in diesem Kontext, darauf hin-

12 Auf die wichtige Rolle der moralischen Wahrnehmung im moralischen Leben hat besonders die englische Philosophin Iris Murdoch hingewiesen, vgl. *The Sovereignty of Good*, London, New York 1970.

13 Das Beispiel stammt von Iris Murdoch, *The Sovereignty of Good*, S. 28.

14 Vgl. oben S. 145 ff.

zuwirken, schlechtes Karma abzubauen). Hier liegt der ethische Schwerpunkt nicht auf dem Handeln und seiner Bewertung im Lichte allgemeingültiger Normen, sondern auf der durch eine je einzigartige Geschichte bedingten Weltsicht des Einzelnen. Entsprechend lautet die Frage nicht, ob der Betreffende konventionell oder universalistisch, richtig oder falsch denkt, sondern wie es dazu kommt, dass sich eine Situation für ihn so oder so ausnimmt, was dabei ausgeblendet wird und wie seine Sicht zu erweitern wäre. Nach dem Kohlberg-Schema wäre die buddhistische Schulung der aufmerksamen *Wahrnehmung* und des Verständnisses für die biographisch bedingten unterschiedlichen Dispositionen von Individuen jedoch als quasi moralisch primitiv einzustufen. Sie wäre nicht einmal konventionell, entspräche aber auch nicht der sanktionsbezogenen Interpretation präkonventioneller moralischer Einstellungen.

Zudem kommt es bei der moralischen Einschätzung von Situationen auf Einbildungskraft und erfahrungsgeleitete Urteilskraft an. Dies gilt nicht weniger, wenn Prinzipien involviert sind: Einer Person, die aus prinzipiellen Gründen gegen Rassismus aller Art eingestellt ist, in einer konkreten Situation, in der sie bei der Wohnungssuche einem anderen Paar vorgezogen wird, aber gar nicht auf den Gedanken kommt, dass die Bevorzugung mit dem türkischem Schnauzbart des Mannes und dem Kopftuch der Frau zu tun haben könnte, fehlt die entscheidende moralische Einsicht, die eben nicht rein theoretischer Art ist.[15] Darüber hinaus gehören auch Entscheidungen zu unserem moralischen Leben, die *nicht* mit einem Anspruch auf Verallgemeinerbarkeit der eigenen Entscheidung verbunden sind, beispielsweise wichtige Lebensentscheidungen, die man für sich oder andere besonders vertraute Menschen trifft. Stanley Cavell hat bei seiner Interpretation von Ibsens Nora darauf hingewiesen, dass Nora, als sie Helmer verlässt, eine moralische Entscheidung trifft, *ohne* damit den allgemeinen Anspruch zu erheben, dass Frauen Männer vom Typ Helmers (wie detailliert auch immer man ihn charakterisieren möchte) verlassen sollen, selbst wenn kleine Kinder involviert sind.[16] (Oder dass es

15 Sehr viel ausführlicher, als es mir hier möglich ist, geht Lawrence Blum in seiner sehr erhellenden Studie *Moral Perception and Particularity* (Cambridge 1994, insbesondere S. 33-39) auf solche Beispiele ein.

16 Vgl. Cavell, *Cities of Words*, S. 247-264.

insgesamt das Glück der meisten fördert, wenn dies geschieht.) Sie legt damit auch nicht fest, dass die eigene moralische Entwicklung *grundsätzlich* Vorrang vor dem Wohlergehen anderer habe.

Diese zentrale und entscheidende Rolle der moralischen Urteilskraft war in der antiken Ethik viel präsenter als in der modernen, weswegen wir bis heute ungeachtet des Wertewandels viel für das Alltagsleben von ihr lernen können. Platon und Aristoteles gingen beide ungeachtet ihrer unterschiedlichen Einschätzungen der Rolle der Gefühle für die moralische Einsicht *nicht* davon aus, dass die Erkenntnis, was in einer bestimmten Situation eine gute Entscheidung wäre, aus einem allgemeinen Prinzip abgeleitet werden kann; sie erfordert vielmehr eine genaue Einschätzung und Abwägung der situationsrelevanten Faktoren. Die hierfür erforderliche kognitive Fähigkeit wird nach Aristoteles aber erst im Zusammenhang mit der Kultivierung der Gefühle und Lebensgewohnheiten entwickelt. Aus Sicht der Tugendethik wäre daher gegen Kohlberg und die modernen philosophischen Ethiken einzuwenden, dass sie die Aufmerksamkeit gerade von den Faktoren abziehen, die von entscheidender Wichtigkeit für die Herausbildung eines guten Charakters und damit auch eines guten Lebens und Zusammenlebens sind, und sie stattdessen auf logisch-argumentative Fähigkeiten richten, die für die moralische Erziehung viel weniger beitragen.[17]

Damit soll nicht bestritten werden, dass wir mit moralischen Einschätzungen universale Ansprüche verbinden (auch dann, wenn wir den Fall für einzigartig halten und uns nicht auf allgemeine Regeln stützen) und dass es gewisse allgemeine moralische Normen gibt, die eine sehr weitreichende Verbindlichkeit haben und gute Gründe geben, ansonsten unähnliche Fälle gleich zu behandeln.[18] Es ist jedoch möglich, die Wichtigkeit allgemeiner

17 Michael Stocker vertritt sogar die Auffassung, dass die Gesichtspunkte der modernen ethischen Theorien die moralische Entwicklung aktiv behindern, wenn sie internalisiert werden; vgl. Michael Stocker, »Die Schizophrenie moderner ethischer Theorien« in: *Tugendethik*, hg. v. Klaus Peter Rippe, Peter Schaber, Stuttgart 1998, S. 30 f.

18 Man kann Universalisierbarkeit in dem schwachen Sinne, dass eine jede Person, die uns in allen relevanten Eigenschaften gleicht, in derselben Situation dieselbe Entscheidung treffen sollte, als eine Implikation moralischen Argumentierens betrachten, ohne damit zu unterstellen, dass man alle Fälle, die sich mit Blick auf gewisse moralisch relevante Eigenschaften überschneiden, auch gleich behandeln

Normen als Orientierungsmaßstäbe für bestimmte Bereiche des moralischen Lebens anzuerkennen (und damit auch die Wichtigkeit der Fähigkeit, sich im Einzelfall gegen sie zu entscheiden), ohne die hierfür erforderlichen kognitiven Kompetenzen nach einem hierarchischen Modell des moralischen Bewusstseins mit den höchsten Stufen gleichzusetzen und damit andere moralische Fähigkeiten zu trivialisieren. Wie erwähnt, kann man auf diese Idee überhaupt nur kommen, wenn man moralische Fähigkeiten mit logisch-begrifflichen Fähigkeiten gleichsetzt; solche Fähigkeiten sind aber nur für einen Teilbereich des Moralischen relevant. Im Kontrast zu den Reduktionen des Moralischen auf einen einzigen Gesichtspunkt hätte eine kulturphilosophische Untersuchung der Moral dünne Begriffe der verschiedenen Dimensionen des moralischen Lebens zu entwerfen, die einen Zugang zu dem reichhaltigem Wissen antiker und vieler anderer Ethiken bieten. Denn wenn man von den singulären Hintergründen und den dichten Begrifflichkeiten der Religionen und Weltanschauungen abstrahiert, zeigt sich, dass sie oft anderen Dimensionen oder Aspekten des moralischen Lebens besondere Bedeutung beimessen, als wir es tun. Dazu gehören auch die Fähigkeit zur Einsicht in die Gültigkeit allgemeiner Normen, aber ebenso die Fähigkeit, Individuen und ihre Situationen wahrzunehmen und darauf zu reagieren, die Orientierung an persönlichen Lebensidealen und die Ausrichtung an Möglichkeiten der Förderung anderer, die sich aus speziellen Rollen ergeben.

Kurz, das moralische Leben umfasst mehr als die eine Dimension logisch-begrifflichen Erkennens. Und es ist nicht mit dem gleichzusetzen, was in einer Kultur oder einer philosophischen Konzeption jeweils für Moral gehalten wird oder als Moral definiert wird. Wir lernen es besser zu verstehen, wenn wir es auch im Lichte anderer moralischer Denktraditionen betrachten. Man kann das nicht treffender ausdrücken als es Dorothy Emmett getan hat:

So wie Licht, das durch ein Prisma fällt, in ein Spektrum verschiedener Farben zerbricht, so enthüllt uns auch die moralische Erkenntnis eine Bandbreite verschiedener Merkmale, und unsere Aufmerksamkeit fokussiert sich mal auf das eine, mal auf das andere. Wäre es nicht absurd zu glauben, eine

müsste. Vgl. hierzu Jörg Schroth, *Die Universalisierbarkeit moralischer Urteile,* Paderborn 2001, S. 13 ff.

Farbe in dem Spektrum wäre die einzig wahre oder gar die wahrste Gestalt des Lichts? Genauso wenig dürfen wir den Fehler machen zu glauben, ein einziges Merkmal des moralischen Spektrums verkörperte die einzig wahre Gestalt der Moral.[19]

19 Dorothy Emmett, *The Moral Prism*, London 1979, S. 1. (Über. M.-S. L.)

Literaturverzeichnis

Adkins, Arthur W., *From the Many to the One: A Study of Personality and Views of Human Nature in the Context of Ancient Greek Society, Values and Beliefs*, London 1979.

Anders, Günther, *Die Antiquiertheit des Menschen*, 2 Bde., München 1980.

Angern, Emil, Baertschi, Bernard (Hg.), *Menschenwürde / La dignité de l'être humain. Studia Philosophica* 63 (2004).

Apathy, Peter, Klingenberg, Georg u. a., *Einführung in das römische Recht*, 2. Aufl., Wien, Köln u. a. 1998.

Apel, Karl-Otto, *Diskurs und Verantwortung*, Frankfurt/M. 1988.

Ariès, Philippe, *Geschichte des Todes*, München 1997.

Aristoteles, *Nikomachische Ethik*, hg. v. Ursula Wolf, Hamburg 2006.

Aronson, Eliot, Wilson, Timothy, Akert, Robin M., *Sozialpsychologie*, München 2008.

Assmann, Jan, *Ma'at. Gerechtigkeit und Unsterblichkeit im alten Ägypten*, München 1990.

Assmann, Jan, *Ägypten. Eine Sinngeschichte*, Darmstadt 1996.

Assmann, Jan, Sundermeier, Theo (Hg.), *Schuld, Gewissen und Person*, Gütersloh 1997.

Augustinus, *De Libero Arbitrio* (*Vom freien Willen*), in: ders., *Theologische Frühschriften*, hg. v. Guilelmus Green, Zürich, Stuttgart 1962.

Austin, John L., »A Plea for Excuses«, in: ders., *Philosophical Papers*, Oxford 1961, S. 123-152.

Barnett, Randy E., »Restitution. A New Paradigm of Criminal Justice«, in: Michael J. Gorr (Hg.), *Crime and Punishment. Philosophic Explorations*, Boston, London 1995.

Battegay, Raymond und Rauchfleisch, Udo (Hg.), *Menschliche Autonomie*, Göttingen 1990.

Baumann, Peter, *Die Autonomie der Person*, Paderborn 2000.

Bayertz, Kurt, »Eine kurze Geschichte der Herkunft der Verantwortung«, in: Bayertz, Kurt (Hg.), *Verantwortung. Prinzip oder Problem?*, Darmstadt 1995.

Bayertz, Kurt (Hg.), *Verantwortung. Prinzip oder Problem?*, Darmstadt 1995.

Becker, Katja, Engelen, Eva-Maria u. a. (Hg.), *Ethisierung – Ethikferne. Wie viel Ethik braucht die Wissenschaft?*, Berlin 2003.

Benedict, Ruth, *The Chrysanthemum and the Sword. Patterns of Japanese Culture*, Boston, Tokyo 2000.

Berger, Peter, »On the Obsolescence of the Concept of Honour«, in: Michael Sandel (Hg.), *Liberalism and its Critics*, New York 1984.

Betzler, Monika, Guckes, Barbara (Hg.), *Autonomes Handeln. Beiträge zur Philosophie von Harry G. Frankfurt*, Berlin 2000.
Birnbacher, Dieter, *Tun und Unterlassen*, Stuttgart 1995.
Blum, Lawrence, *Moral Perception and Particularity*, Cambridge 1994.
Boas, Franz, »Recent Anthropology«, in: *Science* 98 (1943).
Boesen, Elisabeth, *Scham und Schönheit. Über Identität und Selbstvergewisserung bei den Fulbe Nordbenins*, Hamburg 1999.
Boethius, Anicius M. S., *Die theologischen Traktate*, Hamburg 1988.
Bohannan, Paul, *Justice and Judgement among the Tiv*, Oxford 1957.
Bourdieu, Pierre, *Entwurf einer Theorie der Praxis auf der ethnologischen Grundlage der kabylischen Gesellschaft*, Frankfurt/M. 1976.
Bourne, Edmund J., Richard A. Shweder, »Does the Concept of the Person Vary Cross-Culturally?«, in: Richard A. Shweder, Robert A. LeVine (Hg.), *Culture Theory. Essays on Mind, Self and Emotion*, Cambridge 1984.
Braithwaite, John, *Crime, Shame and Reintegration*, Cambridge 1989.
Brandt, Richard, *Ethical Theory*, New York 1959.
Brandt, Reinhard, »›Personal Identity‹ bei John Locke«, im *Jahrbuch für Recht und Ethik / Annual Review of Law and Ethics 13* (2005).
Brandt, Sigrid, »Person und Autonomie«, in: Klaus-Peter Köpping, Michael Welker u. a. (Hg.), *Die autonome Person – eine europäische Erfindung?*, München 2002.
Bubner, Rüdeger, Cramer, Konrad (Hg.), *Kants Ethik heute*, Göttingen 1993.
Burkhardt, Björn, »First-Person Understanding of Action in Criminal Law«, in: Sabine Maassen, Wolfgang Prinz u. a. (Hg.), *Voluntary Action. Brains, Minds and Sociality*, Oxford 2003.
Buss, Sarah, Overton, Lee (Hg.), *Contours of Agency. Essays on Themes from Harry Frankfurt*, Cambridge 2002.

Cane, Peter, *Responsibility in Law and Morality*, Oxford 2002.
Carrithers, Michael, Collin, Steven u. a. (Hg.), *The Category of the Person*, Cambridge 1985,
Cavell, Stanley, *Cities of Words*, Harvard 2004. (dt. *Cities of Words. Ein moralisches Register in Philosophie, Film und Literatur*, übers. v. Maria-Sibylla Lotter, Zürich 2010.)
Chreighton, Millie R., »Revisiting Shame and Guilt Cultures: A Forty-Year Pilgrimage«, in: *Ethos* 18, 3 (1990).

Dancy, Jonathan, *Ethics Without Principles*, Oxford 2004.
Darwall, Stephen L., »Two Kinds of Respect«, in: ders., *Dignity, Character and Self-Respect*, New York, London 1995.

Devereux, Georges, *Angst und Methode in den Verhaltenswissenschaften*, Frankfurt/M. 1988.
Dewey, John, *Experience and Nature*, New York 1958.
Dihle, Albrecht, *Die Vorstellung vom Willen in der Antike*, Göttingen 1982.
Dodds, E. R., *The Greeks and the Irrational*, Berkeley, Los Angeles 1951.

Duerr, Hans-Peter, *Nacktheit und Scham. Der Mythos vom Zivilisationsprozeß*, Bd. 1, Frankfurt/M. 1988.
Duerr, Hans-Peter, *Die Tatsachen des Lebens. Der Mythos vom Zivilisationsprozess*, Bd. 5, Frankfurt/M. 2002.
Dumont, Louis, *Individualismus. Zur Ideologie der Moderne*, Frankfurt/M. 1991.
Duncker, Karl, »Ethical Relativity (An Enquiry into the Psychology of Ethics)«, in: *Mind* XLVIII (1939).
Durkheim, Émile, *De la division du travail social*, Paris 1973.
Dworkin, Ronald, *Taking Rights Seriously*, Harvard 1977.

Elias, Norbert, *Über den Prozeß der Zivilisation*, 2 Bde., Frankfurt/M. 1976.
Elvin, Mark, Between the earth and heaven: conceptions of the self in China«, in: Michael Carrithers, Steven Collin u. a. (Hg.), *The Category of the Person*, Cambridge 1985.
Emmett, Dorothy, *The Moral Prism*, London 1979.
Epstein, Arnold L., *The Experience of Shame in Melanesia. An Essay in the Anthropology of Affect*, London 1984.

Fauconnet, Paul, »Warum es die Institution ›Verantwortlichkeit‹ gibt«, in: Klaus Lüderssen, Fritz Sack (Hg.), *Seminar Abweichendes Verhalten II. Die gesellschaftliche Reaktion auf Kriminalität*, Frankfurt/M. 1975.
Feinberg, Joel, *Doing and Deserving. Essays in the Theory of Responsibility*, Princeton, New Jersey 1970.
Feinberg, Joel, *Harm to Others. The Moral Limits of the Criminal Law*, New York 1984.
Feinberg, Joel, »Moral and Legal Responsibility of the Bad Samaritan«, in: Peter A. French (Hg.), *The Spectrum of Responsibility*, New York 1991.
Fikentscher, Wolfgang, *Methoden des Rechts in Vergleichender Darstellung*, Bd. 1, *Frühe und Religiöse Rechte*, Tübingen 1975.
Finnis, John, *Natural Law and Natural Rights*, Oxford 1980.
Fischer, John Martin (Hg.), *Free Will. Critical Concepts in Philosophy*, Vol. I-IV, New York 2005.
Flavius, Gnaeus, *Der Kampf um die Rechtswissenschaft*, Heidelberg 1909.
Forschner, Maximilian, *Mensch und Gesellschaft. Grundbegriffe der Sozialanthropologie*, Darmstadt 1989.

Fox, Christopher, *Locke and the Scriblerians. Identity and Consciousness in Early Eighteenth-Century Britain*, Berkeley 1988.
Frankfurt, Harry G., »Alternate Possibilities and Moral Responsibility«, in: ders., *The Importance of What We Care About*, Cambridge 1969.
Frankfurt, Harry G. »Freedom of the Will and the Concept of a Person«, in: ders., *The Importance of What We Care About*, Cambridge 1988.
Frankfurt, Harry G., »Equality and Respect«, in: ders., *Necessity, Volition and Love*, Cambridge 1999.
Freeman, Derek, *Margaret Mead and Samoa. The Making and Unmaking of an Anthropological Myth*, Harvard 1983.
French, Rebekka Redwood, *The Golden Yoke. The Legal Cosmology of Buddhist Tibet*, Ithaka 1995.
Fung, Heidi, »Becoming a Moral Child: The Socialization of Shame among Young Chinese Children«, in: *Ethos* 27, 2 (1999).

Gardner, Peter M., »Symmetric Respect and Memorate Knowledge: The Structure and Ecology of Individualistic Culture«, in: *Southwestern Journal of Anthropology* 22 (1966).
Geertz, Clifford, »Thick Description: Towards an Interpretive Theory of Culture«, in: ders., *The Interpretation of Cultures*, Basic Books 1973.
Geertz, Clifford, »›*From the Native's Point of View.*‹ On the Nature of Anthropological Understanding«, in: Richard A. Shweder, Robert A. LeVine (Hg.), *Culture Theory. Essays on Mind, Self, and Emotion*, Cambridge 1984.
Geertz, Clifford, »The Uses of Diversity«, in: *The Tanner Lectures on Human Values*, Vol. 7, hg. v. Sterling McMurrin, Cambridge 1986.
Geuss, Raymond, »Nietzsche and Genealogy«, in: ders., *Morality, Culture and History. Essays on German Philosophy*, Cambridge 1999.
Geuss, Raymond, *Outside Ethics*, Princeton 2005.
Geuss, Raymond, *Philosophy and Real Politics*, Princeton, Oxford 2008.
Gilligan, Carol, *In a Different Voice*, Cambridge 1982.
Gluckman, Max, *The Iudicial Process among the Barotse of Northern Rhodesia*, Manchester 1955.
Gluckman, Max, *The Ideas in Barotse Jurisprudence*, New Haven, London 1965.
Gluckman, Max, »Reasonableness and Responsibility in the Law of Segmentary Societies«, in: Kuper, Hilda, Kuper, Leo (Hg.), *African Law: Adaption and Development*, Berkeley 1965.
Gluckman, Max (Hg.), *The Allocation of Responsibility*, Manchester 1972.
Gorr, Michael J. (Hg.), *Crime and Punishment. Philosophic Explorations*, Boston, London 1995.
Grasnick, Walter, »Der Strafprozeß als mentaler Diskurs und Sprachspiel«, in: *Juristen-Zeitung* 46 (1991).

Grasnick, Walter, »Methodenlehre als Erfahrungswissenschaft«, in: Hampe, Michael, Lotter, Maria-Sibylla (Hg.), *»Die Erfahrungen, die wir machen, sprechen gegen die Erfahrungen, die wir haben.« Über Formen der Erfahrung in den Wissenschaften*, Berlin 2000.
Grieshammer, Reinhard, *Das Jenseitsgericht in den Sargtexten*, Wiesbaden 1970.
Günther, Klaus, »Die symbolisch-expressive Bedeutung der Strafe. Eine neue Straftheorie jenseits von Vergeltung und Prävention?«, in: Cornelius Prittwitz u. a. (Hg.), *Festschrift für Klaus Lüderssen*, Baden-Baden 2002.
Günther, Klaus, »Ethische Selbstkontrolle statt Recht?«, in Becker, Katja, Engelen, Eva-Maria, Vec, Milos (Hg.), *Ethisierung – Ethikferne. Wie viel Ethik braucht die Wissenschaft?*, Berlin 2003.
Günther, Klaus, »Voluntary Action and Criminal Responsibility«, in: Sabine Maassen, Wolfgang Prinz u. a. (Hg.), *Voluntary Action. Brains, Minds and Sociality*, Oxford 2003.
Gulliver, Philip H. *Social Control in an African Society – A Study of the Arusha: Agricultural Masai of Northern Tanganyika*, London 1963.
Gulliver, Philip H., *Neighbours and Networks. The Idiom of Kinship in Social Action among the Ndendeuli of Tanzania*, Los Angeles 1971.

Habermas, Jürgen, *Erläuterungen zur Diskursethik*, Frankfurt/M. 1991.
Habermas, Jürgen, *Faktizität und Geltung. Beiträge zur Diskurstheorie des Rechts und des demokratischen Rechtsstaats*, Frankfurt/M. 1993.
Haft, Fritjof, *Der Schulddialog*, Freiburg, München 1978.

Hampe, Michael, Lotter, Maria-Sibylla (Hg.), *»Die Erfahrungen, die wir machen, sprechen gegen die Erfahrungen, die wir haben.« Über Formen der Erfahrung in den Wissenschaften*, Berlin 2000
Hart, Herbert Lionel Adolphus, »Legal Responsibility and Excuses«, in: ders., *Punishment and Responsibility. Essays in the Philosophy of Law*, Oxford 1968.
Hart, Herbert Lionel Adolphus, »Postskript: Responsibility and Retribution«, in: ders., *Punishment and Responsibility. Essays in the Philosophy of Law*, Oxford 1968.
Hart, Herbert Lionel Adolphus, *Punishment and Responsibility. Essays in the Philosophy of Law*, Oxford 1968.
Haverkate, Georg, »Rechtsschöpfung«, in: Holm-Hadulla, Rainer (Hg.), *Kreativität*, Heidelberg 2000.
Hegel, Georg Wilhelm Friedrich, *Grundlinien der Philosophie des Rechts*, hg. v. Eva Moldenhauer, Karl-Markus Michel, Frankfurt/M. 1970.
Hehl, Susanne, *Das Verhältnis von Verschuldens- und Gefährdungshaftung*, Regensburg 1999.

Heller, Agnes, *The Power of Shame*, London, Boston 1984.
Hilgers, Micha, *Scham. Gesichter eines Affekts*, Göttingen 1996.
Hippler, Arthur E., Conn, Stephen, »The Changing Legal Culture of the North Alaska Eskimo«, in: *Ethos* 2, 2 (1974).
Hoebel, E. Adamson, *Das Recht der Naturvölker*, Freiburg 1968.
Höffe, Otfried, »Schulden die Menschen einander Verantwortung? Skizze einer fundamentalethischen Legitimation«, in: Ernst-Joachim Lampe (Hg.), *Verantwortlichkeit und Recht. Jahrbuch für Rechtssoziologie und Rechtstheorie* XIV, Opladen 1989.
Höffe, Otfried, *Aristoteles*, München 1996.
Höffe, Otfried, *Gibt es ein interkulturelles Strafrecht? Ein philosophischer Versuch*, Frankfurt/M. 1999.
Hohfeld, Wesley N., »Some Fundamental Legal Conceptions as applied in Judicial Reasoning«, in: *Yale Law Journal* 23 (1913).
Hohfeld, Wesley N., *Fundamental Legal Conceptions as applied in Judicial Reasoning*, New Haven 1919.
Holm-Hadulla, Rainer (Hg.), *Kreativität*, Heidelberg 2000.
Holmes, Lowell D., *Quest for the Real Samoa. The Mead/Freeman Controversy & Beyond*, Massachussetts 1987.
Homer, *Ilias*, Berlin, Darmstadt 1957.
Honneth, Axel, *Kampf um Anerkennung. Zur moralischen Grammatik sozialer Konflikte*, Frankfurt/M. 1994.
Hruschka, Joachim, »Über Schwierigkeiten mit dem Beweis des Vorsatzes«, in: Theodor Kleinknecht, Hans Kauffmann (Hg.), *Festschrift für Theodor Kleinknecht*, München 1985.
Hruschka, Joachim, »Verhaltensregeln als Zurechnungsregeln«, in: *Rechtstheorie* 22 (1991).
Hruschka, Joachim, »Zurechnung seit Pufendorf. Insbesondere die Unterscheidungen des 18. Jahrhunderts« in: Kaufmann, Matthias, Renzikowski, Joachim (Hg.), *Zurechnung als Operationalisierung von Verantwortung*, Frankfurt a. M. 2004.
Hume, David, *A Treatise of Human Nature*, Oxford 1978.
Hurley, Susan L., *Justice, Luck and Knowledge*, Cambridge, London 2003.

Jakobs, Günther, *Das Schuldprinzip*, Opladen 1993.
Jakobs, Günther, *Strafrecht. Allgemeiner Teil*, 2. Auflage, Berlin, New York 1993.
Jakobs, Günther, »Kommentar: Rechtfertigung und Entschuldigung bei Befreiung aus besonderen Notlagen (Notwehr, Notstand, Pflichtenkollision)«, in: Eser, Albin, Nishihara, Haruo (Hg.), *Rechtfertigung und Entschuldigung*, Freiburg 1995.
Jakobson-Widding, Anita, »I lied, I farted, I stole… Dignity and Morality

in African Discourses on Personhood«, in: Howell, Signe (Hg.), *The Ethnography of Moralities*, London, New York 1997.

Jakoby, Mario, *Scham-Angst und Selbstwertgefühl. Ihre Bedeutung in der Psychotherapie*, Solothurn, Düsseldorf 1993.

Jarecke, George W., Plant, Nancy K. (Hg.), *Confounded Expectations. The Law's Struggle with Personal Responsibility*, Illinois 2000.

Jedan, Christoph, *Willensfreiheit bei Aristoteles?*, Göttingen 2000.

Kane, Robert (Hg.), *The Oxford Handbook of Free Will*, Oxford 2002.

Kant, Immanuel, *Kritik der Reinen Vernunft. Kants Werke* IV, Akademie Textausgabe, Berlin, New York 1968.

Kant, Immanuel, *Grundlegung zur Metaphysik der Sitten. Kants Werke* IV, Akademie Textausgabe, Berlin, New York 1968.

Kant, Immanuel, *Die Religion innerhalb der Grenzen der bloßen Vernunft. Kants Werke* IV, Akademie Textausgabe, Berlin, New York 1968.

Kant, Immanuel, *Die Metaphysik der Sitten. Kants Werke* VI, Akademie Textausgabe, Berlin, New York 1968.

Kant, Immanuel, *Anthropologie in pragmatischer Hinsicht. Kants Werke* VII, Akademie Textausgabe, Berlin, New York 1968.

Kaufmann, Arthur, *Das Gewissen und das Problem der Rechtsgeltung*, Karlsruhe 1990.

Kaufmann, Matthias, Renzikowski, Joachim (Hg.), *Zurechnung als Operationalisierung von Verantwortung*, Frankfurt a. M. 2004.

Kekes, John, *Moral Tradition and Individuality*, Princeton 1989.

Kenny, Anthony, *Freewill and Responsibility*, London, New York 1988.

Kippenberg, Hans G., Kuiper, Yme B. u. a. (Hg.), *Concepts of Person in Religion and Thought*, Berlin, New York 1990.

Klein, Martha, *Determinism, Blameworthiness and Deprivation*, Oxford 1990.

Kobusch, Theo, *Die Entdeckung der Person. Metaphysik der Freiheit und modernes Menschenbild*, Freiburg 1993.

Koch, Klaus-Friedrich, »Liability and Social Structure«, in: Donald Black (Hg.), *Toward a General Theory of Social Control*, New York 1984, S. 95-129.

Kohlberg, Lawrence, *Die Psychologie der Moralentwicklung*, Frankfurt/M. 1995.

Köpping, Klaus-Peter, Welker, Michael u. a. (Hg.), *Die autonome Person – eine europäische Erfindung?*, München 2002.

Köpping, Klaus-Peter »›Meisle Deine Maske‹: Ethnologische Anmerkungen zu Marcel Mauss«, in: Köpping, Klaus-Peter, Welker, Michael u. a. (Hg.), *Die autonome Person – eine europäische Erfindung?*, München 2002.

Korsgaard, Christine M., *The Sources of Normativity*, Cambridge 1996.

Kraus, Detlev, *Schuld im Strafrecht. Zurechnung der Tat oder Abrechnung mit dem Täter?*, Berlin 1992.

Kühn, Rolf, Raub, Michael u.a. (Hg.), *Scham. Ein menschliches Gefühl*, Opladen 1997.

Kulenkampff, Jens, »What Oedipus Did When He Married Jocasta or What Ancient Tragedy Tells Us About Agents, their Actions and the World«, in: *Grazer Philosophische Studien. Internationale Zeitschrift für Analytische Philosophie* 61 (2001).

Kuper, Hilda, Kuper, Leo (Hg.), *African Law: Adaption and Development*, Berkeley 1965.

Kutz, Cristopher, »Responsibility«, in: Coleman, Jules L., Shapiro, Scott (Hg.), *The Oxford Handbook of Jurisprudence and Philosophy of Law*, Oxford 2002.

Ladwig, Bernd, »Ist ›Menschenwürde‹ ein Grundbegriff der Moral gleicher Achtung? Mit einem Ausblick auf Fragen des Embryonenschutzes«, in: Stoecker, Ralf (Hg.), *Menschenwürde. Annäherung an einen Begriff*, Schriftenreihe der Wittgenstein-Gesellschaft Bd. 32, Wien 2003.

Lampe, Ernst-Joachim (Hg.), *Beiträge zur Rechtsanthropologie*, Stuttgart 1985.

Lampe, Ernst-Joachim (Hg.), *Verantwortlichkeit und Recht*, Opladen 1989.

Lampe, Ernst-Joachim, »Entwicklungslinien in der rechtsanthropologischen Forschung«, in: Maihofer, Werner, Sprenger, Gerhard (Hg.), *Praktische Vernunft und Theorien der Gerechtigkeit*, Stuttgart 1992.

Landweer, Hilge, *Scham und Macht. Phänomenologische Untersuchungen zur Sozialität eines Gefühls*, Tübingen 1999.

Lebra, Takie Sugiyama, »Shame and Guilt: A Psychocultural View of the Japanese Self«, in: *Ethos* 11, 3 (1983).

Lee, Zuk-Nae, »Koreanische Kultur und Schamgefühl«, in: Kühn, Rolf u.a. (Hg.), *Scham. Ein menschliches Gefühl*, Opladen 1997.

Leibniz, Gottfried Wilhelm, *Die philosophischen Schriften*, hg. v. C. J. Gerhardt, Hildesheim, New York 1978.

Le jugement des morts, Sources Orientales IV, Paris 1961.

Lenk, Hans (Hg.), *Handlungstheorien Interdisziplinär II. Handlungserklärungen und philosophische Handlungsinterpretationen*, Erster Halbband, München 1978.

Levy, Robert L. »Introduction: Self and Emotion«, in: *Ethos* 11, 3 (1983).

Lewis, Michael, *Shame. The Exposed Self*, New York 1992.

Lietzmann, Anja, *Theorie der Scham. Eine anthropologische Perspektive auf ein menschliches Charakteristikum*, Hamburg 2007.

Locke, John, *Ein Brief über Toleranz*, Hamburg 1957.

Locke, John, *Two Treatises on Government*, Cambridge 1960.
Locke, John, *An Essay Concerning Human Understanding*, Oxford 1979.
Lotter, Maria-Sibylla, »Anomie und Autonomie in der französischen Sozialphilosophie der Jahrhundertwende«, in: *Zeitschrift für Philosophische Forschung* 53, 2 (1999).
Lotter, Maria-Sibylla, »Das individuelle Gesetz. Simmels Kritik an der kantischen Moralphilosophie«, in: *Kantstudien* 91 (2000).
Lotter, Maria-Sibylla, »Rechtsprechung im Jenseits. Personale Identität und Verantwortung bei Locke«, in: *Archiv für Rechts- und Sozialphilosophie* 4 (2006).
Lüderssen, Klaus, Sack, Fritz (Hg.), *Seminar Abweichendes Verhalten II. Die gesellschaftliche Reaktion auf Kriminalität*, Frankfurt/M. 1975.
Luhmann, Niklas, *Rechtssoziologie* Bd. 1, Frankfurt/M. 1972.
Luhmann, Niklas, »Erleben und Handeln«, in: Lenk, Hans (Hg.), *Handlungstheorien Interdisziplinär II, Handlungserklärungen und philosophische Handlungsinterpretationen,* Erster Halbband, München 1978.
Luhmann, Niklas, *Ausdifferenzierung des Rechts. Beiträge zur Rechtssoziologie und Rechtstheorie*, Frankfurt/M. 1981.
Luhmann, Niklas, *Das Recht der Gesellschaft*, Frankfurt/M. 1997.
Lynd, Helen Merrell, *On Shame and the Search for Identity*, New York 1958.

Mackie, John L., *Problems from Locke*, Oxford 1976.
Mackie, John L., *Ethics. Inventing Right and Wrong,* Middlesex 1977.
MacIntyre, Alasdair, *Whose Justice? Which Rationality?,* London 1988.
Maihofer, Werner, Sprenger, Gerhard (Hg.), *Praktische Vernunft und Theorien der Gerechtigkeit*, Stuttgart 1992.
Maitland, Frederic William, »The Early History of Malice Aforethought«, in: ders., *Collected Papers*, Cambridge 1911.
Malinowski, Bronislaw, *Crime and Custom in Savage Society*, London 1949.
Manekin, Charles H., Kellner, Menachim M. (Hg.), *Freedom and Moral Responsibility. General and Jewish Perspectives,* Maryland 1997.
Margalit, Avishai, *Politik der Würde. Über Achtung und Verachtung*, Frankfurt/M. 1999.
Maurach, Zipf, *Strafrecht. Allgemeiner Teil*, 5. Auflage, Heidelberg, Karlsruhe 1977.
Mauss, Marcel, »Une Catégorie de l'ésprit humain: La notion de personne, celle de moi«, in: ders., *Sociologie et Anthropologie*, Paris 1997.
Mead, George Herbert, *Mind, Self & Society*, Chicago 1962.
Mead, Margaret, *Coming of Age in Samoa*, New York 1929.
Mead, Margaret, *Cooperation and Competition among Primitive Peoples*, New York, London 1937.
Meyer, Susan, *Aristotle on Moral Responsibility: Character and Cause*, Oxford 1993.

Milgram, Stanley, *Das Milgram-Experiment. Zur Gehorsamsbereitschaft gegenüber Autorität*, Hamburg 2004.

Miller, Joan G., Shweder, Richard, »The Social Construction of the Person: How Is It Possible?«, in: Shweder, Richard (Hg.), *Thinking through Cultures. Expeditions in Cultural Psychology*, Harvard 1991.

Moody-Adams, Michelle, *Fieldword in Familiar Places: Morality, Culture and Philosophy*, Cambridge 1997.

Mohr, Georg »Präsuppositionen strafrechtlicher Zurechnung im demokratischen Rechtsstaat«, in: Kaufmann, Matthias, Renzikowski, Joachim (Hg.), *Zurechnung als Operationalisierung von Verantwortung*, Frankfurt a. M. 2004.

Moore, Sally F., »Legal Liability and Evolutionary Interpretation: Some Aspects of Strict Liability, Self-Help and Collective Responsibility«, in: Gluckman, Max (Hg.), *The Allocation of Responsibility*, Manchester 1972.

Moran, Mayo, *Rethinking the Reasonable Person. An Egalitarian Reconstruction of the Objective Standard*, Oxford 2003.

Morinis, Alan, »The Ritual Experience: Pain and the Transformation of Consciousness in Ordeals of Initiation«, in: *Ethos* 13, 2 (1985).

Morris, Brian, *Western Conceptions of the Individual*, Oxford 1991.

Murdoch, Iris, *The Sovereignty of Good*, London, New York 1970.

Nagel, Thomas, »Moral Luck«, in: ders., *Mortal Questions*, Cambridge 1979.

Nathanson, Donald L., »Shaming Systems in Couples, Families and Institutions«, in: ders. (Hg.), *The Many Faces of Shame*, New York, London 1987.

Nathanson, Donald L., *Shame and Pride. Affect, Sex and the Birth of the Self*, New York, London 1992.

Neckel, Sighard, *Status und Scham. Zur symbolischen Reproduktion sozialer Ungleichheit*, Frankfurt/M. 1991.

Nida-Rümelin, Julian, *Über menschliche Freiheit*, Stuttgart 2005.

Nietzsche, Friedrich, *Unzeitgemäße Betrachtungen. Kritische Studienausgabe*, Bd. 1, hg. v. Giorgio Colli, Mazzino Montinari, Berlin, New York 1999.

Nietzsche, Friedrich, *Der griechische Staat. Kritische Studienausgabe*, Bd. 1, hg. v. Giorgio Colli, Mazzino Montinari, Berlin, New York 1999.

Nietzsche, Friedrich, *Also sprach Zarathustra. Kritische Studienausgabe*, Bd. 4, hg. v. Giorgio Colli, Mazzino Montinari, Berlin, New York 1999.

Nietzsche, Friedrich, *Jenseits von Gut und Böse. Kritische Studienausgabe*, Bd. 5, hg. v. Giorgio Colli, Mazzino Montinari, Berlin, New York 1999.

Nietzsche, Friedrich, *Zur Genealogie der Moral. Kritische Studienausgabe*, Bd. 5, hg. v. Giorgio Colli, Mazzino Montinari, Berlin, New York 1999.

Nussbaum, Martha, *The Fragility of Goodness*, Cambridge 1986.
Nussbaum, Martha, *Hiding from Humanity*, Princeton 2004.

Oosten, Jasper J., »A Few Critical Remarks on the Concept of Person«, in: Kippenberg, Hans G., Kuiper, Yme B. u. a. (Hg.), *Concepts of Person in Religion and Thought*, Berlin, New York 1990.

Parfit, Derek, *Reasons and Persons*, Oxford 1984.
Paul, Robert A., »Act and Intention in Sherpa Culture and Society«, in: Rosen, Laurence (Hg.), *Other Intentions. Cultural Contexts and the Atribution of Inner States*, Santa Fe 1995.
Pennock, Roland, Chapman, John W. (Hg.), *Criminal Justice*, New York 1985.
Piers, Gerhart, Singer, Milton B., *Shame and Guilt. A Psychoanalytic and a Cultural Study*, New York 1971.
Pink, Thomas, Stone, M. W. F. (Hg.), *The Will and Human Action from Antiquity to the Present Day*, London 2004.
Platon, *Der Staat*, Darmstadt 1971.
Platon, *Die Gesetze*, Darmstadt 1977.
Pospisil, Leopold, *The Kapauku Papuans of West Guinea*, New York 1963.
Pospisil, Leopold, *Anthropology of Law. A Comparative Theory*, New York 1971.
Pothast, Ulrich, »Mensch und Recht – Freiheit und Verantwortung«, in: Lampe, Ernst-Joachim (Hg.), *Beiträge zur Rechtsanthropologie*, Stuttgart 1985.
Pothast, Ulrich, *Die Unzulänglichkeit der Freiheitsbeweise*, Frankfurt/M. 1987.
Pound, Roscoe, *The Spirit of the Common Law*, Boston 1921.
Prittwitz, Cornelius u. a. (Hg.), *Festschrift für Klaus Lüderssen*, Baden-Baden 2002.

Quante, Michael, »The Things we do for Love«, in: Betzler, Monika, Guckes, Barbara (Hg.), *Autonomes Handeln. Beiträge zur Philosophie von Harry G. Frankfurt*, Berlin 2000.

Rapp, Christoph, »Freiwilligkeit, Entscheidung und Verantwortlichkeit«, in: Höffe, Otfried (Hg.), *Aristoteles. Die Nikomachische Ethik*, Berlin 1995.
Rappe, Guido, *Interkulturelle Ethik*, Bd. 1-3. *Interkulturas. Schriftenreihe für Europäische Studien*, Berlin, Bochum u. a. 2003-2008.
Rattray, Robert S., *Ashanti Law and Constitution*, Oxford 1929.
Rawls, John, *A Theory of Justice*, Oxford 1971.

Rawls, John, »Two Concepts of Rules«, in: Baird, Robert M., Rosenbaum, Stuart E. (Hg.), *Philosophy of Punishment*, New York 1988.
Raz, Joseph, *Value, Respect and Attachment*, Cambridge 2001.
Redfield, Robert, *The Primitive World and its Transformations,* Cornell 1957.
»Responsabilité«, in: Auroux, Sylvain (Hg.), *Encyclopédie Philosophique Universelle II. Les Notions Philosophiques 2.2*, Paris 1990.
Riesman, Paul, *Freedom in Fulani Social Life*, Chicago 1977.
Rippe, Klaus-Peter, *Ethischer Relativismus: Seine Grenzen – Seine Geltung*, Zürich 1993.
Ripstein, Arthur, *Equality, Responsibility and the Law*, Oxford 1999.
Roberts, Simon, *Order and Dispute*, Oxford 1979.
Roland, Alan, *In Search of Self in India and Japan. Towards a Cross-Cultural Psychology*, Princeton 1988.
Rorty, Amélie Oksenberg (Hg.), *The Identities of Persons*, London 1969.
Rosaldo, Michelle, »The Shame of Headhunters and the Autonomy of Self«, in: *Ethos* 11, 3 (1983).
Rosaldo, Michelle, »Toward an Anthropology of Self and Feeling«, in: Shweder, Richard A., Levine, Robert A. (Hg.), *Culture Theory. Essays on Mind, Self and Emotion,* Cambridge 1984.
Rose, Laurel, »Contextual and Structurel Models of Strict Liability and Collective Responsibility in Non-literate Societies«, in: Lampe, Ernst-Joachim (Hg.), *Verantwortlichkeit und Recht*, Opladen 1989.
Rosen, Lawrence, »Intentionality and the Concept of the Person«, in: Pennock, Roland, Chapman, John W. (Hg.), *Criminal Justice*, New York 1985.
Rosen, Lawrence (Hg.), *Other Intentions. Cultural Contexts and the Attribution of Inner States*, Santa Fe 1995.
Roxin, Claus, *Strafrecht. Allgemeiner Teil.* Bd. 1 *Grundlagen der Verbrechenslehre*, München 1992.
Roxin, Claus, *Täterschaft und Tatherrschaft*, Berlin 1994.
Roxin, Claus, *Höchstrichterliche Rechtsprechung zum Allgemeinen Teil des Strafrechts*, München 1998.

Saar, Martin, *Genealogie als Kritik. Geschichte und Theorie des Subjekts nach Nietzsche und Foucault*, Frankfurt/M. 2007.
Sandel, Michael (Hg.), *Liberalism and its Critics*, New York 1984.
Sartre, Jean-Paul, *Das Sein und das Nichts. Philosophische Schriften* Bd. 3, Hamburg 2002.
Schaber, Peter, »Die andere Moral des ethischen Subjektivisten«, in: Schaber, Peter, Hüntelmann, Rafael (Hg.), *Grundlagen der Ethik. Normativität und Objektivität*, Frankfurt/M., München u. a. 2003.
Schaber, Peter, Hüntelmann, Rafael (Hg.), *Grundlagen der Ethik, Normativität und Objektivität*, Frankfurt/M., München 2003.

Schaber, Peter, »Menschenwürde und Selbstachtung«, in: *Menschenwürde/La dignité de l'être humain. Studia Philosophica* 63 (2004).

Scheler, Max, »Über Scham und Schamgefühl«, in: ders., *Schriften aus dem Nachlass I. Zur Ethik und Erkenntnislehre*, Bern 1957.

Schirrmacher, Thomas, »Kolumne: Scham- und Schuldkultur«, in: *Professorenforum-Journal*, Vol. 3, 3 (2002).

Schlick, Moritz, *Fragen der Ethik*, Wien 1930.

Schlossberger, Eugene, *Moral Responsibility and Persons*, Philadelphia 1992.

Schmid, Gerhard, »Selbstbestimmung zwischen politischer Verheißung und praktischer Erfüllung«, in: Battegay, Raymond, Rauchfleisch, Udo (Hg.), *Menschliche Autonomie,* Göttingen 1990.

Schmidhäuser, Eberhard, *Vom Sinn der Strafe*, Göttingen 1963.

Schmidhäuser, Eberhard, *Strafrecht. Allgemeiner Teil*, Tübingen 1984.

Schneewind, Jerome B., *The Invention of Autonomy*, Cambridge 1998.

Schneider, Carl D., *Shame, Exposure and Privacy*, Boston 1977.

Schroth, Jörg, *Die Universalisierbarkeit moralischer Urteile,* Paderborn 2001.

Schwemmer, Oswald, »Die praktische Ohnmacht der reinen Vernunft. Bemerkungen zum kategorischen Imperativ Kants«, in: Bubner, Rüdiger, Cramer, Konrad u. a. (Hg.), *Kants Ethik heute*, Göttingen 1983.

Seebaß, Gottfried, *Wollen*, Frankfurt/M. 1993.

Seebaß, Gottfried, »Handlungstheoretische Aspekte der Fahrlässigkeit«, in: ders., *Handlung und Freiheit*, Tübingen 2006.

Seidler, Günter H., *Der Blick des Anderen. Eine Analyse der Scham*, Stuttgart 1995.

Shweder, Richard A., Levine, Robert A. (Hg.), *Culture Theory. Essays on Mind, Self, and Emotion*, Cambridge 1984.

Shweder, Richard A., *Thinking through Cultures. Expeditions in Cultural Psychology*, Harvard 1991.

Simmel, Georg, »Die Persönlichkeit Gottes«, in: ders., *Philosophische Kultur*, Leipzig 1911.

Simmel, Georg, *Die Philosophie des Geldes*, hg. v. David P. Frisby und Klaus Christian Köhnke, Frankfurt/M. 1989.

Slote, Michael, »Moral Responsibility Without Free Will«, in: Manekin, Charles H., Kellner, Menachim M. (Hg.), *Freedom and Moral Responsibility. General and Jewish Perspectives,* Maryland 1997.

Smiley, Marion, *Moral Responsibility and the Boundaries of Community. Power and Accountability from a Pragmatic Point of View*, Chicago, London 1992.

Snell, Bruno, *Die Entdeckung des Geistes. Studien zur Entstehung des europäischen Denkens bei den Griechen*, Göttingen 1986.

Sophokles, *Tragödien*, Düsseldorf, Zürich 2002.

Sorabji, Richard, »The Concept of the Will from Plato to Maximus the

Confessor«, in: Pink, Thomas, Stone, M. W. F. (Hg.), *The Will and Human Action from Antiquity to the Present Day*, London 2004.

Spaemann, Robert, *Personen. Versuche über den Unterschied zwischen* »etwas« *und* »jemand«, Stuttgart 1996.

Spiegel, Joachim, *Die Idee vom Totengericht in der ägyptischen Religion*, Glückstadt 1976.

Steger, Philip, »Die Scham in der griechisch-römischen Antike. Eine philosophisch-historische Bestandaufnahme von Homer bis zum neuen Testament«, in: Kühn, Rolf u. a. (Hg.), *Scham. Ein menschliches Gefühl*, Opladen 1997, S. 62 f.

Stein, Peter, Shand, John, *Legal Values in Western Society*, Edinburgh 1974.

Steinvorth, Ulrich, *Freiheitstheorien in der Philosophie der Neuzeit*, Darmstadt 1987.

Stemmer, Peter, *Normativität. Eine ontologische Untersuchung*, Berlin, New York 2008.

Stoecker, Ralf, »Handlung und Verantwortung. Mackie's Rule Put Straight«, in: Meggle, Georg, Nida-Rümelin, Julian (Hg.), *Analyomen 2*, Bd. 3, Berlin, New York 1997.

Stocker, Michael, »Die Schizophrenie moderner ethischer Theorien«, in: Rippe, Klaus Peter, Schaber, Peter (Hg.), *Tugendethik*, Stuttgart 1998.

Stoecker, Ralf, »Menschenwürde und das Paradox der Entwürdigung«, in: Stoecker, Ralf (Hg.), *Menschenwürde. Annäherung an einen Begriff*, Schriftenreihe der Wittgenstein-Gesellschaft Bd. 32, Wien 2003.

Stoecker, Ralf (Hg.), *Menschenwürde. Annäherung an einen Begriff*, Schriftenreihe der Wittgenstein-Gesellschaft Bd. 32, Wien 2003.

Strawson, Galen, *Freedom and Belief*, Oxford 1986.

Strawson, Peter, *Einzelding und logisches Subjekt*, Stuttgart 1972.

Strawson, Peter, »Freedom and Resentment«, in: Watson, Gary (Hg.), *Free Will*, Oxford 1982.

Sundermeier, Theo, »Das Gewissen als Unglück«, in: Assmann, Jan, Sundermeier, Theo (Hg.), *Schuld, Gewissen und Person*, Gütersloh 1997.

Swartz, Marc J., »Shame, Culture and Status among the Swahili of Mombasa«, in: *Ethos* 16, 1 (1988).

Taylor, Charles, »What is Human Agency?«, in: ders., *Human Agency and Language. Philosophical Papers 1*, Cambridge 1985.

Taylor, Gabriele, *Pride, Shame and Guilt*, Oxford 1985.

Thiel, Udo, *Lockes Theorie der personalen Identität*, Bonn 1983.

Troeltsch, Ernst, *Die Soziallehren der christlichen Gruppen und Kirchen*, in: ders., *Gesammelte Schriften*, Erster Band, Tübingen 1919.

Tugendhat, Ernst, *Probleme der Ethik*, Stuttgart 1984.

Tugendhat, Ernst, *Vorlesungen über Ethik*, Frankfurt/M. 1993.

Ungern-Sternberg, Jürgen v., »Entstehung und Inhalt des Begriffs ›Autonomie‹ in der griechischen Antike«, in: Battegay, Raymond, Rauchfleisch, Udo (Hg.), *Menschliche Autonomie*, Göttingen 1990.

Velleman, J. David, *Self to Self. Selected Essays*, Cambridge 2006.

Walker, Margaret Urban, »Moral Luck and the Virtues of Impure Agency«, in: *Metaphilosophy* 22 (1991).
Walzer, Michael, *Spheres of Justice. A Defense of Pluralism and Equality*, Basic Books 1983.
Walzer, Michael, *Thick and Thin. Moral Argument Home and Abroad,* Notre Dame, London 1994.
Wallace, R. Jay, *Responsibility and the Moral Sentiments*, Cambridge / Massachusetts 1994.
Watson, Gary (Hg.), *Free Will*, Oxford 1982.
Watson, Gary, *Agency and Answerability*, Oxford 2004.
Watson, Gary, »Responsibility and the Limits of Evil. Variations of a Strawsonian Theme«, in: Fischer, John Martin (Hg.), *Free Will. Critical Concepts in Philosophy*, Vol. I, New York 2005.
Weinreb, Lloyd L., *Oedipus at Fenway Park. What Rights Are and Why There Are Any,* Harvard 1994.
Welzel, Hans, *Das deutsche Strafrecht*, Berlin 1969.
Wesel, Uwe, *Juristische Weltkunde*, Frankfurt/M. 1984.
Wesel, Uwe, *Frühformen des Rechts in vorstaatlichen Gesellschaften*, Frankfurt/M. 1985.
Wesel, Uwe, *Fast alles, was Recht ist*, Frankfurt/M. 1991.
Wessels, Johannes, *Strafrecht. Allgemeiner Teil*, Heidelberg 1996.
Westermarck, Eduard, *Ursprung und Entwickelung der Moralbegriffe*, Bd. 1, Leipzig 1907.
White, Alan R., *Rights*, Oxford 1984.
Whitehead, Alfred North, *Process and Reality*, Harvard 1978.
Will, Michael R., *Quellen erhöhter Gefahr*, München 1980.
Williams, Bernard, *Morality. An Introduction into Ethics*, Cambridge 1972.
Williams, Bernard, »Moral Luck«, in: ders., *Moral Luck*, Cambridge 1981.
Williams, Bernard, *Ethics and the Limits of Philosophy*, Cambridge 1985.
Williams, Bernard, *Shame and Necessity*, Berkeley / Los Angeles / London 1993. (Dt. *Scham, Schuld und Notwendigkeit: Eine Wiederbelebung antiker Begriffe der Moral*, Berlin 2000.)
Williams, Bernard, *»Making Sense of Humanity« and other Philosophical Papers*, Cambridge 1995.
Williams, Bernard, »Shame, Guilt, and the Structure of Punishment«, in: ders., *Scham und Schuld. Festschrift aus Anlaß der Verleihung der Dr. Margrit Egnér-Preise 1997*.

Williams, Bernard, *Scham und Schuld. Festschrift aus Anlaß der Verleihung der Dr. Margrit Egnér-Preise* (1997).
Williams, Bernard, *Truth and Truthfulness. An Essay in Genealogy*, Princeton 2002.
Wingert, Lutz, *Gemeinsinn und Moral*, Frankfurt/M. 1993.
Wittgenstein, Ludwig, »Remarks on Frazer's *Golden Bough*«, in: Luckhardt, C. G. (Hg.), *Wittgenstein. Sources and Perspectives*, Sussex 1979.
Wittgenstein, Ludwig, *Philosophische Untersuchungen*, Werkausgabe Bd. 1, Frankfurt/M. 1984.
Wittgenstein, Ludwig, *Über Gewißheit*, Werkausgabe Bd. 8, Frankfurt/M. 1984.
Wilson, Monika, *Rituals of Kinship among the Nyakyusa*, Oxford 1957.
Wolf, Susan, *Freedom within Reason*, Oxford 1990.
Wolfe, Tom, *Fegefeuer der Eitelkeiten*, München 1988.
Wollheim, Richard, *On the Emotions*, New Haven, London 1999.
Wurmser, Léon, *Die Maske der Scham. Die Psychoanalyse von Schamaffekten und Schamkonflikten*, Berlin, Heidelberg u. a. 1990.

Yoyotte, Jean, »Le jugement des morts dans l'Egypte ancienne«, in: *Le jugement des morts*, Sources Orientales IV, Paris 1961.

Zimmermann, Michael J., *An Essay on Moral Responsibility*, Totowa 1988.
Zippelius, Reinhold, »Varianten und Gründe rechtlicher Verantwortlichkeit«, in: Lampe, Ernst-Joachim (Hg.), *Verantwortlichkeit und Recht. Jahrbuch für Rechtssoziologie und Rechtstheorie* XIV, Opladen 1989.

Kulturwissenschaft und Kulturtheorie im Suhrkamp Verlag Eine Auswahl

Aleida Assmann/Ulrich Gaier/Gisela Trommsdorff (Hg.). Positionen der Kulturanthropologie. stw 1724. 391 Seiten

Michail M. Bachtin. Rabelais und seine Welt. Volkskultur als Gegenkultur. Übersetzt von Gabriele Leupold. Herausgegeben und Vorwort von Renate Lachmann. stw 1187. 546 Seiten

Mieke Bal. Kulturanalyse. Herausgegeben von Thomas Fechner-Smarsly und Sonja Neef. Übersetzt von Joachim Schulte. Mit zahlreichen Abbildungen. Gebunden. 372 Seiten

Roland Barthes

- Fragmente einer Sprache der Liebe. Übersetzt von Hans-Horst Henschen. st 1586. 279 Seiten
- Die Körnung der Stimme. Interviews 1962-1980. Übersetzt von Agnès Bucaille-Euler, Birgit Spielmann und Gerhard Mahlberg. es 2278. 404 Seiten
- Mythen des Alltags. Übersetzt von Helmut Scheffel. es 92. 168 Seiten

Hans Blumenberg. Arbeit am Mythos. stw 1805. 699 Seiten

Günter Burkart/Gunter Runkel (Hg.). Luhmann und die Kulturtheorie. stw 1725. 290 Seiten

Peter Burke. Was ist Kulturgeschichte? Übersetzt von Michael Bischoff. Gebunden. 204 Seiten

Jonathan Crary. Aufmerksamkeit. Wahrnehmung und moderne Kultur. Übersetzt von Heinz Jatho. Mit zahlreichen Abbildungen. Gebunden. 408 Seiten

NF 118/1/10.10

Ute Daniel. Kompendium Kulturgeschichte. Theorien, Praxis, Schlüsselwörter. stw 1523. 492 Seiten

Norbert Elias
Über den Prozeß der Zivilisation. Soziogenetische und psychogenetische Untersuchungen. Zwei Bände in Kassette oder auch einzeln erhältlich
- Band 1: Wandlungen des Verhaltens in den weltlichen Oberschichten des Abendlandes. stw 158. 504 Seiten
- Band 2: Wandlungen der Gesellschaft. Entwurf zu einer Theorie der Zivilisation. stw 159. 604 Seiten

Elena Esposito. Die Verbindlichkeit des Vorübergehenden: Paradoxien der Mode. Übersetzt von Alessandra Corti. 192 Seiten. Kartoniert

Harry G. Frankfurt. Bullshit. Übersetzt von Michael Bischoff. Gebunden. 73 Seiten

Josef Früchtl. Das unverschämte Ich. Eine Heldengeschichte der Moderne. stw 1693. 422 Seiten

Michael Giesecke
- Sinnenwandel, Sprachwandel, Kulturwandel. Studien zur Vorgeschichte der Informationsgesellschaft. stw 997. 374 Seiten
- Von den Mythen der Buchkultur zu den Visionen der Informationsgesellschaft. Mit CD-ROM. stw 1543. 458 Seiten

Hans Ulrich Gumbrecht. 1926. Ein Jahr am Rand der Zeit. Übersetzt von Joachim Schulte. Gebunden. 540 Seiten. stw 1655. 554 Seiten

NF 118/2/10.10

Thomas Hauschild. Ritual und Gewalt. Ethnologische Studien an europäischen und mediterranen Gesellschaften. Mit Abbildungen. Gebunden. 258 Seiten

Martin Ludwig Hofmann/Tobias F. Korta/Sibylle Niekisch (Hg.)
- Culture Club. Klassiker der Kulturtheorie. stw 1668. 304 Seiten
- Culture Club II. Klassiker der Kulturtheorie. stw 1798. 333 Seiten

Eva Illouz. Gefühle in Zeiten des Kapitalismus. Übersetzt von Martin Hartmann. Broschur. 170 Seiten

Peter Janich. Kultur und Methode. Philosophie in einer wissenschaftlich geprägten Welt. stw 1773. 460 Seiten

Vladimir Jankélévitch
- Das Verzeihen. Essays zur Moral und Kulturphilosophie. Herausgegeben von Ralf Konersmann. Übersetzt von Claudia Brede-Konersmann. Mit einem Vorwort von Jörg Altwegg. Gebunden und stw 1731. 292 Seiten
- Der Tod. Übersetzt von Brigitta Restorff. Gebunden. 573 Seiten

Sebastian Knell/Marcel Weber (Hg.). Länger leben? Philosophische und biowissenschaftliche Perspektiven. stw 1900. 290 Seiten

Ralf Konersmann.
- Kulturelle Tatsachen. stw 1774. 406 Seiten
- Kulturkritik. Broschur. 135 Seiten

Sybille Krämer/Werner Kogge/Gernot Grube (Hg.). Spur. Spurenlesen als Orientierungstechnik und Wissenskunst. Mit Abbildungen. stw 1830. 366 Seiten

NF 118/3/10.10

André Leroi-Gourhan. Hand und Wort. Die Evolution von Technik, Sprache und Kunst. Übersetzt von Michael Bischoff. Mit 153 Zeichnungen des Autors. stw 700. 532 Seiten

Martina Löw. Soziologie der Städte. Mit zahlreichen Abbildungen. Gebunden. 292 Seiten

Winfried Menninghaus
- Ekel. Theorie und Geschichte einer starken Empfindung. stw 1634. 592 Seiten
- Das Versprechen der Schönheit. Gebunden. 386 Seiten

Stephan Moebius/Andreas Reckwitz (Hg.). Poststrukturalistische Sozialwissenschaften. stw 1869. 471 Seiten

Ohad Parnes. Das Konzept der Generation. Eine Wissenschafts- und Kulturgeschichte. stw 1855. 385 Seiten

K. Ludwig Pfeiffer. Das Mediale und das Imaginäre. Dimensionen kulturanthropologischer Medientheorie. Gebunden. 618 Seiten.

Paul Rabinow
- Anthropologie der Vernunft. Studien zu Wissenschaft und Lebensführung. Herausgegeben und übersetzt von Carlo Caduff und Tobias Rees. stw 1646. 252 Seiten
- Was ist Anthropologie? Herausgegeben und übersetzt von Carlo Caduff und Tobias Rees. stw 1687. 168 Seiten

Richard Rorty. Philosophie als Kulturpolitik. Aus dem Amerikanischen von Joachim Schulte. Gebunden. 357 Seiten

Philipp Sarasin. Reizbare Maschinen. Eine Geschichte des Körpers 1765-1914. stw 1524. 512 Seiten

NF 118/4/10.10

Philipp Sarasin/Jakob Tanner (Hg.). Physiologie und industrielle Gesellschaft. Studien zur Verwissenschaftlichung des Körpers im 19. und 20. Jahrhundert. stw 1343. 529 Seiten

Thomas Schlich/Claudia Wiesemann (Hg.). Hirntod. Zur Kulturgeschichte der Todesfeststellung. stw 1525. 352 Seiten

Alfred North Whitehead
- Denkweisen. Herausgegeben und übersetzt von Stascha Rohmer. stw 1532. 202 Seiten
- Kulturelle Symbolisierung. Herausgegeben und übersetzt von Rolf Lachmann. stw 1497. 147 Seiten

Uwe Wirth (Hg.). Kulturwissenschaft. Eine Auswahl grundlegender Texte. stw 1799. 559 Seiten

Slavoj Žižek
- Die gnadenlose Liebe. Übersetzt von Nikolaus G. Schneider. stw 1545. 192 Seiten
- Körperlose Organe. Bausteine für eine Begegnung zwischen Deleuze und Lacan. Übersetzt von Nikolaus G. Schneider. stw 1698. 297 Seiten
- Die Puppe und der Zwerg. Das Christentum zwischen Perversion und Subversion. Übersetzt von Nikolaus G. Schneider. stw 1681. 190 Seiten
- Die Revolution steht bevor. Dreizehn Versuche über Lenin. Übersetzt von Nikolaus G. Schneider. es 2298. 192 Seiten
- Die Tücke des Subjekts. Übersetzt von Eva Gilmer, Anne von der Heiden, Hans Hildebrandt und Andreas Hofbauer. Gebunden. 552 Seiten

Slavoj Žižek/Mladen Dolar/Stojan Pelko u.a. Was Sie immer schon über Lacan wissen wollten und Hitchcock nie zu fragen wagten. stw 1580. 259 Seiten

NF 118/5/10.10